U0905483

北京汉阅传播
Beijing Han-read Culture

牛津西方哲学史

A NEW HISTORY OF
WESTERN PHILOSOPHY

第一卷

古代哲学

ANCIENT
PHILOSOPHY

[英] 安东尼 · 肯尼 — 著

王柯平 — 译

吉林出版集团股份有限公司

内容提要

CATALOGUE

目录

第四章　知识及其限度：认识论

第五章　事物如何发生：物理学

第六章　何谓存在：形而上学

第七章 灵魂与心智

第八章 怎么活：伦理学

第九章　神

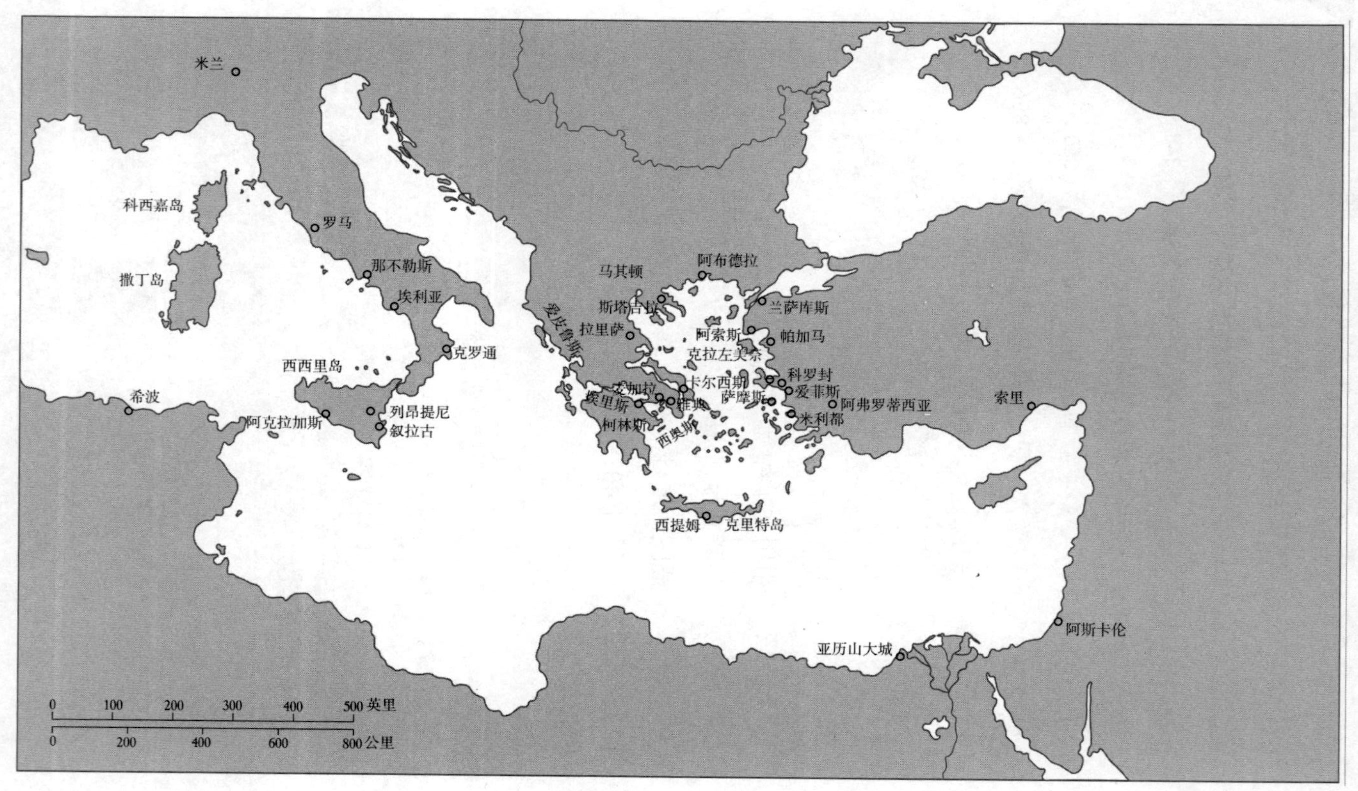

米兰
科西嘉岛
罗马
撒丁岛
那不勒斯
埃利亚
克罗通
西西里岛
希波
阿克拉加斯
列昂提尼
叙拉古
马其顿
阿布德拉
爱皮鲁斯
斯塔吉拉
拉里萨
兰萨库斯
阿索斯
帕加马
克拉左美奈
卡尔西斯
科罗封
麦加拉
爱菲斯
萨摩斯
埃里斯
雅典
阿弗罗蒂西亚
米利都
柯林斯
西奥斯
索里
西提姆
克里特岛
亚历山大城
阿斯卡伦
0 100 200 300 400 500 英里
0 200 400 600 800 公里

译者前言

近大半年来，我放下原定的写作计划，倾力翻译安东尼爵士肯尼教授（Sir Anthony John Patrick Kenny）的近作《古代哲学》（*Ancient Philosophy*）。不消说，这是我所经历的一个甚为紧张但收获颇丰的研习过程。此过程不仅限于审视古希腊哲学的历史流变，而且涉及了解本书作者的学术经历与运思方式。按照本人以往的习惯，每次译稿或书稿交出后，我总会撰写一篇长短不一的前言或后记，仅就自己感兴趣的某些东西唠叨一番，借机表明自己的某些感受或看法。本篇前言将先从作者其人其事谈起，随后简论本书的基本特点以及翻译此书的点滴体会。

一　作者其人其事

我对本书作者相关情况的了解，除了依据互联网上或百科全书里提供的资料之外，主要参考的是作者的自传《从罗马启程》（*A Path from Rome*）一书。我之所以关注他早年的经历,是因为这对他本人后来的发展至关重要。要知道,任何一位有成就的学者,总与其早年的特殊经历有一定关系,这也可以说是"个体化原则"中不可或缺的组成部分。

安东尼·肯尼于1931年出生在英国利物浦的一个普通家庭,其母亲一系笃信天主教,其父是一名工程师,从事海上运输,"二战"爆发后被招募从军,授衔中尉,于1940年以身殉国。肯尼自幼在外婆家生活,最早对他产生重大影响的是舅父亚历山大·琼斯(Alexander Jones)。琼斯是从罗马天主教英吉利神学院毕业后返回英国的神甫,接受过良好的古典人文教育,是一位颇有成就的神学家和研究翻译《圣经》的学者。1933年,肯尼两岁半,随家人一起来到罗马,出席琼斯在罗马教廷的神甫授职仪式。仪式之后,在拜谒教皇庇护十一世时,被放在琼斯一位同事房间的小肯尼,因看到身穿黑色袍服的母亲而受惊吓,号啕大哭,引起教皇注意。待家人将他抱给教皇看时,小肯尼相当安静,教皇还问起其年龄。少年时期,肯尼对此事深感好奇,时常揣测其中缘由。

从童年到少年时期,外婆不许肯尼与邻里的同伴在大街上一起玩耍,致使他甚感孤独而少言寡欢,但却充满神性遐想,时感耶稣在其心中,相信神谕所示,臆想自己早逝。"二战"爆发后,肯尼就读于天主教文法学校,为躲避敌机轰炸,上学时间缩短,家庭作业加大,他借机掌握了拉丁文的词性变化与时态变位。1943年,他以优异成绩获得奖学金,就读于利物浦天主教区的阿普霍兰德神学院(Upholland College)。他期望通过自己的努力,有朝一日会成为一名像舅父琼斯那样博学多识的神甫。

值得一提的是,阿普霍兰德神学院的教师大多从剑桥大学毕业,课程设置内容是以拉丁文为主导的人文学科,初级教育分为7个等级,分别为Underlow(相当于初级班),Low Figures(相当于中级班),High Figures(相当于高级班),Grammar(语法班),Syntax(句法班),Poetry(诗歌班)与Rhetoric(修辞班)。高级阶段主修哲学与神学。每学期的考试成绩在全校大会上公布,每门学科的成绩都予以排名，由院长用拉丁文从高分到低分连同学生名字一起宣读。宣布分数时，每个班级要轮流站在会场前列，宣读排名分数与个人名字后，学生逐个返回自己原来的座位。凡是成绩不合格者，不宣读其分数与姓名，但要他们站在会场前列，不得返回原座，会后方可离开。这显然是一种无言的惩罚和羞辱。即便在这样严苛的教育体系下，每个年级的众多学生中也仅有一名合乎神甫资格要求，其培养成本在上世纪 40 年代就要花去 3 万英镑，而当时一名从教神甫的年薪仅为 30 英镑。

在阿普霍兰德神学院，肯尼因先前学过拉丁文而跳过初级班。在他就读的六年（1943—1949）里，自认为前三年甚感无聊、苦恼、想家，后三年从句法班开始，深感有趣、欣然、快乐。因其成绩优异，他在高线班（Higher Line）被推选为审查员（Censor），相当于男班长（Head Boy）。随后，他开始喜欢上古典文学，可借助 Liddell 与 Scott 编纂的古希腊语英解词典，阅读希腊文原著，譬如欧里庇德斯的《赫卡柏》（*Hecuba*），柏拉图的《申辩篇》（*Apology*），色诺芬的《希腊史》（*Hellenica*）等。同时，他也喜欢阅读贺拉斯的《颂诗集》（*Odes*），维吉尔的《埃涅阿斯纪》（*Aeneid*）等。进入诗歌班和修辞班后，他从大量阅读荷马史诗、希腊悲剧和拉丁诗篇中得到巨大乐趣，其阅读范围也包括塔西陀（Tacitus）、西塞罗、李维（Livy）等罗马作家或史学家的散文著作。1949 年毕业时，他被选拔保送到位于巴里阿多里德的英吉利神学院（English College in Valladolid）深造六年，其专业课程为哲学和神学。这所神学院是其舅父琼斯神甫的母校，后者一直认为该校是全世界最好的神学院。

英吉利神学院与位于罗马的格里高利大学（The Gregorian University in Rome）同属于梵蒂冈。在这所国际性大学里，教师大多是来自世界各地天主教会或耶稣会神学院的著名神学家或哲学家，所有教材与讲课语言均用拉丁文。依据传统要求，入校生在未接受神职委任之前，务必取得传道资格的神甫证书，这就需要研修三年哲学，其主要课程包括逻辑学、形而上学、天文学、经院心理学、生物学、物理学、化学以及不同历史阶段的哲学等，此外还需研修四年神学。肯尼本人在格里高利大学与英吉利神学院前后研修7年（1949—1955），在研修神学的第四年（1955）时，就已获得神职委任，成为职业神甫。随后，他为了撰写神甫资格论文，遵照主教高德弗雷（Archbishop Godfrey）的安排，在罗马梵蒂冈档案馆研读一年（1956—1957）。因其所选论文题目涉及语言分析和宗教语言，肯尼继而到牛津大学从事分析哲学研究（1957—1959）。其导师包括奥斯汀（John Austin），赖尔（Gilbert Ryle），黑尔（R. M. Hare），斯特罗森（Peter Strawson），休斯（George Hughes）以及维也纳学派的最后成员魏斯曼（F. Waismann）等学界名流。

牛津大学特有的自由与深邃的学术环境，确实让肯尼体察到什么是博学而不古板（erudite without being stuffy）的治学氛围。譬如，他的导师之一昆顿（Antony Quinton），虽是一位没有宗教信仰的宗教哲学家，但对自己研究领域里的每部论作几乎烂熟于胸，在随时请教或漫谈之际，可顺口直陈相关著述的要点，可为学生节省许多花费在图书馆里查阅资料的时间。也就是在这样的学术环境里，肯尼从分析哲学的角度切入，对神的存在、信仰的特性与宗教的地位进行了深入反思，由此也加重了自己心存的疑虑，陷入精神与思想上的双重困惑。如他本人所述：

> 由于缺乏证明上帝存在的有效证据，开始让我出于其他原因而忧心忡忡。当我将实证主义视为影响宗教信仰理性的重大威胁时，我主要关切的是种种宗教断言的意义性而非真理性。当我认为神秘际遇是认识上帝的康庄大道时，我欣然而乐，足以区分出凭借理性去认识上帝的可能性（梵蒂冈会议所宣扬的观点）和凭借逻辑为上帝存在提供有效证据的可能性（我对此说深表疑虑）。然而，我在牛津大学研究维特根斯坦的哲学过程中，这种研究虽然驱走了实证主义的幽灵，但同时也消磨掉了我将宗教体

验作为证明自然神学断言合理性之依据的信心。我开始思索(迄今亦然)这个问题,即:如若上帝存在的传统证据是有效的,那么,信仰上帝能否从理性上予以证明呢?但是,信仰的作用代替不了证据,因为信仰是遵照上帝之言对某种东西的信奉;人们也不能用上帝之言来证明上帝存在。从逻辑上讲,相信上帝存在必然优先于相信神启。①

虽然肯尼自称通过研究分析哲学使他摆脱了实证主义的困扰,但实际上实证主义的潜在影响依然存在,并且使他从伴随宗教信仰的历史事实出发,转而又对宗教信仰的历史和理性产生了深度疑虑。如他所说:

教会有关信仰的全部说法也同样困扰着我。这种说法认为信仰是某种不可更改的东西,任何对信仰的怀疑,都要像对待诱惑犯罪一样加以抵制。但是,要接受某种东西作为信仰的一个条款,就得接受几个历史事实:因为,该信仰条款一直是由教会界定的,而教会所认可的权威性,是通过耶稣在福音书里的著名言说赋予的;教皇是圣彼得的传人,言说时具有赋予他的权威性。现如今这些历史断言,容易受到历史进步与《圣经》诠释的影响,其中许多东西遭到许多著名学者的大力反驳。如何才能赋予这些断言那种不可更改的、让我们必须信奉的义务责任呢?假如这些“信仰的前奏”无法成为不可更改的赞同意见的对象,那么,有赖于这些前奏或断言的信仰怎么能是不可更改的呢?②

肯尼在1959年夏季离开牛津大学时,虽然学术收获颇巨,交往朋友更多,但第二篇博士论文进展甚微(后来得以完成并于1980年获得文学博士学位),

① Anthony Kenny, *A Path from Rome* (Oxford: Oxford University Press, 1986), p. 147.

② Anthony Kenny, *A Path from Rome*, p. 148.

对宗教学说的困惑日益增多，心态变得更为沮丧且动荡不安。基于种种信仰疑虑与哲学思索，他在饱受精神性和思想性双重煎熬的同时，也经历了宗教态度的深刻变化。此后，他在利物浦教区从事神甫工作的四年（1959—1963）里，先后应邀在利物浦大学担任临时哲学讲师，在曼彻斯特大学开设系列讲座，并于 1961 年在牛津大学圣贝内特学院获得哲学博士学位。与此同时，随着他对宗教信仰的疑虑日益加深，对学术生活的兴趣日益增大，结果与教会对他的期待也就愈行愈远。最终，他决定放弃神甫职位，实现还俗意愿。经过与家人和教会的商议，他于 1963 年 1 月正式提出还俗申请，于 1963 年 12 月得到教皇保罗六世的恩准。同年 12 月 29 日，肯尼收到两份邀请，一份请他到牛津大学埃克塞特学院（Exeter）与三一学院（Trinity）担任两院合用讲师，一份请他到牛津大学堡里奥学院（Balliol）担任研究员（即学院院士）。1964 年，肯尼来到牛津，先在另外两个学院执教两个学期之后，随即进入堡里奥学院，先任研究员职，继而任副教授、教授与院长等职，在此一直工作到 2001 年退休。

在牛津度过大半生的肯尼，曾应邀到英美十余所学院与大学讲学并任教，曾先后担任过牛津大学图书馆馆长，大英图书馆馆长，牛津大学副校长，英国学术院院士、副主席与主席等职。鉴于他在学术研究领域与公共事务方面的杰出成就，英国女王于 1992 年授予其爵士（Knight Bachelor）封号。至此，人们依照传统习惯，尊称其为安东尼爵士（Sir Anthony）。2006 年 10 月，美国天主教哲学协会授予安东尼爵士阿奎那奖章，以表彰他对哲学研究的卓越贡献。

肯尼勤于笔耕，著作等身，从出版首部著作《行动，情感与意志》（*Action, Emotion and Will*, 1963）以来，相继出版的主要论著包括《笛卡尔》（*Descartes*, 1968），《五种方式：圣阿奎那证明上帝存在》（*The Five Ways: St Thomas Acquina's Proofs of God's Existence*, 1969），《心灵的本性》（*The Nature of Mind*, 1972），《维特根斯坦》（*Wittgenstein*, 1973），《灵魂的剖析》（*The Anatomy of the Soul*, 1974），《意志，自由与权力》（*Will, Freedom and Power*, 1975），《亚里士

多德伦理学》(*The Aristotelian Ethics*, 1978),《自由意志与责任》(*Freewill and Responsibility*, 1978),《哲学家的上帝》(*The God of the Philosophers*, 1980),《阿奎那》(*Aquinas*, 1980),《托马斯·莫尔》(*Thomas More*, 1983),《心灵的形而上学》(*The Metaphysics of Mind*, 1989),《何为信仰:宗教哲学论集》(*What is Faith? Essays in the Philosophy of Religion*, 1992),《亚里士多德论完善的人生》(*Aristotle on Perfect Life*, 1993),《阿奎那论心灵》(*Aquinas on Mind*, 1993),《弗雷格:现代分析哲学创立者导论》(*Frege: An Introduction to the Founder of Modern Analytic Philosophy*, 1995),《西方哲学简史》(*A Brief History of Western Philosophy*,1997),《亚里士多德思想传统论集》(*Essays on the Aristotelian Tradition*, 2001),《阿奎那论存在》(*Aquinas on Being*, 2002),《古代哲学:牛津西方哲学史,第一卷》(*Ancient Philosophy: A New History of Western Philosophy*, vol. 1, 2004),《中世纪哲学:牛津西方哲学史,第二卷》(*Medieval Philosophy: A New History of Western Philosophy*, vol. 2, 2005),《未知的上帝:不可知论集》(*The Unknown God: Agnostic Essays*, 2005),《我相信什么》(*What I Believe*, 2006),《近代哲学的兴起:牛津西方哲学史,第三卷》(*The Rise of Modern Philosophy: A New History of Western Philosophy*, vol. 3, 2006),《生命,自由及功利追求》(*Life, Liberty, and the Pursuit of Utility*, 2006),《现代世界中的哲学:牛津西方哲学史,第四卷》(*Philosophy in the Modern World: A New History of Western Philosophy*, vol. 4, 2007),等等。

肯尼还撰写过另一部自传,题为《牛津的生活》(*Life in Oxford*, 1997)。我迄今尚未读过此书,相信其中一定记载着许多关于他在牛津大学执教的有趣经历与诸多感受。仅就我所阅读过的肯尼自传《从罗马启程》而言,他早年的诸多经历均给我留下殊深的印象。

譬如,他早年接受的古典学术训练,获得的教育机遇和优越条件,确是一般人文学者可望而不可即的"特权"。当然,也正是这样的教育经历和学术背景，造就了肯尼这样的哲学家与哲学史家。如果说哲学史家要真正兼通哲学思想发展历史的话，那么，他的学养、视野与著述，足以表明他本人是实实在在地做到了这一点。就我所知，西方哲学史家们通常会被古代哲学或中世纪哲学这两个阶段卡住，而肯尼对亚里士多德与阿奎那等思想家的深入研究，使他能够驾轻就熟地处理这两个时期的哲学发展流变，从而撰写出一部富有自己研究心得的西方哲学通史。目前，摆在我们眼前的这套四卷本哲学史，便是明证。

再如，肯尼的学术态度是严肃认真的，这从他早年翻译《新约全书》的经历中可见一斑。那位对他自幼影响甚大的舅父亚历山大·琼斯神甫，曾受天主教会之托，组织人力重译《圣经》，从1956年开始，到1966年出版，前后用了十年工夫。俗话说，“种瓜得瓜，种豆得豆。”这部新版《圣经》后来受到广泛好评，主要通用于以英语主持弥撒仪式的各大天主教堂。在琼斯组织重译《圣经》时，肯尼应邀参与翻译《罗马书》等部分。在参阅其他译本时，他发现“几乎每一行译文都会涉及某些问题，这些问题在宗教改革时代不是引起口诛笔伐，就是引起流血争端。谨以希腊词‘*dikaiosyne*’及其同源词为例；钦定译本[①]将其译为‘righteousness’（正直），杜埃版译本[②]将其译为‘justice’（正义）”。[③]如此一来，圣经学者各执一词，争论不休。赞同前一种译法者，坚持认为该词意指个人道德品质，而非社会伦理；而推举后一种译法者，坚持认为该词含义从柏拉图的著作中引申而来，具有重要的出处。这些看似纯粹语言学上的考虑，总是笼罩在不同教派的思索和论证的阴影之下。因此，在翻译《罗马书》时，每一行几乎都要进行决断，采取某种与宗教改革过程中的争论相关的立

① 基督教《圣经》的钦定英译本是英国国王詹姆斯一世于1611年颁发，通常称其为Authorised Version，亦称King James Version。

② 杜埃版英译本《圣经》由英国天主教学者根据《通俗拉丁文本圣经》译出，1610年在法国杜埃（昔为Douay，今为Douai）出版，故称Douai Version。

③ Anthony Kenny, *A Path from Rome*, p. 118.

场。按规定,新版《圣经》从希腊原文翻译,译稿要呈送文学编辑和圣经编辑审阅。当时,肯尼将《罗马书》译文首先送交一位天主教本笃会的诗人西尔维斯特(Sylvester Houédard O. S. B)修改。后来他发现,这位诗人对每一行译文都倾力修改,甚至不惜把原译文改得"面目全非"(drastic revision)。这里不妨列出两段译文以作比较。前一段译文是年轻时的肯尼所为——

You may bear the name of Jew, you may trust in the Law, and boast of God. With the help of the Law, you may know his will and tell what is right. You may pride yourself on being a guide to the blind, a light to those in darkness, a teacher to the ignorant and an instructor for the unlearned, because you possess in the Law the embodiment of knowledge and of truth. If so, then why do you not teach yourself as well as others? Why, when you preach against stealing, do you steal? Why, when you forbid adultery, do you commit adultery? Why, when you abhor idols, do you rob their temples? When you boast about the Law, and then disobey the Law, you bring God himself into contempt. ①

后一段修改润色之后的译文是那位诗人与《圣经》编辑所为——

If you call yourself a Jew, if you really trust in the Law and are proud of your God, if you know God's will through the Law and can tell what is right, if you

① 根据国内中国基督教协会编辑出版的中英对照本新标准修订版《圣经》,这段文字汉译为:"你称为犹太人,又倚靠律法,且指着神夸口;既从律法中受了教训,就晓得神的旨意,也能分别是非;又深信自己是给瞎子领路的,是黑暗中的人的光,是蠢笨人的师傅,是小孩子的先生,在律法上有知识和真理的模范。你既是教导别人,还不教导自己吗? 你说人不可偷窃,自己还偷窃吗? 你说人不可奸淫,自己还奸淫吗? 你厌恶偶像,自己还偷窃庙中之物吗? 你指着律法夸口,自己倒犯法玷辱神吗?"(《新约全书·罗马书》,2, 17-21)。

are convinced you can guide the blind and be a beacon to those in the dark, if you can teach the ignorant and instruct the unlearned because your Law embodies all knowledge and truth, then why not teach yourself as well as the others? You preach against stealing, yet you steal; you forbid adultery, yet you commit adultery; you despise idols, yet you rob their temples. By boasting about the law and then disobeying it, you bring God into contempt.

肯尼在自传中坦言,他初阅修订后的译文时,发觉改动过大,内心颇感愤懑。但过了一段时间,他以公正无偏的态度重读此文,发现后者委实高于前者,对自己原来译文确有改进。就我个人阅读的直观感觉而言,前一段译文估计是紧扣原文而为,故文笔平实坦直,语流节奏和缓,意群逐句展开。相比之下,后一段译文基于前者的特点,从整体意群出发,用条件句式形成排比,其文风更为简明,节奏更为紧凑,在隐含的一系列追问之中,形成一气呵成之感。

再如,处于上世纪60年代冷战高潮时期,肯尼对于西方的意识形态,有其独到的省察,即使面临来自教会主流意识的压力,他也不为所动,保持公共知识分子的基本立场。这对于一个天主教神甫来讲,难能可贵。肯尼反对战争,反对军备竞赛,反对任何针对平民的杀戮,反对制造和使用核武器这种大规模杀伤性武器。他坚持认为,任何用不正义对付不正义、用谋杀对付谋杀的做法,都是错误的,甚至是有罪的。他凭借自己的良知,克服重重阻碍,包括来自教会的种种干扰,不断在报刊上或讲演中发表自己的见解,竭力追求和宣扬尽可能客观而公正的判断,下述言论便是诸多例证之一:

基督教学说的核心传统一直坚持认为,参与战争是情有可原的。我之所以说到这一"核心传统",是因为我既不否认也不贬低各个时期基督教和平主义者的存在。但一般说来,基督教学说的传布者并未将基督的学说决然解释为消除战争的学说。不过，他们为控制战争中的杀戮制订了严格的条件。譬如，倘若战争本身是不正义的——如果战争是侵略战争的话——那么，侵略者的所有杀戮都是不正义的。即便一场战争是正义的，士兵或政府都没有无限制的权利去杀戮敌方……从技术上讲，非作战人员都是'无辜者'。有关战争的基督教道德的主要原则就是：有目的地杀戮无辜者等于谋杀……摧毁城市的行动总是不道德的。核武器的发明使得摧毁城市和杀戮非作战人员的行动更为容易了；但这丝毫不能使这种行动变得更为道德。使用核武器，如同在广岛和长崎使用核武器一样，都是邪恶的，不道德的，无论借此手段会取得什么样的优势。因为，此目的不能证明此手段的正当性。①

在当时，教会内部意见出现分歧，其中一部分人认为可以使用核武器，以此来保护自己的国家，消除共产主义统治世界的威胁；另一部分人则认为使用核武器没有正当的理由。对此，当《天主教画报》(*Catholic Pictorial*)的常驻神学家利普雷神甫(Fr. Ripley)回应说，教会尚未在这两种意见之间做出抉择时，肯尼投书报刊，表示抗议。他说，

在大部分人看来，核战争意味着一场使用氢弹与原子弹来摧毁城市的战争。贵报的有些读者会从利普雷神甫的回应中得出这样的结论：这样的战争在法律上是可以发动的。非也。战争中对没有参与战争的人进行有意的杀戮就是谋杀。这不是教会未作回答的问题。在1958年的复活节布道时，高德弗雷主教(Cardinal Dogfrey)说过："没有人会赞同这样的论点——使用任意破坏的核武器去轰炸主要以平民组成的人口中心在道德

① Anthony Kenny, *A Path from Rome*, pp. 170-171.

上是合法的。"因此可以说,使用核武器总是不道德的,就像用其轰炸广岛与长崎一样。无论用核武器轰炸任何人,不管是日本人、俄国人、基督教徒或共产党人,都没有任何区别……这个国家的神学家尽管在拥有核武器的合法性问题上的确存在分歧,但他们都认为使用核武器——即便在可能使用的唯一方式上——是没有道理的。①

最后,令人颇为感慨的是,肯尼在1963年还俗之后,教会仍为他保留教籍,期待其还俗失败,"迷途知返"。按照教会原有规定,也就是僧侣的立誓不婚律条(the law of celibacy),肯尼本人不可结婚成家。但他在牛津大学的一次聚会上,有幸结识了来自美国宾州的南希·盖雷(Nancy Caroline Gayley),两人相互倾慕,随之坠入爱河,于1966年4月喜结良缘。为此,他自己被开除教籍,逐出教会,算是彻底还俗,与教会切断了所有关系。不过,这并未影响肯尼继续定期参加教堂礼拜活动——主要是英国国教而非天主教的礼拜活动。他这样做不是为了激发自己的信仰,而是出于一位不可知论者的思想需要,因此从不接受任何布道,也不背诵任何教义。不过,他所说的不可知论,不是必然型不可知论,而是偶然型不可知论。这样的不可知论者会说:"我不知道是否有上帝,但上帝也许会被人所知;我没有证据表明上帝不能被人所知。"可见,这种偶然型不可知论,是一种永不安生的不可知论,所追求的是真知灼见而非不确定性。因此,肯尼一直关注宗教哲学,关注自然神学的现状,关注理性与信仰之间的关系。②

肯尼这位偶然型不可知论者(contingent agnostic),对于理性之德与信仰之德均有独到的见解,对于轻信说与怀疑论均有深刻的批评。当他对教条教义所制约的宗教信仰产生疑虑之时,在他最终离开教会返还俗世之后,他并没有

---

① Anthony Kenny, *A Path from Rome*, pp. 171 – 172.

② Ibid., p. 208.

从一个极端走向另一个极端，而是始终以爱智求真的精神，认真地对待正确的信念，客观地评价宗教的价值，这一切显然不是为了寻求个人精神的寄托，而是出于理智认识的需要和不断追思的结果，并且由此形成他个人精神境界与思想空间的特殊结构。下述两段独白颇能反映其内心世界的一些侧面——

有一事看来是明确的。没有任何理由认为，怀疑上帝存在的人就不应在这个话题上与其他问题上祈求上帝的帮助与指导。怀疑上帝存在的不可知论者会向上帝祈祷这一想法，这在有些人看来会有些好笑。这种情况肯定不会比海上漂浮、洞中沦陷或山腰受困之人的行为更为荒谬，后者所发出的呼救声或许永难听到，所发出的信号或许永难看到，但他依然会呼叫救助或发射信号。①

当我从自己的不可知论观点出发，审视我周围的那些信奉有神论与无神论的同仁时，我不知道是要羡慕他们呢，还是要怜悯他们呢。我是否应羡慕他们呢？羡慕他们对这一议题抱有坚定信念，对此抱有坚定信念委实重要，可我却没有这种信念。我是否应该怜悯他们呢？因为他们用来证明其有神论或无神论的论证，均是肤浅而不可信的。在我看来，他们都是轻信之士；在他们看来，我却是怀疑论者。我们哪一方明白事理，我不知道。②

二　本书特点与译余感言

迄今，我所看到的西方古代哲学史著作，就其书写结构而论，大多按照历

① Anthony Kenny, *A Path from Rome*, p. 210.
② Ibid.

史时期或年代顺序、人物先后或学派流变，逐一进行介绍、描述、诠释与归结。在国内出版的一些译作与专著中，具有代表性的文本包括策勒尔所著的《古希腊哲学史纲》，文德尔班所著的《古代哲学史》，汪子嵩等人所著的《希腊哲学史》，姚介厚所著的《古希腊语罗马哲学》（见叶秀山、王树人主编的《西方哲学史》第2卷）等。

相比之下，肯尼所著的《古代哲学》，采用了新的书写结构。前两章是从历史的角度，概述了古代哲学的开端与发展，从毕达哥拉斯到柏拉图，在从亚里士多德到奥古斯丁，宏观地描述了主要哲学家的个人经历与思想要素，以此为读者提供了一幅素描式的古代哲学图谱。随后，他以学科为主题，分头讲解，先是逻辑，后为认识论、物理学、形而上学、心理学、伦理学与神学。在这些主题性章节里，作者继而按照各科思想发展的历程，摘其要点，顺从主线，由浅入深，剖析内涵，逐一阐述。这样不仅构成集中描述、避免散乱的特点，而且能为读者提供诸多方便，使不同学术背景的读者可以任意选读自己感兴趣的相关章节，借此可以免除为了搜罗所需资讯而通阅全书的"劳役"。要知道，肯尼在开篇就曾表明，这部书不只是为哲学专业的大学生所撰，而更多是为其他专业的大学生所撰。

另外，由于文献资料、语言文化、历史语境等因素，研究古代哲学的方法是有一定规范要求的。按照文德尔班的总结，一般的研究方法包括：

1. 单纯的"描述"立场。
2. "发生学"的"解释"立场。
   (1) 心理学上的解释；
   (2) 效用主义的方法；
   (3) 文化—历史方面的观点。

3. “批判主义”的思辨态度。①

肯尼所著的《古代哲学》，综合各家所长，对于上述方法均有不同程度的借鉴与运用。最值得一提的是，他本人从事研究分析哲学多年，且自幼从事古典语文学的研习，因此自然而然地采用了分析哲学乃至比较语义学等方法，力求用直白的语言，来诠释和澄明古代哲学上的种种疑难。当然，作者对有些问题讲得比较清楚，譬如，对亚里士多德的逻辑论式与相关学说的阐述，显得驾轻就熟，游刃有余。对古希腊哲学家巴门尼德的存在论之存在所做的词源和词义阐释，作者有效地借用了相关英语词汇和语法的比较，将困惑许多读者乃至哲学家的一个问题讲得非常明晰。我们不妨将其抄录如下——

形而上学的核心论题是存在论(ontology)，即存在研究(study of Being)。“ontology”一词源自古希腊词“*on*”(复数形式为“*onta*”)，是系词“*einai*”(是，在)的现在分词。如同在英语中那样，定冠词在希腊语里可以置于分词之前，借此表示一类人或物，譬如，当我们谈及在世者(the living)或临终者(the dying)时，我们意指所有现在活着的人或所有现在将死的人。存在论的创立者是巴门尼德，他在界定自己的论题时，将定冠词“*to*”置于分词“*on*”之前，由此形成“*to on*”，字面意思为“the being”，其样式类似“the living”，实际意指所有存在(all that is)。这一表达词组习惯上被译为大写的英语词“Being”。小写的英语词“being”在哲学中有两种用法，第一用法相应于希腊语的分词(the Greek participle)，第二用法相应于希腊语的原形动词(the Greek infinitive)。我们可以说，使用分词形式的 a being 是指一个存在的个体(an individual that is)；而使用动名词的 being,

① 文德尔班:《古代哲学史》(詹文杰译,上海:上海三联书店,2009 年),6 – 7 页。

实际上是指任何个体存在者所参与的东西。诸个体存在者的总体构成存在(Being)。①

这些相当枯燥的语法上的区分需要澄清,因为忽视这些区分就有可能而且也已导致一些大哲学家思想上的混乱。为了搞懂巴门尼德的想法,还需要进一步做出重要的区分,即 Being 与 existence 之间的区分。

英语里的"to be"(是)与希腊语对应词的意思可以确指"to exist"(在)。因此,诗人华兹华斯(Wordsworth)告诉我们:"露西活着时默默无闻/当她停止存在时(ceased to be)/更是鲜为人知。"系词形式(to be)在英语中的用法大多限于诗性描述,但当我们想要表示金字塔依然存在而罗得岛巨人雕像已不存在时,若用系词形式来言说这类事物就不自然了,"金字塔是在,但罗得岛巨人雕像不在(The Pyramids are, but the Colossus of Rhodes is not)"。不过,比喻性的陈述在古希腊语中是十分自然的,巴门尼德所谈的 Being 肯定包含系词(be)的这层意思。所以,Being 包含两层意思,即:所有本质存在与所有存在者。

但是,希腊语系词不仅出现在"特洛伊不复存在"这样的句子里,而且出现在许多不同种类的句子里,譬如,"海伦是美丽的","阿弗洛蒂特是女神","阿喀琉斯是勇敢的"……正是通过所有这些不同的模式,亚里士多德得以提出范畴问题。在巴门尼德看来,Being(存在)不仅意指什么东西存在,而且意指任何包含系词(is)的句子所描述的东西是真实的。同样,being(存在者)不仅表示实存着(existing),而且表示存在状态,譬如是热或是冷,是土或是水,等等。依据这样的解释,存在(Being)就是一个要

① 一般西方语言中有系词的动名词和现在分词形式之分,两者形似而意别。汉语中没有等价词或对应词。如果翻译成"是",放在有的语句里可以理解(如表示本质存在的"This is what is",可译为"这是其所是",不一定非要译为"这是本质存在"),但放在其他语句里则难以读通(如表示存在总体性本质意义的"Being of all beings",与其译为"所有是的是",不如译为"所有存在的存在")。因此,时下在国内哲学界通常将其译作"存在",这样放在所有语句中虽原意有失但大意皆通。为了避免重叠或混淆,哲学界习惯于把 existence 译为"实存",因为"实存"有别于"实在"(reality)。——译者注

比实存物的总体(the totality of existents)更为丰富且更令人迷惑的领域了。①

得益于自己畅达的文体,借助于相关的诗句引证,肯尼竟然将一个枯燥的语言与哲学问题阐述得如此可读且耐读,这不能不说是此书的又一特点。当然,本书对有些问题的阐述,由于篇幅所限,抑或过于简略,抑或不够透彻,譬如对奥古斯丁的神学系统,显然没有展开,估计是留给本套哲学史第二卷中世纪哲学去专门论述的。以上所言,相信读者最有资格鉴别与评判。

另外,我翻译此书,确属机缘巧合。近十年余年来,鉴于研习柏拉图诗学之需,我对古希腊哲学产生了较大兴趣。大家知道,柏拉图是古希腊思想的集大成者,要深入研究柏拉图,就必须系统了解古希腊哲学史,这似乎是一种逻辑的必然。但就效果而言,我自己觉得与其阅读几部哲学史,恐怕不如亲手翻译一部哲学史。于是,在我参与翻译《剑桥哲学史》现代卷之后,总想抽时间翻译一部古希腊哲学史。正巧,梁展教授应吉林出版集团有限责任公司的约请,推荐了肯尼的《牛津西方哲学史》四卷本,其目的之一是为大学生提供一套具有可读性的专业教材。我翻阅了原书,觉得很有特点,说理与文风尤为通达,便爽快答应翻译首卷《古代哲学》。

说到该书作者肯尼,也就是安东尼爵士,我在2000年于牛津大学访学时,就听到哲学圈子里谈及他的学术建树。有一天,中国学术研究所哲学部主任勃宁(Nicholas Bunnin)博士找到我,说他将我已经推荐给麦克雷迪(Stuart Mc-Cready)先生。不几日,后者在电话里告诉我,他正在邀请一些在牛津的学者,合作撰写《重新发现幸福》(*The Rediscovery of Happiness*)一书,也约请我撰写一篇文章,专论儒、道、释的幸福观,作为该书第三章。与此同时,他还特意告诉

① Anthony Kenny, *Ancient Philosophy* (Oxford: Clarendon Press, 2004), pp. 199-200.

我，安东尼爵士已应允撰写第十四章。后来，此书于 2001 年由英国 MQ 出版有限公司出版，图文并茂，装帧精美，封面设计凸显了中国文化的要素。我从此书中读到安东尼爵士所撰的那一章，题目为《超越温暖的感受》(*Beyond a Warm Feeling*)。此文从亚里士多德和边沁的幸福观说起，专论康乐(well-being)的三个要素，其中包括自我的知足、物质的福利与人格的尊严及其三者之间的交互关系。文章篇幅不长，论证深入浅出，其透彻易懂的说理与自然简明的文风，给我留下了深刻印象，使我对分析哲学平添了诸多好感。有了这一段小插曲，我对翻译安东尼爵士的这部古代哲学史著作的兴致自然也就更大了。

翻译此书的过程，委实是一个收益良多的研习过程，所体验到的愉悦感受或些许困扰，唯我心知。本书前两章涉及人物与历史，翻译进展极其神速，几乎可以顺手而为。但到了以学科为分界的专题论述部分，翻译的难度不断加大，其进展速度随之放缓，每日需要参阅相关的著作，譬如柏拉图全集、亚里士多德全集、古代哲学史论著以及相关的专题论著等等。由于我了解肯尼的古典学术背景及其在亚里士多德研究方面的杰出成就，所以对他处理文献的方式以及古希腊语词的英译都充满信心，这自然也会提醒我在汉译时审慎为之。譬如，在阐述亚里士多德有关心智的德性(*arete*)时，肯尼指出，

> 希腊词"*arete*"相当于英文词"virtue"(德性、美德)与"excellence"(卓越、杰出)；所以，在当前的语境里，我暂且不翻译这个词。一切事物的 *arete* 的本性取决于其工作效用(*ergon*)，也就是其功能作用和自有特色的成就。心智及其所有官能的工作效用，就是成就真与假的判断(*NE* 6. 2. 1139ᵃ 29)。起码可以说，心智的工作效用意指心智的独特活动，其成就意指心智工作的好或坏；其活动是指心智工作良好、为其所为；因此，心智的工作效用在严格意义上就是单指真理(2. 1139ᵇ 12)。于是，理智德性(intellectual *aretai*)就是指能使灵魂的理智部分获得真理的卓越能力。心

智有五种状态，具有如下效用，即 *techne*, *episteme*, *phronesis*, *sophia*, *nous*, 我们可以将其译为技艺(skill)，科学认知(science)，实践智慧(wisdom)，理解力(understanding)，洞察力(insight)(3. 1139^b 16 – 17)。

如上所述，有关心智的五种状态是用五个希腊词表示的，肯尼的英译是根据具体文本和语境做出的，而非依照一般的说法或词典挪用的，我依此照实译出和标出，以便阅读和理解。类似的部分不少，这里无须逐一列举。

我通常的习惯是边写边改，第一天写的东西，在第二天续写时务必从头阅读和修改一次，这样在续写时就更有感觉。就此书而言，我也是一边翻译，一边修改，为的是把握文意和思想的连贯性，这样有助于保持活跃的感悟能力以便有效地进行翻译。译出全文后，我通篇修改两遍，在庚寅年来临之前呈送姚介厚先生审阅。姚先生专治古希腊罗马哲学史有年，是一位学识广博而仔细认真的前辈学者。他通阅全文，建议修改之处颇多，有些关键概念还特意联系古代哲学史的演变进程加以注释，借此说明修改的原因和必要。如此严谨的治学态度和审慎细密的学养功夫，令我感佩不已，没齿难忘。譬如，他建议将恩培多克勒所说的“二因”(love and strife)译为“爱”与“争”，而非“友爱”与“争吵”，并解释说：此“二因”在自然界表现为排斥与吸引，在人世间表现为善与恶。权衡之后，我采用了他的建议，认为简译后的两个概念更具哲学味道，便于容含上列意思。再如，涉及德谟克利特论述原子与虚空这两种实在时，我将其中一句话译为“原子在虚空中集聚混合而成”(conglomerations of atoms in the void)，姚先生则将其改为“原子在虚空中集聚结合而成”，并就此解释说：“原子”不同于阿那克萨戈拉的“种子”，不是混合与分离成物，而是特定几何形式的结合。另外，此书将巴门尼德所言的“一”与普罗提诺所言“太一”均写成“the One”，我曾试将前者译为“全一”，以别于“太一”，读起来会有某种对称之感。姚先生就此提出一个问题：既然要说“全一”，那是否会有“非全一”呢？

我无言以对。因为,巴门尼德说过"存在"与"非在"(或"不存在"),但确然没有说过"全一"与"非全一"或部分意义上的"一"。自不待言,我放弃了自己不甚成熟的尝试。

还需要指出的是,我在翻译本书里的逻辑一章时,曾遇到一些难题,专门请教于逻辑研究室的同仁邹崇理研究员,并将此章的译稿打印出来请他校阅和修改。另就本书的物理学部分,我曾请教于科技哲学研究室的同仁蔡肖兵博士,也将此章译稿打印出来请他校阅和修改。同仁们的盛情雅意和鼎力帮助,使我心存感激,在此深表谢忱!

实言相告,本书译稿原计划再打磨半载,然后方可出手付梓。唯因国内外出版合约期限所迫,译者不能再拖,只好遵咐交稿,其中错谬恐在所难免,故此诚请读者雅正,以便日后修改,尽力使其成为一部经得起推敲的学术译著。

王柯平

庚寅年初春于北京

导言

为什么要研究哲学史?这涉及诸多理由,可大体分为两组:哲学的理由和历史的理由。我们研究已故的伟大哲人,抑或是为了昭示当今哲学所探讨的种种主题,抑或是为了理解以往的人们和社会,抑或是通过阅读他们的哲学而去把握其思维与行动的概念氛围。我们阅读其他时代的哲学家著作,抑或是为了借此来解决哲学上一直令人关注的种种问题,抑或是为了入乎其内,更为充分地了解过去某一时代的思想世界。 xi

在这部从古至今的哲学史里,我期望深入推进上述目的。为此,我在本书导言里明确指出:我将在这部著作的不同篇章里采用不同的方式。然而,在概述这部哲学史的写作要略之前,理应反思一下哲学自身的性质。"哲学"(philosophy)一词由不同的人说出便具有不同的含义;相应地,"哲学史"(the history of philosophy)也可用多种方式予以解释,其所指取决于各个哲学史家如何看待哲学的要义所在。

亚里士多德会这样看,黑格尔则会那样讲;前者是第一位哲学史家,后者或许是最后一位哲学史家,因为他使哲学达于至善之境。这两人对哲学性质的看法虽迥然相异,但对哲学进步的看法却彼此相同,都认为在历史长河中,哲学的种种问题得到越来越明晰的界定,同时也得到越来越精确的解答。亚里士多德在其《形而上学》(*Metaphysics*)首卷中,黑格尔在其《哲学史讲演录》(*Lectures on the History of Philosophy*)里,均把早期哲学家存留下来的那些学说视为一连串蹒跚的脚步,一路走向他们两人各自阐释的看法。

唯有极富自信心的哲学家才会如此书写哲学史。对于大多数哲学家兼史学家来讲,所面临的诱惑在于不把哲学视为他们研究工作的最终结果,而是将其视为一个循序渐进、引致时下流行的哲学体系的过程。不过,这种诱惑理应
xii 遭到抵制,因为没有任何力量能够保证哲学进步总是沿着某一特定方向展开。

人们的确会提出这样的疑问:哲学是否已然取得了进步呢?有些人认为,主要的哲学问题在讨论了数个世纪之后依然争论不休,远远不能取得任何的定论。20世纪的哲学家维特根斯坦(Ludwig Wittgenstein)曾这样写道:

> 你经常听人们议论说:哲学没取得丝毫进步,古希腊人所思考的那些相同的哲学问题,依然在今日困扰着我们。然而,散布这些言论的人们并不明白情况为何至此的原因。其原因在于我们的语言依然如故,总是将我们导向原来那些相同的问题。……我所阅读的"哲学家远不如柏拉图更加接近'实在'的意义"。这是多么不同寻常的事情啊!柏拉图的影响行之甚远真是了不起啊!我们迄今一直未能向前推进啊!这是不是因为柏拉图非常聪明呢?(MS 213/424)

对待哲学进步的态度存在差异,我们所谓的亚里士多德式的态度与维特根斯坦式的态度就不相同,这一点与审视哲学本身的两种不同观点有关。哲

学抑或被视为一种科学,抑或被视为一门人文学科。哲学委实难以划分清楚,因为哲学兼有人文与科学的类似特征。

一方面,哲学看上去就像是一种科学,因为哲学家是追寻真理的。因此,哲学中就好像有种种发现,哲学家也像科学家一样,热衷于从事持续性的、合作性的和累积性的思想探索活动。果真如此的话,哲学家就必须熟悉时下的写作方式,必须跟上人文领域发展的现状。在这一点上,我们这些21世纪的哲学家要比较早以前的哲学家更为优越。毫无疑问,我们是站在其他哲学家的肩膀之上,站在更伟大的哲学家的肩膀之上,同时也站在所有这些哲学家的上方。在我们看来,柏拉图和康德均已过时。

另一方面,在诸多人文领域,古典作品并非过时。相对于其历史而言,如果我们想要学习物理学或化学,我们今日无须阅读牛顿(Newton)或法拉第(Faraday)的著作。但是,我们今日依然需要阅读荷马与莎士比亚的文学,这不仅仅是为了弄清远古时期遗留在人们脑海里的那些奇特有趣的东西。人们会争辩说,这一点也肯定适用于哲学。因为,我们今天阅读亚里士多德的著
作,也不仅仅是出于对古文物的好奇之心。质而言之,哲学是个人天才之为 xiii
作,故此,康德不能代替柏拉图,同样,莎士比亚也不能代替荷马。

上述说法均有合理的成分,但没有一种说法完全正确,也没有一种说法包含全部真理。哲学并非一种科学,其中也无人文形式。哲学既非事关知识的扩展,也非事关世界新真理的获取;哲学家也不占有其他人得不到的信息。哲学并非事关知识,而是事关理解;也就是说,哲学事关已知事物的条理。这是因为哲学无所不包,哲学领域如此广大,哲学所要求的知识组织结构难乎其难,唯有天才方能为之。对于所有并非天才的人们来说,有望把握哲学的唯一途径,就是深入到以往某位伟大哲学家的头脑之中。

哲学虽然不是科学,但在其整个历史上,哲学与科学一直关系密切。在古代和中世纪,曾经属于哲学组成部分的许多学科,现已成为独立的科学。一门

学科只要其概念尚未澄清，其方法尚存争议，那就依然属于哲学。或许没有任何科学概念已然充分得到澄清，也没有任何科学方法已然完全没有争议。如果是这样的话，那么在任何科学中总会存有哲学的要素。不过，一旦相关问题得到不成问题的说明，一旦相关概念得到没有争议的标准化解释，一旦解决问题的方法取得共识，那么，我们就有一门科学获得独立，这门科学也就不再是哲学的分支。

哲学一度被尊为科学的王后，一度被贬为科学的奴婢，哲学或许最好应被视为科学的发源地或助产婆。但在事实上，科学在很大程度上是从哲学那里分裂而非分娩出来的。此类例证甚多，其中两例足以表明这一点。

在 17 世纪，哲学家竭力思索的问题是：我们的思想观念中有哪些是与生俱来的，有哪些则是后天习得的？这个问题进而分化为两个问题：一是心理学问题（“我们应将什么归功于遗传，同时应将什么归功于环境？”）；二是认识论问题（“我们的认识在多大程度上有赖于经验，同时又在多大程度上独立于经验？”）人们把第一个问题提交给科学心理学去回答，而将第二个问题提交给哲
xiv 学来回答。然而，这第二个问题本身却分化为若干个问题，其中之一是：“数学是否只是逻辑学的外延，或者说，数学是否就是自成一体的真理？”20 世纪的逻辑学家与数学家通过研究，简明扼要地回答了数学是否可能源自纯粹逻辑学这个问题。这一答案并非是哲学答案，而是数学答案。因为在这里，我们所遇到的第一个含混的哲学问题分成两个方向：一个趋向于心理学，另一个趋向于数学。在这两者之间则是需要苦思冥想的哲学残余问题，这关系到诸多数学命题的性质。

较早时期的另一个例证更为复杂。“神学”这一哲学分支曾被亚里士多德赋予尊贵的地位。我们今日阅读亚里士多德的相关说法，就会发现神学这门学科混杂着天文学和宗教哲学的东西。信奉基督教和伊斯兰教的亚里士多德学派成员，还从各自圣典的教诲中汲取了一些要素，将其附加在神学的内容之

中。正是13世纪的圣托马斯·阿奎那(St Thomas Aquinas)将自然神学与启示神学截然分开,导致了第一次具有重要意义的学科分化,结果是将神灵启示的诉求从哲学的日常工作事项中抹去了。天文学与自然神学用了较长时间才得以分道扬镳。这一例证表明,从哲学中分离出的不一定就是一门科学,而有可能是一门人文学科,譬如圣经学。这一例证还表明,哲学的历史既包括学科分化的例证,同时也包括学科融合的例证。

哲学与人文的相似之处,表现在与同一个准则的重要关系上。哲学家在阐述问题之时,需要涉及一系列经典文本。鉴于哲学没有具体的主题,而只有独特的方法,因此需要凭借其伟大实践者的活动来把哲学界定为一门学科。我们认作哲学家的那些最早时期的人物(也就是前苏格拉底时期的那些人物)也是科学家,其中一些还是宗教领袖。但他们并不认为自己属于同一职业,而21世纪的哲学家却认为这是一种继往开来的职业。柏拉图在自己的对话中率先使用了“哲学”一词,其用意同我们现代的用意具有某种近似性。今天,我们这些自称哲学家的人,均可以说是柏拉图和亚里士多德的继承人。不过,我们只是他们众多继承人中的一小分支。我们与这两位伟大希腊先贤的其他继承人不同,或者说我们有资格继承他们英名的关键之处在于,我们不像物理学家、天文学家、医学家或语言学家,我们作为哲学家所追寻的是柏拉图 xv
和亚里士多德追寻的目标,我们所采用的方法也正是他们当年采用的方法。

假如哲学介于科学与人文之间的某一区域,那么,又当如何回答“哲学是否取得进步”这一问题呢?

一些人认为,哲学的主要任务在于帮助我们治疗思想混乱。从这一朴素的角度来考虑哲学家的作用,哲学所涉及的种种任务在历史上是各自不同的,因为每一时期都需要一种不同的治疗方式。没有条理的头脑所结成的疙瘩,在每个时代皆不相同,而不同的心理活动必然会解开这些疙瘩。譬如说,我们这个时代的通病,就是惯于把头脑当做一台电脑,而在早先的时代里,则惯于将头脑当做一架电话交换机、一部脚踏管风琴、一尊人体模型或一种精神,等等。早先时代的这些症状或许已经中止,譬如认为星球是有生物之类的信念;这些症状或许也会复活,譬如认为星球可以使人预知人类行为之类的信念。

不过,认为哲学治疗思想混乱的观点,看来只会促成与时变化,但不会促成真正进步。可实情并不一定如此。思想混乱的可通过一位哲学家得到令人满意的澄清,这样就再也不会诱惑漫不经心的思想家了。本书第一卷将会详尽讨论这方面的情况。巴门尼德(Parmenides)作为关于存在之科学的存在论(ontology as the science of being)的创立者,将其大部分思想体系建立在系统性混乱的基础之上,这种混乱来自动词"是"或"在"(to be)的不同含义。柏拉图在其一篇对话文本中,成功地梳理了诸多问题,从而不再会有将其含义混为一谈的借口;可如今确实颇费周折,需要极大的哲学想象来准确说明是什么最先导致巴门尼德陷入思想混乱的。

这种进步通常会因其大获成功而遭遮蔽:一旦一个哲学疑难得到解决,就不再有人将其视为一个哲学问题。这犹如此首讽刺短诗所描述的背叛行为一样:

> 背叛行为永难得逞,
> 这其中原因何在?
> 因为这种行为一旦得逞,
> 无人再敢称其为背叛行为。

哲学最显而易见的进步形态就是哲学分析的进步。哲学的进步不是靠持续增加资讯量;诚如人们所说,哲学提供的不是资讯,而是理解。自不待言,当代哲学家们知道已故大哲学家所不知道的一些事情;但是,他们所知的这些事情并非哲学问题,而是由哲学孕育的科学已然发现的真理。也有一些事情是当今哲学家所知道的，但却是前辈哲学家所无法知道的。譬如，哲学家凭借区别语词的不同含义来澄清语言的作用；一旦做出某种区别，未来的哲学家在其研究思考中就得关注这种区别。

这里不妨以自由意志（free will）为例。在哲学史上的某一阶段，哲学家区别了两种人类自由：一种是（能以另外方式而为的）冷漠性自由（liberty of indifference），另一种是（能以所愿方式而为的）自发性自由（liberty of spontaneity）。一旦在此做出区别，就得参照这种区别来回答“人类是否享有意志自由”这一问题。即便相信这两种自由可以趋同的人，也得拿出论据来予以说明；他不可能在断然忽视这一区别的同时，期望能够对这一话题展开认真的讨论。

考虑到哲学与某一规范的关系，下述说法也就不足为奇了，即：哲学进步的一种显著形态就在于理解和阐释以往伟大哲学家的思想。以往的哲学名著不会丧失它们在哲学中的重要意义——而且，其思想上的贡献并非是静态的或停滞不前的。每一个时代都会联系各自的问题与追求来解释和应用哲学经典。在最近这些年里，这一点在伦理学领域表现得最为明显。在今日的道德思维领域，柏拉图和亚里士多德的伦理学著作与20世纪道德学家的伦理学著作具有同样大的影响，这一点很容易从引用率中得到证明，但是，今日对哲学著作的解释和应用方式，显然不同于以往的应用方式。这些新的解释和应用的结果，会真正推进我们对柏拉图和亚里士多德的理解；当然，这种理解在很大程度上不同于对柏拉图的对话文本展开新的编年史研究所给予的那种理解，也不同于对亚里士多德的各种伦理学著作展开文体计量学比较研究所给予的那种理解。我们从中所得到的新启示，类似于我们通过观看新版《李尔王》（*King Lear*）的精彩表演会加深我们对莎士比亚剧作的欣赏一样。

无论其主要兴趣在于哲学还是历史，哲学史家都会不由自主地成为一位哲学家和一位历史学家。绘画史家并非就得成为一名画家；医学史家（作为历史学家）并非就得从医。但是，哲学史家就得在从事历史写作的同时研究哲 xvii

学。可以说,一位不懂哲学的人肯定是一位糟糕的哲学史家;同理,一位不懂烹饪的人也肯定是一位糟糕的烹饪学史家。因为,哲学与哲学史之间的联系极其紧密。历史学的任务本身迫使哲学史家要解释其研究对象的种种观点,要说明以往哲学家坚持这些观点的种种理由,要辨识他们所述论点中尚未明言的种种前提,要评估他们所得结论中的条理连贯性和说服力。而这一切活动,譬如为哲学结论提供理由,为哲学论点探寻隐含的前提,对哲学推论进行逻辑评估,都是完全纯正的哲学活动。如此一来,任何严肃认真的哲学史,不仅要研究哲学,而且要研究历史。

从另一方面讲,哲学史家务必熟悉以往哲学家撰写著作的历史语境。当我们在解释历史的行动时,我们就得探寻行动者采取行动的理由;假如我们找到一种适当的理由,我们就会认为自己理解了他所采取的那一行动。如果我们得出这位行动者没有适当理由而采取这种行动的结论(即便用他的话说),那么我们就得寻找不同的理由并做出更为复杂的解释。采取行动的理由等同于接受一种哲学观点的理由。如果哲学史家发现了已故哲学家提出某一学说的适当理由,那他的任务就算完成了。但是,他若得出这位已故哲学家所提出的学说没有适当理由的结论,那他就得应对一项更加艰难的任务,就得竭力从提出这一学说的语境出发去解释这一学说,而这一语境抑或是社会语境,抑或是思想语境。①

甚至在直接探索初始性哲学启蒙方面,历史与哲学都有着密切的联系。在现代,这一联系在19世纪伟大的德国哲学家弗雷格(Gottlob Frege)的杰作《算术基础》(*The Foundations of Arithmetic*)里得以彰显。在弗雷格的这部著作里,大部分篇幅被用来讨论和驳斥其他哲学家和数学家的观点。在讨论别人观点的同时,弗雷格认为自己的有些洞识以巧妙的方式旁敲侧击,从而使他在

① 在其所著的《古代哲学论集》(*Essays in Ancient Philosophy*, Oxford: Clarendon Press, 1987)导言中,弗雷德(Michael Frede)对这项任务的重要性做了精彩的阐述。

最后陈述自己的学说时要容易一些。不过，其长篇论辩的主要目的，在于让读者确信他后来所要解决的那些问题的严肃性。他宣称，若无这一前奏，我们就会缺失学习任何东西的首要前提，即：知道我们自己无知。 xviii

在专业化时代，大部分哲学史都是多人合作撰写，即由研究不同领域和时期的专家合作撰写。牛津大学出版社在约我一人撰写一部从泰勒斯到德里达（Derrida）的哲学史时，相信仅由一人独著哲学发展过程一定会有所获，这一过程要求将古代哲学、中世纪哲学、近代哲学和当代哲学连接起来，集相关主题于独一叙事形式之中。这部著作共分四卷：第一卷始于哲学的开端，终于公元387 年圣奥古斯丁皈依基督教。第二卷从圣奥古斯丁的事迹开始，到 1512 年天主教拉特兰公会结束。第三卷上接前卷结尾，到 1831 年黑格尔逝世为止。第四卷即最后一卷，所论内容（从黑格尔之后）直到 20 世纪末。

自不待言，我不认为自己是研究本书诸卷中所列的许多哲学家的专家。不过，我对四卷中各时期里的主要人物均有专著发表：有专论亚里士多德的著作——如《亚里士多德的伦理学》（*The Aristotelian Ethics*）和《亚里士多德论完善的人生》（*Aristotle on the Perfect Life*），有专论阿奎那的著作——如《阿奎那论心灵》（*Aquinas on Mind*）和《阿奎那论存在》（*Aquinas on Being*），有专论笛卡尔的著作——如《笛卡尔哲学研究》（*Descartes: A Study of his Philosophy*）和《笛卡尔哲学信札》（*Descartes: Philosophical Letters*），有专论弗雷格与维特根斯坦的著作——如企鹅出版社哲学家导论丛书中的《弗雷格》（*Frege*）和《维特根斯坦》（*Wittgenstein*）以及《维特根斯坦的遗教》（*The Legacy of Wittgenstein*）。我希望撰写上列著作的工作，会使我对哲学史上这四个时期的哲学风格有一深刻认识。这项工作确然使我认识到某些哲学问题和洞识所包含的永久意义。

我想自己在撰写这部哲学史时，会认真考虑我在这篇导论中所提出的要点。我不受任何辉格党式幻象的干扰，并不认为哲学现状代表哲学努力业已达到的最高顶点。恰恰相反，我撰写此书的主要目的在于表明，已故伟大哲学家的哲学在许多方面尚未过时；时至今日，人们通过认真阅读我们有幸传承下来的伟大著作，就会获得哲学的启示。

任何一种哲学史学著作的核心都是诠释，即仔细阅读和解释哲学文本。诠释可有两类：内在型或外在型。于内在型诠释中，解释者试图使文本具有连
xix 贯性和一致性，在解释过程中所采用的是清晰性原则。在外在型诠释中，解释者通过将此文本与彼文本进行比较和对照，进而揭示此文本的含义。

诠释可以形成两种截然不同的历史努力的基础，我在导论开篇就曾描述过这两种努力。其一就是我们称之为历史的哲学，目的在于取得有关本书所论问题的哲学真理或哲学理解。一般说来，历史的哲学探寻的是相关文本之中诸多说法形成的背后理由或证据。其二便是思想史，目的在于获得有关当下问题的哲学真理，或者取得对某一个人、时代或历史演替的哲学理解。一般说来，思想史主要探寻的不是相关文本之中所述观点的理由，而是这些观点的来源、起因或动机。

历史的哲学与思想史这两个学科建立在诠释基础之上，但就这两个学科而言，思想史这门学科与阅读文本的准确性和敏悟性具有更为密切的关系。一个人可能是一位优秀的哲学家，但有可能是一位糟糕的诠释家。在《哲学研究》（*Philosophical Investigations*）开篇，维特根斯坦讨论了圣奥古斯丁的语言学说。维氏所著是非常含糊其辞的诠释，但这并未弱化他对奥古斯丁式语言学说的哲学批评力度。不过，维特根斯坦并未真正意识到自己是在从事历史的哲学研究，也没有真正意识到自己是在从事思想史学著作研究。援引伟大的奥古斯丁这位错误学说的作者，其目的只是为了表示这一错误论点是值得抨击的对象而已。

在不同的哲学史著作中，历史学家与哲学家的技巧所发挥的作用大小各有不同。其作用大小是因研究工作目的和相关哲学领域而异。追求历史理解或追求哲学启蒙，都是研究哲学史的合理方法，但这两种方法各有风险。历史

学家在研究思想史时，如果自己不探讨已故哲学家所研究的哲学问题，很有可
能犯下肤浅的毛病。哲学家阅读古代、中世纪或近代的文本，如果对撰写这些
文本的历史语境一无所知，很有可能犯下年代误置的毛病。立足坚实而不落 xx
入这两个陷阱的哲学史家颇为罕见。

这两种过失中的任何一种，都有可能使哲学史研究的目的落空。历史学家如果忽视困扰已故哲学家的那些哲学问题，那就说明他没有真正理解已故哲学家是如何进行思维活动的。哲学家如果忽视以往经典的历史背景，那他就不会对我们今日关注的问题提出新解，而只是陈述披着伪装的当代偏见。

上述两种风险在哲学史的不同领域中具有不同的威胁作用。在形而上学领域，特别需要警惕的是肤浅：就一位对根本的哲学问题自己没有兴趣的人来说，已故的伟大思想家所提出的体系只不过是奇特古怪的愚蠢之举而已。在政治哲学那里，莫大的风险便是时代误置（anachronism）：当我们阅读柏拉图或亚里士多德对平民政体的批评言论时，我们可能会顾此失彼，除非我们了解古代雅典的政治体制。介于形而上学与政治哲学之间的便是伦理学和心灵哲学：上述两种风险在这里会具有大体相当的威胁作用。

在这四卷书中，我力图同时做一位哲学史家和一位历史的哲学家。多位作者合著的哲学史，有时采用编年史结构，有时则采用主题性结构。我想将这两种方法结合起来，即在每一卷里先采用编年史概述的方法，随后针对具有永久意义的特定哲学话题，采用主题讨论的方法。主要对历史方面感兴趣的读者，将会把关注的焦点放在编年史概述部分，同时会参考关乎主题讨论的必要部分以便得到引申。而主要对哲学问题有兴趣的读者，则会重点关注四卷书中的主题讨论部分，同时也会反过来参考编年史概述部分而将特定问题置于特定语境之中予以思考。

有鉴于此，我在第一卷第一部分便以编年史概述的方式，从毕达哥拉斯讲到奥古斯丁；而在第二部分，我较为详细地阐述了一些议题，认为就此我们依

然可从古希腊与古罗马时期的前辈哲学家那里学到很多东西。我之所以选择
xxi 主题部分的这些议题,部分程度上是着眼于相同主题在后三卷里的发展情况。
我心目中所想到的听众,是大学二年级或三年级的本科生。不过,我意识到许多对哲学史感兴趣的学生,也会选修一些基本上不属于哲学专业的课程。因此,我尽力不去假定当代哲学的技巧或术语都是大家熟悉的东西。与此同时,我将尽力写得清楚和轻松一些,以期让那些不是为了完成课程要求而是为了寻求自身启蒙和娱乐目的的读者能够欣赏哲学史。

第一章

开端:从毕达哥拉斯到柏拉图

哲学史并非发端于亚里士多德(Aristotle),但哲学历 1
史学却始于亚里士多德。亚里士多德是系统研究、记述和批评先前哲学家之为作的首位哲学家。在其《形而上学》(*Metaphysics*)第一卷里,他总结了前辈哲学家的种种教诲,从其早期的鼻祖毕达哥拉斯(Pythagoras)和泰勒斯(Thales)一直到柏拉图(Plato),他本人师从柏拉图计20载。时至今日,他是我们了解哲学童年时期最为多产和可靠的来源之一。

四因说

亚里士多德依据自己的四因说(the four causes)系统结构,对早期古希腊哲学家进行了分类。他认为科学探索就是对事物原因的探索;这些原因存在四种不同类别:质料因(the material cause),动力因(the efficient cause),形式因(the formal cause)和目的因(the final cause)。这里不妨举例说明一下他的想法:艾尔弗雷多在烹制意大利调味饭时,其质料因就是所用的那些配料成分,动力因就是厨师自己,形式因就是所用的菜谱,目的因便是满足餐馆客户的需要。亚里士多德认为,对宇宙的科学理解需要探索研究这些种类的各个原因在这个世界里的运作情况(*Metaph. A* 3. 983^{a}
2 24 - ^{b}17)。① 位于古希腊小亚细亚沿海的那些早期哲学家,主要关注的是质料因:他们寻求的是我们所居住的这个世界的基本组成部分。泰勒斯及其后继者提出如下问题:世界在根本层面上是由水或气或火或土构成的呢,还是由其中某些或所有这些东西整合而成的呢(*Metaph. A* 3. 983^{b}20 - 84^{a}16)? 亚里士多德认为,即便我们对此问题有一答案,那显然不足以满足我们的科学好奇心。一盘菜肴的配料成分不会自己聚合在一起,故此需要一位能动者通过切、拌、搅、热等做法来使用这些配料。亚里士多德告诉我们,早期的一些哲学家已经意识到这一点,并且开始猜测引起世界变化和发展的能动因素。有时候,这一因素可能就是这些配料成分中的一种——火可能是最值得考虑的对象,因为火是这些元素中最无惰性的元素。而在更多的时候,这一因素可能是某一能动者或一对能动者,它们更为抽象或更为别致,譬如爱、欲或争,譬如善或恶(*Metaph. A* 3 - 4. 984^{b} 8 - 31)。

根据亚里士多德所说,这一时期在意大利有一些喜好数学的哲学家围绕在毕达哥拉斯的周围,他们的研究采用了十分不同的路径。一个菜谱,除了给配料命名之外,还包含许多数:如这一配料需要多少克,那种配料需要多少升。毕达哥拉斯学派更感兴趣的是世界这一菜谱里所包含的数,而非其中那些配料本身。亚里士多德指出,他们假定数的元素便是万物的元素,认为整个天体就是一列音阶(musical scale)。他们从自己的研究中获得灵感,发现里拉琴演

---

① 括号里的注释,是按照原文所列。书名均为缩略形式,如此处 *Metaph.* 是 *Metaphysics*《形而上学》的缩写,可参考本书后面所附的"应用文献缩写与常例";*A* 3. 983^{a} 24 - ^{b}17 分别代表此书的卷、章、节、段、行。译者原本要将书名译成中文列于此处,但后来发现有的著作重名,如《前苏格拉底哲学家》,为不同作者所撰,且有德文版和英文版,译成中文难免会引起混乱。因此,谨遵原作所为,以免弄巧成拙。——译者注。

奏出音阶中音符间的关系，相应于琴弦长短之间的不同的数的比率。因此，他们总结出这一想法：质性差异会是数的差异所导致的结果。用亚里士多德的话说，他们的研究旨在探索宇宙的形式因（*Metaph. A* 5. 985^{b} 23 – 986^{b} 2）。

论及其最近的前辈，亚里士多德认为，苏格拉底（Socrates）侧重于研究伦理学而非自然界；柏拉图在其哲学理论中综合运用了泰勒斯和毕达哥拉斯学派的方法。不过，柏拉图的理念说（Theory of Ideas），虽然是当时提出的最富综合性的科学体系，但在亚里士多德看来，此说在几个基点上是不能令人满意的。亚里士多德就此总结出一些原因，并在他的几部论著中做了阐述。他认 3
为需要解释的东西甚多，而理念说增添了新的解释项目：理念说非但不能解决问题，反倒增添了问题（*Metaph. A* 5. 990^{b} 1 ff.）。

大部分从文献搜集着手的论文试图表明这一点：迄今的研究工作所留下的缺口，现在就得凭借作者的原创性研究予以弥补。亚里士多德所著《形而上学》一书亦无例外。他的工作日程并非那么隐秘不清，由此表明先前的哲学家忽视了四因中的余留成员——目的因，此因在他自己的自然哲学中起着非常重要的作用（*Metaph. A* 5. 988^{b} 6 – 15）。按照他的结论，最早的哲学在讨论所有主题时充斥着模糊不清的说法，因此在其开端时期，哲学就像一个牙牙学语的幼儿一样（*Metaph. A* 5. 993^{a} 15 – 17）。

今日的哲学家在阅读早期希腊思想家留存的残篇之时，印象较深的不是希腊思想家提出的那些问题，而是他们用来回答问题的那些方法。《创世记》毕竟为我们提供了答案，回答了亚里士多德提出的四因问题。譬如，我们若问到第一个人的起源时，就会得知其动力因是上帝，质料因是大地的尘土，形式因是上帝的形象或类似物，目的因对人类来说则是掌控海里的鱼类，空中的飞禽，地上的一切生物。不过，《创世记》（*Genesis*）并非哲学著作。

从另一方面看，毕达哥拉斯不是因为回答了亚里士多德式的问题而广为人知，而是因为提出了如下定理而闻名遐迩，即：直角三边形斜边的平方，等于两个直角边的平方之和。后来的希腊人也相信,泰勒斯是准确预测公元前585年日食的第一人。这些的确是几何学与天文学的成就,但不是哲学的成就。

事实上,早先对宗教、科学与哲学之间的区分,并非像近几个世纪里那样明确。亚里士多德的著作与其老师柏拉图的著作,为每一个时代提供了一种哲学的范型,时至今日,任何一位使用“哲学家”头衔的人,都认为是这两位前辈的继承者之一。在21世纪的杂志中可以看到,撰稿人所采用的概念分析技巧以及经常重复或反驳的理论论点,与柏拉图和亚里士多德在著作中所采用的那些东西没有什么两样。不过,在他们的这些
4 著作中,有许多内容现在看来不会被认为是哲学讨论。从公元前6世纪开始,宗教、科学与哲学的构成要素,曾在同一口文化大锅里一起发酵。从时间间隔上讲,现代的哲学家、科学家与神学家,均可将这些早期思想家视为他们的思想前辈。

米利都学派

在传统意义上,米利都的泰勒斯(约公元前625—前545)被尊为希腊哲学的奠基人。目前仅记载着他的两种说法,其一是“万物充满神灵”,其二是“水为万物第一本原”,这表明当时的科学与宗教是混为一体的。泰勒斯是一位几何学家,首先发现了在一圆中画出直角三边形的方法。为了庆贺这一发现,他把一头牛作为祭品敬献给诸神(D. L. 1. 24 - 25)。在白天里,当他的身影长度与他的实际身高相同之时,他通过测量金字塔的影子长度来推算金字塔的实际高度。他将自己的几何学付予实用:在证明凡有一等边与两等角的三角形都是全等三角形之后,他便利用这一结果来确定海上船只的距离。

泰勒斯也是一位著名的天文学家和气象学家。据说,他除了准确预测日

食之外，还率先指出一年有365天，率先确定夏至和冬至的日期。他研究各种星座，估量日月的大小。他利用自己的技能准确预测天气：譬如预测到一年橄榄大丰收，他便提前租赁所有榨油磨坊，通过垄断手法大发其财。故此，亚里士多德曾说，泰勒斯可以证明哲学家只要乐意为之，就很容易发家致富（*Pol*. 1. 11. 1259^{b} 6 – 18）。

假如有关古代泰勒斯的上述故事有一半属实的话，那他就是一位多面能手。不过，对他的传统描绘模糊不清，充满歧义。一方面，他是一位哲学行家、政治大师与军事专家。另一方面，他的名字成为不食人间烟火与心不在焉的代称。除了别人之外，柏拉图也讲过如下逸闻：

> 泰勒斯仰首凝视天空，研究星辰，不料掉进一口井里，一位兴致勃勃且聪明机警的色雷斯女佣便拿他取笑，说他只知道天上的东西，但却看不清眼前脚下的东西。（*Theaetetus* 174^{a}） 5

有一不大可能的传闻还说，泰勒斯就是在凝视星辰时落井而死。

泰勒斯被尊为古希腊七贤或七大智士之一，与其并列的还有雅典的伟大立法者梭伦（Solon）。有一些名言归于泰勒斯名下。如他所说，男人在一定年龄之前结婚可谓太早；在此年龄之后结婚可谓太晚。当有人问他为何没有孩子时，他回答说“那是因为我喜欢孩子”。

泰勒斯的说法宣告了多个世纪以来哲学对婚姻的鄙视态度。你若列出一打儿真正伟大的哲学家，你会发现名单上几乎都是单身汉。譬如，所列的这个名单上就包括柏拉图（Plato），奥古斯丁（Augustine），阿奎那（Aquinas），司各脱（Scotus），笛卡尔（Descartes），洛克（Locke），斯宾诺莎（Spinoza），休谟（Hume），康德（Kant），黑格尔（Hegel）和维特根斯坦（Wittgenstein），他们中间没有一人结婚。亚里士多德是一大例外，由此证明婚姻不容哲学这条法则不能成立。

甚至在古代,人们发现很难理解泰勒斯将水视为解释事物的终极本原。他曾说过,土像漂浮在溪流上的木头一样依赖于水——对此,亚里士多德提出疑问,他问水到底依赖什么?(*Cael.* 2. 13. 294^{a} 28 – 34)。泰勒斯进而指出,万物源于水,万物在某种意义上由水构成。他提出此说的缘由依然模糊不清,亚里士多德只能猜测指出,这是因为所有动植物都需要水来维生,因为精液是潮湿之故(*Metaph. A* 3. 983^{b} 17 – 27)。

相比之下,泰勒斯的年轻同胞阿那克西曼德(Anaximander of Miletus, 约前547)的宇宙论更容易理解。我们对后者的观点知之较多,因为他留下一部名为《论自然》(*On Nature*)的著作,此书用当时方兴未艾的散文体写成。如同泰勒斯一样,阿那克西曼德取得了数个原创性的科学成就:譬如第一幅世界地图,第一张星象图,第一个希腊日晷和室内钟等。他教导说,地球的形体是圆筒状的,如同一根矮胖的柱子,其高度不超过其直径的三分之一。在这个世界的周围,耸立着一圈巨大的轮箍,里面充满着火;每个轮箍打有一孔,透过此孔,可从外面看见里面的火,这些孔代表日月星辰。这些孔一旦堵上,就形成
6 日食与月食。如今大部分隐蔽起来的天体之火,曾经是一个巨大的火球,围绕着童年的地球旋转;这个火球爆炸之后,其碎片所形成的轮箍,犹如围绕自身的树皮。

阿那克西曼德对于树皮生长和脱落的方式深有感触。他利用这一比喻来解释人类的起源。他通过观察发现,其他动物出生之后很快就能照料自己,但人类则需要长期的呵护。如果人类总像他们现在这样的话,那么,人类就会无法生存下去。在他年轻时候,阿那克西曼德曾经提出这样的猜想,人类曾被裹在带刺的树皮里度过童年,所以,他们看起来就像鱼类一样,需要生活在水里。他们在青春发育期脱掉树皮,迈步踏上干燥的土地,进入他们可以照料自己的环境。因此,阿那克西曼德尽管不是一位素食者,但却告诫我们不要吃鱼,因

手捧日晷的阿那克西曼德，见于一幅古罗马马赛克装饰图案。

为鱼类是人类的祖先(KRS 133 – 137)。 7

从几个方面看，阿那克西曼德的宇宙论要比泰勒斯的宇宙论更加精到。其一，他没有寻找某种东西来支撑地球：他认为地球之所以留居那里，是因为它与任何其他事物等距，因此没有理由朝着某个东西运动，而是向着四周运动(DK 12 A11；亚里士多德：*Cael.* 2. 13. 295^b 10)。

其二，阿那克西曼德认为，将宇宙的终极质料等同于我们在当今世界里四处可见的元素之一(譬如水或火)，乃是一种错误的做法。按他所说，事物的本原必定是无限定的或无法界定的阿派朗(apeiron)。他所用的这一希腊词，经常被翻译成“无限的”(the Infinite)，这听起来太过宽泛。他或许想到或者没有想到的是，他提出的这一原理一直外延入空间;我们的确知道，他认为时间无始无终，不属于任何一种或一类特定的事物。“永久之物”(everlasting stuff)兴许是我们所能想到的一个解释那种观念的近义词。亚里士多德后来将这一观念修定为他所提出的原初质料(prime matter)概念。①

其三，阿那克西曼德阐述了现存世界的起源，解释了这个世界得以存在的各种力量，如亚里士多德所说，由此探讨了动力因和质料因。阿那克西曼德将宇宙视为一个种种对立因素彼此竞争的场域:譬如热与冷，湿与干。在两个对立因素中，有时是这一方起主导作用，有时是另一方起主导作用:两者彼此侵蚀，然后各自撤出，其相互变化受到相互作用原理的掌控或主宰。在其留存的残篇中，阿那克西曼德用富有诗意的笔调写道:“在时间的仲裁下，这两者因其不正义而相互惩治和相互修补。”(DK 12 B1)。如此一来，人们得出这样的推论:冬季里热与干对夏季里兴风作浪的冷与湿进行修补。热与冷是最先显现的两个对立因素，是从原初的宇宙蛋中分化出来，而这一圆蛋则是由永久的不定之物形成。从这两个对立因素中形成了火和土，我们发现火与土乃是我们
8 现在宇宙的起源。阿那克西米尼(Anaximenes，约公元前546—前527)要比阿那克西曼德年轻一辈，属于米利都三大宇宙论家中的最后一位。他的思想在几个方面与泰勒斯而非与阿那克西曼德更为相近，但不要错误地认为科学随着他倒退了而非前进了。像泰勒斯一样，阿那克西米尼认为地球务必依赖于某种东西，这种东西在他看来是以气而非水作为支垫。地球本身是平的，所有天体也是平的。这些天体在日常轨道中不是将我们上下运转，而是将我们横向周转，如同一顶头上环绕的有带女帽(KRS 151－156)。天体的升落现象显

① 参阅本书第五章。

然是通过平地的倾斜予以解释的。但就终极原理而言，阿那克西米尼发现阿那克西曼德的无限定质料概念过于稀疏，因此他像泰勒斯那样选择现存元素中的一个作为根本元素，尽管他选择的是气而非水。

在稳定状态下，气是看不见的，但当气运动和凝聚起来时，首先成为风，然后化为云，其后变为水，最后水结为泥石。稀薄的气变为火，从而也就成全了所有元素。稀薄与凝聚作用以此方式可以想象一切源自基本之气（KRS 140－141）。为了支持这一看法，阿那克西米尼求助于经验，并且付诸实验——对于这种实验，每位读者均可信手为之。在你的手背上吹一口气，先是抿着嘴唇吹一口气，然后张开嘴巴哈一口气，第一次吹出的气使你觉得凉快，第二次吹出的气使你觉得暖和。阿那克西米尼争论说，这便表明浓度与温度之间的联系（KRS 143）。

采用实验方法，洞察质变和量变的关系，标志着阿那克西米尼是一位科学尚未成熟时期的科学家。只有在科学尚未成熟的时期，他才无法衡量他所想到的量度，他也设计不出连接这些量度的方程式，他所提出的根本原理也依然保留着神秘性和宗教性。[1]气有神性，从中孕育诸神（KRS 144－146）；气是我们的灵魂，将我们的肉体聚集在一起（KRS 160）。

米利都学派的思想家并非都是真正的物理学家，但也不是神话作家。他们没有留下任何神话，反而离开了神话。他们也不是真正的哲学家，除非人们
用“哲学”来意指童年的科学。他们很少使用概念分析，也很少进行先验论证， 9
而这两者一直属于从柏拉图至今的哲学家们惯用的手法。米利都学派的思想家固然都是思辨家，但在他们的思辨活动中，哲学、科学与宗教的成分混为一体，如同一种丰富而浓烈的佳酿。

---

① 参阅巴内斯：《前苏格拉底哲学家》修订版（J. Barnes, *The Presocratic Philosophers*, rev. edn., London: Routledge, 1982），46－48 页。

毕达哥拉斯学派

在古代，毕达哥拉斯(Pythagoras)与泰勒斯并驾齐名，是他们将哲学引入希腊世界。毕达哥拉斯于公元前570年生于萨摩斯岛(Samos)，此岛位于小亚细亚海滨。他在40岁时移居到位于意大利西南端的克罗通(Croton)。他在那里积极参与这个城邦的政务，一直到大约公元前510年在一场暴力的叛乱中被驱逐为止。随后，他迁徙到附近的城邦麦塔庞顿(Metapontum)，于公元前6世纪与公元前5世纪之交在那里辞世。在克罗通居住期间，他建立了一个半宗教团体，该团体在他死后依然存在，直到公元前450年前后解散。据说，他发明了“哲学家”(philosopher)一词，他不认为自己是一位圣贤或智慧之士(sophos)，而是谦称自己是一位爱智者(philosophos)(D. L. 8. 8)。他的一生充满传奇，但他从事数学研究与神秘活动则是明确的事实。在整个古代，也就是从柏拉图到波斐利的时代(Porphyry)，他在这两个领域有着巨大的影响力(无论是公认的还是潜在的)。

毕达哥拉斯学派发现了音程与数比之间的关系，这一发现让他们产生了这样的信念：研究数学是理解宇宙结构与秩序的钥匙。他们声称，天文学与和声学是姊妹学科，前者需要眼睛观察，后者需要耳朵聆听(柏拉图，*Rep.* 530d)。然而，直到两千年后，伽利略(Galileo)及其后继者才证明了宇宙这部书是用数字撰写的真义。在古代世界，算术与数字神秘论的联系过于紧密，从而不能促进科学的进步，这一时期真正的科学进步(譬如亚里士多德的动物学或盖伦的医学)，是在没有数学帮助的情况下取得的。

毕达哥拉斯在克罗通建立的哲学团体，是后来许多这类机构的雏形，譬如
10 像柏拉图的学园，亚里士多德的吕克昂学府，伊壁鸠鲁的花园学府，等等。在
这类机构中，有些是合法实体，有些不太正规，有些近似于现代研究所，有些则

毕达哥拉斯推荐素食主义（鲁本斯的想象画作）。

更像是修道院。毕达哥拉斯的盟会成员享有共同的财产，遵守一套秘传与仪式规则；譬如沉思默想，不掰面包，沉默观察，不拣面包屑，不用刀剑捅火，总把右脚的鞋放在左脚之前，凡此种种，不一而足。应当说，毕达哥拉斯学派的信奉者不是完完全全的食素者，但他们避免食用某些肉类，譬如鱼类与禽类。广为人知的是，他们都禁食豆类（KRS 271－272，275－276）。

饮食规则与毕达哥拉斯对灵魂的信仰有关。他相信灵魂不随肉体而死，人死后灵魂游历他方，将会附到不同种类的动物身上。① 毕达哥拉斯的有些追随者进而相信三千年宇宙轮回说，认为灵魂在人死后会逐个进入到陆地、海

① 参阅本书第七章。

11 洋或空中的各种动物身体之中,最后再返回到人体中来,这一过程本身会周而复始(Herodotus 2.123; KRS 285)。不过,毕达哥拉斯本人死后,其追随者相信他已成为神。他们所撰写的传记,充满各种奇迹,赋予毕达哥拉斯超人的预见能力和同时在两地出现的能力;他们声称毕达哥拉斯有一金腿,是阿波罗之子。更为乏味的是,他们以毕达哥拉斯的名义生造出"武断之言"(Ipse dixit)这一说法。

克塞诺芬尼

毕达哥拉斯之死与公元前494年米利都被毁,终结了前苏格拉底思想的第一个时代。我们所要说的第二代思想家,不仅是未来的科学家,而且是现代意义上的哲学家。克塞诺芬尼(Xenophanes)的诞生地科罗封(Colophon)城邦,位于现今土耳其境内的伊兹密尔(Izmir)附近,距离米利都城邦有数百英里。克塞诺芬尼一生长寿(约公元前570—前470),跨越两个时代。像毕达哥拉斯一样,他也是古希腊文化东西两个中心的连接者。20岁时,他被逐出科罗封,成为一位浪迹天涯的吟游诗人(minstrel);按他自己所述,他在希腊游历了67年,四处吟诵自己的诗作或他人的诗作(D. L. 9. 18)。他吟诵饮酒、赛事与宴会,但今日人们阅读最多的则是他的哲理诗。

像米利都学派一样,克塞诺芬尼也提出一种宇宙论。他坚持认为,基础元素既不是水也不是气,而是土。地球在我们下方广袤无垠。"万物始于土,万物终于土"(D. K. 21 B27)。这一说法使人联想到基督教葬礼与圣灰星期三的劝诫:"谨记,人啊,你是尘归尘、土归土"。不过,克塞诺芬尼在别的地方将水与土连接一起,视为万物的本原,他坚信我们的地球终将被海水淹没。这一点与他促进科学发展的最为有趣的贡献连在一起:那就是观察化石记录。

> 海贝既可在内陆找到,也可在山地发现;在叙拉古(Syracuse)的露天矿场,

> 发现了鱼类及海藻的印记；在帕罗斯的一块岩石深处，也发现了干月桂叶的印记；在马耳他，也发现了各种海洋生物的平面形状印记。这些印记的形成，正是很久以前一切为泥土覆盖之时，在泥土中硬化的。(KRS 184) 12

克塞诺芬尼有关天体的思辨给人印象平平。由于他相信地球在我们下方广袤无垠，故此不能认同日落时的太阳运行到地球之下的观点。另一方面，他发现阿那克西米尼的思想不合道理，后者认为天体围绕一个倾斜的地球进行横向周转。克塞诺芬尼就此提出一个巧妙的新解释：他认为太阳每日都是新的。太阳每日早晨从一团微小光点中形成，随后消失于无形。周转现象主要是因为太阳与我们之间距离遥远所致。由此理论进而得出这样观点：就像数不胜数的日子一样，太阳也是数不胜数，因为世界是永恒的，尽管要通过海水与陆地两个阶段(KRS 175, 179)。

虽然克塞诺芬尼的宇宙论站不住脚，但其自然论却引人注目：它摆脱了泛灵论以及半宗教因素，而此类因素在一些前苏格拉底哲学家那里均可找到。譬如，彩虹既非一种神祇(譬如希腊众神中的彩虹女神)，也非一种神圣标记(譬如诺亚所看到的那种标记)，而只不过是一条多彩的云(KRS 178)。这种自然论并不意味着克塞诺芬尼对宗教没有兴趣。恰恰相反，他的神学意识在所有前苏格拉底思想家中最为突出。不过，他鄙视流行的迷信，推举一种朴素而老道的一神论(monotheism)。[①] 但是，他在神学与物理学方面并不教条。如他所言：

> 时间初始，神并未告知我们人类一切
> 只有通过长期探索，知识才会光顾人类。
>
> (KRS 188)

---

① 参阅本书第九章。

赫拉克利特

在早期伊奥尼亚哲学家中,赫拉克利特(Heraclitus)是最后一位最著名的哲学家。他比克塞诺芬尼大约年轻 30 岁,据说他在公元前 6 世纪末正值中年(D. L. 9. 1)。他生活在爱菲斯(Ephesus)这座大城邦,位于米利都和科罗封两个城邦之间。与在他之前的任何一位哲学家相比,我们对赫拉克利特的著作
13 材料掌握较多,但这并不意味着我们会觉得他的思想比较容易理解。他所遗残篇采用了简洁有力、机智巧妙的散文警句形式,读来经常使人感到晦涩难懂,有时令人觉得他有意写得模棱两可。赫拉克利特不加论证,只是断言。他那种特尔斐式的隐晦文体,或许效仿了阿波罗的神谕,用他的话说,这种神谕“既不言说,也不隐瞒,只是示意”(KRS 244)。后来几个世纪的许多哲学家,都很敬佩赫拉克利特,有幸为他的那些充满悖论的、如同变色蜥蜴似的言论增光添彩。

即便在古代,赫拉克利特的思想也是难以理解的。他的绰号包括“神秘莫测者”与“晦涩难懂的赫拉克利特”(D. L. 9. 6)。他撰写过一部三卷本的哲学论著(现已遗失),将其存放在阿特密斯女神(相当于圣保罗的“爱菲斯人的狄安娜”这位月亮和狩猎女神)的大庙里面。人们难以确定那是一部物理学还是政治学论著。据说,苏格拉底对这部论著这样讲过,“我所理解的东西是精彩的,我不理解的东西可能也是精彩的;只有深海潜水采珠者才会抵达海底”(D. L. 2. 22)。19 世纪的德国观念论哲学家黑格尔,对赫拉克利特十分敬佩,他用潜海的隐喻表达了相反的判断。他曾这样写道:经历过起伏不定的早期前苏格拉底哲学家的思辨活动之后,我们抵达赫拉克利特的思想领地,我们以为终于可以看到陆地了。黑格尔继而自豪地说道:“在我的逻辑学中,没有赫

拉克利特的命题是我未曾采纳的。”①

如同后来的笛卡尔和康德一样，赫拉克利特意识到自己是在开启一个全新的哲学。他认为先前思想家的研究成果毫无价值：荷马（Homer）在诗歌竞赛的初期阶段就应该被除名，赫西俄德（Hesiod）、毕达哥拉斯以及克塞诺芬尼只不过是没有真知灼见的博学之士而已（D. L. 9. 1）。不过，也像笛卡尔和康德一样，赫拉克利特受到前辈哲学家的影响大于他自己所意识到的程度。他就像克塞诺芬尼那样，对流行宗教提出严厉批评，认为以血腥的祭品来洗刷血腥的罪过，犹如以泥污来洗刷泥污。面向神像祈祷，如同在空房子里窃窃私语；生殖器崇拜礼仪与酒神崇拜仪式，委实令人恶心（KRS 241，243）。

赫拉克利特也与克塞诺芬尼一样，相信太阳每日都是新的（亚里士多德，*Mete.* 2. 2355^{b} 13 – 14）。与此同时，他也像阿那克西曼德一样，认为太阳受到宇宙修复原理的限制（KRS 226）。在赫拉克利特那里，短命的太阳学说的确 14
被扩展为一种万物流变说（doctrine of universal flux）。他声称，万物流变，无物常驻；世界如同一条水流。如果我们两次涉入同一条河流，我们不可能两次都将自己的双脚踩入同样的水流，因为水流在转瞬之间已非原来的水流（KRS 214）。情况看来的确如此，但在表面上赫拉克利特却走得过远，竟然声称我们不可能两次涉入同一条河流（柏拉图，*Cra.* 402^{a}）。若从字面意义上看，这一说法是错误的，除非我们采用同一准则，将河流理解为蓄水槽而非流水道。若从比喻的意义上看，这一说法似乎认为世界万物是由不断变化的因素构成的。亚里士多德指出，假如这就是所要表达的意思，那么所有变化都是感知不到的东西（*Ph.* 8. 3. 253^{b} 9ff.）。或许这是赫拉克利特的警句所暗示的意思，他认为隐性的和谐好于显性的和谐——和谐是流动宇宙的基本节奏（KRS 207）。无论赫拉克利特的所言意味着什么，他在后来的

① 黑格尔：《哲学史讲演录》（*Lectures on the History of Philosophy*，ed. And trans. E. S. Haldane and F. H. Simpson，London：Routledge，1968），279 页。

希腊哲学中有着长期的历史影响。

比一条水流更为突出的一阵大火，是不断变化的一种范型，只要添加燃料，就会燃烧不止。赫拉克利特曾经说过，世界就像永恒的活火：海洋与土地就是这永燃之火的灰烬。火似金：你可用金子交换各种货物，火可以转化为这些元素中的任何一种（KRS 217－219）。这个像火一样燃烧的世界是现有的唯一世界，这个世界不是由神祇或人类创造，而是完全由逻各斯主导。他争论说，将这个辉煌的宇宙当做一堆垃圾是荒诞不经的想法（DK 22 B124）。“逻各斯”（Logos）是希腊日常用语，表示写作或言说的词语，但从赫拉克利特开始，几乎每位希腊哲学家都会赋予其一层或几层重要含义。翻译家经常将其释为“理性”（Reason），抑或是指人类个体的理性思考能力，抑或表示某种更高的宇宙秩序与美的原理。当《约翰福音》的作者宣称：“太初有逻各斯，逻各斯与上帝同在，逻各斯就是上帝”（John 1:1），①从而使逻各斯这一术语进入基督教的神学领域。

赫拉克利特指出，普遍的逻各斯难以把握，大多数人都无功而返。若与那位在逻各斯面前觉醒的人相比，其他人就像龟缩在梦幻世界的睡眠者一样，他们不会直面独一无二的普遍真理（S. E., *M.* 7. 132）。人类因其与主导宇宙的
15 理性之火距离不等而分为三等。像赫拉克利特这样的哲学家，距离像火一样的逻各斯最近，从中收到的温暖最多；其次，觉醒的普通人利用他们的理性思考能力，从中取得光；最后，睡不醒的人使自己的灵魂之窗堵塞，只能通过呼吸与自然保持接触（S. E., *M.* 7. 129－130）。② 逻各斯就是神吗？赫拉克利特给出这样一个非常含糊其辞的回答：“唯有一种真正明智的东西，既乐意也不乐意以宙斯的名义称谓。”他的大概意思是说，逻各斯是神圣的，但不等同于奥林

① 在新修订标准版《圣经》（*New Revised Standard Version*）里，“Logos”被英译为“Word”；“Word”被汉译为“道”。在中译本《约翰福音》开篇，这段话被译为“太初有道，道与神同在，道就是神”。——译者注

② 柏拉图的读者肯定会感到惊讶，他们发现这里预示着《理想国》里的洞喻。

帕斯诸神中的任何一位。

人的灵魂本身是火：赫拉克利特有时将灵魂与土和水三元素列在一起。因为水可灭火，最佳的灵魂是干燥的灵魂，因此必须与潮湿隔离。很难知道潮湿或湿度在此语境中的确切用意，但酒精确能说明问题：赫拉克利特曾说，酒醉者是一位由小孩引导的男人（KRS 229 - 231）。不过，赫拉克利特所用“潮湿”一词的含义，近似于下列现代谚语的含义：譬如，战死疆场的勇敢坚强之士，都有一颗干燥的灵魂，宁可加入宇宙之火，也不愿忍受水中死亡（KRS 237）。[①]

黑格尔最敬佩赫拉克利特的地方，是其坚持对立的统一[原理]，譬如，宇宙既可分又不可分，既化育又不化育，既短暂又不朽，等等。这些对立统一现象的表述，有时直截了当，使用的是一些具有相对性的谓词。其中最著名的说法是：“向上与向下的路是同一回事”。这句话听起来非常深奥。不管怎么讲，这句话的意思是说：我连蹦带跳地下山时，碰到你正在费力上山，我们两人都走在同一条道上。不同的事物在不同的时候是吸引人的，你饥饿时食品对你有吸引力，你困倦时床铺对你有吸引力（KRS 201）。不同的事物吸引不同的种类：海水对鱼类而言是有益的，对人类而言是有害的；驴子更喜欢垃圾，而不是黄金（KRS 199）。

赫拉克利特所罗列的每一组对立统一问题，并非都能借助相对性轻易地
予以解决，甚至连那些看来最无害处的对立统一问题，也可能包含着深刻的意
味。为此，第欧根尼·拉尔修（Diogenes Laertius）告知我们，火—气—水—土这
一系列代表向下的路径，土—水—气—火这一系列代表向上的路径（D. L. 9.
9 - 11）。如果将这两条路径视为持续、永久的宇宙进步的两个阶段，那么就只 16
能将其视为同一条路径。赫拉克利特的确相信，宇宙之火经历了几个燃起与
熄灭阶段（KRS 217）。也许是在这一意义上，我们会理解宇宙既化育又不化

① 参阅《前苏格拉底哲学家》208 页上的讨论（KRS 208）。

育、既短暂又不朽这类特性(DK 22 B50)。这一基本过程无始无终,但是,每一个燃起与熄灭的循环过程,便是每个世界得以生灭的起因。

虽然一些前苏格拉底哲学家据说在政治上一直活跃,但根据赫拉克利特的残篇来看,可以说他是创立政治哲学的第一人。他对实际政治的确不感兴趣,作为一个可以继承王位的贵族,他舍弃了这一权利,将自己的财富转让给弟弟。据说,他曾这样讲过:他更喜欢与儿童一起游戏,也不愿意与政客为伍。不过,他是谈论神圣法的首位哲学家,这种法不是自然的法则,而是规定法,超越了所有人类法。

波尔特(Robert Bolt)有一部剧作名为《福难与共之士》(*A Man for All Season*),所描写的主人翁是莫尔(Thomas More),其中有一段十分著名。莫尔的女婿罗坡尔(Roper)催促他抓捕一名间谍,这件事与法律相违。莫尔拒绝执行,就此说道:“我知道什么是合法的,但不知道什么是正确的;我将恪守合法之事。”在回应罗坡尔的问题时,莫尔否认他将人法置于神法之上。他说,“我不是神,但在错综复杂的法律丛林中,我是一位林务官。”罗坡尔反唇相讥,声言自己不惜砍倒英格兰的所有法律丛林,也要追查到底、抓住魔鬼。莫尔回答说,“最后一部法律被砍倒时,魔鬼就会向你扑来——罗坡尔,所有法律平躺在地,你将于何处藏身?”①

在莫尔的著作和录音中,难以找到有关这种思想交流的章节与韵文。但在赫拉克利特的残篇中,有两段表达了参与者的情操。“人们务必代表法律而战,亦如他们为了保护城邦城墙而战一样”(KRS 249)。尽管城邦依靠自己的法律,但它必须把依靠的重点放在人们共有的普遍法律之上。“所有人类的法律都要靠独一无二的法律来滋养,也就是靠神圣法(divine law)来滋养”(KRS 250)。

赫拉克利特的残篇总共不过15,000字。他对古代与现代哲学所产生的

① 波尔特:《福难与共之士》(Robert Bolt, *A Man for All Seasons*, London: Heinemann, 1960), 39页。

巨大影响，委实令人惊叹。这一点符合他在《雅典学园》(*The School of Athens*) 17
里的地位，这是拉斐尔为梵蒂冈所作的一幅壁画。这幅纪念碑式的画作，以想象的方式描绘了许多希腊哲学家的肖像，柏拉图与亚里士多德理所当然地处在中心位置。其中有一人物形象是后来附加在这幅壁画上的，但你一进屋就会立刻引起你的关注：这个脚蹬靴子、沉思默想的人物就是赫拉克利特，他坐在最下方的台阶上沉思冥想。①

巴门尼德与埃利亚学派

在古罗马时期，赫拉克利特作为“哭泣的哲学家”(the weeping philosopher)而闻名。他与原子论者德谟克利特(Democritus)这位“欢笑的哲学家”(the laughing philosopher)形成对照。与其对比更为明显的是巴门尼德(Parmenides)，即公元前5世纪早期的意大利哲学流派首领。在古代雅典，赫拉克利特是“万物皆动”这一学说的倡导者，巴门尼德则是“无物运动”这一学说的倡导者。柏拉图与亚里士多德以不同的方式，努力为一种大胆创新的论点进行辩护，他们认为有些事物是运动的，有些事物是静止的。

根据亚里士多德所说(*Metaph. A* 5. 986^b 21 – 25)，巴门尼德是克塞诺芬尼的学生，但他由于过于年幼，在科罗封时未能拜在克塞诺芬尼的门下学习。他的大半生在埃利亚度过，此城邦位于那不勒斯南约70英里处。他可能在漫游时遇到过克塞诺芬尼。与克塞诺芬尼一样，巴门尼德也是一位诗人：他用笨拙的韵文撰写哲理诗，如今我们可以看到120行存留下来。他所撰写的东西，以

---

① 这个传统上被视为赫拉克利特的人物形象，在制作这幅壁画时并没有参照任何卡通人物；据说，米开朗基罗一直充当拉斐尔的模特儿，尽管琼斯和彭尼怀疑这两种传统说法。参阅琼斯和彭尼：《拉斐尔》(R. Jones and N. Penny, *Raphael*, London: Yale University Press, 1983), 77页。

连续不断的和内容充实的残篇形式传给我们,在这方面他可是与众不同的首位哲学家。

他有一首诗由序诗和两部分组成,第一部分名为真理之路,第二部分名为人的意见之路。序诗向我们描述了诗人与太阳之女驾车同行,一路奔向光明,将夜幕抛在身后。他们抵达通往昼夜之路的大门;昼夜之路是否与真理和意见之路
18 相同,这里并不清楚。不管怎样,欢迎诗人光临的女神告知他务必兼学两者:

> 除了可信真理那不可动摇的核心之外
> 要兼学那些常人技艺制作的虚假幻念。①
>
> (KRS 288. 29 – 30)

只有两条可能的探索之路:

> 有两条路探求如何审视
> 一条是:它存在,它不能不存在——
> 那是确信之路,与真理同行——
> 另一条是:它不存在,它必定不存在。②
>
> (KRS 291. 2 – 5)

---

① 这里引用的英译文是:"Besides trustworthy truth's unquaking heart/Learn the false fictions of poor mortals' art."这里据此译出如上中文。国内有的学者译为:"不仅有圆满真理不可动摇的核心,还有那些常人意见,全无真理可言。"这里列出,仅供参考。参阅苗力田主编:《古希腊哲学》(北京:中国人民大学出版社,1992年),91页。——译者注

② 这里引用的英译文是:"Two ways there are of seeking how to see/One that it is, and is not not to be—/That is the path of Truth's companion Trust—/The other it is not, and not to be it must."这里据此译出如上中文。国内有的学者译为:"只有那些研究途径是可以思想的,一条是存在而不能不在,这是确信的途径,与真理同行;另一条是非存在而绝不是存在。"参阅苗力田主编:《古希腊哲学》(北京:中国人民大学出版社,1992年),91–92页。王太庆先生经过多年参悟和推敲,将这两句译为:"一条是:它是,它不能不是。另一条是:它不是,它必定不是。"这里据此摘引,含义较为显豁。参阅柏拉图著:《柏拉图对话集》(王太庆译,北京:商务印书馆,2004年),708页。——译者注

(我得让读者相信,巴门尼德的希腊文与这里的英译文一样蹩脚和费解。)巴门尼德的真理之路,说得如此晦涩,但标志着哲学的新时代。这是创立一门新学科的共同纲领:存在论或形而上学或关于存在的科学(science of Being)。

无论有什么,无论想什么,这一切对巴门尼德来讲,不是别的而是存在。存在是一,不可分离:存在无始无终,存在不会随时变化。烧开的水壶沸腾不已,用赫拉克利特的话说,这是水之灭,气之生;但在巴门尼德看来,这既非存在之灭,也非存在之生。无论发生什么样的变化,都不是从存在到非在(non-being)的变化,而是存在之中的变化。但对巴门尼德来说,事实上并没有任何真正的变化。存在是永恒如一的,时间是不实在的,因为过去、现在与未来都是一体的。①

巴门尼德这首诗的第二部分题为"外观之路",他借此描述了外表变化的日常世界,诗中的女神介绍说:

> 我将结束我的可信言谈和思想
> 结束真理的故事。其余的是另一种东西——
> 那是一堆欺骗人们相信的谎言。(KRS 300)

不清楚巴门尼德为何感到有义务复制这些错误的观念,这些观念正是受骗的人们津津乐道的东西。如果我们抛开上下文来解读这首诗的第二部分,我们就会从中发现一种宇宙论,一种与伊奥尼亚思想家的传统非常相似的宇宙论。在通常所说的成双成对的对立观念中,巴门尼德添加了光明与黑暗这一对对立观念,同时还引入了爱这一万物的动力因,为此得到亚里士多德的赞

---

① 本书第六章对巴门尼德的存在论或存有论进行了详细的考察。

赏(*Metaph. A* 3. 984b 27)。事实上,“外观之路”包含两种迄今鲜为人知的真
19 理:其一,地球是一球形(D. L. 9. 21),其二,晨星与昏星相同。巴门尼德这一未得认可的发现,为后来一代哲学家提供了同一性陈述的范式。①

巴门尼德有位学生名叫麦里梭(Melissus),他来自毕达哥拉斯的诞生地萨摩斯岛,据说他也师从赫拉克利特学习过一段时间。麦里梭热衷于政治,担任过萨摩斯舰队的主帅。公元前 441 年,萨摩斯遭到雅典的攻击,虽然雅典在这场战争中最终取胜,但据史料记载,麦里梭曾两次击败并重创伯利克里(Pericles)率领的雅典舰队(普鲁塔克,*Pericles* 166c -5; D. L. 9. 4)。

麦里梭以散文体阐释巴门尼德诗中的哲学,他争论说,宇宙是无限的,不变的,不动的,不可分的和同质的。至今人们记得,他从这种一元论观点中提出两个结论:(1)疼痛是不真实的,因为疼痛(不可能)表示一种存在缺陷;(2)没有真空(vacuum)这类东西,因为那就成为一种未在(Unbeing)。因此,位动(local motion)是不可能的,因为占据空间的物体没有移入之处(KRS 534)。

巴门尼德的另一位弟子是来自埃利亚的芝诺(Zeno of Elea)。芝诺提出一套更为著名的论证来反驳运动的可能性。第一个论证大体如此:“运动是不存在的。因为任何运动的事物在抵达终点之前,必须先抵达其跑道的中点。”譬如,从运动场的这一端跑到另一端,你就得先跑到中间一点,而要跑到中间一点,你就得先跑到距离中间一点的中间一点,如此这般,以至无穷。更为著名的是第二个论证,也就是人们常说的“阿基里斯追赶乌龟”。芝诺说道:“跑得最快的追不上跑得最慢的,因为追赶者首先要赶到被追赶者出发的位置,所以跑得最慢的必然是在前面。”我们假定阿基里斯(Achilles)的跑动速度是乌龟的 4 倍,他们如果进行 100 米赛跑,乌龟从在阿基里斯前面 40 米处开始。按照芝诺的论点,阿基

① 19 世纪的哲学家弗雷格(Gottlob Frege)利用此例,有效地区别了意义(sense)与指称(reference)。

里斯永远无法取胜。因为，当阿基里斯向前跑了 10 米时，乌龟已经向前爬行了
2.5 米。阿基里斯每次向前跑一段，乌龟也向前爬一段，总有一个较短的新差距，
所以后面的阿基里斯永远不能超过前面的乌龟（亚里士多德，*Ph.* 5.9.239^{b} 11 -
14）。芝诺的这些和其他论证假定，距离与运动是无限可分的。有的哲学家抛 20
弃了他的这些聪明精巧的悖论。有的哲学家却十分佩服他的这些论证。譬
如，罗素（Bertrand Russell）就认为，这些论证为促进 19 世纪维尔斯特拉斯
（Weierstrass）和康托尔（Cantor）的数学复兴提供了基础。① 亚里士多德为我们
保存了芝诺创立的谜语，他要求解开这些谜团，重新建立运动的可能性，他所
使用的方法就是区别出两种无限性：现实的无限性与潜在的无限性。②然而，
在许多世纪里，芝诺提出的问题并没有得到哲学家和数学家均感满意的解答。

恩培多克勒

在希腊属地意大利早期的哲学家中，恩培多克勒（Empedocles）最为耀眼，于公元前 5 世纪中叶声名鹊起。他是阿克拉加斯（Acragas）人，这座城邦位于西西里南部海岸，也就是现今的阿哥里根特（Agrigento）。这座城市的海港如今名为恩培多克勒港，不过，这一命名并非是为了对这位哲学家表示永久的崇敬，而是出于意大利文艺复兴时期的热情，是为了展示意大利辉煌历史而重新命名了这一地点。

恩培多克勒出身于贵族家庭，拥有一批夺冠的赛马。不过，在政治上，他是一个著名的平民派人物。据说，他曾经挫败过一场企图将城邦制转换成专制体制的阴谋。根据传说，心存感激的城邦公民邀请他出任国王，但他拒绝出

① 参阅《数学原理》（*The Principles of Mathematics*, London: Allen & Unwin, 1903），347 页。

② 参阅本书第五章。

任，而更喜欢做一名物理学家和参议官，继续他的节俭生活（D. L. 8. 63）。然而，他虽无野心，但并非没有虚荣。他在一首诗里自诩，他所到之处，男女接踵而至，恳求忠告与医治。他自称有药可以使人返老还童，自称知道掌控天气的咒语。在同一首诗里，他坦言自己已经超凡入圣（D. L. 8. 66）。

不同的传记传统虽然年月顺序有些出入，但都表明恩培多克勒是毕达哥拉斯、克塞诺芬尼和巴门尼德的学生。他确实模拟巴门尼德的风格，写过一部题为《论自然》（*On Nature*）的六韵步诗。他将此诗献给朋友波萨尼阿斯（Pausanias）。这部诗长约 2000 行，如今只剩下五分之一。他还写过一部宗教诗，
21 题为《净化》（*Purifications*），保存下来的部分较少。许多幸存下来的诗行是散见的引文，到底应该将其附加在哪部诗作上，学者的意见并不统一。有的学者确然认为这两部诗属于同一作品。还有，1944 年从斯特拉斯堡大学的档案里，辨认出 40 则古代莎草纸残篇，发掘出一些犬牙交错的文本资料。恩培多克勒要比巴门尼德多才多艺，其文体也更为流畅通达。根据亚里士多德的说法，恩培多克勒写过一部描写波斯国王薛西斯一世入侵希腊的史诗；根据其他传统说法，他还是几出悲剧的作者（D. L. 8. 57）。

从一个角度来看，恩培多克勒的自然哲学可以说是伊奥尼亚哲学家思想的集大成者。诚如我们所知，每个哲学家都把某一实体视为宇宙的基本或主导成分：泰勒斯偏向水，阿那克西米尼偏向气，克塞诺芬尼偏向土，赫拉克利特偏向火。在恩培多克勒看来，这四种实体作为根本成分处于平等地位，他将其称为宇宙之“四根”（roots）。他坚信这四根一直存在，并以各种不同的比例相互混合，从而生成人们熟悉的宇宙内容和天上居民。

一切过去、现在与未来的存在都出自这四根
树木、走兽、人类、男人与女人，
空中的飞禽，水中的游鱼；

还有天上众生膜拜的长生神灵。

这四根都在那里彼此渗透，

相互混合，形成世界的多样性。

（KRS 355）

恩培多克勒所谓的“四根”，在柏拉图和后期希腊思想家那里被称之为 *stoicheria*，该词较早时期用来表示一个词所包含的音节(syllables of a word)。该词在拉丁文里被译为 *elementum*，由此引申出我们所说的“element”(元素或因素)，而拉丁文译词 *elementum* 不是将四根比作音节，而是将其比作字母表中的字母(如：an *elementum* is an LMNtum)。直到 17 世纪波意耳(Robert Boyle)时代，哲学家和科学家才发现恩培多克勒的四根说在物理学和化学中具有根本作用。确而言之，这一学说依然与我们同在，但形式已经改变。恩培多克勒认为这四种元素是四种不同质料；我们则认为，固体、液体与气体是三种质料形态。在恩培多克勒眼里，冰、水与蒸气则是土、水与气的三种特殊样例。但 22
在我们看来，这些只是同一种物质 H_2O 的三种不同形态。人们也许会说，20 世纪出现的等离子体物理学，研究的是物质在太阳光照温度下的种种属性，使得恩培多克勒提出的第四元素等同于其他三个元素。

亚里士多德称赞说，恩培多克勒已经认识到一种宇宙学说不必限于识别宇宙的元素，而是要找出这些元素通过发展与混合所造成的现实世界里有生与无生复合物的理由。恩培多克勒将这一作用归于爱(Love)和争(Strife)：爱使这些元素结合，而争迫使它们分开。此一时，四根成为多中的一；彼一时，四根成为一中的多。他说，这些东西之间相互变化，永不停止，一会儿通过爱而结合为一，一会儿因为争而分化为多(KRS 348)。

爱与争是吸引与排斥力量的原型，吸引与排斥是历代物理学理论中的比喻说法。在恩培多克勒看来，历史是一循环过程，有时爱占主导地位，有时争占主导地位。在爱的影响下,这些元素结合成一个同质的、和谐的与灿烂的领域,使人想起巴门尼德所说的宇宙。在争的影响下,这些元素分崩离析,但当爱开始重新取得原已丧失的地位时,所有不同的物种便出现了(KRS 360)。所有这些复合物,譬如动物、飞禽与鱼类,都是生灭不定的短命生物;只有这些元素永久长在,只有宇宙循环周而复始。

为了解释物种的起源,恩培多克勒提出了一种不同凡响的适者生存进化理论。首先,这些元素通过化学混合而出现肉与骨,肉由火、气与水构成,三者成分相等;骨由两分水对上两分土和四分火构成。从这些成分中,形成单体的四肢与脏器:譬如没有眼眶的眼睛,没有臂膀的胳膊,没有脖颈的面部(KRS 375 - 376)。这些部分四处漫游,直到偶然找到伙伴;它们结合在一起,开始时经常不太适应,于是,便出现了多种畸形:譬如人头牛身,牛头
23 人身,面部和乳房朝前或朝后的阴阳人(KRS 379)。这些偶然生成的有机体,大多是脆弱的或不育的;只有最为适宜的结构,才会幸存下来,成为我们所知的人类或动物种类。他们适合繁衍的能力纯系偶然,而非有意设计(亚里士多德,*Ph.* 2.8.198^{b} 29)。

亚里士多德之所以推崇恩培多克勒,是因为后者率先把捉住不同有机体的不同部分具有同质功能这一重要的生物学原理,譬如,橄榄与鸡蛋,树叶与羽毛就是如此(亚里士多德,*GA* 1.23.731^{a} 4)。但是,亚里士多德也轻视恩培多克勒企图将目的论还原为偶然机遇的说法,多个世纪以来,生物学家追随的是亚里士多德而非恩培多克勒。让恩培多克勒可以含笑瞑目的是,达尔文(C. R. Darwin)祝贺他"暗示出物竞天择的原理"。①

恩培多克勒运用四根说来说明感性知觉,所依据的原理是同类相知(like

① 参阅达尔文:《物种起源》第6版附录(Appendix of 6th edn. of *The Origin of Species*),引自高特里玻(A. Gottlieb):《理性之梦:从古希腊到文艺复兴时期的西方哲学史》(*The Dream of Reason: A History of Western Philosophy from the Greeks to the Renaissance*, London: Allen Lane, 2000),80页。

is known by like)。在《净化》一诗里,他将自己的物理学说与毕达哥拉斯的灵魂转生说(doctrine of metempsychosis)结合在一起。① 无论是神还是人,凡是有罪者都要受到惩罚,争会把他们的灵魂投入到陆地和海里不同的物种身上。轮回(a cycle of reincarnation)对于享有特权的人类阶层而言,保留着他们最终被神化的希望,这些阶层包括预言家,吟游诗人,医生与王子(KRS 409)。自不待言,恩培多克勒认为自己兼有所有这些职业特征。

在他的著作中,恩培多克勒不留痕迹地游刃于两种模式之间,即严格的机械论模式与神秘的宗教论模式。他有时借用四位神祇的名字来代称四种元素(宙斯,赫拉,阿多尼斯,内斯特斯),②将他所说的爱与爱神阿佛洛狄特等同视之;他对爱神的称赞与描写,预示着席勒的伟大诗作"欢乐颂"(KRS 349)。毫无疑问,他自己对神性自以为是的要求,就像他剥去奥林匹亚诸神各自的神话色彩一样,会以同样的方式大打折扣。但这一点引起后世的关注,他死后的传奇故事尤其如此。

传说,一位名叫潘西雅(Pantheia)的女人,在内科医生以为她已死亡且放弃医治时,却在恩培多克勒的医治下奇迹般地死而复生。为了表示庆贺,他在埃特纳(Etna)火山脚下的一位富人家里,举行了一次祭祀宴会,应邀 80 位客人出席。当其他客人入睡后,他听到天上在呼唤他的名字。于是,他急忙赶到
这座火山顶上,弥尔顿(Milton)有诗为证: 24

为了让人相信

① 参阅本书第七章。

② 根据希腊神话的一般说法,宙斯(Zeus)为天神或主神,赫拉(Hera)为天后或地神,阿多尼斯(Aidoneus)为自然之神,内斯特斯(Nestis)或许为海洋之神。在其诗歌残篇中,有这么四句:"首先请听真,万物有四根:/ 宙斯照万物,赫拉育生命;/ 还有阿多尼斯以及内斯特斯,/ 她用自己的珍珠泪,浇灌万灵生命泉。"在另一段残篇中,还有这么三句:"因为所有这些——太阳、大地、天空和海洋,/都各与自己的部分结合为一体,/而这些部分都分散在生灭变幻的世界里。"比较来看,宙斯与太阳相应,赫拉与大地相应,阿多尼斯与天空相应,内斯特斯与海洋相应,均用来喻示火、土、气和水这四种元素或"四根"。所引诗行参见苗力田主编:《古希腊哲学》(北京:中国人民大学出版社,1992 年),111,113 页。——译者注

这位神祇热切地跳进埃特纳火山的烈焰之中。

(《失乐园》III. 470)

阿诺德(Mathew Arnold)在他所写的《恩培多克勒在埃特纳山上》(*Empedocles on Etna*)一诗里,将这个故事进而戏剧化了。他让这位站在火山口边上的哲学家,亲口道出下列诗行:

这颗心脏不再发光;你啊
恩培多克勒,不再是一活人!
不是别的,而是吞噬一切的思想火焰——
是赤裸裸的、永不停息的心智!
万物源自四根
万物复归四根
我们的肉体归于土,
我们的血液归于水,
暖热归于火,
呼吸归于气,
它们好生于斯,善葬于斯——
然而心智呢?

(第 326 - 338 行)

就在这位哲学家跳进火山口之前,阿诺德给予恩培多克勒如下希冀:为了奖励他对真理的热爱,他的思想将永远不会全然毁灭。

阿那克萨戈拉

如果说恩培多克勒作为达尔文思想的先驱赢得不朽的话，那么，他的同时代思想家阿那克萨戈拉(Anaxagoras)有时则被视为时下流行的大爆炸宇宙论(cosmology of the big bang)的思想鼻祖。阿那克萨戈拉约于公元前500年生于克拉左美奈(Clazomenae)，就在现今的伊兹密尔(Izmir)附近，他本人可能是阿那克西米尼的弟子。在希波战争结束后，他来到雅典，成为政治家伯利克里的门客。在雅典本地或外来的著名哲学家中，他居于首要地位。当伯利克里失势之时，阿那克萨戈拉也成为众矢之的。那些人指控他犯有叛国罪与亵渎神灵罪，要将他处以死刑，后将其流放到位于达达尼尔海峡的兰萨库斯(Lampsa-
cus)，在那里他过着流亡生活，直到公元前428年去世。他这样描述宇宙的起 25
源："万物相聚，数不胜数，无限微小，因为物小而无限。万物相聚时，由于各自微小而无物可以识别。万物位于气与以太(ether)之下，双方均为无限"(KRS 467)。一块原始卵石开始旋转，摆脱周围的气与以太，从这两者之中形成星辰与日月。旋转运动引起稠与稀、热与冷、干与湿、光与暗的分离。这一分离过程永远不会完成。因此，时至今日，每一事物中总包含着部分其他东西：譬如，黑色中总有一丝白色，热东西中总有少许冷东西，等等。事物的命名是根据其中占据主导的一项成分(亚里士多德，*Ph.* 1.4.187^{a} 23)。显而易见的例子就是精液，那其中包含毛发与血肉以及其他许多成分；我们所吃的食物也是如此(KRS 483－484，496)。在此意义上，就像事物在开初一样，万物现在依然相聚在一起。

阿那克萨戈拉坚持认为，宇宙的扩展(the expansion of the universe)持续不断，现在与将来都是如此(KRS 476)。除了我们这个世界之外，宇宙或许已然生成多个世界。鉴于万物存在于万物之中，阿那克萨戈拉声称：

> 这便形成了人类，也形成了其他有灵魂的动物。这些人有耕作的田地和居住的城邦，正如我们一样；他们有日月和其他星辰，也如我们一样。土地为他们生长出各种各样的物产，他们将其收集和储存在家里供人使用，我们也是如此。我要说的就是这一分离过程，分离不仅会在我们这里发生，而且也会在其他地方发生。[①]（KRS 498）

阿那克萨戈拉可以说是这一思想的原创者，后来布鲁诺（Giordano Bruno）曾经提议，今日有些地方的人们依然认为，我们的宇宙是众多宇宙之一，就像我们的宇宙一样，其他宇宙那里也居住着智能动物。

根据阿那克萨戈拉的说法，不断促进宇宙发展的运动就是心智工作。“万物相聚一起：心智随后到来，赋予它们秩序”（D. L. 2. 6）。心智是无限的，也是分开的，在元素的混合过程中没有作用；如果一旦发挥作用，它就会被拖入到进化过程里面而导致无法控制这一过程。阿那克萨戈拉的这一教导竟将心智置于物质控制之中，从而使其同辈思想家大吃一惊，因此，他从他们那里得到
26 “心智”（Mind）这一绰号。他的学说虽然给柏拉图和亚里士多德甚深印象，但对其实际意义很难做出中肯的评价。

据柏拉图的对话《斐多篇》（*Phaedo*）所述，苏格拉底在狱中的最后日子里，应邀讲述了他对早期哲学家的著作中可以找到的自然科学的那些机械论解释，信念逐渐幻灭。他告诉朋友说，当他听到阿那克萨戈拉用努斯（nous）或心智来解释万物时，他感到喜悦。但当他发现阿那克萨戈拉的著作中全然没有论述价值问题时，他感到失望。阿那克萨戈拉就如同说过此话的人：苏格拉底的所有举动都与其思想同步，他通过讨论构成肉体的筋骨，通过讨论这些部分的本性与属性，以期说明他为何坐牢的原因，但他没有提及苏格拉底判定最

---

① 参阅苗力田主编：《古希腊哲学》，148－149 页，此处译文根据本书引文稍有调整。——译者注

好是自己服从雅典法庭判决来坐牢这一看法。目的论解释要比机械论解释更为深刻。“倘若有人想要找出每一事物得以存在、毁灭或生存的原因,那他就得找出下列问题的答案,即:对于用任何方式得以生存、行动或承受的事物而言,如何才能对其最为有利呢?”(*Phd.* 97d)。

阿那克萨戈拉以诸多适合神性的方式谈论自己的心智,这使他在雅典的法庭里容易受到传播奇异神灵的指控。但在事实上,对他进行亵渎神灵的指控是基于他所提出的科学猜想。他说过,太阳是一块燃烧的金属,比伯罗奔尼撒半岛稍大。这与将太阳视为神灵的传统说法互不相容。在流放兰萨库斯期间,阿那克萨戈拉对人类做出的最后善行是:创立了学校假期制度。当兰萨库斯市当局询问阿那克萨戈拉本人该如何礼遇他时,他说学校的儿童在他谢世的那一月里应当放假。他已然赢得理科学生的感激,因为他在自己的著作里率先使用了图解(diagrams)。

原子论者

在前苏格拉底时代,最令人震惊的是,留基伯(Leucippus of Miletus)和德谟克利特(Democritus of Abdera)最早预见到现代科学的发展基础。这两人是原子论的联合创立者,他们的名字也总是连在一起,就像特威德尔德姆和特威德尔迪这对形影不离的兄弟一样,①但是,人们对留基伯知之甚少,只知道他是德谟克利特的老师。我们主要依靠德谟克利特的残存著作来了解原子论学
说。德谟克利特是一位晦涩难懂的多产作家,撰有近 80 部论作,议题包括诗 27
歌、和声学、军事方略和巴比伦神学等等。所有这些论作虽已逸失,但现有引

① 这两人是英国作家卡罗尔(Lewis Carroll)的小说《镜中世界》里的一对兄弟,通常用来喻示难以区分的两个人或两件事。——译者注

自德谟克利特著作的残篇汇集，则多于在他之前的任何一位哲学家的遗文。

德谟克利特生于色雷斯沿海城市阿布德拉（Abdera），是在希腊大陆诞生的一位哲学家。他的出生日期尚未确定，大约在公元前470年到公元前460年之间。根据记载，他比阿那克萨戈拉年轻40岁，从后者那里学到一些思想。他游历广泛，访问过埃及和波斯，但对所访国家印象平平。他曾声称，自己宁愿去探寻一种独一无二的科学解释，也不想去出任波斯国王（D. L. 9. 41；DK 68 B118）。

德谟克利特的根本论点是：物质不是无限可分的。我们不知他得出这一结论的具体论证过程，但亚里士多德猜测这一论证过程如下所述：如果我们拿起任何一块东西并将其划分到我们不能再划分的地步，我们就会在不能划分的微小体积面前住手。我们无法使物质无限可分；因为，我们假定在划分活动业已实施之后提出这样的问题：如果划分活动已经完成，那么随后将会发生什么呢？如果划分部分的无穷数中每一个都有量值的话，那还得进一步划分，这与我们的假设相互矛盾。在另一方面，如果剩余部分没有任何量值的话，那它们永远不会合计出总量，因为零乘以无穷数依然等于零（$0 \times \infty = 0$）。所以，我们会得出可分性已经到头的结论；而最可能小的碎片，肯定还是有大小有形状的物体。德谟克利特将那些不可分的微粒称为“原子”（“atoms”这个词的希腊原义是指“indivisible”，即“不可划分的”）（亚里士多德，*GC*. 1. 2. 316^a 13 – ^{b}16）。①

德谟克利特坚信，原子十分微小，感官难以觉察。原子的数量无限，变化无限，但却永远存在。他反对埃利亚学派的理论，坚持承认真空并无矛盾的立场：虚空确有，在无限虚空里，原子不断运动，就像日光光束里的微粒一样。它们显现为不同的形态：抑或形状有别（如字母A与字母N有别），抑或顺序不同（如字母AN与字母NA不同），抑或姿势相异（如字母N与字母Z相异）。

① 关于亚里士多德对这一论证的反驳，可参阅本书第五章。

有的是凹形的，有的是凸形的，有的像钩子，有的像眼睛。在无休无止的运动中，它们彼此撞击，相互结合（KRS 583）。日常生活中那些不大不小的物体，是原子的复合物；这些原子随意撞击结为一体，在其构成原子彼此不同的基础上形成不同的类别（亚里士多德，*Metaph. A* 4.985[b] 4－20；KRS 556）。

就像阿那克萨戈拉一样，德谟克利特相信有多个世界存在。

> 世界的数目无限，大小不同。在某些世界中，没有太阳和月亮；在另外一些世界中，太阳和月亮比我们这个世界的要大；还有一些世界的太阳和月亮，在数量上多于我们这个世界。世界间的距离是不等的。某些空间部分有较多的世界，某些空间部分有较少的世界；某些世界正在增大，某些世界正在缩小；某些世界正在兴盛，某些世界正在衰落。它们由于互相撞击而遭毁灭。还有某些世界没有动物、植物或任何潮湿的事物。（KRS 565）

在德谟克利特看来，原子与虚空只是两种实在：我们视为水或火、植物或人类的这些东西，都是原子在虚空中集聚结合而成的。我们所看到的感性特质是不真实的：它们是约定俗成的结果。

德谟克利特详细地解释了感性特质是如何源自原子的不同种类及其集聚结合活动的。譬如，辣味源自微小的、精细的、有尖角的和锯齿状的原子，而甜味源自较大、较圆和较为光滑的原子。感觉提供给我们的知识相比于原子论提供给我们的知识，就如同黑暗之于光明。为了证实这些说法，德谟克利特建立了一种系统的认识论。①

德谟克利特还写过专论伦理学和物理学的著作。许多警句留存至今，其中一些业已成为老生常谈。不过，如果认为他是一位喜好利用警句来散播传

---

① 参阅本书第四章。

统智慧的人,那就大错而特错了。恰恰相反,诚如本书第八章所示,认真研究他的言论就会证明,德谟克利特是率先系统研究道德问题的思想家之一。

智者

德谟克利特在世时,一位同样来自阿布德拉的年轻同胞普罗泰戈拉(Protagoras),已经成为新一类哲学家——智者(the sophists)——的领军人物。智
29 者是一批巡回授课的教师,他们游学于各个城邦,讲述各种话题,提供专门教导。他们传授技能要收学费,在此意义上他们可以说是最早的职业哲学家,获此称号不是因为他们讲授与服务范围远远超过最广义的哲学。他们中间最多才多艺的是来自埃里斯的希庇亚(Hippias of Elis),他不仅精通数学、天文、音乐、历史、文学与神话学,而且还擅长裁缝与制鞋等实用技能。其他有些智者都能传授数学、历史、地理,所有智者都是技艺高超的修辞学家。他们主要在公元前5世纪中叶的雅典揽活,那里的年轻人有的需要在法庭上答辩,有的期望在政治上出头,因此乐意支付高昂的学费接受训练和指导。

智者系统研究法庭辩论和演说规劝活动。在这方面,他们撰写过许多专题著作。他们先从基本语法入手:普罗泰戈拉率先区别了名词的阴阳词性和动词的时态及情态(亚里士多德,*Rh.* 3. 4. 1407^{b} 6 – 8)。他们继而列出论证的技巧和辩护的花招。他们是模糊文本的解释者,演说竞赛的评审员和最早时期的文学评论家。他们也给公众讲演,组织论辩活动,一半是为了传授,一半是为了娱乐(D. L. 9. 53)。总体而言,他们所起的作用犹如现代社会里的导师、咨询顾问、出庭律师、公关专家与传媒人士等等。

普罗泰戈拉首次访问雅典的身份是阿布德拉使节。他受到雅典人的尊重并应邀回访数次。公元前444年,他应伯利克里的委托,为南意大利图里这一

泛希腊新殖民地制定了一部基本法。他在雅典举行首次讲演的地点，是在悲剧作家欧里庇德斯（Euripides）的家中。他宣读的论文题目为《论诸神》（*On the Gods*），此文开篇令人久难忘怀："谈到诸神，我不能肯定他们是否存在，也不知道他们是什么模样；在认识诸神的道路上横亘着许多阻碍，其中包括专题的晦涩与人生的短暂"（D. L. 9. 51）。他的名言是："人是衡量万物的尺度"，这里面包含一种相对性的认识论，本书后文将对此详加考察。[1] 普罗泰戈拉似 30
乎随时准备从正反两个方面论说同一问题，他自诩自己总能使最差的论证胜出一筹。这就是说，通过辅导，他能使原来口才不行的客户把自己的案例讲得出神入化。但在不同的批评者眼里，譬如在阿里斯托芬和亚里士多德眼里，普罗泰戈拉是一位可以颠倒黑白的智者（阿里斯托芬，Clouds 112 ff. ，656－657；亚里士多德，*Rh.* 2. 24. 1402^{a} 25）。普罗泰戈拉的论敌喜欢讲述他起诉自己学生欧阿苏斯（Eualthus）的故事，其原因是对方没有支付学费。欧阿苏斯拒绝缴纳学费，他说自己没有打赢一场官司。普罗泰戈拉于是说，"那好吧，假如我打赢这场官司，你必须补缴学费，因为判决结果是以我的名义得出的；假如你打赢这场官司，你依然要补缴学费，因为这时你已经打赢了一场官司"（D. L. 9. 56）。

另一位智者是来自爱琴海塞奥岛的普洛狄科（Prodicus），像普罗泰戈拉一样，他以处理自己城邦公务的身份来到雅典。他是一位语言学家，对语义学和语法尤感兴趣。他可以说是第一位词典编纂者。阿里斯托芬和柏拉图讥讽他是一位喜好卖弄学问的人，他能在同义词之间做出一些吹毛求疵的区别。不过，他所做的有些区别（譬如对两个表示"想要"的希腊同义词 *boulesthai* 和 *epithumein* 所做的区别；柏拉图，*Protagoras* 340b2），事实上在后来具有严肃的哲学意义。

有一充满浪漫色彩的道德寓言归在普洛狄科的名下，讲的是年轻的赫拉

---

① 参阅本书第四章。

克勒斯(Heracles)在两位代表德性和罪恶的女性之间择妻之事。普洛狄科也提出一种宗教起源学说。“老人之所以视日月为神灵,视河流为神灵,视一切有助于生命之物为神灵,是因为我们受到它们的帮助,这就像埃及人膜拜尼罗河一样”(DK 84 B5)。故此,膜拜火神赫菲斯托斯(Hephaestus)就是膜拜火,膜拜农事女神得墨忒耳(Demeter)就是膜拜面包。

高尔吉亚(Gorgias)是另外一名智者,他来自西西里的列昂提尼城,曾是恩培多克勒的弟子,为了寻求同叙拉古作战的支持,他作为使者来到雅典。他不仅是一位能言善辩的演说家,而且是一位修辞专家,他划分出不同的修辞格,譬如对偶与修辞性疑问式等。他的文风在他那个时代备受人们称赞,但后来人们认为其言辞过于华丽。他的著作仅存两篇具有哲学意味的短文。

第一篇是修辞练习,旨在为特洛伊的海伦(Helen of Troy)辩护,反驳那些
31 诽谤海伦的人。他认为与帕里斯(Paris)私奔从而引发特洛伊战争的海伦不应受到谴责。“她的所作所为,抑或是因为财富引发的冲动,抑或是因为诸神的决定,抑或是因为命运的召唤,抑或是因为受到强力的胁迫,抑或是因为被言辞所打动,抑或是因为被爱情所征服”(DK 82 B11, 21-24)。高尔吉亚对这些不同说法逐一进行了论证,认为无论处在其中任何一种情况之下,海伦都不应当受到谴责。没有人能够阻止命运,理应受到谴责的是胁迫者而非被胁迫者。论辩至此,高尔吉亚的任务就容易了:但为了表明海伦若是听任别人劝说而依然不应受到谴责,他不得不借助言辞的力量,采用了一套虽不令人信服但却令人欣快的赞词:“赞词如同强大的最高君主,虽然空洞无物且难以领会,却能够取得神奇的效果”。在此情况下,理应受到谴责的是劝说者而非被劝说者。最后,假如海伦堕入情网,那她就更不应该受到谴责了:因为,爱情就像不可抵御的神,就像令人同情的心理疾病。这一简洁而机智的文稿,是许多讨论自由和决定论的哲学论文的鼻祖,其文充满煽动与刺激的力量,具有不可抗拒的推动作用。

高尔吉亚的另一著作名为《论不存在》(*On What is Not*),论证了三个令人

怀疑的结论:其一,无物存在;其二,某物若存在,但不可知;其三,某物如果可知,但在人与人之间无法沟通。这一组论点以两种形式传承了下来,一是通过亚里士多德的伪作《论麦里梭》(*On Melissus*),二是通过塞克斯都·恩披里柯(Sextus Empiricus)。

第一论证侧重阐述希腊语系动词"to be"(是或存在)的多种形式。我在这里对此不予展开,将在本书第六章里努力揭示其中所包含的主要歧义。第二论证如下所述:假定思想的对象就是存在的东西(things that have being),那么,存在的东西就只能是思想的对象了。不过,思想的对象并非是具有存在性的东西,否则,人们所思索的一切就都是这种情况了。但是,你可以想象一个人飞越大海或一辆车驶过大海,尽管实际上不存在任何这样的事情。因此,存在的东西并非都是思想的对象。第三论证在三者之中似乎最有道理,所论的要点是:每个人的感觉都是私人性的,我们能向邻里传达的是言辞而非体验。

这位著名智者为三个令人怀疑的结论提出的论证,确确实实属于诡辩,首次遇到这些论证的人们无疑会将其抛开。不过,抛开一个诡辩要比诊断其性质容易,而要找到治病的方法那就难上加难了。柏拉图在其对话《智者篇》 32
(*The Sophist*)里,基本上解除了第一个诡辩的武装。① 第二个诡辩涉及一种错误的论证形式,柏拉图自己有时也出现同样的问题。不过,亚里士多德的逻辑学使后来的思想家清楚地认识到:"不是所有 As 就是 B"不等于"无 B 是一 A"。第三论证是从体验的私人性质出发,这一问题直到20 世纪才通过维特根斯坦的研究得到彻底澄清。

除了普罗泰戈拉、希庇亚、普洛狄科和高尔吉亚之外,还有其他一些智者的名声传至今日。譬如倡导强权即公理(might is right)学说的卡里克勒斯(Callicles),驳斥公正即当权者自私自利一说的色拉叙马库斯(Thrasymachus)。另

---

① 参阅本书第六章。

外还有欧绪德谟(Euthydemus)和迪奥尼斯多罗(Dionysidorus),这一对逻辑高手会自告奋勇地向你证明你的父亲是一条狗。不管怎么说,这些人虽然都是我们所说的知名智者,但我们对他们的了解主要是通过他们作为柏拉图对话里的人物。我们对他们哲学论点的最佳研究方式,就是借助柏拉图对话的语境。探究有关这些智者的历史真相,不会比查找李尔王或哈姆雷特王子在莎士比亚塑造他们之前到底是何模样更有收效。

因此,我们该是告别这些智者的时候了,我们将转而审视苏格拉底了。有一种观点认为,苏格拉底是最伟大的智者;而另一种观点则认为,苏格拉底是与认可智者之术截然对立的真正哲学家的典范。

苏格拉底

苏格拉底(Socrates)在[西方]哲学史上占有无可匹敌的地位。从一方面看,他被尊为第一个伟大哲学时代的开启者,因此在某种意义上,他就代表哲学本身。在教科书里,所有先前的思想家被列为“前苏格拉底哲学家”或“苏格拉底以前的古希腊哲学家”(Presocratics),这似乎意味着苏格拉底时代之前的哲学是史前哲学(prehistoric)。从另一方面看,苏格拉底没有留下任何著作,对冠在他名下的每一句话,我们都无法肯定那不是其崇拜者的文学创作,而是他自己亲口所说。我们对其哲学的直接了解,少于对克塞诺芬尼、巴门尼
33 德、恩培多克勒或德谟克利特等人的哲学的直接了解。然而,他对后世哲学的影响,从古至今都无人能与之匹敌。

在古代,许多思想流派都把苏格拉底奉为创始人,许多人都将苏格拉底尊为哲学家的杰出典范。在中世纪,苏格拉底的历史很少有人研究,但每当一位逻辑学家或形而上学思想家需要举例说明问题之时,都会提到苏格拉底的名

字:“苏格拉底”(Socrates)这一称呼对经院哲学家来说,就如同“约翰·多伊”(John Doe)这一称呼对法学家来说一样。在现代,苏格拉底式的生活被许多不同类别的哲学家奉为样板,尤其是那些生活在专制制度下的和冒死拒绝服从无理取闹的意识形态的哲学家。许多思想家都把苏格拉底的这一名言奉为自己的座右铭,那就是:“未经审查的生活是不值一过的”(‘the unexamined life is not worth living.’)。

苏格拉底的生平事迹无须赘述。他于公元前 469 年出生在雅典,也就是入侵希腊的波斯军队在普拉提亚(Plataea)战役中惨遭败绩的 10 年之后。苏格拉底成长的年代,正值平民政体在政治家伯利克里的领导下蒸蒸日上的时期,同时也是雅典对希腊世界实施帝国霸权的时期。这是文学艺术发展的黄金时代,不仅涌现出菲迪亚斯(Phidias)的雕刻作品和帕台农神庙建筑,而且涌现出埃斯库勒斯(Aeschylus)、索福库勒斯(Sophocles)和欧里庇德斯(Euripides)的伟大悲剧作品。与此同时,希罗多德(Herodotus)这位“历史学之父”(the father of history)撰写了他的波斯战争史,阿那克萨戈拉也将哲学传入雅典。

苏格拉底的后半生是在伯罗奔尼撒战争(前 431—404 年)的阴影下度过的。这场战争最终迫使雅典将领导全希腊的权力拱手交给取得胜利的斯巴达。战争初期,苏格拉底在重型步兵团服役,共参加过三次主要战役。他赢得勇敢无畏的盛名,尤其是在公元前 422 年,他所在的军队于得留姆(Delium)战役惨遭失败后,他在撤退过程中殿后,表现出非凡的果敢精神。在战后回到雅典后,他在城邦议会里担任职务。有一批指挥官在阿吉努萨(Arginusae)取得海战胜利之后,将战死者的尸体弃之不顾,因此受到审判。当时,以集体而非个体的方式审判这批指挥官是不符合城邦基本法的,但只有苏格拉底独自投票,反对这种非法性,而被告一方还是遭到惩罚。

公元前 404 年,伯罗奔尼撒战争结束之后,斯巴达人以寡头政体取代了雅典的平民政体,将“三十僭主”(或“三十人团”)扶持上台,这些家伙因实施恐

34 怖统治而使人长期不忘。有一次奉命抓捕一位无辜之人，也就是来自萨拉密的莱昂（Leon of Salamis），苏格拉底未予理睬。他虽然拒绝执行非法命令，但似乎没有参与推翻寡头政体和恢复平民政体的革命行动。他的正直品格使平民和贵族两派对他产生不满，复位的平民派依然记得与苏格拉底密切往来的一些人，譬如克里底亚（Critias）与卡尔米德（Charmides），他们均在“三十僭主”之列。

作为一名野心勃勃的平民派政客，阿尼图斯（Anytus）与另外两人联手，起诉苏格拉底，其讼词为：“苏格拉底否认国家所尊之神，引入其他新神，因此犯了渎神罪。苏格拉底还犯了败坏青年人道德之罪。应处以死刑”（D. L. 2. 40）。我们没有这次审判的任何记载，尽管苏格拉底的两位崇拜者以想象的复原方式，留给我们一份苏格拉底的辩护词。他的言辞实际上并未打动500人陪审团中的足够人数。他因此获罪，被陪审团以微弱多数判处死刑。鉴于宗教上的技术性程序，苏格拉底在狱中被囚禁了一段时间后，从行刑者手中接过一杯毒芹一饮而尽，于公元前399年离开人世。

对苏格拉底提出渎神罪的控告，并非什么新鲜事。在公元前423年，剧作家阿里斯托芬创作了一部喜剧《云》（*Clouds*），其中塑造了一个人物名叫苏格拉底，此人建立了一所诡辩学院，同时也是一个伪学研究所。那里的学员除了学习如何以歪论打败正论之外，还研究天文学，以不虔敬的怀疑论精神看待传统宗教。他们引发了新的泛神论思潮，把气、以太、云和混沌等元素奉为神祇（260－256）。学院教导他们，世界并非由并不存在的宙斯主宰，而是由代表天体旋转的迪诺斯（Dinos——直译为“旋涡”）主宰（380－1）。这部喜剧的许多内容滑稽可笑，显然无须认真对待：譬如，苏格拉底测量跳蚤一跳能有多远，乘一架摇摇欲坠的飞行器去研究云彩等等。不过，他们主张天文学与宗教虔敬不相兼容，这如果不是开玩笑，那就是危险的说法。毕竟仅在10年之前，阿那克萨戈拉因为认定太阳是一火团而遭驱逐。在这部喜剧结尾处，苏格拉底的房子被愤怒的民众烧毁，他们要求惩罚这位侮蔑神灵和暴露月亮隐秘的家伙。

对于那些熟知阿里斯托芬这部喜剧的人们而言，发生在公元前 399 年的事件，肯定是一个令人遗憾的、生活模仿艺术的案例。 35

《云》剧中赋予苏格拉底的有些特征，也出现在其他一些更为友好的作者笔下。其基本共识是：他腹部鼓起，鼻梁塌陷，眼珠突出，步态笨拙。他通常被描述成一位不修边幅的人，衣着褴褛，身穿没有经过缝制的布片，喜欢赤脚行走。甚至在阿里斯托芬的笔下，苏格拉底具有超常的耐久能力，把吃苦当做家常便饭：他“从来不在乎寒冷，从来不急用早餐，从来不贪杯贪吃”（414 – 17）。从其他资料中发现，他不贪杯并非是因为他拒绝沾酒，而是因为他有一种控制自己饮酒的超常能力（柏拉图，*Smp.* 214[a]）。苏格拉底与克森西普（Xanthippe）结婚，育有一子，名叫兰普洛克勒斯（Lamprocles）。按照通常的说法，他的妻子生性固执，脾气不好，是位悍妇（D. L. 2. 36 – 7）。根据一些古代作家所述，苏格拉底与一位名叫密尔托（Myrto，D. L. 2. 26）的官妾生有另外两个儿子。不管怎样说，古时候人们知道他与奢华的贵族阿尔基比亚德（Alcibiades）关系非同一般，他所爱慕的这位贵族比他年轻 20 岁左右。这种爱慕虽然有感情色彩，但若用后来的话说，一直是柏拉图式的。

色诺芬笔下的苏格拉底

在有关苏格拉底的生平与思想中，更为重大的问题很少得到确认。我们若想了解更多情况，就得首先依靠其著作完全保存下来的两大弟子，一位是军人历史学家色诺芬（Xenophon），另一位是理念论哲学家柏拉图。事发之后，色诺芬与柏拉图均撰文为苏格拉底辩护。此外，色诺芬还撰写了四卷本的《回忆苏格拉底》（*Memorabilia Socratis*）和一篇苏格拉底对话录《会饮篇》（*the Symposium*）。柏拉图除了撰写《申辩篇》（*Apology*）之外，还撰写了至少 25 篇对话，其中 24 篇以苏格拉底为主要人物。色诺芬与柏拉图笔下所描绘的苏格拉底各有不同，类似于马可福音中所描述的耶稣有别于约翰福音中所描述的耶稣。马可福音里的耶稣所说的是寓言，精悍的警句，回答问题简明扼要；而约翰福音里的耶稣所发表的是相对较长的言论，并在几个层面上产生共鸣。色诺芬笔下的苏格拉底与柏拉图笔下的苏格拉底也形成类似的对照，前者以独具匠心的方式
36 诘问、论辩和规劝，后者在《理想国》里以分层堆积的文思和巧妙的风格发表思想深刻的形而上学讲演。诚如约翰福音里的耶稣对后世神学发展具有最大影响一样，柏拉图笔下的苏格拉底所表述的思想在哲学史上富有启发价值。

根据色诺芬所说，苏格拉底是一位虔敬之士，严守礼仪，尊重神谕。他在祷告中，祈求神来决定什么对他来说是善的东西，因为神全能全知，知道每个人的言行和意向（*Mem.* 1. 2. 20; 3. 2）。他教导穷人以其绵薄之力敬奉神，所取得的效果与富翁用大量钱财祭祀神一样（*Mem.* 1. 3. 3）。他是一个有教养、有节制的人，既不贪婪也无野心，欲求适度，吃苦耐劳。他虽然不是教育家，但通过实际行动和规劝方式传布德性，他通过讥讽、喻说和谴责来打击罪恶。尽管有他这样的榜样，但他的一些学生依然走入歧途，这不应该责怪苏格拉底本人。虽然他对雅典平民政体的某些方面提出批评，但他是雅典人民的朋友，从未犯罪，从未背叛，一生清白（*Mem.* 1. 2）。

在他的回忆录里，色诺芬关注的要点在于洗刷法庭审判苏格拉底时强加在他身上的不实指控，在于证明他的一生理应受到保守的雅典公民的尊重而不是将他判处死刑。色诺芬也急于想把苏格拉底与同时代的其他哲学家区别开来：他与阿那克萨戈拉不同，对物理学或天文学毫无兴趣（*Mem.* 1 . 1. 16），他也不同于那些智者，执教不要学费，不懂不会装懂（*Mem.* 1. 6 – 7）。

色诺芬笔下的苏格拉底是一位正直而非木讷之人，能够在实践和伦理问题上提出明智和通情达理的忠告。在讨论中，他反应敏捷，能够澄清模棱两可的歧义，识破言不由衷的说法，但很少冒昧进行哲学论证或哲学思辨。即便偶

尔为之，那主要只为了证明神的存在和启示。苏格拉底认为，如果某物有用，那一定是意匠或设计的产物，而非偶然的结果。不过，我们的感官是永远有用的，是以微妙的方式建构的。“因为，我们的视觉是微妙的，所以一直由眼睑封盖，我们需要使用视觉时便张开眼睑，我们需要睡觉时就合上眼睑；睫毛设置了一道屏障，即使刮风也不会伤及视觉。我们的前额上长着眉毛，可以避免头上流下的汗水造成危害”（*Mem.* 1.4.6）。这些发明制造，连同那些与生俱来的
传宗接代本能和自我保护本能，看来就像是一位贤明仁慈的工匠或造物主 37
（demiourgos）所为。认为宇宙中只有人有心智（nous），那是傲慢的想法。事实上，我们人类无法明白主宰无限宇宙的宇宙理智，我们也无法理解控制我们肉体的灵魂。此外，那种认为宇宙力量不在乎人类的想法也是荒谬的：这些力量关注人类胜过关注其他动物，因此赋予人类直立的能力，通用的双手，发音清晰的语言，四季不断的性欲（*Mem.* 1.4.11－12）。

除了预示源自意匠或设计的反复论证之外，色诺芬的著作中很少有内容能够证明苏格拉底在哲学史上占有显著位置。在苏格拉底之前的古希腊哲学家中，有几位在研究范围、洞察力和原创性等方面，均胜过色诺芬笔下的苏格拉底。一直引起后世数代哲学家关注的苏格拉底，是柏拉图笔下的苏格拉底，这位苏格拉底正是我们下文所述的对象。

柏拉图笔下的苏格拉底

然而，我们在谈及柏拉图笔下的苏格拉底时，难免会有过于简化之嫌，因为柏拉图的对话并非给予这位名为苏格拉底的人物连贯一致的角色或人格。在一些对话中，他是一位占据主导地位的、充满批评意识的探寻者，他采用独特的问答（elenchus）技巧，对其他对话人物的托辞提出挑战。在另一些对话

中，他非常乐意向他的听众高谈阔论，以独断形式陈述一种伦理学和形而上学体系。在其他一些对话中，他仅仅扮演着次要的角色，把哲学讨论的主动权留

38

13 世纪帕里斯(Matthew Paris)的画作：苏格拉底与柏拉图：谁在教导谁？

给不同的主角。因此,在进一步描述之前,我们必须岔开话题,看看这些对话在何时何地可以用来表述苏格拉底的实际观点,看看苏格拉底这一人物在何时何地是作为柏拉图哲学的传声筒的。

在最近几个世纪里,学者一直试图用编年史的术语来解释这些差异:在不同的对话中给予苏格拉底以不同的角色,代表柏拉图思想的发展过程及其从老师教诲中获得解放的过程。这些对话的编年顺序,亚里士多德最早有过提示,他告知我们柏拉图的《法律篇》(*Laws*)写在《理想国》(*Republic*)之后(*Pol.* 2. 6. 1264^{b} 24 – 7)。确实有一传统说法,《法律篇》是柏拉图谢世时尚未 39
完成的遗作(D. L. 3. 37)。在此基础上,19 世纪的学者从柏拉图一生的最后阶段入手,试图对其对话进行分类。他们研究不同对话中不同风格特征的出现频率,譬如专业术语的使用,同义短语的选用偏好,避免脱字漏句的做法,采用特殊言说节奏的方式等等。

19 世纪末,风格学研究提出了近 500 条不同的语言学标准,基于这些成果,人们达成共识,认为有一组对话与《法律篇》风格近似。所有学者都同意这一组对话包括《克里底亚篇》(*Critias*),《斐莱布篇》(*Philebus*),《智者篇》(*Sophist*),《政治家篇》(*Statesman*)和《蒂迈欧篇》(*Timaeus*)。他们一致认为这一组对话代表柏拉图写作生涯的最后阶段。至于这一组对话的前后顺序,他们未能达成类似的共识。不过,引人注目的是,在这一组对话中,苏格拉底所扮演的角色微乎其微。只有在《斐莱布篇》里,他依然担任主角。在《法律篇》里,他了无踪迹;在《蒂迈欧篇》、《克里底亚篇》、《智者篇》和《政治家篇》里,他只是客串,主角是他人:这前两篇对话是以篇中的主角命名的,这后两篇对话的主角是来自巴门尼德的故乡埃利亚的一位陌生人。因此,有理由将这一组对话视为柏拉图用来表达自己成熟时期的观点的作品,而不是当做用来表达他去世已久的老师苏格拉底的观点的作品。

在早期对话的分组过程中,学者可以再次依据亚里士多德的提示。在《形而上学》(*Metaph.* *M* 4. 1078^{b} 27 – 32)一书里,亚里士多德揭示了柏拉图理念论的前历史情况,给予苏格拉底下述角色:“有理由将两件东西归功于苏格拉底:归纳推理与普遍性定义;这两者都是科学认知的起点。不过,苏格拉底并未把普遍的东西或定义视为分离的实体,但[柏拉图主义者]却认为如此,并将它们称之为事物的理念。”在几篇重要的对话中,人们熟知的有《斐多篇》(*Phaedo*)、《理想国》和《会饮篇》(*Symposium*),对理念论的阐述是通过苏格拉底之口。在这些对话中,苏格拉底不是以探问者的面目出现,而是以充分掌握一种哲学体系的导师面目出现。凭借风格学的研究准则,这些对话要比其他一些对话更接近以上那组后期对话。因此,有理由将它们归于柏拉图的中期
40 一组对话,它们所代表的是柏拉图自己的而非苏格拉底的哲学思想。辨别第三组对话凭借的是如下共同特征:(1)篇幅简短;(2)苏格拉底以诘问者而非教导者的身份出现;(3)尚未阐述理念论;(4)在风格学上与首次辨别出来的晚期那组对话相差最远。第三组对话包括《克里托篇》(*Crito*)、《卡尔米德篇》(*Charmides*)、《拉凯斯篇》(*Laches*)、《吕西斯篇》(*Lysis*)、《伊安篇》(*Ion*)、《欧绪德谟篇》(*Euthydemus*)与《小希庇亚篇》(*Hippias Minor*)。学者通常认为这些对话表达的是历史上苏格拉底的哲学观念。《申辩篇》也归于此组,苏格拉底在这篇对话中担任主角,在生命攸关的审判中为自己申辩,其哲学内容和文体学特征与另外一组对话相似。《理想国》第一卷在内容和文体方面也与这一组对话比较相似,而与其余各卷相去甚远:一些学者根据可靠理由假定,这一卷原本是一篇独立的对话,其题目或许就是“色拉叙马霍斯”(Thrasymachus)。早期这一组对话难以按照年代顺序予以排列,尽管一些作家将《吕西斯篇》列为第一,并且认定这篇对话写于公元前 399 年。他们得出这一结论的依据是一桩古代逸闻,传说有人将这篇对话读给苏格拉底,苏格拉底听后说道:“这个年轻人怎么讲了一大堆与我有关的谎言”(D. L. 3. 35)。

在我看来,有足够理由可以达成基本共识,那就是将柏拉图的对话分为

早、中、晚期三组。这种分组结果依据三套特别巧合的独立标准，这三套标准分别为戏剧性标准、哲学标准和风格学标准。无论我们关注的焦点是苏格拉底所扮演的戏剧性角色，还是对话中的哲学内容，或者是对行文风格和习惯用语的详尽解释，我们最终都会把柏拉图的对话分为三组。20 世纪风格学的种种发展结果，所借助的是更为细致的统计学技术，所依靠的是从电脑格式化文本中获得的大量新资料库，但实质上并未将相关研究向前推进多少，只不过是确认了 19 世纪后期和 20 世纪早期所达成的那种共识而已。[1]

然而，有些对话不甚清楚，既不属于第一组，也不属于第三组，因为它们不符合相关的三项标准。最重要的例子包括《克拉底鲁篇》(*Cratylus*)、《欧绪弗洛篇》(*Euthyphro*)、《高尔吉亚篇》(*Gorgias*)、《美诺篇》(*Meno*)、《斐德罗篇》(*Phaedrus*)、《巴门尼德篇》(*Parmenides*)、《普罗泰戈拉篇》(*Protagoras*)与《泰阿泰德篇》(*Theaetetus*)。在这里，新近的文体学研究成果有助于从新的角度来阐明这些问题。[2] 限于篇幅，这里不能就这些对话各自应当归于哪一组而 41
展开论证，因此，在考察了这三套标准之后，我将直接表明自己认为这些对话最有可能的排列顺序。

《高尔吉亚篇》、《普罗泰戈拉篇》与《美诺篇》大概写于早期和两组对话之间。在这里，虽未涉及理念论，但苏格拉底所扮演的角色更接近于中期对话中那位喜欢道德说教的哲学家，而非早期对话中那位不可知论的诘问者。从哲学内容考虑，这三篇对话的排列顺序是《普罗泰戈拉篇》、《高尔吉亚篇》、《美诺篇》。在风格上，《克拉底鲁篇》与上列三篇对话接近，但难以对其进行准确定

---

① 对这一共识的主要疑问，仅仅限于《蒂迈欧篇》及其附录《克里底亚篇》。下文在讨论柏拉图的理念论时，我将对此争论予以考察。

② 参阅布兰德伍德：《柏拉图对话的年代学顺序》(L. Brandwood, *The Chronology of Plato's Dialogues*, Cambridge: Cambridge University Press, 1990)；莱杰：《重读柏拉图：对柏拉图写作风格的计算机分析》(G. Ledger: *Re-counting Plato*: *A Computer Analysis of Plato's Style* (Oxford: Clarendon Press1989)；坦普尔：〈对已经发表的柏拉图风格学资料的一种多元综合〉(J. T. Temple, 'A Multivariate Synthesis of Published Platonic Stylometric Data', *Literary and Linguistic Computing*, 11/2 1996, 67 – 75)。

位。《欧绪弗洛篇》基本上被视为一篇早期对话，其中包含理念论的暗示，其风格特征接近于《高尔吉亚篇》。据此，我将其列入中期一组对话。

在古代，《斐德罗篇》(*Phaedrus*)有时被视为柏拉图最早的一篇对话(D. L. 3. 38)，但是，根据其学说与风格基础，这篇对话完全有理由归于中期一组对话。这种情况与另外两篇非常重要的对话——《巴门尼德篇》和《泰阿泰德篇》——不同，后者在风格上接近于《斐德罗篇》。在内容上，这些作品与古典理念论存在一定距离，理念论在《泰阿泰德篇》里没有论及，但在《巴门尼德篇》中却遭到严厉批判。在结构上，《巴门尼德篇》有别于所有其他对话，《泰阿泰德篇》近似于早期那组对话。《泰阿泰德篇》的内在特征可以参考归于中期对话的《巴门尼德篇》(183e)，同时也可以参考归于后期对话的《智者篇》(210d)。这两篇对话的定位悬而未决，似乎可以将其排列在中期与后期两组对话之间。不过，要对这一时期柏拉图的哲学立场进行连贯一致的陈述，就需要讨论相关问题，就有待于我们对理念论做出说明。

苏格拉底本人的哲学

为了表示在多大程度上可以依靠柏拉图所提供的有关历史人物苏格拉底的相关信息来源，就有必要对柏拉图的对话文本进行合理的顺序排列。序列
42 建立之后，我们便可陈述苏格拉底本人的哲学，他的哲学包含在其弟子柏拉图的早期对话里。像色诺芬一样，柏拉图在《申辩篇》里急于为苏格拉底辩护，驳斥了对其提出的指控：指控苏格拉底是异教徒，指控他传播陌生怪异的神。柏拉图指出了这两种指控之间所存在的不一致性，同时也将苏格拉底与阿那克萨戈拉的世俗物理宇宙论拉开距离。《申辩篇》否认苏格拉底讨论过物理学的说法(19d)并非全部属实，尽管亚里士多德后来重复了这一说法(*Metaph. A*

6. 987b 2)。假如苏格拉底对宇宙论问题从无兴趣的话，那么，阿里斯托芬的讽刺就属于无的放矢，所开的玩笑就无人喝彩。此外，柏拉图本人在《斐多篇》里表述说，苏格拉底承认他一度与阿那克萨戈拉有着同样的好奇心，琢磨过地球到底是平的还是圆的，是否位于宇宙的中间，引起日月与其他天体运动及其速度的原因是什么(*Phd.* 97b－99a)。

根据《申辩篇》和亚里士多德的说法，或许由于苏格拉底对阿那克萨戈拉不再抱有幻想的缘故，他放弃了科学研究，转而关注主导他后半生的那些问题。根据柏拉图和色诺芬的说法，使苏格拉底改变兴趣的另一因素是一道神谕，即一位神迷心窍的女祭司在德尔斐神庙以阿波罗的名义发出的那道神谕(Delphi oracle)。当问及雅典有没有任何人比苏格拉底更聪明时，这位女祭司给了否定的回答。苏格拉底宣称自己对此反应感到困惑不解，于是开始询问自认为拥有各种智慧的不同阶层人士。他很快发现，政客与诗人没有任何真正的专长，具有一技之长的工匠不懂装懂，假装拥有自己实际没有的普遍智慧。因此，苏格拉底得出结论说，这一神谕之所以正确，是因为他自己认识到自己的智慧毫无价值(23b)。

正是在道德问题上，追寻真知和揭示伪装至为重要。因为，在苏格拉底心目中，德性与道德认识是同一回事：全然不知做什么事最好的人，就会做出不好之事，一切错误行为都是无知的结果。① 这使得指控苏格拉底败坏青年人道德的罪名显得更加荒诞不经。任何人显然都愿意与好人生活在一起，而不愿意同坏人生活在一起，因为后者会给他带来危害。因此之故，苏格拉底不会有意败坏年 43
轻人的道德；假如他无意中这么做了，那他理应受到教育而非遭到起诉(26a)。

在《申辩篇》里，苏格拉底不认为自己拥有足以使人避免犯错的智慧。恰恰相反，他说自己所依赖的是内心的神性呼唤，假如他处在犯错的边沿，这会阻止

① 对于这一著名的“苏格拉底悖论”，我们将进一步展开讨论，参阅本书第八章。

他向前跨出错误的一步(41d)。他与异教徒毫不相干,他一生对神性使命恪尽职守,竭力揭露德尔斐神谕所引发的虚假智慧。对神的真正背叛是因为怕死而失职。假如有人告诉他只要放弃哲学研究便可获得自由的话,苏格拉底就会做出这样的回答:“雅典人啊,我尊重和热爱你们;我宁愿违背神灵,也不会违背你们。只要我活着且有精力,我永远不会停止哲学实践和哲学教育”(29d)。

柏拉图的早期对话将苏格拉底描述成一位矢志贯彻自己哲学使命的人。尤为突出的是,对话标题以自称了解某一专业或用来表现某一德性的人物命名:譬如,专论诗歌的《伊安篇》以一位获奖的吟诵诗人(荷马史诗的朗诵者)命名;专论勇敢的《拉凯斯篇》以一位闻名遐迩的将军命名;专论激情、节制和友爱的《卡尔米德篇》和《吕西斯篇》,分别以贵族圈子中令人倾慕的两位杰出青年命名。在每篇早期对话里,苏格拉底都试图对讨论题目进行科学说明或界定,他通过诘问表明有名有姓的主角不能提供任何科学的说明或定义。所有对话均以显而易见的探询失败而告终,这便确认了《申辩篇》中所得出的结论:认为最有可能拥有关于特定议题智慧的那些人,在盘问之下都未能将那种智慧展示出来。

对定义的探寻在不同对话中具有不同目的:《理想国》第一卷里对正义进行界定,旨在确定正义是否有益于正义的拥有者;《欧绪弗洛篇》里对虔敬的界定,旨在解决特别难解的良知问题。然而,亚里士多德正确指出,对定义的探寻是苏格拉底式的诘问方法的一个显著特征。这一方法有时遭到批评,因为涉及错误的要求,即:我们除非能给正义和虔敬下一严密的定义,不然的话,我们就无法知道某一特定行动是否正义或虔敬。这一要求不符合苏格拉底在诘问过程中的常规做法,他通过诘问旨在寻求共识:特定行动(譬如将一把借来
44 的刀子还给一位疯子或在战役中实施战略撤退等)是否表明正义与勇敢这样的特定德性。苏格拉底的方法仅仅涉及比较弱性的要求:除非我们对一德性有一普遍性定义,否则我们就不能说(1)德性普遍地具有一特定属性,诸如可

教或有益;(2)也不能裁定左右为难的案例,诸如儿子起诉处死一位谋杀罪犯的父亲是否属于虔敬之举等等。

亚里士多德强调指出,苏格拉底方法的另一特征就是使用归纳论证,事实上这会设定如下前提:我们在缺乏普遍性定义时,仍然能够确定个别情况的真相。柏拉图笔下的苏格拉底,并不认为有一滴水不漏的技艺(techne)的定义;但是,为了得出关于技艺本性的基本真相,他一再思考种种特定技艺。于是,在《理想国》第一卷里,他想表明对优秀工匠的检验并不在于是否有能耐赚取许多钱财,而在于是否有益于完善技艺施予的对象:优秀的医生能使患者康复痊愈,优秀的船长能够安全导航,优秀的盖房人能够建造出好房子,等等。这些人赚取多少钱财与他们技艺的优秀与否毫无关联,那只是告诉我们他们如何有效地利用不同技艺进行赚钱而已(*Rep.* 1. 346a – e)。

亚里士多德指出,苏格拉底方法中有两个程序彼此密切相关。从特殊例证中归纳出一般真相是对发展普遍性定义做出的一项贡献,尽管此项贡献在这些对话中从来都不完整,也从未得出一个没有异议的定义。在一种德性的普遍性定义缺场时,基本真相便可用来协助处理左右为难的实际案例,或者用来评价有关德性属性的初步假设。于是,在《理想国》里,归纳法用来表明一位优秀的统治者是一位有益于自己臣民的人,因此,正义并非(诚如这部对话中的人物之一所认为的那样)单指任何有利于当权者的东西。

在讨论德性的早期对话里,虽然苏格拉底自称自己无知,但依然提出一些有关知识和德性的论点。在本书后面关于认识论和伦理学的章节里,我们将对这些论点进行较为详细的探讨。目前,我们需要关注的是聚集在“德性是否 45
可教”这一疑问上的相关问题。因为,如果德性是认识,那么,它肯定是可教的;然而,难以确定谁是成功的德性教师。

不管怎样,当时的雅典不乏这类自称具有相关专长之人,那些智者就属此类。在柏拉图写作生涯的早期结束阶段与中期开始阶段之间,我们发现有一系列对话是以重要智者希庇亚、高尔吉亚和普罗泰戈拉的名字命名的，这些对话讨论的是德性可教的问题，揭露的是智者伪装掌握德性可教之秘诀的种种做法。就德性是一种可习技艺的观点，《小希庇亚篇》(*Hippias Minor*)阐述了其难度所在。一位因为无知而出岔的工匠，不如一位有意犯错的工匠；如此说来，德性若是技艺的话，那么，有意犯罪的人就比因无知而犯罪的人更有德性了(376b)。《高尔吉亚篇》争论说，修辞术作为智者箭囊中的主要利器，是不能制造出真正德性的。《普罗泰戈拉篇》似乎提出这样的建议——无论是严肃的还是讽刺性的——德性委实可以教授，因为德性是计算个人行动结果中快感与痛感之比例大小的艺术。①

从苏格拉底到柏拉图

无论这是否是苏格拉底对德性可教的最后说法，读过这些对话的人很快就会发现，《美诺篇》与《斐多篇》给出了截然不同的答案。在苏格拉底看来，德性与关于善恶的知识同一，在现世生活中是不能被教授的：德性只能通过回忆另一个更好的世界得以恢复。这里表述的并非是关于德性的特定论点，而是关于知识的基本论点。《美诺篇》里有这样一种说法：一个出身奴隶的男孩，虽然从未有人向他传授过几何学，但通过适宜的提问，可以使他回忆起重要的几何学真理(82b－86a)。《斐多篇》里有这样的争论：虽然我们经常看到大小几乎相等的东西，但我们从未见过一对大小绝对相等的东西。因此，绝对相等
46 的观念不可能来自经验，而是得自先前的生活。绝对的善与绝对的美等观念也是如此(74b－75b)。

① 参阅本书第八章。

因此,《美诺篇》与《斐多篇》提出两种学说——理念论和回忆说(the thesis of recollection)。学者普遍认为,这两种学说属于柏拉图自己,而非历史上的苏格拉底。亚里士多德指出,这两个学说导致了“分离”,即苏格拉底所寻求的普遍定义与我们日常世界经验实体之间的分离。

在《斐多篇》里,柏拉图描述了苏格拉底狱中生活的最后日子。苏格拉底的朋友克里托(Crito)(有一篇对话以他命名)未能说服对方采纳越狱出逃的计划。苏格拉底拒绝接受这一建议,说他自己非常感激雅典法律,在这些法律的保护下他出生、成长和怡然自得地生活,他现在不能违背公约,逃之夭夭(51d-54c)。从德罗斯圣岛驶来的那条船标志着执行宗教判决的最后时刻,苏格拉底视死如归,借此机会向前来探狱的朋友高谈阔论灵魂不朽。[①] 在这场讨论行将结束时,苏格拉底讲述了一系列神话故事,描述了灵魂复活之后在冥界的旅行情况。

克里托问苏格拉底对他的葬礼有何吩咐;苏格拉底告诉他所埋葬的只是肉体,而非灵魂,灵魂将去享受极乐世界的各种欢愉。洗过最后一次澡后,苏格拉底向他的家人道别,在同狱卒谈笑之时,接过那杯毒芹,一饮而尽。他的四肢逐渐失去知觉,但他自己镇静自若(这是药物也难达到的程度)。就像他在世时说过的许多话一样,他最后的这句话也令人费解:“克里托,我欠埃斯库拉匹斯(Aesculapius)[主司伤愈之神]一只公鸡。请切记还债。”我们会再次问自己:他所说的话是实有所指呢,还是以此作为独特的讽刺形式呢?

或许并非出于巧合,柏拉图在同一篇对话里记录了苏格拉底死前的最后日子,并且首次介绍了他自己独具特色的理念论。在见证了苏格拉底的死亡之后,我们还见证了他个人哲学的终止,不过,从此之后,他的哲学却在柏拉图主义那更富形而上学和神秘色彩的形式中得以轮回。

① 这场讨论的哲学内容将在本书第七章里予以分析。

苏格拉底辞世时，柏拉图年近30，已经从师习业8载。作为雅典贵族家庭的成员，柏拉图正值青壮之年，如同他的两个兄弟格劳孔(Glaucon)和阿德曼

47

苏格拉底的头像方碑，上面刻有柏拉图《克里托篇》里的引文。

图(Adeimantus)一样,也参加过伯罗奔尼撒战争。他的两位叔辈克里底亚 48
(Critias)与卡尔米德(Charmides)均属三十僭主之列,但他本人没有参与雅典的政治生活。40 岁时,柏拉图出访西西里[叙拉古],与狄翁(Dion)结识,后者是当政君主狄奥尼修一世(Dionysius I)的连襟。在访问期间,他认识了毕达哥拉斯学派的哲学家阿尔基塔(Archytas)。返回雅典后,柏拉图建立了一个哲学社团,即雅典学园(Academy),该学园位于他家附近的一处私家林地里。此处集聚了一批思想家,在他的指导下,一起研究数学、天文、形而上学、伦理学和神秘主义。60 岁时,柏拉图应狄翁的外甥、已经继位的狄奥尼修二世(Dionysius II)之邀,再次访问西西里[叙拉古]。然而,这次访问并不成功,因为狄翁与狄奥尼修二世发生了争执。第三次作为王室顾问访问西西里[叙拉古]也同样失败,于是,柏拉图不再抱有幻想,于公元前 360 年返回雅典。公元前 347 年,他在出席一家婚宴时安然去世。他终生未婚,享年约 80 岁。

古代的作家围绕柏拉图的生平编织了许多故事,其中可信者寥寥。假如我们想让柏拉图的传记更为丰满或有血有肉的话,我们最好阅读那些传统上被列为其著作的《信札》。尽管其中一些(而非全部)为其他作者所撰,但所含信息要比第欧根尼所撰柏拉图生平中的逸闻趣事更合情理。这些信札自称是在柏拉图最后 20 年里所写,主要涉及他参与叙拉古政府的事迹与企图,他试想将一种僭主政体转化为一种体现自己政治理想的政体。

传承给我们的柏拉图著作总计 50 万字左右。虽然柏拉图全集里的有些对话可能属于疑作,但古代归于他名下的著作均幸存至今。不过,古代后来的一些作家除了大量摘引其对话内容之外,还经常强调柏拉图在雅典学园讲课时口授传统的重要意义。

因为柏拉图选择以对话形式进行写作,而他本人又从未作为言说者出现其中,这就难以确定在对话人物提出的各种哲学论点中,到底哪些是他自己的观点。我们从他笔下的苏格拉底那里完全可以看出这一点,但若将对话中其

49 他主要人物的学说归于他名下时,就必须谨慎而为,这些人物包括《智者篇》和《政治家篇》里来自埃利亚的陌生人,《蒂迈欧篇》里的主要对话者以及《法律篇》里来自雅典的外乡人。对话形式能让柏拉图将哲学难题悬置起来,同时又能从诘问双方的立场出发,表述自己所能想到的那些最强有力的论证(参阅 D. L. 3. 52)。

理念论

在柏拉图对话中所发现的诸多学说中,最著名的就是理念论。在中期对话里,自《欧绪弗洛篇》开始,这一理论经常是以暗示、认可或论辩的形式出现,而非直截了当地予以陈述或以规范方式得以建立。对此论最为明确的简短陈述并非来自柏拉图的对话,而是来自传统上归于他名下的《第七封信》,这封信主要是为他在西西里[叙拉古]的活动辩护。这封信的可靠性在现代经常遭到质疑。不过,拒绝相信柏拉图写给叙拉古人的第七封信,就如同拒绝相信保罗写给科林斯人的第二封信(在几方面相似)一样,迄今依然找不到更具有说服力的根据。对此信质疑也当然找不出充分的风格学理由。[①] 如果此信不可信,那它就是研究柏拉图的第二手文献中对理念论所做出的最为清晰和最具权威性的陈述之一。这便为阐释此论提供了有用的发端。

这封信对柏拉图经常思考的这一根本理论做出如下陈述:

> 我们要通过知识来了解每一存在的事物,就必须通过三样东西:其一是名称,其二是界定,其三是形象。知识本身是第四样东西。我们还得加上第

---

① 参阅莱杰:《重读柏拉图:对柏拉图写作风格的计算机分析》(Ledger, *Re-counting Plato*, 148 – 150)。该书作者认为《第七封信》可信,时间上与柏拉图后期对话中的首篇《斐莱布篇》接近。

> 五样东西，那就是可认识的和真正实在的东西。要想弄清这一点，就得思
> 考下列事例，并将其视为一切事物的典型代表。有一样东西我们称之为
> 圆；它有一个我们刚才所用的名称。对圆的界定由名词和动词组成。我
> 们可以这样界定所有圆形的、圆周形的或圆之类的东西，即："从周边每一
> 端点到中心都等距的那个图形"。第三样东西是我们可以画出来或擦抹
> 掉、旋转出或清除掉的形象。这些形象所象征的这个圆本身，并不发生任 50
> 何变化，而是一样不同的东西。第四样东西是我们关于这些问题的知识、
> 理解和真正的意见，这些问题以集体的方式存在于我们的灵魂中，而非存
> 在于声音或形体中，因此显然有别于那个圆自体，也有别于我们前面提到
> 的那三样东西。在所有这几样东西中，理解与第五样东西在亲缘性和相
> 似性方面最为接近，而其他几样东西则与第五样东西距离较远。同一学
> 说既适用于圆的，也适用于直的，同时也适用于颜色、善、美和正义的；既
> 适用于自然对象，也适用于人造物体；既适用于火与水，也适用于其他元
> 素；既适用于所有活的动物，也适用于有道德的人物；既适用于我们所做的
> 一切，也适用于我们所经历的一切。在上述各种情况下，举凡不能完全把握
> 前四样东西的人，永远不会充分把握有关第五样东西的知识。(342a－d)

如果我们要因循柏拉图的思路，那么，我们就得从区别这四样东西入手："圆"(circle)一词，圆的定义(一系列词)，圆的图形与圆的概念。表明这四样东西的重要性在于将它们和第五样东西加以区别和对比，这第五样东西最为重要，柏拉图称其为"圆自体"(the circle itself)。这便是柏拉图的理念论所要研究的理念之一。理念论是一范围广泛的理论，上段引文最后一句话表明，这一理论适用于所列举的那些领域。在其他著作里，柏拉图使用了许多别的表达方式来指涉理念。"理式"(*eide*)或许最为常用，但是，X 的理念或理式可以称之为"X 自体"(the X itself)，"就是 X 那东西"(that very thing that is X)，"X

性”(Xness)或“X是什么”(what X is)。

应当注意《第七封信》里柏拉图没有列出的东西。甚至在最低的层面上,他没有提及现有的物质圆形体,譬如车轮与圆桶。他之所以略去不提的原因,显见于他著作中的其他段落(例如 *Phd.* 74a - c)。我们在经验中所遇到的车轮和圆桶,从来不是完美的圆形之物:其中总有某处出现弯曲或遭到碰撞,影响圆周上每一点与中心的等距。就此而言,这种情况也适用于我们画在纸张上或沙土里的任何图形。柏拉图在此并未强调这一点,但这正是他下列说法的理由:图形与圆自体的差距,远远大于图形与我的概念的差距。我对圆的主观概念——我对“圆”意指何物的理解——不同于圆的理念,因为该理念是一种客观实在,而客观实在并非任何个体灵魂的属性。但至少可以说,我心目中的圆的概念是指一个完美的圆的概念;它不像我手指上的戒指那样,仅仅表示
51 一个不完美的近似于圆的东西。在我上面引用的那段话里,柏拉图在考察了“圆”一词之后,提出了圆的理念,而“圆”(circle)在下列句子里处于主词位置:

一个圆(circle)是一平面图,其圆周上的任何一点与圆心等距。

不过,柏拉图有时通过反思“X”不是作为主词而是作为谓词的句子,引出X的理念。

下述情况需要注意。苏格拉底、西米亚斯(Simmias)与克贝(Cebes)都被称为“人”。他们的共同之处在于他们都是人。现在,当我们说“西米亚斯是人”时,我们可能会琢磨“人”一词如同“西米亚斯”这个名字代表西米亚斯这个人那样,是在命名还是在代表某样东西呢?如果是如此,那样东西又是什么呢?那样东西与“人”一词,在“克贝是人”句子中所代表的东西是不是相同呢?为了处理这类问题,柏拉图引出人的理念。那就是让西米亚斯、克贝和苏格拉底都成为人的东西,也就是人这一命名的主要承担者。

在许多情况下，我们会说一个共用的谓词适用于好几个人，柏拉图则会说这几个人都与某一理念或理式有关：在 A、B、C 都是 F 的情况下，就说 A、B、C 与那个独一无二的 F 有关。柏拉图有时候将这种关系说成是模仿关系：A、B、C 都与 F 相似。他有时候更倾向于谈论分有：A、B、C 都分有或分享 F，它们之间都共有 F。这其中的原理是：在共同的谓述关系背后有一共同理念；而我们在怎样普遍的意义上可以应用这一原理还说不清楚。柏拉图有时候以全称方式陈述这一原理，有时在将其应用于某些特称谓词时又犹豫不决。当然，他列举出许多不同类别的理念，譬如善的理念，床的理念，圆的理念，存在的理念，等等。他随时准备将这一理论扩展到个位谓词之外，譬如从个位谓词“是圆的”(is round)扩展到双位谓词“是有别于”(is distinct from)。当我们说 A 有别于 B 时或者说 B 有别于 A 时，尽管我们两次使用“有别于”(distinct)一词，但每次都将其应用于一个独立存在物。

我们可以列出一些柏拉图关于理念与世界上普通事物之关系的论点。

(1) 共同原理(*The principle of commonality*)。只要几样东西是 F，那是因为这几样东西分有 F 这个独一理念（*Phd.* 100c; *Men.* 72c, 75a; *Rep.* 5.476a 10,597c)。 52

(2) 分离原理(*The principle of separation*)。F 的理念有别于所有那些都是 F 的东西(*Phd.* 74c; *Smp.* 211b)。

(3) 自我谓述原理(*The principle of self-predication*)。F 的理念就是 F 自体(*Hp. Ma.* 292e; *Prt.* 230c – e; *Prm.* 132a – b)。

(4) 纯粹原理(*The principle of purity*)。F 的理念不是别的而是 F (*Phd.* 74c; *Smp.* 211e)。

(5) 独特原理(*The principle of uniqueness*)。只有 F 的理念才是实在、真正与集合意义上的 F(*Phd.* 74d; *Rep.* 479a – d)。

(6) 崇高原理(*The principle of sublimity*)。理念是永恒的,它们既没有部分,也不会变化,更不为感官所知觉(*Phd.* 78d; *Smp.* 211b)。

共同原理本身不是柏拉图理念论中独有的东西。许多对于"分有"论感到不快的人们,乐于言说许多事物中的"共有"(in common)性。譬如,他们会说,"倘若A、B和C都是红色的,那么,这是因为它们具有都是红色这一属性,我们是通过观看红色事物中共有的东西而得知'红色'的含义。"柏拉图的独特之处在于他认真追究人们使用"共有"这个隐喻时所要表达的意思。① 例如,必定只有一个独特的F理念,否则,我们就无法揭示F类事物为什么会有某种共同的东西了(*Rep.* 597b - c)。

与分离原理相关的是一层次观念,即理念和代表理念的个别物之间的层次观念。分有与被分有的关系,是两种截然不同的关系,用来表示这两种关系的两个术语,必定处于不同的层次之上。

自我谓述原理对柏拉图来讲之所以重要,是因为若无这一原理,他就无法说明理念何以解释个别物中属性的发生情况。只有热的东西才会使某物变热;你不可能用湿毛巾来擦干自己。所以,一般说来,只有用什么是F自体或F本身,才能解释某一别的东西何以是F。如此一来,倘若冷的理念就在于解释雪为何是冷的,那它本身就一定是冷的(*Phd.* 103b - e)。

F的理念不仅仅是F,而且是一个F的完美样本。这一理念除了F性(Fness)之外,不能掺杂任何别的因素,也不能被任何别的因素所稀释:因此就有了纯粹原理。如果这一理念包含F之外的任何属性的话,那是因为它分有
53 了某一别的理念;这样一来,纯理念必然优越于这一混杂理念,就如同F的理念优越于所有非理想的Fs一样。理念之间的分层关系观念打开了潘多拉盒

① 我所说的这一观点见于安斯康姆所著的《三位哲学家》(G. E. M. Anscombe, *Three Philosophers*, Oxford: Blackwell, 1961),28页。

子，柏拉图在中期对话里阐述古典理念论时，总想关好这只盒子。

评论家有时会以一种误导性的方式来陈述独特原理。柏拉图经常说，只有理念才是真在(really are)，我们在感觉经验中所遇到的那些非理想的特殊对象(non-ideal particulars)，介于存在与不存在之间(between being and not being)。人们经常认为柏拉图的意思是说，只有理念才真的实存(really exist)，可以触摸的有形物体都是不实在的和虚幻的。从上下文关系看，这一点很清楚：当柏拉图说只有理念才是真在(really are)时，他的意思并非是指只有理念才真的实存(really exist)，而是说只有 F 的理念才是真正意义上的 F，F 在特定情况下可能就是任何东西。特殊对象介于存在与不存在之间，因为它们介于是 F 与不是 F 之间——也就是说，它们有时是 F，有时不是 F。[①]

例如，只有美的理念才是真正美的，因为个别美的事物抑或(a)是某一方面美，而另一方面丑(譬如说形体美，但肤色不美)，抑或(b)是此时美，而彼时不美(譬如 20 岁时美而 70 岁时不美)，抑或(c)是与一些事物相比就美，而与别的事物相比就不美(譬如海伦与美狄亚相比可能是美的，而与阿芙洛狄特相比可能就不美)，抑或(d)在某些环境里是美的，但在其他环境里就不美(*Smp.* 211a – e)。

古典理念论的一个重要特征就是崇高原理。参与分有的特殊对象属于低等的生变世界(the inferior world of Becoming)，也就是发生变化和衰退的世界；被分有的理念属于高级的存在世界(the superior world of Being)，也就是永恒稳定的世界。至为崇高的理念就是善的理念，比其他理念不仅级别高而且能力大，一切可以认识的东西都是从善的理念那里获得自身的存在(*Rep.* 509c)。

理念论的问题，在于界定它的那些原理相互之间并不完全一致。要将分

① 我最早是从 Vlastos 的论文〈柏拉图所论实在的不同程度〉("Degrees of Reality in Plato")中得知这一点的。参阅班布拉主编：《柏拉图与亚里士多德新论集》(R. Bambrough, ed., *New Essays on Plato and Aristotle*, London: Routledge & Kegan Paul, 1965)。

离原理与共同原理和自我谓述原理协调一致起来，是难乎其难的。在《巴门尼德篇》里，柏拉图自己率先阐述过这一难度，他的论证可以概括如下：我们假定我们有些特殊对象，其中每个都是 F。那么，根据共同原理，那就有 F 的理念。根据自我谓述原理，该理念就是 F 自体。但是，如此一来，F 的理念与原初的
54 特殊 Fs，就会构成新的一批 F 事物。再者，根据共同原理，这一理念肯定是存在的，因为它们分有一种 F 的理念。但是，根据分离原理，这一理念不可能是最先假定的那个理念。所以，肯定有另一个 F 的理念；但是，根据自我谓述原理，这反过来将是 F，依此类推，永无休止。如果我们想要避免溯及原因的话，那就必须放弃这个或那个引发溯及原因的原理。时至今日，学者在柏拉图如何严肃对待这一难度的问题上众说纷纭，另外，他们在柏拉图为了解决这一难题而修改了哪些原理的问题上也看法不一。在后文中进一步讨论柏拉图的形而上学时，我将会返回到这一问题上来。①

柏拉图将其理念论应用于许多哲学问题：他把理念当做道德价值观的基础，当做科学知识的基础以及所有存在者的终极起源。柏拉图用其理念论所要回答的一个问题，经常被称之为普遍命题问题（problem of universals）：诸如“人”、“床”、“德性”、“善”之类普遍名词的意义问题。由于柏拉图做出的回答并不令人满意，因此这一问题依然列在哲学的日程表上。在后面的章节里，我们将会看到亚里士多德是如何处理这一问题的。该问题的历史一直从古代经由中世纪延续到我们这个时代。在对这个问题的现代讨论中所涌现出的一些观点，与柏拉图所说的理念论有某种相似性。

谓项（*Predicates*）。在现代逻辑学里，人们认为在诸如“苏格拉底是明智的”（Socrates is wise）这个句子中，有一主词“苏格拉底”（Socrates）和一谓项（即组成这个句子的其余部分）“……是明智的”（…is wise）。一些逻辑哲学家

① 参阅本书 208 页往后。

追随弗雷格的做法，认为谓项具有一个超智能的对应物（extramental counterpart）：一个客观谓项（弗雷格称其为“函项”）与“……是一个人”（…is a man）相呼应的方式，类似于苏格拉底这个人与“苏格拉底”这个名字相呼应的方式。弗雷格所说的函项，譬如X是一个人（*x is a man*）这个函项，就是客观的存在者：它们更像《第七封信》里所说的第五样东西而非第四样东西。函项具有理念的某些先验属性：X是一个人这个函项，并不会像人类那样成长或死亡，在世界上也没有任何地方你可以看到或处理X用7可以除开的函项。不过，函项并不遵从自我谓述原理或独特原理。那你怎会想到X是一个人这个函项（唯有这个函项）就是真真切切的一个人呢？

类（*Classes*）。函项作为原理而起作用，根据这些原理，对象可以集合为类：譬如，满足X是人（*x is human*）这一函项的对象，可以组成人类这一种类 55
（the class of human beings）。理念（Ideas）在某些方面与种类（classes）相似：分有一个理念，等于同化为这个种类的成员资格。将理念等同于种类的难题，在论及自我谓述原理时再次出现。人这一种类并非一个人，我们不能笼统地说Fs这一种类就是F。然而，乍一看来，似乎确有某些种类就是这些种类自身的成员，譬如诸种类的种类（the class of classes）。但是，柏拉图所发现的自我谓述原理，使他遇到难题，正如现代哲学家所发现的那样，如果你得到应允，完全自由地形成种类的种类，那么，你就会由此陷入悖论之中。非常著名的是所有种类的种类所引起的悖论，所有种类在此并非就是自身的成员。罗素曾经指出，如果这一种类就是该种类自身的成员，那么，这一种类就不是该种类自身的成员；如果这一种类不是该种类自身的成员，那么，这一种类就是该种类自身的成员。无独有偶，罗素的悖论与柏拉图在《巴门尼德篇》里的自我批评有着惊人的相似性。

范式（*Paradigms*）。已经不止一次讲过，柏拉图所说的理念可以被视为范式或标准：个别物与理念之间的关系，类似于一公尺长的物体与一标准公尺之间的关系,这里的标准公尺是用来界定公尺长度的。① 这一观念非常适合柏拉图心目中殊相模仿理念的那种方式:有一公尺长确实就像一标准公尺,如果两件东西各长一公尺,那是因为它们与范式有共同的相似性。不过,此类范式无助于崇高原理:标准公尺不在天堂,而在巴黎。

具体的共相(*Concrete universals*)。哲学家有时会玩弄观念,譬如在“水是液体”(Water is fluid)这个句子里,“水”(water)被当做一种四散的单数物体的名称,水占世界大部,形成海洋、河流、湖泊等等。这便赋予殊相模仿理念这一柏拉图原理以明确意义。特定的一瓶水实际上是世界上所有水的一部分。此外,水无疑是水,无物不是水就是确确实实的水。这一观念也适合柏拉图的喜
56 好(他的评论家经常与其相左),喜好用具体的言说模式而非抽象的言说模式来谈论理念(譬如言说“美的事物”而非“美”)。不过,具体的共相无助于崇高原理和纯粹原理:宇宙中的水,在量度与分配方面既可定位也可变化,水除了是水这一属性外,还有许多其他属性。

这些观念中没有一个可以充分证实柏拉图所论理念的许多方面。如果有人想要知道那六项原理对柏拉图而言如何有道理,那就最好去考察某一更缺乏反思性的观念,而不是任何一位现代逻辑学家提出的专门概念。不妨想想表示东南西北的指南针。譬如,说到东方的观念,有人会通过朴素地反思我们在英国所用的各种关于东方的习惯用语来理解东方。有许多地方位于我们的东面,譬如贝尔格莱德和香港。任何朝东的东西是东方(分有)的组成部分,并且与东方(模仿)属于同一方向。这样一来,便使位于我们东面的一切均成为东方的了(共同原理)。不过,不能把东方等同于空间中的任何一点,无论这一点怎样朝向东面(分离原理)。东方当然就在我们的东面(自我谓述原理),东

---

① 这一思想源自维特根斯坦。参阅盖奇:〈又是第三人〉,见阿伦主编:《柏拉图的形而上学研究》(P. T. Geach, 'The Third Man Again', in R. E. Allen, ed., *Studies in Plato's Metaphysics*, London: Routledge & Kegan Paul, 1965)。

方不是别的,就是在东方(纯粹原理):如果我们说“东方是红色的”(The east is red),我们只是意指东方的天空是红色的。东方就是绝对意义上的东方:太阳有时在东,有时在西,印度在伊朗之东、越南之西,但是,东方每时每地还是东方(独特原理)。东方在时间上没有历史,它看不见,摸不着,也分不掉(崇高原理)。

当然,我并非是说指南针能够解释柏拉图的诸项原理,能够证明这些原理都是正确的:没有任何解释可以做到这一点,因为这些原理形成了不一致的系列。我的意思仅仅是说,这种解释能使这些论点看起来基本合乎道理,在这方面,先前做出的其他解释并非如此。函项、种类、范式与具体的共相,均提出属于自身的问题,而哲学家在柏拉图死后很久才发现,虽然我们无法返回到古典理念论那里,但我们应就此论意指的那些需要解决的问题,给出令人更为满意的回答。

柏拉图的《理想国》

在柏拉图最著名的对话作品《理想国》里,理念论不仅应用于我们刚刚已经考察过的逻辑学和语义学目的,而且应用于解决认识论、形而上学与伦理学领域里的问题。对这一理论的衍生结果,我们将在后面的章节里予以考察。 57
但要看到,《理想国》之所以在全世界众所周知,那不是因为对理念论进行了多重的探讨,而是因为其核心卷本中所描述的政治安排。

这篇对话的正式议题是正义的本性与价值。第一卷(或许最初是一篇独立的对话)检查了几个有关正义的候选定义,发现有必要对正义做出恰当的界定,于是,这部著作的主要部分开始向苏格拉底提出挑战,旨在证明正义是某种有真实价值的、为了正义而正义的东西。柏拉图的两个兄弟格劳孔和阿德曼图是此篇对话里的人物,他们争论说,人们选择正义是将其作为一种避免作恶的方式。格劳孔还说,为了避免受到他人的压迫,处于弱势的人彼此建立契约,以免遭受不义或行使不义。如果不义的行为可以免遭惩罚,那么,人们更喜欢不义的行为。譬如,一个人若能使自己无影无形,那他在做坏事时就不会被人发现,也就不会受到任何惩罚。阿德曼图支持格劳孔的说法,并且指出:在众人之间表彰正义,与其说是表彰实际上正义的东西,不如说是表彰看似正义的东西;从神的观点来看,对不义的惩处可以通过祷告和祭品来赎买(2.235a-367e)。

在本书第八章里,我们将会看到苏格拉底是如何应对这一挑战的,这在《理想国》的其余各卷里随处可见。目前,出于阐明柏拉图政治哲学的兴趣,我们应当重点关注苏格拉底的直接反应。为了回答柏拉图那两个兄弟的问题,他从考虑个人正义或正直的问题,转而考虑城邦正义这个大问题。他指出,正义的本性用大写的字母写成,因此更容易阅读。生活在城邦里的目的在于使民众运用不同的技艺,通过适当的劳动分工,来满足彼此的需要。在理想条件下,如果民众的基本需求得到满足后像过去那样心满意足,那就会组成一个非常朴素的社团。但在现代这个奢侈的时代,公民的要求多于单纯的生计,这就必须做出更为复杂的政治安排,包括一支训练有素的职业军队(2.369b-374d)。

这里,苏格拉底为这座由三个阶层组成的城邦描绘出一幅蓝图。在军士中间最适合统治的人,通过竞争筛选出来构成上层阶级,称为护卫者(guardians)。其余的军士被称为辅助者(auxiliaries),其余公民属于农民和工匠阶层
58 (2.374d-376e)。这些劳动阶层何以接受统治阶层的权威性呢?那必须靠宣传一种神话,即"高贵的谎话"(noble falsehood),让人们相信这三个阶层的成员在其灵魂中含有不同的金属:分别为金、银、铜。一般说来,公民属于他们各自出生的阶层,但是,苏格拉底允许一定限量的社会流动(social mobility)

(3.414c－415c)。

统治者与辅助者要接受精心设置的教育，包括(基于荷马史诗删节本的)文学、(具有军用和教化作用)音乐和(男女共同参与的)体操(2.376e－3.403b)。妇女与男人都要担当护卫者与辅助者，但这将涉及类似特权一样的严格限制。上层阶级成员不许结婚；妇女属于共有，所有性生活公开。生育以优生为依据，受到严格规定。儿童不许与其父母接触，要在公共幼儿园抚养。护卫者与辅助者没有财产，不碰金钱；他们免费配给，生活俭朴；他们一起生活，如同营房里的士兵(5.451d－471c)。

在《理想国》第三—五卷里，苏格拉底所想象的城邦，一方面作为彻底的集权主义样本而遭到谴责，另一方面又作为女权主义的早期试点而备受推崇。如果这座城邦在严肃的意义上是指现实生活政体之蓝图的话，那就必须承认这座城邦在许多方面与最基本的人权相冲突，因为它没有私密性，但却充满欺骗性。这座城邦作为宪法制度上的提议，一直遭到保守派和自由派两方的大量谴责。不过，务必谨记的是，这一宪制的明确目的在于昭示灵魂里的正义本性，诚如苏格拉底一如既往所追求的那样。[①] 我们从其他对话中得知，柏拉图喜欢取笑他的读者；他将自己从苏格拉底那里所学到的讽刺手法，扩展为哲学启示的主要原理。

不过，柏拉图先将这种比喻说法连同那座由阶级主导的城邦编织成他的道德哲学，随后又在《理想国》的其余各卷里返回到政治学说。他告知我们，他的理想城邦吸收所有基本德性：护卫者的智慧德性，辅助者的勇敢或刚毅德性，劳动阶级的节制德性，植根于劳动分工原理的正义德性，城邦的起源就在于这种原理。在一个正义的城邦里，每一位公民与每一阶层都要各尽所能，这 59
样才使所有阶层和睦相处(4.427d－434c)。

① 参阅本书第七章。

虽然柏拉图有过提议，但让一位妇女在当时入读哲学学校那是非常罕见的。公元前 4 世纪的这幅壁画，描绘的是西帕基雅（Hipparchia）想同与她的丈夫——犬儒学派的创始人——克拉特（Crates）在一起共事。

在不够理想的那些城邦里，存在一种从理想逐渐蜕变或衰败的现象。有 5 类可能的政治体制（8. 544e）。第一等的或最佳的体制被称之为君主制或贤人政体：如果智慧占据首要位置，那么，无论其化身是一个还是多个统治者，都无关紧要。其他四种低等的政体依次分别为荣誉政体、寡头政体、平民政体与僭主政体（8. 543c）。这四种政体之所以逐一衰变为下一政体，是因为理想城邦的那些德性之一败落的结果。假如统治者不再是智慧之士，贤人政体就蜕变为荣誉政体，后者的统治在本质上是靠军人集团（8. 547c）。寡头政体之所以有别于荣誉政体，是因为寡头型统治者缺乏果敢的德性与军事上的德性（8. 556d）。寡
60 头们以一种颇为吝啬的方式，确会形成具有节制的德性；当这种德性遭到摒弃之后，寡头政体就被平民政体取而代之（8. 555b）。对柏拉图来说，离开理想国贤人政体一步，就是离开正义一步；然而，正是离开平民政体而走向僭主政体

的每一步,标志着不义的化身登堂入室(8.576a)。所以,施行贤人政体的国家,以所有德性的出场为标志;施行荣誉政体的国家,以智慧的出场为标志;施行寡头政体的国家,以果敢衰朽为标志;施行平民政体的国家,以蔑视节制为标志;施行僭主政体的国家,则以推翻正义为标志。

柏拉图承认,在现实世界里,我们更有可能遇到《理想国》里描述的各种低等城邦或国家形式,而不是理想政体或体制。不过,他坚持认为,要不是生活在理想的城邦里,就不会有公众或私人的幸福可言;但是,理想的城邦永远无法成为现实,除非哲学家成为国王或国王成为哲学家(5.473c-d)。自不待言,成为哲学家就要接受和通过柏拉图教育体系的考察,这样做的目的是为了认识那些理念。

《法律篇》与《蒂迈欧篇》

柏拉图在晚年放弃了哲学王(the philosopher king)的思想,也不再认为理念论具有政治意义。他最终相信,对于一个城邦的社会福利而言,统治者的品格不如管制城邦的法律本性那么重要。在他晚年最长的对话《法律篇》里,他描绘了一位雅典访客与一位克里特人和斯巴达人讨论殖民地政体的事情。殖民地名为麦格尼西亚(Magnesia),位于克里特岛之南,农业生产占主导地位,其自由人口主要是具有公民身份的农民。从事手工劳动的大多是奴隶,从事工艺和商务活动的是居住在那里的外乡人。完全具有公民权利的人数限于5040个男性成人,他们被划为12个部落。政府管理的蓝图是根据雅典访客的建议而设定的,介于雅典的实际体制安排与柏拉图所想象的理想国结构之间。

像雅典一样,麦格尼西亚也有一个由男性成人公民组成的立法会,一个由一系列民选官员组成的议会,这些官员被称为法律的护卫者或护法者(the

Guardians of the Laws)。普通公民通过大量听证会来参与法律的管理。各种
61 各样的任命要通过抽签来决定,以期确保广泛的政治参与度。允许个人拥有私人财产,但随着财产的增多要缴纳高昂的财产税(5. 744b)。结婚远未取缔,但受法律强制,年龄过了 35 岁的单身汉每年必须支付罚款(6. 774b)。最后,立法者必须明白,即便最好的法律也经常需要改良(6. 769d)。

另一方面,麦格尼西亚城邦的有些特征会使人想起《理想国》。城邦的至高权力取决于一个夜间议会(Nocturnal Council),其成员为最有智慧和最有资格的官员,专门接受过数学、天文学、神学与法学的训练(像《理想国》里的护卫者一样,虽然没有专门接受过形而上学的训练)。不许私自拥有金币或银币,出售房产受到严格禁止(5. 740c, 742a)。对文本和音乐施行严格的审查,诗人必须拥有执照(7. 801d - 2a)。女性警察有权进入各家监督生育和强制实施优生标准(6. 784a - b)。在处理离婚的法庭里,男女的法官人数必须均等(9. 930a)。妇女与男人一样,可以共进公餐,接受军事训练,提供保家卫国力量(7. 814a)。教育对所有阶层来说非常重要,监督执行者为强有力的教育长官,要向夜间议会直接汇报工作(6. 765d)。

实质性的立法工作,在这篇对话的中间几卷里得到阐述。各条法律必须有一阐明其目的的序文,这样可使公民在理解的同时能够遵从。譬如,一条强制人们在 30 岁与 35 岁之间成婚的法律,应当有一序文来解释生育后代是人类得以不朽的方式(4. 721b)。《法律篇》第六卷陈述了许多行政官员的职责;第七卷详述了从幼儿园开始贯彻执行的教育大纲;《法律篇》本身就是一套教科书。第九卷讨论了多种形式的骚扰与杀人犯罪行为,表明了与诸如抢劫神庙等死罪相关的判决程序。详细的阐述旨在确保被告得到公平的审判。在民政事务问题上,法律条款十分细致,譬如,一位把蜜蜂从原告的蜂箱诱走的被告,要支付什么样的赔偿费都有明文规定(9. 843e)。狩猎受到严格禁止:只允许骑马带犬猎取四条腿的动物(7. 824a)。

在《法律篇》里,柏拉图反复参与性道德的理论探讨,尽管实际上的性生活
立法限于一种把通奸者逐出教会的形式(7.785d－e)。在基督教时代,这种惩
处十分常见,但在多神教的古代则颇为罕见,柏拉图将其性伦理学建立在生育 62
是性的自然目的这一观念基础之上。雅典访客指出,他想施行这样一条法律:
“允许为了生育这一自然目的而进行性交,禁止同性恋关系;禁止有意杀害死者
的后代,禁止在永远不能生根结果的岩石上播种”(8.838e)。不过,柏拉图意识
到,要确保落实这条法律是十分困难的,于是,他建议采用其他措施来消除鸡奸
行为,阻止各种形式的非生育性交媾(8.836e,841d)。我们在柏拉图思想中发现
的这一点,与苏格拉底对话中首先拿同性恋取笑的主导性特征相去甚远。

《法律篇》中最有趣的部分之一是第十卷。此卷专论对众神的崇拜以及对异教的铲除。雅典访客指出,当人们不相信众神存在或者相信众神存在但不关心人类之时,就出现了亵渎神灵的问题。因此,就像一篇反对亵渎的法律序文一样,立法者必须建立神性存在的认识。柏拉图所提供的详细论证,将在后文专论宗教哲学的那一章里予以考察。

《蒂迈欧篇》的结构似乎与《法律篇》有互搭或复叠之处。在前一篇对话里,柏拉图阐述了神与我们生活世界的关系。他返回到传统的宇宙论哲学话题,讨论起在他看来阿那克萨戈拉因不满意而抛却的那种论点。《蒂迈欧篇》所描述的世界,不是机械论原因组成的领域:这个世界是神造的,人们把这尊神抑或称之为世界之父,抑或称之为世界的创造者,抑或称之为世界的艺匠或造物主(demiourgos)(28c)。

蒂迈欧是用来命名这篇对话的主角,是一位天文学家。他向苏格拉底陈述了宇宙的历史,从宇宙起源开始,到人类出现为止。他说,人们若问这个世界是一直存在呢,还是刚刚开始呢?其答案肯定是这样:它刚刚开始,因为它是可见的、可触的、具体的,感官所能知觉的任何东西,没有一件像思想的对象那样是永恒的或不变的(27d－28c)。塑造世界的神,关注的是永恒的原型,

“因为宇宙是现存事物中最美的,神是所有起因中最善的”(29a)。神为什么让世界得以存在呢?因为神是善的,凡是善的都彻底摆脱了嫉妒与自私
63 (29d)。就像圣经《创世记》里的上帝一样,这个世界的创造者注视着他所创造的对象,发现那个对象是善的。喜悦之余,他用许多优美的事物装点这个对象。不过,《蒂迈欧篇》里所说的世界创造者,在若干方面不同于犹太—基督教传统里的造物主。其一,前者不是从无中创造出世界:恰恰相反,他是从原始混沌中使世界得以存在,他的创造自由受制于原初质料的必然属性(48a)。“神,如果他能够协助的话,期望一切皆善,期望无物低劣,当他发现可见的宇宙不是处在平静的状态里、而是处在不和谐的混乱运动中时,就将宇宙从无序带入有序,他认为这样更好”(30a)。其二,当摩西式的造物主在一创造阶段将生命灌注到一个没有生命的世界中时,柏拉图所说的有序宇宙和作为宇宙范式的原型,都是活生生的存在。这个活生生的原型是什么呢?柏拉图没有告诉我们,或许就是一定包涵生命的理念世界,他后来在《智者篇》里讲过这一点。神在创造世界之前,先创造出世界灵魂:这个世界灵魂(world-soul)于存在世界和生成世界之间保持着平衡(35a)。他随后将世界和灵魂连接在一起。

> 灵魂就像结网一样在宇宙里来回穿行,从中心直到天边,将自个裹在里面。灵魂自身的运转提供了一个神圣的原理,一个永无休止的和理性生命永恒的原理。这使天的形体成为可见的,而灵魂则是不可见的,是赋予了理性与和谐的,是用最理智和最永恒的实在造成的,是被造物中最好的。(36e-37a)

同早些时候那些谈论多种世界的哲学家相比,柏拉图非常坚定地认为我们的宇宙只有一个(31b)。他追随恩培多克勒,认为组成世界的四大元素是土、气、火、水;他也追随德谟克利特,相信四大元素的不同特性源于构成它们的不同原

子形状。土的原子是立方形的，气的原子是八面体的，火的原子是金字塔形的，水的原子是二十面体的。实存前的空间(pre-existent space)是创造者将世界放置在其中的容器，它以神秘的方式为四大元素的变形提供了基础，就像一块金子，为珠宝商可能赋予其不同形状提供了基础(50a)。在这方面，柏拉图似乎预测到亚里士多德提出的形式质料说(hylomorphism)的基本质料。[①] 64

蒂迈欧解释说，宇宙里有四种活的动物：神、鸟、动物、鱼。在众神之间，柏拉图区别了恒星，认为恒星是永恒的生物，在一个相当尴尬的旁白里，他提到荷马史诗传统里的众神。他描述了如何将灵魂灌注到星辰和人类之中的情况，提出了人类灵魂三分的学说，这种学说较早见于《理想国》。他详述了人的知觉机制和人体的构造机制。[②] 他告诉我们说，人体构造是神授权给自己所造的次等神衹做成的(69c)。他还充分描述了我们的所有器官及其功能，同时还列举出许多身心疾病。

几个世纪以来，《蒂迈欧篇》是柏拉图对话中最有影响的作品。尽管其他对话在古代末期与文艺复兴时期开端之间已经被人遗忘，但《蒂迈欧篇》里的许多内容依然保留在西塞罗的拉丁文译作里，同时也幸存于公元 4 世纪一位名叫卡尔西吉(Chalcidius)的基督教徒的拉丁文翻译里。柏拉图对世界由神所造的目的论阐述，对中世纪思想家来说太难以理解了，他们因此不可能将其同化为创世纪这样的创世故事。在巴黎大学的早期，《蒂迈欧篇》是必读文本，300 年后，拉斐尔在他所作的《雅典学园》(*School of Athens*)里，让柏拉图站在这幅壁画的中心，手里只捧着他的《蒂迈欧篇》。

---

① 参阅本书第五章。

② 参阅本书第七章。

第二章

思想流派:从亚里士多德到奥古斯丁

公元前4世纪,政治力量从古希腊的城邦转向北部 65
的马其顿王国。同样,继苏格拉底和柏拉图这两位雅典哲学家之后,下一位伟大的哲学家是马其顿人亚里士多德(Aristotle)。苏格拉底辞世15年后,亚里士多德出生在一个由希腊移民建立的独立小城邦斯塔吉拉(Stagira),该城位于卡尔西德斯半岛。亚里士多德是尼各马科(Nicomachus)的儿子,其父担任过亚历山大大帝(Alexander the Great)的祖父、马其顿王阿明塔(King Amyntas)的御医。家父去世后,亚里士多德于公元前367年移居雅典,17岁时加入柏拉图的学园。他作为柏拉图的弟子和同事长达20年。可以有把握地说,历史上还没有其他时候,居然有如此杰出的思想力量集中在一所独家学校里。

柏拉图学园里的亚里士多德

柏拉图后期的许多对话撰写于最后二十余年，其中一些论点，可能反映了亚里士多德在论辩中所作的贡献。凭借一种为了示好而有意将年代误置的做

66

雅典各家哲学学园位置图。

法，柏拉图将一位名叫亚里士多德的人物引入了《巴门尼德篇》。这篇对话包含了对理念论的最为严厉的批评。亚里士多德自己的有些著作，也属于这一时期，尽管这些早期著作中有许多仅仅是以后世作家所引用过的残章断句形式幸存了下来。就像他的业师柏拉图一样，亚里士多德最初以对话形式写作，其对话作品在内容上受到柏拉图的很大影响。

譬如，在他逸失的对话《优台谟篇》(*Eudemus*)里，亚里士多德提出了一个
接近于柏拉图在《斐多篇》里提出的灵魂概念。他有力地反驳了灵魂是肉体的
协调器这一论点，认为灵魂被囚禁在身躯里，一旦释放出来，就能够过上更加
幸福的生活。死者要比活人更幸福快乐，更伟大优秀。“对于所有男人和妇女 67
来说，最好是不出生；次好是人的最佳选择，那就是一旦出生就尽快死去”
(fr. 44)。死亡就是返回自己真正的家园。

亚里士多德年轻时的另一部柏拉图式的著作是《劝导篇》(*Protrepticus*)，即对学习哲学的劝导。这部著作也已逸失，但在古代后期引用十分广泛，因此有些学者认为他们可以将其差不多完全重构出来。亚里士多德指出，人人都得做哲学，因为反驳哲学的实践活动本身就是一种哲学思考的形式。不过，最好的哲学形式就是凝神思索自然的宇宙。阿那克萨戈拉之所以受到称赞，就是因为他说过这样的话：使生活值得一过的一件事情，就是观察日月星辰及天上。正因为如此，神造就了我们，赋予我们神一样的理智。所有其他东西，诸如力量、美丽、权势和荣誉，都一文不值(Barnes, 2416)。

《劝导篇》还生动地表达了一个柏拉图式的观点，即：灵魂与肉体的融合，在某些方面是对前世作恶的一种惩罚。“听说伊鲁特里亚人(the Etruscans)经常虐待俘虏，将死尸同俘虏的身子绑在一起，脸对着脸，四肢对着四肢，这样一来，灵魂似乎就能散发出来，进入到身体的各个脏器里面”(同上书)。这一切都非常有别于亚里士多德后期成熟的思想。

在亚里士多德的那些留存著作中，一些研究逻辑和论辩的著作或许也属于这一时期，譬如《论题篇》(*Topics*)与《辩谬篇》(*Sophistical Refutations*)。比较而言，这两部著作是以非形式逻辑撰写的，其中一部讲的是如何为你要采取的立场进行论证，另一部讲的是如何在别人的论证中发现弱点。尽管《论题篇》包含各种范畴之类的概念萌芽，而且对亚里士多德后来的哲学具有重要意义，但是，这两部著作都没有对形式逻辑做出系统的论述，我们只是在《前分析篇》(*Prior Analytics*)里才看到这种系统论述。即便如此，亚里士多德在《辩谬篇》的结尾处声称，他白手起家，创建了逻辑学科：在他开创之初，逻辑学科无从谈起。亚里士多德说过，当时有许多专论修辞学的论文，但是

> 在演绎这个科目上，我们列举不出早期有任何东西，故而需要花费很长时间进行原创性研究。如果在查阅中你们觉得我们从一个没有希望的开端出发，将我们的研究发展到一种令人满意的程度，可与传统学科所达到的程度媲美，那么，你们作为我的学生，就请你们原谅这项研究所存在的不足，同时
> 68 也请你们热情感谢这项研究所发现的结果。(*SE* 34. 184^{a} 9 – ^{b}8)

的确，亚里士多德对后世有许多要求，其中之一就是要他们切记他是逻辑学的开创者。他研究这一科目的最为重要的著作有《范畴篇》(*Categories*)、《解释篇》(*de Interpretatione*)与《前分析篇》。这些著作阐述了他所讲授的那些简明术语、命题和三段论。这些著作与前面提到的两部著作和一篇研究科学方法的论文《后分析篇》(*Posterior Analytics*)被归为一组，集成人们所知的《工具论》(*Organon*)，此"工具"即思想"工具"。亚里士多德的许多追随者认为，逻辑本身并非一门科学性的科目，而是作为一种基础技艺可用于任何学科，故此以《工具论》相称。工具一说尽管在古代已经存在，但作为逻辑系统并

不完整，因此两千年来被视为逻辑学科目的核心部分。①

亚里士多德在雅典学园时，马其顿王菲利普二世于公元前359年继承了其父的王位，采取了扩张主义的政策，对希腊一些城邦发动战争，其中包括雅典。与亚里士多德同时代的人物德谟斯提尼（Demosthenes）勇武而雄辩，他谴责马其顿入侵，发表了《斥菲利普》（*Philippics*）的演说，但雅典人在保卫自己的利益时半心半意。在遭受了一系列丧失颜面的让步之后，雅典人于公元前388年让菲利普担任希腊世界的统治者。亚里士多德作为生活在雅典的一位马其顿居民，在那段时期不可能一帆风顺。

不过，他在雅典学园里的关系看来一直融洽。而后世几代人喜欢把柏拉图和亚里士多德描绘成一对冤家对头，古代一些人将亚里士多德比作一个薄情寡义、踢踹生母的驴驹（D. L. 5. 1）。然而，亚里士多德对柏拉图总是感恩戴德，在业师辞世时，他在悼词中将其描述为一位最善良和最快乐的人，一位"不应连恶人都来赞扬的人"。他参与了柏拉图哲学研究日程中的大部分活动，他的教学活动经常是对柏拉图学说的修正而非否定。这两位哲学家共有的哲学思想，要比分离他们的问题更为重要。就像17和18世纪的理性主义和经验主义两大学派一样，他们虽然彼此对立，但有许多共同之处，这些共同之处甚至多于他们同生前和身后的哲学家的共同之处。

然而，在雅典学园研究期间，亚里士多德就已经开始与柏拉图的理念论保
持一定距离。在那份《论理念》（*On Ideas*）的小册子里，他认为柏拉图核心对 69
话里的那些论证，只是建立了下列一点：除了特殊对象之外，也存在某些共同的科学研究对象；但这些对象未必就是理念。亚里士多德针对理念采用了一种论证形式，我们在柏拉图自己的对话里已然看到这种形式。亚里士多德将其称之为"第三人论证"（Third Man argument）（Barnes，2435）。在其遗存的著

① 亚里士多德的逻辑学将在本书第三章里详加讨论。

作里,亚里士多德经常对理念论表示异议,有时讲得非常委婉,譬如在《尼各马科伦理学》(*Nicomachean Ethics*)里,他引介了一系列论证来反驳善的理念,他说自己承担着艰巨的任务,因为理念论是他的好友传布的。不过,他作为一位哲学家的责任,是尊重真理,超越友情。于是,在《后分析篇》里,他抛弃了理念,蔑称其为“微不足道的谎言”(tarradiddle)(1. 22. 83^{a} 33)。

在《形而上学》(*Metaphysics*)里,他更为严肃地指出,理念论未能解决其意在解决的问题。这种学说无助于理解特殊事物,因为永远不变而永恒存在的形式,并不能解释特殊事物是如何得以存在和发生变化的。另外,这类形式也无助于人们获得知识或理解其他事物的存在(*A* 9. 991^{a} 8 ff.)。理念论所做的一切,就是让新的实体(new entities)在数量上等于需要予以解释的实体:这似乎是说,你让问题成倍之后,便可解决问题了(*A* 9. 990^{b} 3)。

作为生物学家的亚里士多德

公元前 347 年,也就是柏拉图去世那年,其外甥斯彪西波(Speusippus)开始主持学园,亚里士多德离开了雅典。亚里士多德移居于西北海岸的阿索斯(Assos),如今此地就在土耳其。这座城邦的统治者是赫尔米亚(Hermias),雅典学园的一位毕业生。他邀请一些雅典学园人士在那里组建了一家哲学研究所。亚里士多德成为赫尔米亚的朋友,与其一位近亲成婚,育有两个孩子。公元前 343 年,赫尔米亚遭遇悲剧结局:在亚里士多德的协助下,他意与马其顿谈判结盟,但被波斯大王诱捕,最后惨遭杀害。亚里士多德在他唯一残存的诗歌《德性颂》(*Ode to Virtue*)里,表达了他对赫尔米亚的怀念。

在阿索斯居住期间,以及在后来的几年里,亚里士多德生活在莱斯博斯岛上的米蒂利尼(Mytilene),在那里展开大量科学研究,尤其是在动物学和海洋

70

15 世纪亚里士多德的《动物志》译本手稿的扉画。

生物学方面。他将这些研究结果撰写成书,即后来所知的《动物志》(*History of Animals*),此书标题似有误导之嫌。亚里士多德给此书附加了两篇较短的论文,即:《论动物部分》(*On the Parts of Animals*)与《论动物生成》(*On the Gener- 71
ation of Animals*)。亚里士多德否认自己创立了动物学这门科学,他的著作里大量引用了早期作家的论说,伴随着明智的判断以及对原先某些混乱报道的疑虑。不过，他对各种有机体的详细观察是史无前例的，在许多方面到了17世纪也无法取代。

虽然亚里士多德否认自己是第一位动物学家，但他清楚自己是一位开拓者，确感有某种必要来证明自己对这一学科的兴趣。先前的哲学家把观察天体放在优先地位，而他在这里用木棍去捅海绵，观察蛆虫孵卵。他为自己辩护说，虽然天体奇妙辉煌，但它们与我们距离遥远而且截然不同，因此难以研究。但是，动物不同，不仅唾手可得，而且与我们本性相近，因此，我们可以更加准确地研究动物。对观察低级动物过于谨慎是幼稚的。"我们理应毫无愧色地研究各种动物，因为每一种动物将向我们展示出某种自然和优美的东西"(*PA* 1.5.645^{a} 20－25)。

亚里士多德的研究范围是惊人的。他的许多工作是进行分科(如软壳虫)、分类(如海胆)。他的论文中涉及500余种动物，对其中许多动物都有详细的描述。显然，亚里士多德不满足于自然主义的观察方式，故而也像解剖学家那样从事解剖实践。他承认自己觉得解剖令人呕心，而解剖人体尤其如此。然而，为了理解整体的结构，检验有机体器官是至关重要的(*PA* 1.5.644^{b} 22－645^{a} 36)。

亚里士多德对自己的论文进行过插图说明，只可惜现已遗失。当我们阅读下面这样的段落时，我们便可猜测他所提供的那些图例，他对睾丸与阴茎之间的关系是这样解释的：

> 在插图中，字母A表示出自主动脉的管道起始点；字母KK表示睾丸头以及下行至此的管道；字母ΩΩ表示从睾丸头穿过睾丸的管道；字母BB表示反转过来的管道，其中包含白色的液体；字母Δ表示阴茎；字母E表示膀胱；字母ΨΨ表示睾丸。(*HA* 3.1.510^{a} 30－4)

只有生物学家才会查验亚里士多德所提供的各种信息资料的精确性，这些信息资料涉及解剖、饮食、起居习惯、交配模式、哺乳动物的生殖系统、鸟类、爬行动物、鱼类与昆虫类等等。20 世纪的生物学家达西·汤姆森爵士（Sir D'Arcy Thompson）是《动物志》权威英译本的译者，经常把注意力放在他的那些翔实研究的细枝末节上，同时还伴随着迷信的残余成分。他发现，在亚里士多德所讲述的那些有关罕见鱼类的匪夷所思的故事里，有些精妙的例证在许多世纪之后被证明是准确的。① 在其他地方，亚里士多德明确而合理地陈述了一些直到 20 世纪尚未解决的生物学问题。其中一个问题就是胚胎是否从一开始就包含着动物在微缩形态中的所有器官，或者说，整体的新结构是否随着胚胎的发育而形成（*GA* 2. 1. 734^a 1 – 735^a 4）。

现代的外行人只能猜测下列这几段话是准确描述还是奇思幻想。

> 一切有血的、胎生的四足动物均有牙齿，但首先有些动物于上下颚均有牙，另一些则不然。因为，凡是有角的动物均非两颚有牙，它们上颚没有门牙；也有一些无角的动物并非两颚都有牙，如骆驼。而且，有些动物长有獠牙，如野猪；有些又没有。此外，还有一些动物长着锯齿，如狮、豹和狗；有些动物的牙齿并不锋锐交错，如马和牛。锯齿是指锋锐的牙齿上下交错。（*HA* 2. 1. 501^a 8 ff.）

那些进行交配的鱼类经交合而生卵，不过，它们也可以不经交配而怀卵。这在某些淡水鱼类身上表现得十分明显，比如鲶鱼在幼小时就会怀卵，可以说，这种鱼几乎一出生就有卵了。这些鱼类产卵，如前所述，雄鱼会吞食其中大部分，有一部分卵会散亡在水中；但是，雌鱼产在适宜场所的那些卵就会存

① 参阅劳埃德：《亚里士多德：思想的成长与结构》（G. E. R. Lloyd, Aristotle: *The Growth and Structure of his Thought*, Cambridge: Cambridge University Press, 1968），74 – 81 页。

活下来。假如这些鱼类的卵全都存活下来,那么,每一种类就会为数巨大而显得庞臃。所产下来的鱼卵大多数都不能孵育,只有那些由雄鱼洒上了生殖液的卵才是可育的;雌鱼产卵期间,雄鱼会伴游在雌鱼身旁并将生殖液洒在卵上。凡是洒上了生殖液的卵,就可以从中悉数生出小鱼来,而其余的鱼卵能否化育就要看它们的机运了。(*HA* 6. 3. 567^{a} 29 – ^{b}6)①

亚里士多德试图将人体解剖的特征与品格特征联系起来,对他的尝试做
73 出迅捷的判断是比较容易的。譬如,他告诉我们说,凡是平足的人,都有可能成为无赖,凡是长着扇风大耳的人,都有可能是言不及义的话匣子(*HA* 1. 11. 492^{a} 1)。

尽管混杂着老生常谈,我们觉得亚里士多德的生物学著作依然取得了惊人的成就,要知道他那时的工作条件,没有配备任何从事研究的助手,而自从近代以来,这类条件都是科学家唾手可得的东西。亚里士多德或其某个研究助手一定是天赋慧眼,观察准确,因为他所报告的一些昆虫特征,只有发明了显微镜后才能看清。他以真正的科学精神展开探索;只要发现证据不足,他都随时准备坦诚自己的无知。譬如,谈到蜜蜂中的繁衍机能时,他曾这样说过:

事实尚未得到足够的确认。如果它们是事实的话,那么,我们就得相信观察结果而不是相信理论,只有当理论结果与观察现象相呼应时,才能相信那些理论。(*GA* 3. 10. 760^{b} 28 – 31)。

① 译文参照亚里士多德:《动物志》(颜一译,苗力田主编:《亚里士多德全集》第四卷,北京:中国人民大学出版社,2006 年)。译文根据英译文稍作了调整。

吕克昂学园及其教育大纲

在赫尔米亚逝世约八年之后，亚里士多德被菲利普二世召回马其顿首府，去给其13岁的儿子、未来的亚历山大大帝做家庭教师。我们对这一指令的内容知之甚少：出现在亚里士多德全集中的《亚历山大修辞学》(*Rhetoric for Alexander*)一般被认为是伪作。古代的资料显示，亚里士多德的确为他的学生撰写过有关王道与殖民化的论文，并将自己所用的荷马史诗版本赠送给亚历山大。据说，亚历山大爱不释手，睡觉时都将此书放在枕下。亚历山大于公元前336年继承了王位，随之开始思索他的军事生涯；在希腊和小亚细亚各地，他命人将生物学样本送给他的老师亚里士多德。

十年之内，亚历山大使自己成为帝国的统治者，所辖地域西起多瑙河，东至印度，包括利比亚和埃及。就在亚历山大征服亚洲之时，亚里士多德返回雅典，在吕克昂(Lyceum)建立了自己的学校，此处原本是位于雅典城外的一所体育场馆。时年50岁的亚里士多德建立了一个藏书丰富的图书馆，在他周围集聚了一批才华横溢的研究学者，他们经常在附近的林荫道(peripatos)上散步和讨论，故而借用其名，自称为“漫步学派”或“逍遥学派”(Peripatetics)。吕克昂学园并非像雅典学园那样的私人俱乐部；这里举行的许多讲座，都免费向 74
公众开放。

亚里士多德的解剖学和动物学研究，使他的哲学发生了新的决定性转折。虽然他对形而上学钟情一生，但他成熟的哲学经常与经验科学连接在一起，他的思想带有生物学色彩。他的著作主要写于第二次移居雅典这一时期，其中大部分留存至今，只有几篇动物学论文逸失。其著作的编年顺序尚不确定，但确有可能的是，他那些涉及物理学、形而上学、心理学、伦理学和政治学的主要论著，是经常重写和改写的。在这些著作留存下来的形式中，可以看出不同的分层累积的写作印迹，尽管对这些分层累积的识别或日期至今尚未达成共识。

在其主要著作里，亚里士多德的写作风格有别于柏拉图的写作风格，也不同于其他前辈哲学家的写作风格。从荷马到苏格拉底这一时期，大部分哲学家用韵文进行写作，在雅典悲剧和喜剧辉煌的伟大时代，柏拉图撰写了富有戏剧色彩的对话作品。亚里士多德作为伟大的演说家德谟斯提尼的同一代人，更喜欢用散文独白的形式进行写作。他所撰写的散文体一般说来既不流畅，也不修饰，虽然他只要做出选择就能写出动人而雄辩的段落。我们现在所阅读的这些文本，有可能是他讲课时所用的笔记；甚至其中一些文本，兴许就是当场听课学生的笔记。亚里士多德的著作思想丰富，活力四射；每一句话都包含着大量的理智力量。不过，这需要努力才能解读出那些复杂从句的意蕴。多个世纪以来，从亚里士多德传布给我们的更像是一系列电文，而不是一系列书信。

亚里士多德的著作是系统的，柏拉图的对话远远没有这么系统。即使在柏拉图著作中最接近于教科书的《法律篇》里，我们总是仓皇失措地从一个论题赶往另一个论题，从一门学科赶往另一门学科。在其他主要对话中，也没有一篇可以说是专论一个单独的哲学领域。自不待言，在讨论柏拉图时，谈论什么“学科”纯属不符合时代的错误。然而，这种时代错误之所以不大，是因为学
75 科观念（在现代学术意义上）是亚里士多德在吕克昂时期明确提出的。

在《形而上学》（*E* 1. 1025^{b} 25）里，亚里士多德告诉我们有三种科学，即：创制科学，实践科学与理论科学。创制科学（productive sciences）自然是指制作出产品的科学。这些科学包括工程与建筑，其产品如桥梁和房屋；但也包括类似战略和修辞这样的学科，其产品是某种不像桥梁那样具体的东西，譬如像战场上取得胜利或法庭上取得胜诉之类。实践科学（practical sciences）就是指导人的行为的科学，最显著的就是伦理学和政治学。理论科学（theoretical sciences）就是那些既无产品也无实际目标的科学，在这里面探寻的是单纯的知识和理解。

理论科学有三门：物理学，数学和神学（*Metaph. E* 1. 1026^{a} 19）。在这三部

曲里,只有数学才是其看来所是的理论科学。“物理学”(physics)意指自然哲学或对自然(physis)的研究。这一研究领域要比今日所理解的物理学广泛许多,不仅包括化学与气象学,同时也包括生物学和心理学。“神学”(theology)对亚里士多德来说,就是研究天上和优越于人类的实体,换言之,就是研究天体和可能居于星空的神祇。他那些有关这一论题的论作,更像是一部天文学教科书,而不是一部自然宗教谈话录。

令人或感意外的是,形而上学这门纯属理论科学的学科,并未进入亚里士多德所列的理论科学名单,而亚里士多德的大部分著作所关注的是形而上学,其篇幅最长的著作之一就取名为《形而上学》。事实上,形而上学(metaphysics)这个词在亚里士多德自己的著作中从未用过,该词首次出现在亚里士多德著作的遗著目录里,其意是“物理学之后”(after physics),指的是列于其《物理学》之后的著作。不过,亚里士多德确实承认这一哲学分支,我们今天将其称之为“形而上学”:他本人称其为“第一哲学”,并将其界定为研究存在之为存在或是之为是(Being as Being)的学科。①

亚里士多德论修辞与诗

在创制科学领域,亚里士多德撰写过两部著作,即《修辞术》(*Rhetoric*)与《诗
学》(*Poetics*),意在以此协助律师与剧作家完成各自的任务。亚里士多德说过,
修辞术是一门学科,旨在于任何已知案例中表示可能采用的、具有说服力的手
段:不限于任何特定领域,论题上也不确定。凭借言辞来表达的说服力要有三 76
个基础:讲演者的性格,听众的情绪,演说本身的论证(好坏)。所以,研究修辞

① 参阅本书第五章。

术的人务必能够进行逻辑推理，能够评估性格，能够理解情绪（1. 2. 1358^a 1－1360^b 3）。

亚里士多德在其他著作中对逻辑和性格的论述更富有启发意义，而在其《修辞术》第二卷里，他充分阐述了人的种种情绪。按他所说，情绪是改变人们判断的感受，伴随着痛感和快感。他依次讨论了种种主要情绪，不仅提出了情绪的定义，而且列出了一串情绪对象及其起因。譬如，他把恼火界定为一种伴随着痛感的欲求，意在报复那种侮慢自己或其朋友的言行举止（2. 2. 1378^a 32－34）。他列举了一长串令我们发怒的各种人：譬如，嘲弄我们的人，我们口渴时不让我们饮水的人，妨碍我们工作的人。

> 人们也会对那些恶语中伤我们或对自己最看重的东西表示轻蔑的人发怒。因此，那些热心盼望出名的哲学家会对那些贬损其哲学的人发怒；那些以自己的相貌自负的人会对那些贬损其相貌的人发怒，等等。如果我们相信（无论是根据事实还是流行的观念）自己完全没有或在很大程度上缺乏这些特性，我们就会对贬损我们的人特别恼怒。但当我们确信自己胜过那些被人嘲笑的特性时，我们就不会在意别人的取笑了。（2. 2. 1379^a 32－^{b}1）

亚里士多德引导我们详细地考察了恼火、仇恨、恐惧、羞愧、怜悯、愤慨、羡慕、嫉妒等情绪。他对每一种情绪的陈述，都是明确而系统的，经常表露出（如上段所述）精确的心理学洞见。

与《修辞术》不同的是，《诗学》在整个历史上一直得到非常广泛的阅读。这本著作仅存上卷，专论史诗和悲剧诗。其下卷逸失，专论喜剧。艾柯（Umberto Eco）在《玫瑰之名》（*The Name of the Rose*）里，编织了一个富有戏剧性的故事，虚构了这卷著作在14世纪一所修道院里的留存与毁灭过程。

要理解亚里士多德《诗学》的要义，就必须知道柏拉图对待诗歌的态度。
在《理想国》第二—三卷里，荷马因错误描写诸神且煽动低劣情感而遭抨击。
悲剧作家的戏剧性错误描述也遭抨击，说这些描述骗人耳目、诲淫诲盗。在 77
《理想国》第十卷里，理念论为进一步从更为根本的角度抨击诗歌提供了基础。物质对象是真实理念的不完善的仿品；物质对象的艺术性表述与实在相隔两层，是模仿的模仿（597e）。戏剧通过吸引我们本性中的低等部分，同时又鼓励我们沉湎于哭哭笑笑而使人腐化堕落（605d－6c）。剧作诗人必须离开理想的城邦，应当给他们抹上香药、戴上桂冠，送到别的地方（398b）。

亚里士多德的目的之一在于解决诗与哲学之间的争吵。如他所说，模仿远远不是柏拉图所描述的那种低等活动，而是人类从小就有的一种自然而然的活动。模仿是人类优越于其他动物的特征之一，因为模仿极大地扩展了人类学习的范围。另外，模仿式再现自身就会带来快乐，我们因此欣赏和赞美那些描绘原本令人不快的对象的画作（*Po.* 4. 1448^{b} 5－24）。

亚里士多德详细地分析了悲剧的本性。他对悲剧做出如下界定：

> 悲剧是对一个严肃、完整和具有意义的行动的模仿（或再现），所用的语言是经过适当修饰了的并用于作品不同部分的，所用的形式是戏剧性的而非叙述性的，所展现的一幕幕情景通过引发怜悯与恐惧而使这些情绪得以净化或宣泄（katharsis）。（6. 1449^{b} 24 ff）

无人可以确定亚里士多德所用katharsis（净化）一词的意思。或许他想要教导人们观看悲剧有助于我们审视自己的痛苦和烦恼，因为我们观看的那些灾难压倒了远远胜过我们同类的人们。据亚里士多德所说，假如悲剧将人们展现为仇恨和谋杀的牺牲品，而在这里人们可能最期望得到的是友爱和珍视，那么，怜悯与恐惧这些被净化的情绪，就最容易被引发出来。正因为如此，许多悲剧关注的是单个家族的世仇(14.1453b 1－21)。

亚里士多德指出,一出悲剧必有六样东西:情节、性格、台词、思想、戏景和唱段(6.1450a 11 ff.)。他最感兴趣的是前两样东西。舞台布景与音乐伴奏是可有可无的辅助性工具:通过单纯阅读文本也能欣赏一出悲剧中伟大的东西。
78 思想和言词非常重要:引发听众情绪的正是剧中人物所表达的思想,如果这些思想要成功地做到这一点,演员就必须以令人信服的方式将其展现出来。不过,性格与情节真正能够开启悲剧诗人的天才。亚里士多德用一长节专论性格,用至少五节专论情节。

剧中主要人物或悲剧主人翁,既不能是至善的,也不能是最坏的:他应当基本上属于好人一列,是因某种大的过失(hamartia)而遭不幸。一位女性会有悲剧女主人翁所必具的那种善,甚至一位奴隶也可以成为一出悲剧主题。无论什么样的人作为悲剧的主人翁,最重要的是他或她应当具有他们应有的特性,应当在整个剧作中保持一致(15.1454a 15 ff.)。每个剧中人物应当具有某些好的特征;他们的所作所为应当符合他们的性格;发生在他们身上的事情,应当是他们行为的必然结果或或然结果。

在所有因素中至为重要的是情节:人物为情节而造,不是情节为人物而设。情节必须是一个自足整一的故事情节,有明确的开头、中间和结尾;必须短小简易,能使观众在心目中把握其所有细节。悲剧必须具有整一性。你不能把一系列段落用一个主人翁串联起来构成一出悲剧;恰恰相反,整个情节所表现的是一个具有意义的行动 (8.1451a 21－29)。

在一出典型的悲剧里,故事在转折点到来之前,逐渐变得愈加复杂,亚里士多德称其为“突转”(*peripeteia*)。就在这一时刻,幸运的主人翁突然间遭难,这或许是经历了一场“发现”(*anagnorisis*),他发现了某种至关重要的和迄今不为人知的信息(15.1455b 24 ff.)。突转之后便是收场或结局,期间,早期引入的复杂剧情便逐渐得到阐明(18.1455b 24 ff.)。

这些见解通过不断举证实存的希腊悲剧予以说明，特别是索福克勒斯的悲剧《俄狄浦斯王》(*King Oedipus*)。在本剧开头，俄狄浦斯享受着荣华富贵。他基本上是一好人，但命中注定具有暴躁冲动的毛病。这种恶习使他在一场扭打中杀死一个男人，使他轻率地与新娘成婚。后来“发现”他杀死的男人是他的生父，他婚娶的女人是他的生母，这便使他的命运“突转”，他因此自我放逐，离开自己的王国，在羞愧与悔恨中戳瞎自己的双眼。 79

亚里士多德的悲剧理论使他能够应对柏拉图的抱怨，后者认为剧作家像其他艺术家一样，只不过是日常生活的模仿者罢了，而日常生活本身只不过是真实的理念世界的摹本而已。亚里士多德在比较戏剧与历史时，给出了自己的答案：

> 从上述分析中可以清楚地看出，诗人的职责不在于描述已经发生的事，而在于描述可能发生的事，即根据或然或必然的原则描述可能发生的事。历史学家和诗人的区别，不在于是用散文还是韵文写作——你可以把希罗多德的作品改写成韵文，但仍然是历史。两者的区别在于前者记述已经发生的事，而后者描述的是可能发生的事。因此，诗比历史更富哲理且更有意义；因为诗告诉我们带普遍性的事，而历史仅仅告诉我们带特殊性的事。(9.1451^{b} 5 -9)

亚里士多德此处对诗和戏剧的论说，也自然适用于其他种类的创造性写作。在日常生活中人们所经历的许多事，都是纯粹偶然之事。只有在虚构小说(fiction)中，我们可以看到性格与行动所铸成的必然结果。

亚里士多德的伦理学论作

如果我们从创制科学转向实践科学的话，我们就会发现亚里士多德的贡献在于他所撰写的道德哲学与政治哲学著作。他的全集里包括三部保存下来的论著，即：十卷本的《尼各马科伦理学》（*Nicomachean Ethics*）、七卷本的《优台谟伦理学》（*Eudemian Ethics*）和两卷本的《大伦理学》（*Magna Moralia*）。举凡对亚里士多德的思想发展感兴趣的人，都会发现这些文本是饶有兴味的。在物理学和形而上学论著中，可能会发现修正和重写的痕迹；而只有在伦理学论著中，我们发现亚里士多德有关同样论题的学说，是以三种不同的、几乎完整的话语予以陈述的。不过，对于这一现象的解释，并未达成共识。

在亚里士多德逝世后的早期几个世纪里，后世作家并没有大量使用他的伦理学论著。对《优台谟伦理学》的引用多于对《尼各马科伦理学》的引用，后者实际上并未录入亚里士多德全集的最早目录之中。《尼各马科伦理学》是属于亚里士多德的真作还是其子尼各马科的作品，的确存在某些令人质疑的迹
80 象。但不管怎么说，自从公元 2 世纪评注家阿斯帕苏（Aspasius）时代以来，人们几乎一直普遍认同《尼各马科伦理学》不仅是亚里士多德的真作，而且是三部伦理学著作中最为重要的一部。在整个中世纪，自从古典学术研究复兴以来，《尼各马科伦理学》一直被视为亚里士多德的伦理学，而且确实是其所有幸存著作中最流行的著作。

人们对于其他伦理学著作的看法相当不同。长期以来，《尼各马科伦理学》拥有广泛的读者，而《优台谟伦理学》则不然，即便在研究亚里士多德的学者中间，钟爱此书的读者一直为数寥寥。这部书在 19 世纪被视为伪作，故以亚里士多德的学生优台谟（Eudemus of Rhodes）的名义再版。到了 20 世纪，学

者普遍赞同耶格尔(Werner Jaeger)①的看法,将《优台谟伦理学》视为亚里士多德的真作,但不成熟,后由写于吕克昂时期的著作《尼各马科伦理学》所取代。就《大伦理学》而言,一些学者追随耶格尔,否认其为亚里士多德之后的著作,而有些学者则热烈争论说此书为亚里士多德的真作,是三部伦理学著作中最早的一部。

在《尼各马科伦理学》与《优台谟伦理学》之间的关系中,还存在进一步的问题。在手稿相传过程中,有三卷相同内容在两书里分别出现:它们作为《尼各马科伦理学》里的五、六、七卷出现一次,作为《优台谟伦理学》里的4、5、六卷出现一次。在没有确定这三卷的原本归宿之前,要想解决上列两书之间的关系,那是一种错误之举。从哲学和风格学的角度可以表明,这三卷与《优台谟伦理学》更为接近,而与《尼各马科伦理学》较为疏远。一旦把这三卷归于《优台谟伦理学》,那么,将此书视为不成熟的低等作品的看法就站不住脚了:譬如,耶格尔的论证因此就无从谈起了,他认为《优台谟伦理学》更接近于柏拉图的作品,因此稍早于《尼各马科伦理学》。另外,内在的历史典故暗示,归属尚有争议的这三卷与现存版《优台谟伦理学》,均属于吕克昂时期的著作。

有些问题涉及《尼各马科伦理学》本身的思想连贯性。在20世纪初,研究亚里士多德的学者托马斯·凯斯(Thomas Case),在一篇刊登在《大英百科全书》第11版的著名文章里指出:"《尼各马科伦理学》有可能是单行论述的汇集,是在此基础上组成的一部还算系统的论著。"这是非常可能的。简单的编年史方法解决不了《尼各马科伦理学》与《优台谟伦理学》之间存在的种种差异:有些组成《尼各马科伦理学》的论述,可能写在《优台谟伦理学》之前,而有
些则可能写在《优台谟伦理学》之后,但《优台谟伦理学》这部著作本身,则是 81
一个更为系统的整体。风格差异不仅将《尼各马科伦理学》与《优台谟伦理

① 耶格尔:《亚里士多德:思想发展历史要义》(Werner Jaeger, *Aristotle*: *Fundamentals of the History of his Development*, trans. R. Robinson, Oxford: Clarendon Press, 1948)。

学》分别开来，而且将其与亚里士多德的几乎所有其他著作分别开来；这些风格差异可借用古代的传统说法予以解释，即：《尼各马科伦理学》是由尼各马科编辑，《优台谟伦理学》以及亚里士多德的其他一些著作是由优台谟编辑。就《大伦理学》而言，此作一方面紧密追随《优台谟伦理学》的思路，另一方面又包含一些对《优台谟伦理学》学说的误解成分。假如这本书是由一位在吕克昂听课的学生的笔记组成，而他所听的内容恰是亚里士多德以系列讲座的形式在阐述与《优台谟伦理学》相似的思想，那么，上列问题就容易解释了。①

这三部论著的内容基本上是非常近似的。《尼各马科伦理学》所涉及的论题与柏拉图的《理想国》大同小异，夸张的说法是，亚里士多德的道德哲学就是删除理念论后的柏拉图的道德哲学。亚里士多德指出，善的理念不可能是伦理学所探讨的至善，因为伦理学是一门实践科学，关乎人类能力所及的东西，而永恒不变的善的理念只能引起理论兴趣。

作为善的理念的替代，亚里士多德提出幸福（eudaimonia）即至善，认为这才是伦理学关注的对象；就像柏拉图一样，他发现在道德生活与幸福生活之间存在一种密切的联系。在所有这三部伦理学著作里，幸福生活就是一种从事道德活动的生活，每部伦理学著作都对德性概念进行了分析，对不同类型的德性进行了分类。其中有一类是道德德性，诸如果敢、节制与自由，也曾经常出现在柏拉图的伦理学讨论中。另一类是理智德性，亚里士多德在此比柏拉图更加明确地区分了智慧与理解这两种理智德性，他指出智慧主导着伦理行为，而理解表现在科学努力与凝思（contemplation）之中。《尼各马科伦理学》与《优台谟伦理学》之间的主要差异如下：在前者，亚里士多德认为至福完全是由哲学凝思活
82 动构成的，而在后者，至福是由和谐地实施理智和道德等所有德性构成的。②

---

① 这里对亚里士多德伦理学论著之间的关系所作的说明是有争议的。我在《亚里士多德的伦理学》（*The Aristotelian Ethics*, Oxford: Clarendon Press, 1978）一书里有过思考和辩护，后来在《亚里士多德论完善的人生》（*Aristotle on the Perfect Life*, Oxford: Clarendon Press, 1992）一书里做过校正。

② 本书第八章对亚里士多德的伦理学教诲进行了详细的解释。

亚里士多德的政治学说

在《优台谟伦理学》里,“侍奉和凝思神”被设定为衡量道德德性实践是否合度的标准;在《尼各马科伦理学》里,凝思神被描述为我们人类神性部分所从事的一种超人活动。亚里士多德此处的结论是:我们虽是凡人,但我们会尽力使自己不朽。当我们从《伦理学》转向其续篇《政治学》时,我们就等于回归大地,转入现实。“人是政治动物”(political animal),我们由此得知:人是有血有肉的动物,在城邦与社群中彼此交往密切。

就像其动物学著作一样,亚里士多德的政治学研究是将观察与理论结合在一起。第欧根尼告诉我们,亚里士多德收集了 158 座城邦的政制或政体制度文献,这无疑得到吕克昂学园研究助理的协助。其中《雅典政制》(*The Constitution of Athens*)不是作为亚里士多德的全集部分传承下来,而是在 1891 年于写在纸莎草纸上的古代文献中发现的。尽管与亚里士多德的其他著作存在一些风格上的差异,但如今基本上被视为亚氏真作。《尼各马科伦理学》有一补遗,读来如同《政治学》的前言,亚里士多德借此指出:在考察了先前的政治学论作之后,他将依据所收集到的政制文献,继而探讨什么构成好政体,什么造成坏政体,什么因素有利于维护政制,什么因素不利于维护政制,什么政制是最佳城邦理应采用的政制(*NE* 10. 9. 1181^{b} 12 – 23)。

《政治学》一书或许不是一气呵成,就像在其他著作里一样,观察记录与理论文章在此相互重叠或相互作用。我们发现本书结构与《尼各马科伦理学》有相应之处:第四—六卷阐述各种形式的政制,其中三者可以容忍(君王政体、贤人政体、共和体制),三者不可容忍(僭主政体、寡头政体、平民政体);第七—八卷讨论理想的政制形式。全集里所列的论说顺序依然有别于论说自身的排列顺序,学者对此书原初的编排顺序尚未达成共识。

亚里士多德开门见山地指出，城邦是最高级的共同体，旨在达于至善。最
83 原始的共同体是由男、女、主、奴构成的家族。亚里士多德认为，主奴之分与男
女之别一样，均属自然而然之事，但他指责说，将妇女与奴隶等同对待是野蛮
之举（1.2.1252a 25 – b6）。诸多家族联合起来组成村落，几个村落联合起来组
成城邦，城邦是第一个自足的共同体，如同家族一样自然形成（1.2.1253a 2）。
虽然其形成时间晚于家族，但城邦的确在本性上具有优先地位，就像人体这个
有机整体一样，优于手足这样的有机部分。若无法律与正义，人便是最野蛮的
动物。凡是不能生活在城邦里的人，那就是野兽。凡是不需要城邦的人，那就
是神灵。城邦的基础就是最有利于施惠助人的善行，因为唯有在城邦里，人类
才能充分实现自己的潜能（1.2.1253a 25 – 35）。

在亚里士多德引证和批评的早先那些作家里，柏拉图当然是首当其冲。

亚里士多德认为妇女不如男人。然而，传奇展开报复，这幅图是对彼特拉克（Petrarch）文中所述故事的说明，表现的是丈夫遭到妻子菲利斯（Phyllis）的骑压与抽打。

《政治学》第二卷专门批评《理想国》与《法律篇》。亦如在《伦理学》里没有善的理念一样，在《政治学》里也没有哲学王。亚里士多德认为，柏拉图式的共产主义只会招来麻烦，因为其方式是：财产应当共享，但所有制应当私有；物主以 84
拥有财产为豪，以与人共享或给予他人为乐。亚里士多德为传统的家庭辩护，反对将妇女共有的提议，也不赞同《法律篇》里限制妇女在军事和行政领域的作用。他反复指出柏拉图的提议脱离实际，认为其错误的根由在于试图将城邦变成过于统一的组织。各类公民的多样性是至关重要的，城邦里的生活不应当像军营里的生活那样千篇一律（2.3.1261^{a} 10 – 31）。

不过，当亚里士多德自己阐述政治体制时，他却大量利用了柏拉图的建议。在他们这两位作者之间经常存在差异，譬如说，亚里士多德经常使用具体的例证来说明他的理论观点。但是，其概念结构总与其师非常相似。例如，《政治学》第三卷这段话就是《理想国》后几卷的回响或附和：

> 政体或政府，也就是城邦的最高权力机构，由一个人、少数人或多数人执掌。正确的政体形式必然是由一个人、少数人或多数人为了公民共同的利益进行施政的政体形式；然而，倘若以私人的利益为施政的目标，无论执政的是一个人、少数人或多数人，都是正确政体的变体。因为，真正的公民必定在于参与行政统治，共同分享城邦利益。通常，我们习惯于把由一人统治但以共同利益为目标的政体称为“君王政体”（monarchy）；我们把由少数人执掌的政体称为“贤人政体”（aristocracy），这抑或是因为统治者是最优秀的人，抑或是因为该政体旨在追求城邦或共同体的最佳利益。当执政者是多数人时，当他们施政的目的是为了共同的利益时，我们就将其称为共和政体（polity/politeia），这一名称也是用来冠于一种体制的名称。……
>
> 以上提及的各种政体形式各个都有一种变体。僭主政体（tyranny）是君王

> 政体的变体，寡头政体(oligarchy)是贤人政体的变体，平民政体(democracy)是共和政体的变体。因为僭主政体也是一种君王政体，为单一的君主谋取利益；寡头政体则为富人谋求利益，平民政体则为穷人谋取利益。这些蜕变了的政体无一愿为公民谋取共同的利益。(3.6.1279a 26 – b10)①

亚里士多德继而详细地评价了形形色色的政制。他的这些评价基于其城邦本质的观点。他告诉我们，一个城邦是由人组成的一个社会，这些人对善与恶、正义与不义有共同的看法。城邦的目的在于为其公民提供一种美好而幸福的生活。倘若组成共同体的个人与家族出类拔萃的话，那么，君王政体就是最佳
85 政制。然而，这种情况非常罕见，流产的风险非常之大：因为，君王政体会蜕变为僭主政体，即最坏的政制。平民政体在理论上是仅次于君王政体的最佳政制，但在实践中，亚里士多德更倾向于一种立宪平民政体(constitutional democracy)，因为他所谓的“共和政体”是一个贫富尊重彼此权利的城邦，在这里最有资格的公民在征得全体公民的同意下进行施政(4.8.1293b ff.)。这种共和政体的蜕变形式，就是亚里士多德所称的“平民政体”，也就是无政府群氓执政。像平民政体这样糟糕的政体，在亚里士多德看来，则是所有蜕变政体形式中最不那么糟糕的政体形式。

目前，我们所熟悉的是政府的三权分立部门：立法系统、执法系统与司法系统。这一制度的关键元素是亚里士多德提出的，尽管他分配权力的方式有别于美国的政制。他告诉我们，所有政制均有三个机构：审议、行政与司法。审议机构是决定战争与和平、结盟与不结盟等问题的权力机构；其职责还包括审议通过法律、监督司法审判的执行和审计行政官员的报告等。行政机构处理部门长官与公务员的任命，其任命范围包括祭司、使节一直到妇女事务的管

① 参照亚里士多德：《政治学》颜一、秦典华 译，见苗力田主编：《亚里士多德全集》(第九卷，北京：中国人民大学出版社，1994年)，86－87页。此处中译文根据所引英译文予以调整。

理人员等等。司法机构是由民事和刑事法庭组成(4. 12. 1296^{b} 13 – 1301^{a} 12)。

许多世纪以来,对政治体制一直产生影响的是亚里士多德政治教诲中的两个元素:他对奴隶制度的论证以及对高利贷的谴责。据他所说,有些人认为主人统治奴隶有悖自然,因此不义。这些人完全错了:一个奴隶生来不是自己而是他人的财产。奴隶制这一范例表明了这一基本真理:有些人与生俱来就是治人的,有些人与生俱来就是治于人的 (1. 3. 1253^{b} 20 – 3; 5. 1254^{b} 22 – 4)。

在实践中,许多奴隶制是不义的,亚里士多德也同意这一点。按照习俗,战利品归于胜利者,这包括将战败者降为奴隶的权利。不过,许多战争都是不义的,这类战争的胜利者无权将战败者当做奴隶。然而,有些人低劣而野蛮,与其让他们为所欲为,不如将他们置于和善主人的统治之下。在亚里士多德看来,奴隶就是有生命的工具(living tools)——在此基础上,他愿意承认无生
命的工具若能实现相同目的的话,那就不需要奴隶制了。“倘若每一件工具能 86
够完成各自的工作,就像代达罗斯(Daedalus)的人物雕刻作品一样,能够依照或预估他人的意志而行……倘若梭子能以同样的方式自行织布,拨子能以同样的方式自行弹琴,那么,监工也就不需要仆人,主人也就不需要奴隶了”(1. 4. 1253^{b} 35 – 54^{a} 1)。因此可以说,若在自动化生产时代,亚里士多德也就不会再为奴隶制进行辩护了。

虽然亚里士多德本人不是贵族,但他却像贵族那样蔑视商业(commerce)。他指出,我们的财产具有两种用途,即合宜与不宜的用途。譬如,鞋子的合宜用途就是穿在脚上;其不宜用途就是用鞋子来换取其他货物或货币(1. 9. 1257^{a} 9 – 10)。以基本的易货贸易方式来换取生活必需品没有任何错,而以交易方式换取生活奢侈品那就有悖自然,譬如在农业方面。在从事零售业方面,货币发挥着重要作用,而货币也存在合宜与不宜两种用途。

最为可恶的致富方式是高利贷,那就是用货币本身来牟取暴利,而不是通过

> 货币的自然目的来获利。因为,货币本来是用于交换的,不是用来增加利息的。"利息"(tokos)一词意味着以钱生钱,因为子嗣与其母相似。因此,在所有致富的方式中,高利贷是最违背自然的。(1.10.1258^{b} 5 - 7)

亚里士多德所喜欢的层次排列是将农夫置于上层,将银行家置于底层,将商人置于中间。在整个中世纪时期的基督徒世界,他对高利贷的态度是禁止索要利息(即便是低利率)的思想来源之一。在《威尼斯商人》(*The Merchant of Venice*)一剧里,安东尼(Antonio)曾这样追问夏洛克(Shylock):"友谊何时能够借取朋友的无息贷款?"

在亚里士多德的《政治学》里,最为突出的特征之一就是几乎只字不提亚历山大或马其顿。就像大赦国际的现代成员国一样,亚里士多德对每个国家的对错说长道短,唯独不谈自己的国家。据其所述,他自己的理想城邦属于小国寡民,公民不过数千,彼此之间相识,司法与行政共管。这与亚历山大的帝国截然不同。当亚里士多德宣称,如果一个共同体由杰出的个人或家族来执掌的话,君王政体就是最佳的政制,而这显然不是指马其顿的王室家族。

在吕克昂学园的那些年代里,世界征服者亚历山大与其前任老师亚里士
87 多德的关系确已冷淡下来。亚历山大日益狂妄自大,最终自封为神。亚里士多德的外甥卡利斯塞尼(Callisthenes),于公元前 327 年领导了一场反对执行亚历山大王命令的运动,这道命令要求希腊人对他顶礼膜拜。卡利斯塞尼因此被错判为阴谋罪而遭杀害。《尼各马科伦理学》前几卷里所刻画的那位品德高尚和宽宏大量的主人翁,有些就是亚历山大身上的杰出特征。不过,在《优台谟伦理学》里,所说的那些品德高尚与宽宏大量之类的德性已然降低,取而代之的则是温文尔雅和尊严之类的德性。①

---

① 参阅本书作者所著的《亚里士多德的伦理学》(*The Aristotelian Ethics*),233 页。

亚里士多德的宇宙论

亚里士多德现存著作中的绝大部分，并非是研究创制科学或实践科学的，而是研究理论科学的。我们已然讨论过他的生物学著作：现在该是介绍其物理学和化学思想的时候了。他对这两门学科所作的贡献，不如他在生命科学研究领域所取得的成果那么显著。他的动物学著作依然给达尔文留下深刻印象，而他的物理学则在公元6世纪就已经过时。

在诸如《论生成与毁灭》(*On Generation and Corruption*)与《论天》(*On the Heavens*)等著作里，亚里士多德留给后继者的世界图景，包括从前苏格拉底思想家那里传承下来的许多特征。他认同恩培多克勒的土、水、气、火四元素说，给每一元素分别配上一对热、冷、湿、干等独特属性：土有冷有干，气有热有湿，等等。每一元素在有序的宇宙中具有各自的属性自然位置，每一元素具有朝着其自然位置运动的天生倾向。如此一来，土的固体属性自然会下降，而火在没有阻碍之时就会越升越高。每种诸如此类的运动都是各个元素的自然天性；其他运动虽是可能的，却是“暴发的”。(当我们将自然死亡与暴力死亡作比较时，我们就会对亚里士多德遗留下来的区别方式采取保留态度。)

在其物理学论著里，亚里士多德依据元素、基本属性及其自然运动等观点，解释了大量的自然现象。他用来建构这些解释的哲学概念，包括一系列不同的因果观念(质料因、形式因、动力因与目的因)，他对变化的分析，包括从潜在性(potentiality)到现实性(actuality)这一变化过程的分析，是否从质料到形式 88
(处于本体的变化)或从本体的某一性质到另一性质(处于偶性的变化)的分析。他在多种多样语境里使用的这些专门观念，将在本书后面的章节里予以考察。

亚里士多德的宇宙观，在很大程度上归功于前苏格拉底的那些先驱和柏拉图的《蒂迈欧篇》。地球是宇宙的中心：围绕地球不断进行向心运动的清澈星体有月亮、太阳和周游天空的各种行星。天体并非是由地上四种元素组成的复合体,而是由优越的第五元素或第五原质(quintessence)组成的复合体。它们像人体一样具有灵魂:这些活生生的超自然理智,指导着周游宇宙的天体。这些理智是自身处于运动之中的动者(movers);亚里士多德指出,在它们背后存在一种自身不动的运动之源(a source of movement not itself in motion)。这位永恒不变的但引起他者运动的动者所采用的方式,就是将它们作为爱的对象加以吸引的方式,这种吸引力是通过它们完美的循环运动予以表现的。因此,但丁在《天堂篇》(*Paradiso*)的最后几行里,发现了自己的意志,这种意志就像悠然转动的轮子一样,沉浸在推动太阳和其他星辰的爱意之中。

现如今,即便是对亚里士多德的最佳科学著作,也只不过具有历史兴趣而已。在诸如《物理学》这样的著作里,经久不衰的价值在于对某些基本概念的哲学分析,这些概念遍布各个时代的物理学里,譬如空间、时间、因果论与决定论。本书第五章就对这些概念详加论述。在亚里士多德眼里,生物学与心理学都是自然哲学的组成部分,同时也是物理学和化学的组成部分,因为这两个学科也研究不同形态的自然(physis)。我们已经讨论过他的生物学著作,本书第七章将对其心理学著作细加考察。

亚里士多德全集除了包括系统的科学论著之外,也包括大量有关科学论题的随笔文集,譬如像《问题集》(*Problems*)。从其结构来看,这是一部普普通通的书,亚里士多德在其中记述了自己对学生或来信中提出的问题所做的临时回应。因为问题是随意集合在一起的,有些问题经常出现数次,所以有时给予不同的回答。如此看来,这些回答不像是亚里士多德自己所为,它们或许属于一个系列,或许是他一生中在不同时段做出的回应。不过,这类文集包含着许多引人入胜的细节,有助于彰显亚里士多德广采博纳的思维能力所产生的
89 种种效应。有些问题是病人向医生提出的那类问题。譬如,医治腋下或腹沟里的痤疮,是应该用药物还是做手术(1. 34. 863a 21)? 将马齿苋与盐搅和起来,

是否真的可以消除牙床发炎(1.38.863b 12)？洋白菜是否可以医治头晕(3.17.873b 1)？为什么在水下难以做爱(4.14.878a 35)？其他问题和答案，使我们发现亚里士多德所扮演的角色就像一位辛辛苦苦的“万事管”阿姨。如何处理食用大蒜的后发效应(13.2 907b 28－908a 10)？如何防止变干变硬(21.12.928a 12)？为什么醉酒之人会亲吻他们清醒时从不亲吻的老年妇女(30.15.953b 15)？严惩在公共场所而非私人住宅的盗窃行为是否正确(29.14.952a 16)？更为严肃的问题是，虽说男性优越于女性，但为什么杀死一位女子比杀死一位男子更加可怕(29.11.951a 12)？

《问题集》这部著作主要是论天气预报。其他著作所包含的问题反映出普遍的好奇心。为什么锉锯时发出的噪音使我们的牙齿紧张难受(7.5.886b 10)？为什么人类没有鬃毛(10.25.893b 17)？为什么非人的动物既不打喷嚏也不斜视(10.50.896b 5;54.897b 1)？为什么蛮族人和希腊人都要从一数到十(15.3.910b 23)？为什么在伴奏独唱时笛子比里拉琴的效果更好(19.43.922a 1)？在《问题集》里，经常会提出“为何如此这般”的问题。譬如，为什么渔民长着红发(37.2.966b 25)？为什么大型合唱团比小型合唱团更能掌握好节拍(19.22.919a 36)？

《问题集》让我们看到亚里士多德披着头发，更像进行桌边交谈的后世作家。对于那些可能发现难以通过自己的方式读懂亚里士多德比较晦涩的著作的人们来说，他的问题之一具有特别永久的意义，即：如果人们开始阅读一部严肃的著作，为什么有些人会违心地昏昏入睡(18.1.916b 1)？

亚里士多德与柏拉图的遗教

当亚历山大大帝死于公元前 323 年之时，施行平民政体的雅典甚至让一

位反帝的马其顿人感觉不爽。据说,亚里士多德不愿看到处死苏格拉底的这
90 座城邦"因反对哲学而再度犯罪",于是逃往卡尔西斯(Chalcis),翌年便逝世于此地。他的遗嘱保存至今,为一大批朋友和侍从做了周到的安排。他的图书馆留给吕克昂学园的继任者塞奥弗拉斯托(Theophrastus)。他那些涉及范围广泛的大量文稿——存留至今的大约一百万字,据说这仅占其总量的五分之一。诚如我们所知,除了专论逻辑学、形而上学、伦理学、美学与政治学的哲学论著之外,他的历史著作涉及政制、戏剧与体育,他的科学著作涉及植物学、动物学、生物学、心理学、化学、气象学、天文学与宇宙论等。

文艺复兴时期以来,传统上人们把雅典学园与吕克昂学府视为哲学的对立两极。根据这一传统说法,柏拉图代表理想主义、乌托邦、彼岸世界;亚里士多德代表现实主义、功利主义、注重实际。于是,在拉斐尔的壁画《雅典学园》里,柏拉图手指上天,身着衣物的颜色是容易挥发的元素气与火;亚里士多德脚踏实地,身着衣物的颜色是水蓝和土绿。柯勒律治(S. T. Coleridge)曾经这样写道:"每个人生来不是亚里士多德的思想追随者,就是柏拉图的思想追随者。他们由此形成两类人,除此之外再也想不出第三类人来。"20世纪的哲学家赖尔(Gilbert Ryle),进一步发挥了柯勒律治的说法。他认为人可在四对二分法的基础上划为两类:绿对蓝,甜对香,猫对狗,柏拉图对亚里士多德。赖尔曾说,"先告诉我你喜欢这四对中的一对,我随后告诉你当如何喜欢其余三对。"①

事实上,我们已然看到并且将会更为仔细地看到,柏拉图和亚里士多德所共有的学说要比将他们两人分开的学说更具重要性。许多文艺复兴时期之后的思想史家并没有许多古代后期的评注家那样更具洞察力,后者认为他们的职责就是在两位最伟大的古代哲学家之间建构和谐一致的关系。

人们有时认为,评判一位哲学家理应根据他提出问题的重要性,而不是根

① 喜欢一对中左边的一项,便可假定也会喜欢其余各对中左边的各项;同样,喜欢一对中右边的一项,便可假定也会喜欢其余各对中右边的各项。

据他回答问题的正确性。倘若如此的话，柏拉图便是无可争议的著名哲学家。他率先提出的问题具有极其深刻的意义，其中许多依然是今日哲学的开放性问题。不过，亚里士多德对世界思想遗产的贡献也十分重大。因为，正是他创 91
立了我们今日所理解的科学概念，自从文艺复兴时期以来，人们也一直这样理解科学概念。

第一，亚里士多德率先通过自己存留下来的著作表明了他对自然现象的细微观察结果。第二，他是把握了观察与理论方法之间关系的第一位哲学家。第三，他对不同的哲学学科进行了鉴别和分类，并且探讨了它们彼此的关系：明确的学科概念因他而立。第四，他是把讲座组成课程和不厌其烦地调整课程设置的第一位教授（cf. Pol. 1. 10. 1258[a] 20）。第五，他的吕克昂学园是我们详细了解的第一个研究所，在那里，一批学者和调研人员一起研究探索，一起整理文献。第六，同样重要的是，亚里士多德是历史上建立研究型图书馆的第一人，那里收藏的书籍不是少数仅放在他自己书柜里的书籍，而是系统收藏以供其同事使用，以便传给后世。①鉴于以上理由，今日世界上的每一位学术科学家，都应感谢亚里士多德。他的确无愧于但丁封给他的这一头衔：“一切有识之士的老师（the master of those who know）”。

亚里士多德的学园

塞奥弗拉斯托（公元前 372—前 287）作为亚里士多德的继任者和吕克昂学园的主持人，在几个方面依然继续推进老师的研究。塞奥弗拉斯托知识广博，撰写植物学著作，而亚里士多德对于这门学科只是浅尝辄止。塞奥弗拉斯

① 参阅卡森：《古代世界的图书馆》（L. Casson, *Libraries in the Ancient World*, New Haven: Yale University Press, 2001），28 – 29 页。

托改进了亚里士多德的模态逻辑学，预见到后期斯多亚①学派的一些革新成果。他不赞同亚里士多德宇宙论中的某些根本原理，譬如场所的本性以及对不动之动者的需要。就像他的老师一样，塞奥弗拉斯托著作等身，在第欧根尼为其所撰的传记(洛布版)中，光是他的著作名称就长达16页。这些著作包括专论眩晕、蜂蜜、头发、玩笑以及埃特纳火山的喷发。他最著名的遗作是一部名为

92

一幅威尼斯绘画再现托勒密国王与他在亚历山大亚城的图书馆。

① 旧译为斯多葛。——译者注

《人品》(*Characters*)的书,其参照模式是亚里士多德在《伦理学》里对每个德性 93
和恶习的描述,但其阐述更为精妙、生动和睿智。塞奥弗拉斯托是一位勤奋的哲学史家,他所编的古希腊哲学家论述集有一部分残存下来,现取名为《论感觉》(*On the Senses*),是我们了解前苏格拉底哲学家论感觉的主要思想资源之一。

塞奥弗拉斯托有一位弟子是来自法勒伦的德米特里厄斯(Demetrius of Phaleron),曾担任过亚历山大大帝一位将军的顾问。这位将军就是托勒密(Ptolemy),于公元前305年自封埃及国王。可能就是他提议参照亚里士多德的图书馆模式,在新兴的亚历山大城建立一座图书馆。这一工程是由托勒密的儿子托勒密二世实施完成的。亚里士多德那座图书馆的历史模糊不清。塞奥弗拉斯托去世以后,他的继承者看来不是下一任吕克昂学园主持斯特拉脱(Strato)这位物理学家,而是塞奥弗拉斯托的外甥奈鲁斯(Neleus of Skepsis),亚里士多德自己的最后一位在世弟子。据说,奈鲁斯的继任者为了避免欧米尼斯国王(King Eumenes)所派的下属来吕克昂没收图书,于是将图书藏进一个山洞。当时,这位国王在帕加马(Pergamon)正建造一座图书馆,试图与亚历山大城图书馆一比高下。根据传闻,这些藏在山洞的图书得到一位图书收藏者的保护,在他的协助下运回雅典,但在公元前86年雅典沦陷后被罗马将军苏拉(Sulla)没收,随后被运往罗马,于公元前1世纪中叶左右,在来自罗得岛的安德罗尼柯(Andronicus of Rhodes)的主持下,最终得到编辑和出版(Strabo 609 – 9; Plutarch, Sulla 26)。①

这一传闻的每一细节,一直引起这位或那位学者的质疑,②如果传闻属实

① 令人困惑不解的是,安德罗尼柯版提供的最好的古代目录显示,这是由亚历山大城的一位图书馆员编纂的。有没有这种可能:安东尼(Mark Antony)从遭到放逐的苏拉继承者那里得到这些图书,将其运送给埃及托勒密王朝的末代女王克娄巴特拉(Cleopatra),为的是填补她新近遭毁的图书馆所留下的空白,就像她早期的情人凯撒将帕加马图书馆抢来赠给她一样。

② 参阅巴内斯与格里芬:《古罗马托加袍哲学》(See J. Barnes, in J. Barnes and M. Griffin, *Philosophia Togata*, vol. ii, Oxford: Clarendon Press, 1997), 1 – 23页。

的话，那就可以解释在塞奥弗拉斯托时期与西塞罗(Cicero)时期之间亚里士多德所撰著作意外遗失的原因。有句话说得好："假如亚里士多德在公元前272年，也就是在他逝世50周年时返回雅典，他会发现自己在那里从事了大半生教学和研究的思想环境已经面目全非、难以辨认了。"①

这并非是因为哲学在当时的雅典处于休眠状态：远远不是。虽然吕克昂学府在斯特拉脱的主持下形同虚设，但雅典学园在新任主持阿尔凯西劳(Arc-
94 esilaus)的领导下，放弃了形而上学的研究，转而探讨一种狭隘的怀疑论思想。当时的雅典城内正在兴起两种哲学学派，最著名的哲学家既不是雅典学园的成员，也不是吕克昂学府的成员，而是这两个新学派的开创者：其中一位是伊壁鸠鲁(Epicurus)，所建学校以花园(The Garden)著称；另一位是来自西提姆的芝诺(Zeno of Citium)，他因为在斯多亚(Stoa)柱廊或画廊讲学，其追随者被称为斯多亚学派成员(Stoics)。

伊壁鸠鲁

伊壁鸠鲁出生在萨摩斯岛上的一个雅典移民家庭里。在亚里士多德在世的最后一年里，他对雅典做过短期访问。在早期旅行途中，他在德谟克利特的一位追随者指导下进行研究，在希腊诸岛上建立了不止一所学校。公元前306年，他在雅典建造住宅，在那里度过余生，于公元前271年辞世。他在花园学府的追随者包括妇女和奴隶；他们离群索居，饮食简朴。我们听说伊壁鸠鲁著述300部，但完整存留下来的只有三封信和两组格言。他的自然哲学见于第一封致希罗多德(Herodotus)的信和第一封致匹索克勒斯(Pythocles)的信。在

① 参阅《希腊化时期的哲学家》导言(Introd. to LS)，1页。

第三封致美诺寇(Menoecus)的信里,他总结了自己的道德学说。第一组格言为数40,就像那三封信一样,保存在第欧根尼为伊壁鸠鲁所撰写的哲学家生平里,取名为《主要原理》(*Kyriai Doxai*)。1881年,在梵蒂冈的一部手稿里发现了81则风格相似的警句。伊壁鸠鲁的逸著《论自然》(*On Nature*)的残篇是在维苏威火山于公元79年喷发时,埋在赫库拉纽姆的火山灰里。呈现和解读这些残篇的艰难工作始于1800年,一直持续到现在。尽管如此,我们有关其学说的大部分知识,均有赖于伊壁鸠鲁追随者的残存著作,尤其有赖于后来的一位作家,那就是拉丁诗人卢克莱修(Lucretius)。

伊壁鸠鲁的哲学,旨在通过消除对死亡的恐惧而使幸福成为可能,因为怕死是实现宁静的最大障碍。人为了争取财富和权力,就需要推迟死期。他们投身于狂热的活动,由此便可忘却死亡的不可避免性。宗教通过宣扬死后的苦难,引起我们对死亡的恐惧。然而,这只是一种幻象。宗教所宣扬的恐怖是借助童话故事,我们必须抛弃这些童话故事,要对世界做出科学的
解释。 95

这种科学解释主要源自德谟克利特的原子论。无物生于无。世界的基本单元是永恒、不变和不可分的单元或原子。这些原子为数无限,运动于虚空,即空虚且无限的空间。倘若没有虚空,运动就不可能。这种运动没有开端,最初是原子以均等速度无休无止地向下运动。不过,它们经常涡旋运动,相互碰撞。正是由于原子的相互碰撞,天地里的万物得以生成。原子涡旋运动为人类自由留出范围,虽然它们在运动时盲目而无目的。感知物体的属性并非是幻象,而是伴随原子基本属性产生的。有无数个世界,有些就像是我们自己的世界,有些不像是我们自己的世界(《致希罗多德》,D. L. 10. 38 – 45)。

就像其他所有事物一样,灵魂是由原子组成的,与其他原子不同的是,构成灵魂的原子更小、更微妙。生命死亡时,这些原子散去,灵魂停止感知(《致

希罗多德》,D. L. 10. 63－67)。诸神也是由原子构成,但诸神生活在干扰甚小的区域,永生不死。他们生活幸福,不受人间烦恼的干扰。因此,相信天命就是迷信,宗教仪式就是浪费时间(《致美诺寇》,D. L. 10. 123－125)。鉴于我们都是自由能动者,加上原子的急转运动,我们便是掌握自己命运的主人:诸神既不强迫我们接受命运,也不干预我们自行选择。

伊壁鸠鲁坚信,感觉是知识的可靠来源,感觉的工作就是把影像从外在物体上转入灵魂的原子里面。感觉印象本身从来不是错误的,尽管我们会做出基于真实表象的错误判断。如果这些表象发生冲突(譬如,某物看上去光滑但摸上去粗糙),那么,灵魂就必须在这些相互竞争的见证之间做出判断。

在伊壁鸠鲁看来,快感或愉悦是幸福生活的开始与终结。不过,这并非意味着伊壁鸠鲁是一个讲究享乐之人。他的生活及其追随者的生活,与奢侈生活相差甚远:他曾经说过,一大块奶酪好似一顿盛宴。虽然他是理论上的快乐主义者(hedonist),但实际上他重视自己对各种不同快感所做的区别。有一种快感是靠满足我们对吃、喝、性等欲望,但这是一种低级的快感,因为它与痛感有不解之缘。这些快感所满足的欲望本身是痛苦的,该欲望的满足会引出新
96 生的欲望。旨在追求的那些快感是宁静的快感,譬如像私人友谊所产生的快感(《致美诺寇》,D. L. 10. 27－32)。

伊壁鸠鲁尽其所能,坚持认为快感对于一位哲学家来说,那就是在任何情况下能够战胜痛苦。临终之时,他在写给朋友伊多米纽斯(Idomeneus)的一封信里指出:“在临终前这个幸运日子里,我写此信给你。痛性尿淋沥与痢疾已经发作,委实令我痛苦不堪。我用记忆中我们过去交谈的欢乐来抵消这些病痛”(D. L. 10. 22)。伊壁鸠鲁实现了自己的这一信念:死亡虽然不可避免,但我们如果从真正的哲学角度去看待死亡,那死亡就不是一种罪恶。

斯多亚主义

像伊壁鸠鲁学派一样，斯多亚学派也寻求宁静(tranquillity)，但路径不同。斯多亚主义的开创者，是来自西提姆的芝诺(公元前334—前262)。芝诺出生在塞浦路斯，于公元前313年移居雅典。他读过色诺芬的《苏格拉底回忆录》，此书使他热衷于哲学。他得知同时代人中与苏格拉底相若的是犬儒主义者克拉特(Crates)。犬儒主义(cynicism)并非一套哲学学说，而是一种蔑视财富和鄙视传统繁文缛节的生活方式。这一学派的开创者是来自斯诺普的第欧根尼(Diogenes of Synope)，他衣衫褴褛，靠施舍度日，像一条狗似的("犬儒"[cynic]一词原意是指"像狗似的"[dog-like])生活在如同狗窝的罐子里。第欧根尼与柏拉图是同时代人，但是，他对柏拉图不太尊重，曾因厉声斥责亚历山大大帝而声名鹊起。当这位伟人拜访他时问道："我能为你做些什么吗？"第欧根尼回答说："你能否不挡我的光线"(D. L. 6. 38)。克拉特深受第欧根尼的影响，将自己的财产散发给穷人，同时效仿第欧根尼那种放荡不羁的生活方式。但是，他自己并不那么厌恶人类，善用诗性讽刺来表现他那灵敏的幽默感。

芝诺一度是克拉特的弟子，但他并未成为一位犬儒主义者，也没有逃避社会，他不愿参加正式晚宴，喜欢晒晒太阳。他在雅典学园做过几年学生之后，便在珀埃克尔柱廊所在地创立了自己的学校。他设置了系统的哲学课程，将其分为逻辑学、伦理学和物理学三个学科。据他的追随者说，逻辑学是哲学之骨，伦理学是哲学之肉，物理学是哲学之灵(D. L. 7. 37)。芝诺的导师是麦加拉学派的伟大逻辑学家狄奥多罗(Diodorus Cronos)。他也是来自麦加拉的斐
洛(Philo of Megara)的同室弟子，后者为逻辑学的发展奠定了基础，在某些领域 97

亚历山大挡住了第欧根尼的光线(罗马)。

推进了亚里士多德的逻辑学。[1] 而芝诺本人对伦理学的兴趣更大。

可能出乎人们意料的是,像芝诺这样的道德主义者,竟然在课程中给予物理学以至高的地位。但在芝诺以及后期斯多亚学派人士看来,物理学是研究自然的,而自然是等同于神的。第欧根尼告诉我们,“芝诺宣称整个世界和天
98 上都是神的实体(substance of God)”(7.148)。神是能动原理,质料是能动原理;这两者都是有形的,一起构成无孔不入的宇宙之火(LS 45G)。

芝诺的著作无一幸存:他在古代时期最著名的著作就是他的《国家篇》

① 对狄奥多罗和斐洛的评述,可参阅本书第三章。

(*Republic*)。书中把柏拉图的空想主义与一些犬儒学派的因素整合在一起。芝诺摒弃传统的教育体系,认为建立运动场、法庭和庙宇都是浪费精力。他推举共妻制,认为男女应当衣着一样,裸露或遮盖方式等同。货币应当取消,人类应有一个独特的法制系统,所有人就像一起吃草的牛群一样,靠一部共同法予以滋养(LS 67A)。

虽然芝诺提出这些共产主义的设想,其中许多使他后来的追随者感到吃惊,但他一生在雅典公民中间享有很高的声望,后者给予他在雅典享有自由的权利。马其顿的安提戈努王(King Antigonus)邀请他担任国王的个人哲学家,但芝诺以年迈为由没有前往,而是向王室委派了他的两名得意弟子。

芝诺死后,他作为斯多亚学园主持的地位由克莱安塞(Cleanthes, 公元前331—前232)接替,后者是一位爱好宗教、皈依斯多亚学派的拳击手。克莱安塞为芝诺写过一首赞美诗,后来圣保罗在雅典布道时引用过,该诗对斯多亚学派提出的能动原理大加赞扬,所用词语非常适用于犹太—基督徒一神论。不过,作为斯多亚学派思想基础的神的概念,不同于恪守圣经的各教所信奉的神的概念。在斯多亚学派那里,神与宇宙非但没有分开,反倒是宇宙的物质构成部分。在其散文著作中,克莱安塞仔细地思索了神性之火这一元素为世界所有生灵提供生命能量的方式(西塞罗,ND 2.23-5)。[①]

克莱安塞的学院主持地位由克律西普(Chrysippus of Soli)继任,后者的管理年限是从公元前232年到公元前206年。克律西普是克莱安塞的弟子,但对老师不太尊敬。据说,他曾这样告知老师:“你告诉我你的那些理论,我来为这些理论提供证据。”他还在雅典学园做过一段时期的研究,自行灌输了反对怀疑论的思想。他是希腊化时期最有才华和最为勤奋的斯多亚主义者。他著作等身:据他管家所说,他每天以500行的速度写作,身后留下705部著作,但

① 关于克莱安塞的神学,参阅本书第九章。

99 只有残篇留存。显然是他把斯多亚主义发展成为一个体系；过去人们常说，“若无克律西普，也就没有斯多亚学园”（D. L. 6. 183）。

难以将早期这三位斯多亚主义者的贡献准确加以区分，因为他们的著作均已逸失。不过，很少有人怀疑克律西普在推进逻辑学方面所作出的巨大贡献，本书下一章将对此详加考察。在物理学里，他以普纽玛（pneuma 贯穿宇宙之火与气）取代克莱安塞的火，将其视为动植物的生命原理。他接受了亚里士多德对质料和形式所做的区别，但作为一位优秀的唯物主义者，他坚持认为形式也是形体，也就是普纽玛。人的灵魂与心智是由这种普纽玛构成；神也是如此，神是宇宙的灵魂，在整体意义上构成一个理性动物。斯多亚学派争论说，如果神与灵魂自身不是有形体的，他们就不能对物质世界产生影响。

充分发展了的斯多亚物理学系统可以概括如下：从前某一时期，只有火而无他物；后来逐渐出现了其他元素和人们熟悉的宇宙结构。在后来，世界在一场宇宙大火中回归于火，随之火的历史循环往复。所发生的这一切都因应一种抑或称之为“命运”的规律系统（因为这些规律不允许有任何例外），抑或称之为“天命”的规律系统（因为这些规律是神为了有益的目的建立的）。由神来设置的系统被称为自然，我们的生活目的就是因循自然而生活。

克律西普也是斯多亚学派伦理学体系的主要作者，这一体系基于服从自然的原则。没有任何东西可以逃脱自然规律，这里虽然存在命运决定论，但人类却是自由而有责任的。假如意志服从理性，那它将会因循自然而生活。这种自愿接受自然规律的行为构成德性，而德性对于幸福来说是必要和充足的。

斯多亚学派全都赞同这一点：鉴于社会对人类来说是自然的，所以，一个旨在追求与自然和谐相处的好人，将在社会中发挥某种作用，将会养成社会的德性。不过，克律西普的有些伦理学和政治学观点，使他有别于其他斯多亚主
100 义者。就像芝诺一样，他也写过名为《国家篇》一书，据说他在其中为乱伦和同类相食（原始宗教礼仪中吃人肉习俗）提出辩护（LS 67F）。克律西普与其同门

的不同之处在于坚信这一点:哲学家无需献身于学术研究,对于一位斯多亚主义者来说,参与公共生活不仅可以接受,而且值得表扬(LS 67W)。

雅典学园里的怀疑论

在公元前3世纪后期,斯多亚学说遭到来自雅典学园(即柏拉图的学园)的抨击。雅典学园的继任者开始从柏拉图的老师、喜好诘问的苏格拉底那里获得灵感,转而提出一种怀疑论思想。从公元前273年到公元前242年,雅典学园的主持是阿尔凯西劳,是来自埃里斯的皮浪(Pyrrho of Elis)的弟子。皮浪经常被人视为哲学怀疑论的开创者。皮浪与伊壁鸠鲁都是同时代人,曾在亚历山大大帝的军队里服役。他教导说,无物可知,因此不著一书。公元前3世纪早期,阿尔凯西劳与皮浪的另一位弟子蒂蒙(Timon)将怀疑论带到雅典。蒂蒙认为不可能找到用于科学基础的任何自明原理。在此类公理缺场的情况下,所有推理的思路定然是循环性的或无休止的。

蒂蒙与阿尔凯西劳的怀疑论,以一种矫正了的和更为老到的形式,成就了卡尼阿德(Carneades)的著作,后者从公元前155年到公元前137年担任雅典学园的主持。就像皮浪一样,卡尼阿德没有留下任何著作,但他的诸多论点则由一位聆听他著名讲演的弟子记录了下来。这些论点主要通过西塞罗的有力协助传给我们,西塞罗本人一度受教于卡尼阿德的弟子斐洛。公元前155年,卡尼阿德任雅典派往罗马的使节,随行的还有一位斯多亚哲学家和一位漫步学派哲学家。在任罗马使节工作期间,通过连日争论有关支持与反对正义的问题,卡尼阿德展示了自己的修辞艺术。罗马监察官加图(Cato)听到他的演示,以煽动颠覆之名将其遣送回国(LS 68M)。

阿尔凯西劳之所以批评斯多亚学派,是因为后者认为可将他们探寻真理的方式建立在不会出错的心理印象之上:按阿尔凯西劳所说,根本不存在这类心理印象。他还抨击过斯多亚学派的认识论,认为应当作为生活指导的是或然性而非取之不得的真理性。虽然他自己并非一位无神论者,但他毫不留情
101 地取笑传统的泛神论和斯多亚学派的泛神论。他那些反对斯多亚学派神圣学说的论点,得到西塞罗的采用和巧妙发挥。①

卢克莱修

在公元前 2 世纪,没有一位哲学家像卡尼阿德那样睿智或雄辩。到了公元前 1 世纪,哲学的首要地位从希腊作者那里过渡到拉丁作者那里。像希腊哲学一样,拉丁哲学开始也用韵文,后来才转入散文。传到我们手上的首部完整的拉丁哲学著作,是卢克莱修用六韵步写成的一部气势恢弘的长诗《物性论》(*On the Nature of Things*)。

人们对卢克莱修的生平知之甚少:我们可以参考相关情况来推测这部长诗的大概写作时期,这些情况之一是西塞罗在公元前 54 年读过他的诗作,其二是此诗曾献给一位于公元前 53 年代理领事职权的梅米乌斯(C. Memmius)。卢克莱修是伊壁鸠鲁的热情崇拜者,这部六卷本的长诗以韵文形式阐述了伊壁鸠鲁的思想体系,诚如西塞罗所见,该诗篇展示出伟大的艺术才华,不时表现出天才的灵光闪现。卢克莱修将自己的诗艺描述成掩藏哲学苦艾的蜂蜜(1. 947)。这部诗的一些部分曾由德来登(John Dryden)译成英文。要是他曩时完成这项翻译任务,他的译本会与蒲柏(Pope)的《论人》(*Essay on Man*)相媲美。

① 本书第四章将详加考察斯多亚学派与怀疑论学派之间的争论。

卢克莱修在其诗开篇之处，赞扬了伊壁鸠鲁抛却宗教恐惧的无畏精神。人们之所以不敢站起来反对祭司的专制，是因为他们害怕永恒的惩罚；不过，这只不过是因为他们不懂得灵魂的本性。在全诗第一卷里，卢克莱修阐述了伊壁鸠鲁学派的原子论：自然由简单的物体与虚空组成，感知物体凭借感觉，建立虚空凭借理性。物体是由原子组成，如同字词是由字母组成。字词“ignis”与“lignum”是由几乎相同的字母组成，诚如这些字词所意指的事物“火”与“木”一样，都是由几乎相同的原子构成(1.911－14)。

在第二卷开头的著名段落里，卢克莱修描述了那位哲学家从德性的高处俯视人间的小打小闹。他赞美伊壁鸠鲁学派追求朴素的快感，规避不必要的欲望。 102

啊，可怜的人啊！在生活的迷雾中
危机四伏，潜藏着吵吵嚷嚷的争斗；
他一生短促，却用超过自然需要的东西
去过度喂养他那满腹的欲望！
大自然明智地限制我们的胃口
只渴望得到不受干扰的快乐；
从此无忧无虑，心平气和，
获得宁静的灵魂，无痛的身体。
这具肉体的形构要求甚少，
我们的自然欲求有限而寥寥，
所要东西很少，须将痛苦去掉，
因为没有什么，所以感到满足。

(第二卷 16－28 行)

第三卷阐述了伊壁鸠鲁学派的灵魂学说与感觉机械论思想。一旦我们理解了灵魂的物质本性,我们就会意识到对死亡的恐惧感是幼稚可笑的。一具死尸没有感觉,死后没有遭罪。只有幸存下来的人们有权表示悲哀。卢克莱修告诉他的读者要放弃对死亡的恐惧,

> 因为你将会入眠,一觉不再醒来
> 离开了生命,你也将离开活生生的苦痛。
> 但我们作为你的朋友,将会发现你留下
> 所有哀悼可忘之死的悲恸;
> 时间不会擦干我们的泪水,
> 也不会把你逐出我们的心际。
> 降临在你身上的最坏之事,理所当然
> 就是沉沉的睡眠、长长的晚安。
>
> (第三卷 90－96 行)

即便伊壁鸠鲁也会死去,但是他的天才与其他思想家相比依然光彩夺目,他就像冉冉升起的朝阳,令空中的星辰黯然失色(3. 1042－4)。

卢克莱修诗作的第四卷是论爱情的本性,此卷充满对性爱活动的生动描述,从原子论的角度对生理学的潜在意义进行了解释。毫无疑问,据圣哲罗姆(St. Jerome)和田纳西(Tennyson)所述,本卷的内容无疑形成如下传说:卢克莱修在撰写此诗之时,因过度沉湎于性欲炽盛而陷入接连不断的迷狂状态。

圣哲罗姆也保留了一种传统说法,说这部诗并未写就,是诗人死后由西塞罗编辑而成。这对西塞罗来讲似乎不可能,因为他在首次阅读过这部诗后,在
103 他自己的哲学著作中再未提及,尽管他对伊壁鸠鲁思想体系甚为关注。

西塞罗

西塞罗本人在哲学方面是一位折中主义者,这会使历史学家受益无穷,因为他的著作提供了有关各种哲学倾向的境况。在二十多岁时,西塞罗在雅典学习,首先了解的是不同的哲学学派。后来,他在斯多亚学派人士波西多纽(Posidonius)的指导下在罗得岛学习。他深受来自拉里萨的斐洛(Philo of Larissa)的影响,后者是雅典学园的最后一任主持,并于公元前88年从雅典来到罗马。西塞罗在家里赡养着自己的导师,即斯多亚学派思想家狄奥多图(Diodotus),一直到他60岁辞世为止。

除了政治哲学之外,西塞罗长期忙于政治和法庭的生活,并没有给自己留下多少闲暇去从事任何其他哲学的研究。在他五十多岁时,他模仿柏拉图分别撰写了《论共和国》(*Republic*)和《论法律》(*Laws*)两部书,只有其中一部分残存下来。不过,当凯撒在一次内战之后取得至高权力时,西塞罗便退出公共生活,原因是他在那场战争中站在反对者的一边。在文学写作活动中,西塞罗度过了凯撒独裁阶段的大部分时光,公元前45年2月,在他的独生女儿图丽雅(Tullia)死后,西塞罗更加疯狂地写作,为的是忘却自己的悲伤。他的大部分著作写于公元前45年与公元前44年之间。

在他的系列著作中,前两部现已逸失,一部《慰藉论》(*Consolatio*)专讲图丽雅之死,一部《规劝论》(*Hortensius*)专讲哲学研究,后者在圣奥古斯丁的一生中起着重要作用。不过,其他10部著作得以幸存,其思维广度与雄辩风格给人留下深刻印象。

西塞罗给自己设定的任务是创立一套拉丁哲学词汇,这样一来,罗马人就可以用自己的语言学习哲学了。现代语言中的许多哲学术语的确源自他的拉丁语构词。在他心目中,他就是从不同的哲学倾向中汲取不同元素。在认识论里,他喜好从斐洛那里学来的温和怀疑论见解:他在两个不同版本的《论学园派》(*Academica*)里,阐述了这一学术体系及其变种。在伦理学里,他钟爱的是斯多亚传统而非伊壁鸠鲁传统。他在道德哲学中寻求慰藉和安慰。在《论目的》(*de Finibus*)和《图斯库兰的谈话》(*Tusculan Disputations*)里,他经常热情洋溢,辞章华美,谈论情绪、德性与幸福之间的关系。在《论神性》(*On the Na-*
104 *ture of the Gods*)与《论命运》(*On Fate*)里,他对哲学神学和决定论问题展开了兴致勃勃的讨论。在《论占卜》(*On Divination*)里,他充分利用和改写了自己从卡尼阿德那里学到的种种论证。①

西塞罗所著的哲学缺乏深度,但其论证通常准确,其风格一贯优雅,行文中充满热情。他论友谊和老年的论文,多少年来一直广为流行。他的封笔之作《论义务》(*On Duties* or *de Officiis*),是在凯撒于公元前 44 年 3 月被暗杀不久之后他写给自己的儿子的。在历史的各个时期,这部书被视为绅士教育中至关重要的一项。

凯撒死后,西塞罗重返政坛,用一系列尖锐的言辞抨击凯撒式的监察官安东尼(Mark Antony)。安东尼与凯撒的养子屋大维(Octavian)结为同伙之后,西塞罗在他们共同策划的那场政变中被处死。他没有活到见证这两人发生争执之时,正是这场争执,导致了安东尼于公元前 31 年在阿克提姆的失败。西塞罗死后,屋大维成为罗马帝国第一代皇帝,将自己的名字改为奥古斯都(Augustus)。

犹太教与基督徒

对哲学的长期发展而言,罗马帝国头一百年间最重要的事件就是耶稣

① 参阅本书第九章。

(Jesus of Nazareth)的经历。自不待言，耶稣的教义对哲学的影响，是滞后而间接的，但他的道德学说并非先前没有的。他教导我们说，我们不应以恶报恶或以怨报怨；柏拉图笔下的苏格拉底也是如此教导我们。耶稣督促他的听众爱邻如爱己；不过，他引用的是古代希伯来的《利未记》(*Book of Leviticus*)。他告诉我们说，我们不仅要克制自己以免错误的行为，而且要克制自己以免错误的思想与欲望；亚里士多德也曾说过，真正的有德之人从来不想做错事。耶稣教导他的信徒要蔑视世上的快乐与荣誉；伊壁鸠鲁学派与斯多亚学派也以各自不同的方式说过类似的话。人们将耶稣视为一位道德哲学家，但他并非一位伟大的革新者；而这决然不是耶稣及其信徒如何看待其作用的角度。

耶稣教义的架构是希伯来《圣经》的世界观，根据这一世界观，上帝耶和华 105
(Lord God Yahweh)仅凭律令就创造了天地万物。犹太人是上帝的选民，因为具有启示摩西的神性法典而享有特权。就像赫拉克利特和其他希腊与犹太思想家一样，耶稣预知到世上将有神性审判和发生宇宙灾难。斯多亚学派将宇宙末日安置在不确定的遥远未来，与他们不同的是，耶稣将其视为即将发生的事件，在这当中他自己将发挥救世主(the Messiah)的至关重要的作用。

在耶稣被钉上十字架的前后(大约公元30年)，犹太教思想在罗马日益赢得听众。自从希伯来《圣经》在托勒密一世时期于亚历山大城被翻译成希腊文以来，已经有大量说希腊语的犹太散居者。在公元1世纪，希腊化时期犹太文化的杰出代表人物，是来自亚历山大城的斐洛(Philo of Alexandria)，以他为首的代表团于公元40年谒见罗马皇帝卡利古拉(Caligula)，抗议在亚历山大城处死犹太人，抗议强迫犹太人膜拜罗马皇帝。斐洛撰写过摩西的生平和一系列《摩西五经》(*Pentateuch*)述评，目的是让那些受过希腊文化教育的人们能够理解和品味希伯来《圣经》。

在早期，基督教是通过讲希腊语的犹太散居者传遍罗马帝国的，但基督教很快就与非犹太哲学发生了联系。圣保罗在雅典宣讲福音书时，与伊壁鸠鲁学派和斯多亚学派的哲学家举行了一次论辩。根据使徒行传，他亲口说出的反对偶像崇拜的布道，言辞巧妙，表达了自己对哲学各派之间的诸多问题的认识。他从供奉不认识的上帝的祭坛那里获得提示，力图向哲学家们指明人们出于无知才膜拜神。

> [上帝]并非远离我们每个人。因为我们就生活、运动和存在于上帝那里；也确如你们自己的诗人所说，我们也是上帝的子女。既然我们是上帝的子女，我们就不应该认为上帝的头颅就像金、银或石一样，是凭借艺术和艺人的设计雕刻而成的。(Acts 17:27－9)

圣保罗所列举的“诗人”就是克莱安塞，即斯多亚学派的第二任主持。后来的传说假定，圣保罗与斯多亚学派哲学家塞内加(Seneca)进行过哲学交谈。这种传闻无疑不实，但不都是空穴来风。圣保罗有一次当着塞内加弟弟伽流(Gallio)的面出现在法庭上，他的一些朋友就住在塞内加的主子尼禄(Nero)的
106 宫殿里。

罗马帝国的斯多亚学派

塞内加是1世纪最重要的哲学家。他生于西班牙的科尔多巴(Cordoba)，时值耶稣纪元或公元的开始。年届49岁时，他出任年仅12岁的尼禄的老师。当尼禄于公元54年登基后，塞内加出任高级顾问，指导这位皇帝执政。比较而言，尼禄有过一段时期的善治，这段时期随着公元59年他谋杀自己的母亲而告终。公元62年之后，塞内加失去了对尼禄的所有影响，随后逐渐淡出公共生活。公元65年，据说他因参与反对尼禄这位独裁者的阴谋而被迫切断自

己的静脉，像苏格拉底一样以莫须有的罪名死去。

塞内加创作了几部悲剧，留下一部记载物理现象问题的短文集，但他作为哲学家的声誉，取决于他的10篇伦理学对话，124封书信，这些著作大多写于退隐期间。塞内加的风格是规劝多于论证，他喜欢布道胜于争辩。他对逻辑学不感兴趣，他对人文学科抱有非利士式的态度。他将一位文学的饱学之士，比作一座过度装饰的房子（Ep. 88. 36）。他对物理科学有些兴趣，著有《论自然问题》（*On Natural Questions*）一书，但他喜欢从自然现象中汲取道德教训，他主要关注的是斯多亚哲学三大分支中的伦理学。

塞内加竭力主张我们要努力从激情中解放出来。在《论愤怒》（*On Anger*）这篇最长且最著名的对话里，他坚持认为关键的差异介于身体骚动与错误判断之间，后者是我们需要净化的本质因素。在此问题上，早些时期的斯多亚学派众说纷纭。“偶然震惊人心的那些事情没有一样理应称之为激情（passion）。这些事情不是人心引起的，而是作用于人心的。激情并不受呈现自身的事情表象的影响；激情在于自身臣服于这些表象和紧追这一偶然影响”（2. 3. 1）。哭啼流泪，脸色发白，突然吸气与引起性欲等，都不是激情，而是身体现象：只有心里发生的事情才是问题的关键。塞内加文辞清晰，风格遒劲，在做出这一区别之后，他有能力主导斯多亚学派反对激情的运动。

塞内加是一位唯物主义者，接受了斯多亚学派的这一学说：人心（human mind）是一个物质的神性世界灵魂的一个物质部分（Ep. 66. 12）。不过，他经 107
常以显然属于彼岸世界的方式，来阐述灵魂与身体之间的关系。“人心（human heart）只有在自身的必死性上发挥调解作用时，才具有神性。此时，人心意识到一个人生来就要放弃生命，意识到肉体不是家室而是短期逗留的客栈，一个人一旦发现自己成为主人的累赘时，就必须尽快离开这家客栈”（120. 14）。塞内加认识到，斯多亚学派通往德性的道路是有难度的。他区分了道德进步过程中的三个阶段。第一类是放弃一些恶行而非所有恶行的人，他们没有贪婪,却有愤怒;没有情欲,却有野心;凡此种种,不一而足。第二类是已经放弃所有激情但并非不会故态复萌的人。第三类是最接近于智慧的人,他们不会故态复萌,但尚未对自己的德性抱有确确实实的自信心(Ep. 75. 8 – 14)。

塞内加也使斯多亚主义里的学说与箴言之别流行开来。学说提供基本的哲学架构;箴言能使真正的至善概念表现在对个人的具体规定中(Ep. 94. 2)。这一区别使斯多亚学派得以反击下列说法:斯多亚学派思想体系曲高和寡,没有实用价值;与此同时,这一区别可让哲学家名正言顺地提出牧歌式的指导精神生活的忠告,塞内加的那些书信充满了这类忠告。

无论在古代还是现代,许多人都把塞内加视为伪君子:这个赞美仁慈的人,却是独裁者诸多罪行的执行者;这个传布世俗物品毫无价值的人,却聚集了大量的财物。在他的辩解中,可以说他对尼禄施加了克制性的影响,他在晚年力图真正摆脱这个世界。他明白自己遵守着斯多亚主义的准则。他这样写道:"我不仅远非完善,而且不够体面"(Ep. 57. 3)。

塞内加是罗马帝国斯多亚学派的创建元勋。这一学派的另外两位著名人物使斯多亚主义的魅力遍布罗马帝国:他们是奴隶出身的自由民爱比克泰德(Epictetus)和罗马皇帝马可·奥勒留(Marcus Aurelius)。帝国时期的斯多亚学派与其希腊化时期的前辈相比,对逻辑学与物理学的兴趣更小;就像塞内加
108 一样,爱比克泰德与奥勒留主要因其道德哲学而为后人铭记。[①]

爱比克泰德的生卒年月尚不确定,但我们知道他于公元 89 年被皇帝图密善(Domitian)逐出罗马,随他一起被逐的还有其他哲学家。他从奴隶制中获得自由,虽然一直腿瘸,但在爱皮鲁斯(Epirus)建立了一所学校;他的敬慕者阿里安(Arrian)出版了他的四卷论说集和一部关于他的主要教诲(enchiridion)的手册。爱比克泰德是斯多亚学派中最具可读性的作者之一,他的文风不

① 巴内斯所著的《逻辑学与帝国的斯多亚学派》(J. Barnes, *Logic and the Imperial Stoa*, Leiden: Brill, 1997)一书,对爱比克泰德的逻辑学能力做了华丽的描述。

太文雅，好开玩笑，常用与假想对话者插科打诨的交谈来说事。因此，除了哲学家之外，许多人发现他的著作引人入胜。阿诺德（Mathew Arnold）将其与荷马和索福克勒斯并列，认为他是给自己最多启示的三杰之一：

我在不久前赢得他的友谊
他是腿瘸的奴隶，在尼科波利斯
授业给阿里安，韦斯巴芗皇帝的残暴儿子
清洗了罗马，赶走所有使他颜面扫地的思想家。

下面这段话专论自杀，是爱比克泰德的典型文风，他假想遭受专权与不义的人们向他这样诉说：

爱比克泰德，我们再也不能忍受这立锥之地的牢狱生活，吃喝拉撒都在这里，还得被人带来带去与某某某接触面谈。这些事情对我们无关痛痒吗？真的无所谓吗？死亡不是罪恶吗？我们不是神的亲属吗？我们不是从他那里来的吗？就让我们返回我们原来的出处吧！（1.9.12）

他回应如下：

人啊，等待神吧！当他发出信号，将你们解除劳役时，你们就会去他那里。但在目前，暂且坚守他为你们安排的岗位吧。

我们无须通过自杀来寻求庇护，我们应当认识到世上的恶行没有一个能够真正伤害我们。为了表明这一点，爱比克泰德将自我与道德意志（prohairesis）等同起来。

> 当暴君威胁和召唤我时，我回答说，“你所威胁的人是谁啊？”如果他说，“我要给你戴上镣铐，”我就回应说，“他所威胁的是我的手脚。”如果他说，“我要砍掉你的脑袋，”我就回应说，“他所威胁的是我的脖颈。”……所以，他对你毫无威胁。没有，很快我就认为这一切对我无所谓。但是，我假如让自己害怕任何这样一种威胁的话，那么他就真的威胁到我了。这样一来，还有谁不让我害怕呢？谁能主宰我自己力所能及的事情呢？——没有这样的人。谁能主宰我自己力所不及的事情呢？——我为
> 109 什么要为这种人自找麻烦呢？(Disc. 1. 29)

在诸多时期，爱比克泰德的著作对那些生活在暴君统治下的人们具有慰抚作用。但在他自己生活的时代，对他的著作感受最深的那个人，就是罗马世界的统治者本人。奥勒留于公元161年成为皇帝，一生大部分时间忙于保卫罗马帝国的疆界，当时其版图已扩张至最远。尽管这位皇帝是一位斯多亚主义者，但他在雅典为所有主要学派设立哲学主持职位，这些学派包括柏拉图学派、漫步学派与伊壁鸠鲁学派。在其征战中，他挤出时间写下一部哲学笔记，现代人们知道这部笔记名为《沉思录》(*Meditations*)。这是一部警句与谈论集，所论主题包括俭朴的生活方式，为共同利益而工作的需要，人类的团结以及权力的腐化本性等等。他试图将爱国主义与普世主义的观点结合起来。他说过，“只要我是皇帝奥勒留，我的城池家国就是罗马。但只要我是一个人，我的城池家国就是整个世界。”他热情洋溢地将宇宙称为“宙斯的可爱城邦”。

奥勒留的朋友之一是医生盖伦(Galen)，他在来罗马之前是专门为帕加马的罗马斗士服务的医生。虽然盖伦是一位严谨的逻辑学家，并且著有《名医必为哲学家》(*That a Good Doctor Must Be a Philosopher*)一书，但他的大量著作属于医学史而非哲学史。他修正了亚里士多德生理学中的一个要点，该要点是真正评鉴灵魂—肉体关系的关键。亚里士多德一直认为心脏是灵魂的所在

地，大脑只是为血降温的散热器。盖伦发现神经系统来自脑与脊椎索，是启动肌肉收缩的必要条件，因此，他认为脑而非心脏才是灵魂的主要所在地。

110

铭刻在罗马奥勒留纪念廊柱上的“奥勒留征战记”。

早期基督教的哲学

在奥勒留的支持下,斯多亚主义临界强弩之末,伊壁鸠鲁主义业已进入尾声。在罗马皇帝在雅典赐予主持职位的哲学学派中,有一家因为缺席而惹人注目:那就是基督教。奥勒留的确严酷地处置过基督教徒,认为他们的殉教方式是装模作样。在他当政期间,被处死的殉教者之一是首位基督教哲学家查士丁(Justin),后者献给奥勒留皇帝的一部著作,是为基督教辩护的《护教篇》(*Apologia*)。

就在公元2世纪末,基督徒首次做出实质性的努力,将耶稣与保罗的宗教同柏拉图与亚里士多德的哲学调和在一起。来自亚历山大城的克雷门特(Clement of Alexandria)发表了一套《杂记集》(*Stromateis*),此集以漫谈风格写
111 成,他在其中认定哲学研究对受过教育的基督徒不仅允许而且必要。希腊思想家是世界青少年时期的教育家,他们受神的指派,将成熟的希腊思想带给耶稣。克雷门特以柏拉图为同盟,反对坚持二元论基督教的异端;他将亚里士多德的逻辑学付诸实验,赞扬斯多亚学派鼓励摆脱激情的理想。他采用斐洛的方式[①],解释出了《圣经》(尤其是《旧约》)中的喻义方面,受过教育的希腊人对它们本是反感的。在这方面,他建立了一种在亚历山大城有着长期历史的传统。

克雷门特是一位文选编者和普及者;比他年轻的同时代的亚历山大城人奥利金(Origen),是一位原创型思想家。虽然奥利金认为自己是《圣经》的一位学生,但他崇敬亚历山大城的柏拉图主义者阿蒙纽斯·萨卡斯(Ammonius Saccas),将其许多哲学思想纳入自己的思想体系,这种做法在主流基督徒看来属于异端之举。他赞同柏拉图的观点,认为人的灵魂在生前或形成概念之前就已存在。人的灵魂先前作为自由精神(free spirits),在其赋形后的状态里,

① 指斐洛的喻义讲经法。——译者注

可利用其自由意志，在耶稣恩典的协助下，上达一种天命(a heavenly destiny)。他相信所有理性存在，无论是罪人还是圣人，无论是魔鬼还是天使，最终都会得到拯救，找到福祉。(根据我们现有的一些资料)他相信身体会以球面形式得以复活，因为柏拉图宣称球面形是所有形状中最完美的形状。

奥利金那种怪异的学说，导致他与当地的主教们发生冲突，因他对基督教的忠诚，也被置于罗马帝国的监禁之下。他被流放到巴勒斯坦(Palestine)，在那里他反对自己的异端同仁柏拉图主义者凯尔苏斯(Celsus)，依然利用哲学论证为基督徒信仰上帝、自由和不朽等行为辩护。在皇帝德西乌斯(Decius)的迫害下，他一再遭受折磨，死于公元254年。

柏拉图主义与亚里士多德主义的复兴

当基督教哲学还处于童年时期，当斯多亚主义与伊壁鸠鲁主义正值衰退之际，柏拉图与亚里士多德的哲学已然得到勃兴。普鲁塔克(Plutarch，公元46—120)生于皮奥夏(Boeotia)，在那里度过大半生，但他在雅典就学，至少在罗马做过讲演。他是一位著名的历史学家，曾将23位希腊名人的列传与23位罗马名人的列传做过比较，这部书由伊丽莎白时期的托马斯爵士(Sir Thom- 112
as North)译成英文，为莎士比亚创作的罗马剧本提供了情节和诸多灵感。普鲁塔克还就流行的哲学议题撰写过60余篇论文，结集成书后命名为《道德论》(*Moralia*)。他是一位柏拉图主义者，对《蒂迈欧篇》做过述评。他还著有一些反驳斯多亚学派与伊壁鸠鲁学派的辩论文章，从而加速了这些思想体系的衰落。这些论文题目平行并列，譬如《论伊壁鸠鲁学派的矛盾学说》(*On the Contradictions of the Epicureans*)，《论斯多亚学派的矛盾学说》(*On the Contradictions of the Stoics*)，《论自由意志兼答伊壁鸠鲁》(*On Free Will in Reply to Epicurus*)，

《论自由意志兼答斯多亚学派》(*On Free Will in Reply to the Stoics*)。在其幸存下来的论文中,最长的一篇题为《伊壁鸠鲁使快乐生活不可能》(*That Epicurus Actually Makes a Pleasant Life Impossible*),另一篇抨击的是考罗特斯(Colotes)的一部原本鲜为人知的著作,考罗特斯是伊壁鸠鲁最早的门生之一。尽管哲学家出于自身的原因并不经常阅读普鲁塔克的著作,但历史学家一直努力发掘他的著作,以便从中了解所抨击的对象。

最初,比柏拉图主义的早期复兴更为重要的是,对亚里士多德全集进行学术评注的传统开始形成。最早一部存留下来的文本评注,是公元 2 世纪阿斯帕斯乌斯(Aspasius)专论《伦理学》的著作,这部评注确立了将《尼各马科伦理学》视为经典之作的惯习。在公元 2 世纪末,来自阿弗罗蒂西亚的亚历山大(Alexander of Aphrodisias)被任命为雅典漫步学派的主持,他对亚里士多德的《形而上学》《论感觉》(*de Sensu*)及其一些逻辑学著作做了大量评注。在专论灵魂与命运的小册子里,他表述了自己对亚里士多德思想的发展成果。亚里士多德含糊地指出,能动的理智承负人类的概念形成。亚历山大则把这种能动的理智与理性神等同起来,他的这一解释对亚里士多德后来的阿拉伯追随者产生了巨大的影响,但这一解释却遭到基督徒的抵制,他们认为能动的理智是每一个体的能力。

普罗提诺与奥古斯丁

在古典风格后期,具有主导性哲学影响力的仍是柏拉图而非亚里士多德。
113 与基督徒奥利金同时代的最后一位伟大哲学家是普罗提诺(Plotinus,205—270),他和奥利金都是萨卡斯的门生。短期从军之后,普罗提诺定居罗马,赢得帝国宫廷的青睐。他提议在坎帕尼亚(Campania)建立一个柏拉图式的共和国。在他死后，其著作由他的学生和传记作者波斐利（Porphyry）编辑为六组，分为九章（Enneads）。他的著作行文晦涩，涉及各种哲学议题，譬如伦理学、美学、物理学、宇宙论、心理学、形而上学、逻辑学与认识论等。

在普罗提诺的体系中占主导地位的是“太一”（the One）：这一观念是柏拉图从巴门尼德那里传承下来的，“一”（Oneness）乃存在（Being）的关键属性。此“太一”以神秘的方式等同于柏拉图的善的理念（Idea of the Good）：它是所有存在的基础，所有价值的准则，但自身又超越存在、超越善。在这个至高的不可言说的顶端之下，也就是占据次要位置的便是心智（Mind，即理念的所在地）与灵魂（Soul），此乃时间和空间的创造者。灵魂仰视心智，俯视自然（Nature），借此创造了物质世界（physical world）。处在最底层的是单纯的物质，即实在的最边沿。

实在的这些层次并非彼此独立。每一层次都有赖于上面那一层次的实存与活动。在“太一”向下不断的流溢（successive emanations）过程中，万物取得自身的位置。普罗提诺所阐述的这种令人惊叹的形而上学体系，并非一种神秘的启示，而是基于源自柏拉图和亚里士多德的哲学原理。本书第九章将对此详加考察。

普罗提诺在罗马所建的学校，在他死前就已关闭，但他的弟子以及弟子的弟子将其思想传播到其他地方。一种新柏拉图主义传统开始在雅典兴盛起来。直到公元529年，信仰基督教的罗马皇帝查士丁尼一世下令关闭了雅典的异教学校。然而，将普罗提诺的思想传播到后古典世界的正是基督徒，而非异教徒，这其中的代表人物就是希波的圣奥古斯丁（St. Augustine of Hippo），后来证明他就是基督徒哲学家中最有影响的一位。

奥古斯丁于公元354年出生在一座小镇里，位于现在的阿尔及利亚。他的母亲是基督徒，父亲是异教徒。他尽管受过基督徒教育，专攻拉丁文学与修辞学，但在儿时并未受过洗礼。我们对他早期生活的了解，大多来自他的自传《忏

悔录》(*Confessions*),其中精彩的描述表明他的才华不亚于传记作家詹姆斯·鲍
114 斯韦尔(James Boswell),他的大脑容量大于萨缪尔·约翰生(Samuel Johnson)。

会说希腊语之后,奥古斯丁即刻取得修辞学资格,在迦太基讲授这门专业课。他将这座城市描述成"汇集各种世俗友爱的大锅"。年届18岁时,他阅读了西塞罗的《规劝论》,由此对柏拉图充满热爱之情。他追随摩尼教(Manichaeism)大约10载,这门调和型宗教宣称有两个世界,一个是由上帝创造的充满精神之善和光明的世界,另一个是由魔鬼创造的充满血肉之灾与黑暗的世界。对性的厌恶给奥古斯丁的思想留下了永久的标志,虽然他在早期成年阶段与一女子同居并生下一子,取名阿德奥达图斯(Adeodatus)。

公元383年,奥古斯丁渡过大海,来到罗马,旋即移居米兰,即西罗马帝国的首府。在这里,他同安布罗斯(Ambrose)结为好友,安布罗斯是米兰主教,积极倡导宗教与道德主张,反对皇帝第奥多西一世刚愎自用的世俗权力。安布罗斯及其母亲莫妮卡(Monica)的影响,促使奥古斯丁转向基督教。经过一段时间的犹豫,他于公元387年接受洗礼。

接受洗礼之后有一段时间,奥古斯丁依然受到普罗提诺哲学的影响。专论上帝与人类灵魂的一系列对话,阐述了基督教的新柏拉图主义思想。《驳学园派》(*Against the Academics*)阐述了一条反驳学园派怀疑论的详细思路。在《论理念》(*On Ideas*)里,他阐述了自己对柏拉图理念论的看法:理念绝非超精神的存在(extra-mental existence),它们存在于上帝的心智中,永恒而不变。他的著作《论自由选择》(*On Free Choice*),专论人的自由意志、自由选择与罪恶的起源,此文本迄今在一些哲学系里依然使用。他还著有一部学究型的柏拉图式小册子,即《83问》(*83 Different Questions*)。他还著有六部论音乐的书和一部充满活力的著作《论教师》(*On the Teacher*),以想象的方式反思了文辞的性质与力量。

所有哲学著作写在奥古斯丁找到自己最终的职业之前,也就是在公元391年他被委任为神甫之前。随后不久,他出任阿尔及利亚的希波城主教(bishop of Hippo)，在那里他一直居住到公元430年辞世。他的写作生涯成果卓著，包括《上帝之城》(*The City of God*)。公元391年是一时代的标志。至此，奥古斯丁表明自己是古典哲学的最后一朵美丽之花。从此之后，他的写作不仅像是异教徒普罗提诺的弟子，而且像是中世纪基督教哲学之父。在这部哲学史第二卷里，我们将跟着奥古斯丁进入这一富有创造性的阶段。 115

在其成熟时期，奥古斯丁并不认为自己是一位哲学革新者。他认为自己的任务就是阐释由柏拉图、保罗和耶稣传递给他的神性启示，柏拉图与保罗是比他自己更伟大的人物，耶稣更不是凡人。不过，后继数代人对奥古斯丁的先师学说的思考和理解方式，在很大程度上是奥古斯丁自己的研究成果。在古代世界的所有哲学家中间，唯有亚里士多德对人类思想产生了较大的影响。

第三章

如何论证:逻辑学

逻辑学是一门从坏论证中区分出好论证的学科。亚 116
里士多德自称是逻辑学的创立者,这并非没有根据的吹嘘。自不待言,从人类社会发端以来,人类的争论由来已久,人们总想在他人的论证中发现错误。洛克(John Locke)曾言,“上帝所造之人不过是两足之物,而亚里士多德使其成为理性动物。”但对论证推理的首次正式研究,我们依然要归功于亚里士多德。不过,在这方面以及在其他方面,首先也要承认柏拉图的贡献。在普罗泰戈拉的引领下,柏拉图对言语诸部分进行了重要的区分,这些区分形成了逻辑学得以建立的部分基础。在《智者篇》里,他区分了名词和动词,将动词界定为动作的指号,将名词界定为发出这些动作的能动者的指号。他认为,一个句子要由至少一个名词和至少一个动词组成:两个连续的名词或两个连续的动词,将永远无法构成一个句子。“行走跑步”(Walks runs)两个动词连用不是一个句子,“狮子牡鹿”(Lion stag)两个名词连用也不是一个句子。最为简单的句型就如同“某人学习”(A man learns)或“泰阿泰德飞翔”(Theaetetus flies)等句式样子,唯有包含这种结构的句式样子才会是真实的或虚假的(*Sph.* 262a – 263b)。将句子分成小的单元(这里仅仅是一个可能的例子),是对论证进行逻辑分析的具有本质意义的第一步。

亚里士多德留下一些逻辑学论著,传统上按照以下顺序将它们编排在全集的前列,即:《范畴篇》,《解释篇》,《前分析篇》,《后分析篇》,《论题篇》与
117 《辩谬篇》。这一编排顺序既非这些著作撰写的前后顺序,也非最为有效的阅读顺序。就亚里士多德对他所创立的逻辑学的贡献而言,最好还是先研读《前分析篇》,此篇不仅最为充实,而且最少争议。

亚里士多德的三段论

《前分析篇》注重阐述三段论,其核心推理方法可用下列熟悉的样例予以说明:

> 所有希腊人是人。(Every Greek is human.)
>
> 所有人终有一死。(Every human is mortal.)
>
> 因此,所有希腊人终有一死。(Therefore, Every Greek is mortal.)

亚里士多德试图表明三段论到底可以采用多少论式,其中哪些论式能够提供可靠的推理。

为了达到这种研究的目的,亚里士多德引入了一套专业词汇,现已译成多种语言,在逻辑学的整个历史上一直发挥着重要作用(1. 1. 24a 10 – b15)。“三段论”(syllogism)这个英文词本身就是希腊词“syllogismos”的音译,亚里士多德以此表示这种推理模式。《前分析篇》开头对此这样界定:三段论是一种论证,其中只要确定某些论断,另一不同的论断便必然从那些确定的论断中推出

(1.1.24^{b} 18)。

三段论的上述举例包含三个直言式语句,其中每一语句被亚里士多德称之为命题(*protasis/proposition*):简单地说,一个命题就是依照其逻辑特征进行考察的语句。上述举例中的第三个命题——也就是以“因此”开头的那一句——被亚里士多德称之为三段论的结论(*conclusion*)。亚里士多德虽然没有使用一致的术语来区别其他两个命题,但我们可以称其为前提(*premisses*)。

上述举例中的三个命题均以“每个”或“所有”(every)一词开头:这些命题在亚里士多德那里叫做全称命题(*katholou*)。它们不是全称命题的唯一种类:同属于全称命题的还有“希腊人都不是马”这种表述形式;但是,前一种全称命题是全称肯定命题(*kataphatikos*),后一种全称命题是全称否定命题(*apophatikos*)。 118

与全称命题形成对比的是特称命题(*en merei*),譬如“有些希腊人留胡须”(特称肯定)或“有些希腊人不留胡须”(特称否定)。亚里士多德指出,在所有各类命题里,一个词是另一个词的谓项:譬如,在某一例中“终有一死”是“人”的谓项,而在另一例中“马”是“希腊人”的谓项。断言中有无否定指号,决定这些断言是肯定还是否定(1.1.24^{b} 17)。

亚里士多德将命题中纳入断言的词称之为词项(*horoi*)。在他看来,词项有一特点,它们既可作为谓项自身,也可用其他词项作为它们的谓项。譬如,在我们所列举的第一例中,第一句式里的“人”是主项的谓项,而在第二句式里,“人”作为主项,用另一词项(“终有一死”)作为“人”的谓项。

亚里士多德给三段论中出现的各项赋予三种不同角色。在结论中作谓项的叫大项(the *major* term);在结论中做主项的叫小项(the *minor* term);在两个前提中都出现的这一项叫中项(the *middle* term)(1.4.26^{a} 21–3)。① 据此,所

① 亚里士多德在《前分析篇》里所用的这些专门术语前后并非一贯:他从上列陈述出发所考虑的三段论中的第二格与第三格,自古代以来一直被当做经典性的。(参阅《逻辑学的发展》,W. C. Kneale and M. Kneale, *The Development of Logic*, Oxford: Clarendon Press, 1962, 69–71)。

举例子中“终有一死”是大项,“希腊人”是小项,“人”是中项。

除了创立这些专门术语外,亚里士多德使用图式字母,来构造论证模式:这一做法的引进对系统研究推理非常关键,这在现代的数理逻辑中得到普遍应用。于是,我们上面讨论的论证模式,在亚里士多德那里不再用例子来表述,而是用下列图式句子来表述:

如果A属于所有B,B属于所有C,那么,A属于所有C。①

如果亚里士多德想要列举一个实例,他通常不是为此而写出一个三段式的论证,而是给出一个图式句子,然后列出A、B、C的可能替代物(例如
119 1. 5. 27b 30 - 2)。

所有三段论都包含三个词项和三个命题;但若已知亚里士多德已然区别出四种不同命题,而且出现在前提中的词项有四种不同次序,那就会有许多不同的三段论推理模式。我们列举的第一例是只包含肯定性全称命题组成的三元组(triads),除此之外,还有包含否定命题和特称命题的三元组。同样,在我们所列举的例子里,中项在第一前提里作为谓项,而在第二前提里则作为主项,与此不同的是,会有中项在两个前提里分别作为主项的情况,同时也有中项在两个前提里分别作为谓项的情况。(根据亚里士多德所喜欢的定义,结论总以小项作为自个的主项,而以大项作为自个的谓项。)

亚里士多德将三元组分为三种格(*schemata*),其基础是中项在前提里所占的地位。第一格可由我们列举的第一例予以说明,其中中项一次作为谓项,一次作为主项(陈述前提的次序在此无关紧要)。在第二格里,中项两次作为主项;在第三格里,中项两次作为谓项。有鉴于此,用S表示小项,用M表示中

① 注意:除了遵照图式形式之外,亚里士多德对三段论的解释也因循这一模式:“如果p与q,那么必然r”而非“p,q因此r”。

项，用 P 表示大项，我们就有如下三格：

	(1)	(2)	(3)
	S—M	M—S	S—M
	M—P	M—P	P—M
因此，	S—P	S—P	S—P

亚里士多德主要关注的是第一格的三段论，他认为这是唯一“完善的”模式，他的意思大概是说第一格的三段论在直觉上就是有效的，而其他格的三段论模式则缺少这一特征(1.4.25^{b} 35)。

命题中均有断言，但以不同形式出现在四种不同命题之中：全称肯定，全称否定，特称肯定，特称否定。故此，断言 S—P 可以表示“所有 S 都是 P”，“所有 S 不是 P”，“有些 S 是 P”或“有些 S 不是 P”。因此在每一格里，我们有许多可能的推理模式。譬如，在第一格里，我们从许多可能性中举出下列两例：

所有希腊人都是人。	有些动物是狗。
没有人不是终有一死。	有些狗是白色的。
没有希腊人不是终有一死。	所有动物是白色的。 120

这些不同类型的三元组在后来被称之为三段论的“论式”(moods)。上列两种三元组代表第一格三段论模式，但两者之间显然存在巨大差异：第一种是有效论证，第二种是无效论证，其前提真实，而结论虚假。①

亚里士多德给自己提出的任务，就是确定哪一种论式可以提供有效的推

① 没有有效论证包含真前提和假结论，但是，的确存在从假前提推出假结论的有效论证，也存在得出真结论的无效论证。

理。为此，他尝试各种可能的一对对前提，探询是否可以从中得出任何结论。按照他的说法，假如不能从一对前提中得出有效结论的话，那就没有什么三段论了。譬如，他认为如果B不属于任何C，A属于有些B，那就不会有三段论；作为检验例证，他给出“白色”、“马”与“天鹅”等词项(1.3.25^{b}38)。他的所作所为吸引我们思考这一对前提——“没有天鹅是马”与“有些马是白色”，以期观察能否从这些前提中得出有关白色或天鹅的结论。

乍一看来，亚里士多德的推理程序显得随意而富直觉色彩；但在他的讨论过程中，他却能够提出一些基本法则，以此足以确定哪些论式可以得出结论，哪些论式不能得出结论。有三条法则应用于所有三种格的三段论：

(1)至少有一前提必须是全称的。

(2)至少有一前提必须是肯定的。

(3)如果有一前提是否定的，那么结论必然也是否定的。

这些法则具有普遍性，但相对于特定的格，这些法则有着更为具体的表现形式。对于第一格，上述法则表现为：

(4)大前提(包含大项的前提)必须是全称的。

121 (5)小前提(包含小项的前提)必须是肯定的。

倘若我们应用这些法则，我们就会发现第一格里有四种(且仅有四种)有效的三段论论式。

所有S是M	所有S是M	有些S是M	有些S是M
所有M是P	没有M是P	所有M是P	所有M不是P

所有S是P　　没有S是P　　有些S是P　　有些S不是P

亚里士多德还提供了用来确定第二格与第三格论式有效性的法则，但我们无须介绍这些法则，因为亚里士多德能够证明所有第二格和第三格三段论与第一格三段论是等价的。一般说来，这三格里的三段论，可通过亚里士多德称之为"换位"（antistrophe）的过程转换为第一格三段论。

换位有赖于不同形式的命题之间的各种关系，亚里士多德早先在《前分析篇》中就已讲过。当我们遇到特称肯定与全称否定命题时，词项的次序在不改变意思的情况下可以倒换：有些S是P当且仅当有些P是S；没有S是P，当且仅当没有P是S（1.2.25^a 5－10）。（相形之下，在"所有P是S"这一命题并非真实的情况下，"所有S是P"的命题可能是真实的。）

不妨考虑一下第三格里的这种三段论："没有希腊人是鸟；但所有渡鸦是鸟；因此，没有希腊人是渡鸦"。如果我们将小前提转换成与其等价的小前提"没有鸟是希腊人"的话，那么，我们就有了上表所列的第一格三段论的第二论式。亚里士多德在其论述过程中表明，几乎所有第二格与第三格三段论，可凭借换位方式还原为第一格三段论。在极少数不可能换位的情况下，亚里士多德通过归谬法（reductio ad absurdum）转换第二格和第三格的三段论形式，用以证明：将三段论中的一个前提仍作为一个前提，将原来结论的否定作为第二格前提，二者进行合取（依据第一格的归纳方法），会将原来第二个前提的否定作为结论（1.23.41^a 21 ff.）。

亚里士多德的三段论这一卓越成就，是对逻辑学重要组成部分的形式化系统阐述。他的有些后期追随者（尽管并非在古代或中世纪）认为，三段论就是逻辑学的全部。譬如，康德（Immanuel Kant）在《纯粹理性批判》（*Critique of Pure Reason*）第二版的序言里写道，自从亚里士多德以来，逻辑学既没有前进一步，也没有后退一步。

被认为是里斯普斯(公元前 4 世纪)创作的亚里士多德头像。

不管怎么说,三段论在事实上只是逻辑学的一个片段。它只考虑那些有赖于像“所有”或“有些”这类词所进行的推理,而并不考虑那些有赖于像“如果”与“那么”这类词所进行的推理,前一类词对三段论的前提和结论予以分类，后一类词连起整个句子而不是附加在名词之前。如我们将要看到的，类似于“如果不是白天，那就是黑夜；而现在不是白天，因此现在是黑夜”这样的推 123
理，在亚里士多德之后的古代时期，就被形式化了。

亚里士多德三段论里的另一空白地带，则花了更长的时间予以填补。虽然上文所讨论的都是像“所有”、“每个”以及“有些”这样的词（这些词后来被称为量词），但没有讨论这样一些推论问题，即这些词不是出现在主词位置上而是出现在语法谓词成分的某个位置上的推论，诸如“所有男孩喜爱有些女孩”或“无人可以避免所有错误”等，亚里士多德的法则并不能用来评价这些推论的有效性。这样的推论花了两千余年才得到满意的形式化阐述。

亚里士多德在某些时候或许认为，他的三段论足以解决所有可能的有效推论。然而，他自己的逻辑学著作表明，他意识到逻辑学实际上要比他在自己的三段论里所梦想的复杂得多。

《解释篇》与《范畴篇》

《解释篇》就像《前分析篇》一样，主要兴趣还是以“所有”、“没有”或“有些”等词项开头的概称命题。但其关注的要点并非要把这些词项在三段论中彼此连接起来，而是要探讨它们之间兼容或不兼容的关系。“所有人是白人”与“没有人是白人”的推论，显然不可能都是真实的：亚里士多德称其为相反命题（*enantiai*）（7. 17^{b} 4 – 15）。不过，在这一例中，如果有些人是白人而有些人不是白人，那么，这两个命题就是虚假的。“所有人是白人”与“有的人不是白人”这一对命题，就像前一对命题一样，不可能都是真实的。然而，假定有人这样的客体存在，这一对命题也不可能都是虚假的。假如其中一个命题是真实的,那么,另一个则是虚假的;假如其中一个命题是虚假的,那么,另一个则是真实的。亚里士多德称其为一对矛盾命题(*antikeimenai*)(7. 17^b 16 – 18)。

就像全称肯定命题与相应的特称否定命题相矛盾一样,全称否定命题也与特称肯定命题相矛盾:例如"没有人是白人"与"有的人是白人"。两个相应的特称肯定命题,彼此之间既非相反,也非矛盾:如此看来,"有的人是白人"与"有些人不是白人"的命题,可能都是真实的。假定人是存在的,则这一对命题就不可能都是虚假的。这一关系没有被赋予什么名称:后来的追随者称其为
124 下反对关系(subcontrariety)。

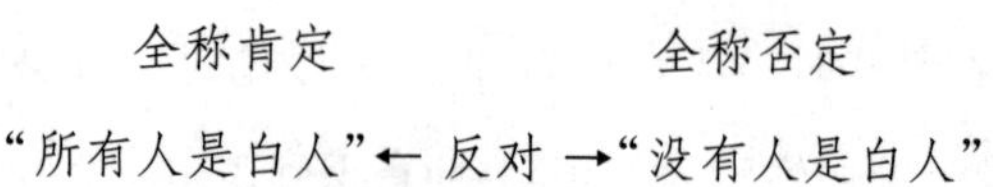

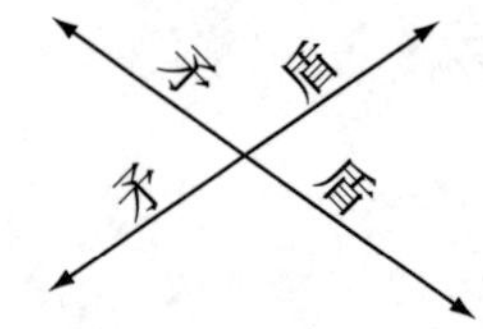

特称肯定　　　　特称否定

"有的人是白人"← 下反对 →"有的人不是白人"

《解释篇》所列举的这些关系是可以用图阐述的,数百年来亚里士多德的追随者一直在用图阐述这些关系,这个图就是人们所知的对当方阵(square of opposition)。

进入三段论与对当方阵的诸命题,无论全称还是特称,都是概称命题。换言之,这些命题中没有一个是关于个体的命题,没有一个包含专用名词,即没有像"苏格拉底是明智的"这样的命题。自不待言,亚里士多德熟知单称命题(singular propositions),譬如像"比塔库斯是慷慨的"这种命题,就出

现在《前分析篇》最后一章所举的例子里(2. 27. 70^{a} 25)。但是,在一部以前提与结论都是量化概称命题为基本假设的论著中,出现这样的例子似乎不合时宜。但在《解释篇》里,单称命题被反复提及,主要目的是同概称命题形成对比。譬如,用“苏格拉底是白人”和“苏格拉底不是白人”,就很容易形成一对矛盾命题(7. 17^{b} 30)。但要系统地研究单称命题,我们必须转向《范畴篇》。

《前分析篇》区别了命题与词项,而《范畴篇》一开始便把“所表述的事情”划分为复合的(kata symploken)与简单的(aneu symplokes)两类(2. 1^{a} 16)。复合表述法例如“某人在跑”;简单表述法是组成这种复合表述法的名词与动词,譬如“人”、“牛”、“跑”、“赢”,等等。只有复合表述法可以是真实的或虚假的陈述;简单表述法既不真实也非虚假。在《解释篇》里有一相似的区别,我们从中得知句子(*logos*)包含自身能指的部分,同时也包含无意义部分的指号。这 125
些简单指号有两种,即名词(*Int.* 2. 16^{a} 20 – ^{b} 5)与动词(*Int.* 3. 16^{b} 6 –25);我们得知,这两种指号之所以相互有别,是因为动词与名词不同,动词“还表示时间”,具有时态。但在《范畴篇》里,对简单表述法的分类更加丰富多彩。在这部论著第四节里,亚里士多德指出:

> 每个非复合词意指实体(*ousia*)、多大、哪类、与某物相关、何处、何时、姿势、穿着、动作、承受。举例来说,实体,如人、马;多大,如四尺、六尺;哪类,如白色的、有教养的;与某物相关,如两倍、一半、大于;何处,如在吕克昂、在市场;何时,如昨日、明日、去年;姿势,如躺着、坐着;穿着,如穿着鞋、披着甲;动作,如切割、焚烧;承受,如被切割、被焚烧。(4. 1^{b} 25 – 2^{a} 4)

这段话内容紧凑,隐义甚多,一直得到反复的评注,多个世纪以来产生了巨大影响。这 10 种由简单表述法所指的东西,就是赋予本书名称的范畴

(*categories*)。亚里士多德在这段话里以一套性质不同的词语来表示范畴:名词(如“实体”),动词(如“穿着”),疑问词(如“何处”、“多大”)。后来,用几近抽象的名词来表示每一范畴已然成为习惯:实体(substance),数量(quantity),性质(quality),关系(relation),场所(place),时间(time),姿势(posture),穿着(vesture),主动(activity),被动(passivity)。

什么是范畴?亚里士多德列举范畴的目的何在?至少可以说,他所做的一件事就是列举10种不同的词语,这些词语会作为有关个体主词之句子里的谓项。譬如,我们谈论苏格拉底时,可以说他是男人,身高5尺,为人明智,比柏拉图年长,公元前5世纪生活在雅典。在某一特定场合,他的朋友会谈论苏格拉底,会说他坐着,身披斗篷,正剪一块布料,正在晒太阳。显而易见,与《前分析篇》里的格式化命题相比,《范畴篇》里的这些教义,为研究各种陈述留下更多空间。

无论怎么说,该文本表明,亚里士多德不仅仅是在划分各种词语或语言碎片。他认为自己所划分的是超语言的实在体,这些实在体是与表示它们的指号相对立的能指之物。在后文第六章里,我们将会探讨范畴学说的形而上学
126 意义上的蕴涵。不过,有一问题必须马上予以解决。假如我们顺应亚里士多德的引导,我们就能轻而易举地对“苏格拉底大腹便便”和“苏格拉底要比梅勒图斯明智”之类句子里的谓项进行范畴分类。但是,我们又将如何谈论这类句子里的“苏格拉底”呢?亚里士多德所列的范畴似乎是针对谓项而非主项。

在《范畴篇》接下来的一节里,亚里士多德就此给出的答案如下:

> 实体,在严格意义上说,具有远胜性和根本性,既不表述一个主体,也不存在于一个主体之中,诸如“如此这般一个人”,如此这般一匹马。
>
> 第二实体是指包含第一实体的种(species)与属(genera),因此“如此这般一个人”包含在人这个种之中,而人这个种又包含在动物这个属之

> 中。所以，人与动物被称之为第二实体。(5. 2^{a} 11 – 19)

当亚里士多德说到这段话里的主体时，他显然不是在谈论一种语言表达，而是在谈论这种表达所代表的东西。正是苏格拉底这个人，而非苏格拉底这个词，才是第一实体。现在看来，位列范畴名单之首的实体是第二实体：所以“苏格拉底是人”这个句子断言的是第一实体（个人）所属的第二实体（种）。当亚里士多德在这段话里将第一实体与占据主项位置的东西加以对比时，他是把占据主项的东西当做由其他范畴里的谓项所陈述的东西。如此一来，如果“苏格拉底是明智的”这一陈述是真实的，那么，苏格拉底的智慧就是苏格拉底所具有的东西之一（参阅 2. 1a 25）。

亚里士多德逐一分析和讨论了他所列举的那些范畴。有些如实体、数量与性质讲的多；有些如主动与被动谈得少；而其他如姿势和穿着则没有提。所详谈的逻辑要点是为了明确区别不同范畴。譬如，质有度的区分，而特定的量则不然：一物可能比另一物更黝黑，但一物不可能比另一物更四尺长(7. 6^{a} 19；8. 10^{b} 26)。在各个范畴内部，还可以进而划分出种种亚类(subclasses)。譬如，存在两种类型的量（离散的和连续的）和四种类型的质，如亚里士多德的下列例子所示：德性，健康，黑暗，形状。只因他用来区别这四种类型的标准并不完全清晰，从而使读者疑虑一个特称词项是否可以出现在不止一个亚类中，或者说，是否可以出现在不止一个范畴中。长期以来，亚里士多德的评注家们一直殚精竭虑，力图填补他论说中的漏洞，力图调和其中的不一致性。 127

《范畴篇》所探讨的不只是范畴理论，也探讨一些混杂的其他逻辑论题。我们现在阅读的这部论作，显然不是亚里士多德所撰的全文，但没有必要怀疑（有些学者一直怀疑）这是他的真作。①

---

① 本书 8. 11^{a} 10 – 18 这一部分属于例外，这是编辑时插入的段落，目的在于将两个不相干的因素连接起来，用以解释在讨论后来诸项范畴时存在的漏洞。

所讨论的一组论题是一组同名异义词与同义词。这些词是亚里士多德所用的希腊词音译;在现代英文中,这些词意指词汇(bits of language)的属性,亚里士多德所用的希腊词意指的是世界上的事物属性。亚里士多德的阐述可以释义如下:如果 A 与 B 用一同名同义的词来称谓,那么,A 与 B 是同义;如果 A 与 B 用一同名异义的词来称谓,那么,A 与 B 是同名异义。因为原文是希腊文,其语义特点在英文中有些扭曲,不过,他想表述的东西是显而易见的。一只波斯猫与一只斑猫是彼此同义的,因为它们都被称为猫;但它们仅与那一条也被称为猫的九尾鞭是同名异义的。按照亚里士多德的说法,同名异义词与同义词之间的差异在于:同名异义的事物只是名称共用,而同义的事物不仅名称相同,而且定义共用。

亚里士多德对同名异义与同义事物所做的这一区别具有重要意义,这一区别容易用来(他后来的确这么做了)区别同名异义词和同义词的词汇,也就是说,用来区别下述两类表达:前一类表达只包含共用的符号,后一类表达也包含共用的意义。

研究同名异义词对分析论证中的失误具有重要意义,因为这些失误是所用术语的歧义性所致。《论题篇》里的论述旨在达到这些目的,亚里士多德为此提出了查寻歧义性的法则。譬如,“sharp”一词的一种含义是指刀子锋利,另一种含义是指乐调偏高:就刀子而言,“锋利”的反义词是“迟钝”(blunt),就乐调而言,“偏高”的反义词是“偏低”(flat),这样一比就使同名异义现象显而易见了(Top. 1. 15. 106^a 13 – 14)。在研究过程中,亚里士多德后来区别了两种同名异义词,一种是纯粹偶然的同名异义词(如英文里的“bank”一词,既用来
128 表示河岸,也用来表示银行),另一种是更为有趣的同名异义词,亚里士多德的追随者称其为“类比”(analogy, 参阅 *NE* 1. 6. 1096^a 27 ff.)。他列举的一个类比表达范例就是“medical”:在一位医务人员(a medical man)、一个医学问题(a medical problem)和一件医疗器械(a medical instrument)这些说法中,所用的

“medical”一词并非都表示同一回事。不过，在这些不同语境或上下文关系中，词的使用不是单纯的双关语：医学是那位医务人员所从事的学科，但医学（medicine）这个词所提供的是其他表达得以衍生的原本意义（EE 7.2.1236a 15－22）。诚如我们所见，亚里士多德在各种伦理学与形而上学的语境里也利用了这一类比学说。

在亚里士多德的逻辑学著作中，我们发现有两个不同的概念，即命题的结构及其组成部分的性质。关于后者的概念可以上溯到柏拉图在《智者篇》里对名词和动词之间所做的区别。柏拉图坚持认为，任何句子必须由至少一个动词和一个名词组成（262a－263b）。认为一个句子由两个异质因素构成的概念，依然活跃在亚里士多德的《范畴篇》和《解释篇》里。自从弗雷格的时代出现以来，命题结构的概念也一直在现代逻辑学里占有重要地位，弗雷格明确区分了用来命名对象的名词与表明对象真假的谓词。

在《前分析篇》的三段论里，命题是以截然不同的方式予以表达的。词项由基本成分构成：这些成分并非像名词和动词一样都是异质的，它们是在含义不变的情况下，既可以作主项，也可以作谓项。①当然，连用两项（如“man animal”［人动物］）并不能组成句子：如果我们需要一个能在三段论中成立的命题，譬如像“每个人都是一个动物”这样的命题，那么，一个量词和一个联项（copula）等其他因素，譬如“是”（is），就得参与进来。亚里士多德对于联项的兴趣微乎其微，他的注意力主要集中在量词及其彼此关系上，也没有去思考区别主项与谓项的那些特征。②

词项说（the doctrine of terms）的问题之一在于它导致了指号与其能指对 129

① 参阅《前分析篇》43a 25－31。我们发现这里并没有区别名词与动词，而是区别了专用名词（这些专用名词并非谓项也非作为命题的谓项）与项（这些项既是谓项也是作为命题的谓项）。

② 弗雷格的现代赞赏者自然会把词项说视为逻辑学发展的一个灾难。盖奇（Peter Geach）这样写道：“亚里士多德是逻辑学的始祖亚当；词项说则是始祖亚当的堕落”（《逻辑学问题》，*Logic Matters*，Oxford：Blackwell，1972），290页。

象之间的混乱。当柏拉图论及名词和动词时,他明确指出自己是在谈论指号。他还明确地区别了“泰阿泰德”(Teaetetus)这个名字与使用此名的泰阿泰德这个人。他竭力想要表明,尽管“泰阿泰德在飞”这个句子告诉我们的事情,即泰阿泰德在飞,不在这个世界现有事物之列,仍然可以说出这个句子。在古希腊语中由于不用引号,柏拉图便努力克服困扰,试图昭示指号与所指之间的差异。在现代语言中,引号这一重要手段让人轻而易举地区别出词语的常态使用与特殊使用,在常态使用中我们使用一个词来论说该词所指的对象,在特殊使用中我们提及一个词来论说该词本身,譬如“‘泰阿泰德’是一名字”这句话里的泰阿泰德就是这样。在另一方面,词项说很容易将使用和提及混为一谈。

以一个三段论为例,某两个前提分别为:“所有人终有一死”,“所有希腊人是人”。诚如亚里士多德的语言所意味的那样(*Apr.* 1. 4. 25^{b} 37 – 39),我们能否说“终有一死”在此谓述人,而“人”在此谓述希腊人呢?这似乎不大对头:因为作为谓项的确是一语言断片,我们或许应当换成这样一种说法:“终有一死”谓述人,“人”谓述希腊人。不过,这样一来我们似乎在自己的三段论中设有四个而非三个词项,因为此引号里的‘“人”’与彼引号里的“人”不同。我们无法通过重新表述第一命题(譬如“终有一死”谓述“人”)来补救这一点。事实上是人终有一死,而不是用来表示人的那些字词终有一死。无疑,亚里士多德有时会混淆使用与提及(use and mention)这两种方式。但有趣的是,尽管有词项说的陷阱,但亚里士多德并未经常混淆两者。

亚里士多德论时间与模态

在《范畴篇》和《解释篇》里所讨论的命题特征之一是:命题能改变它们的

真值(truth-value)。在《范畴篇》(*Cat*. 1. 5. 4^{a} 24)这一部分,当论及是否只有实体才能接纳相反属性时,亚里士多德说道:“同一陈述似乎既是真实的,也是虚假的。例如,若说某人坐着这一陈述是真实的,但在此人站起来之后,这同一陈述便是虚假的了。”依据现代对命题性质的共同理解,没有哪个命题在此时真实,在彼时虚假。 130

诸如“泰阿泰德坐着”这一断言,在泰阿泰德坐着时属实,在其他时间属假;依现代观点,这一断言可以说是在不同时间表达不同命题,因此,它在此时表达一个真命题,在彼时则表达一个假命题。一个句子断言“泰阿泰德坐着”在时间 t 时属真,通常被认为表达了一个没有时态的命题,即在时间 t 时,坐着对于泰阿泰德为真。依据这种方式,命题是没有显著时态的;不过,任何凭借时态语句所表达的命题,均以隐含的方式指称时间,其自身属实或属假不受时间限制。

亚里士多德并没有提出这样一种学说,据此学说,时态语句便是对不受时间限制之命题的并非全然明确的表达。因为在他看来,说出的语句的的确确表达某种不同于自身的东西,诸如头脑中的思想;不过,诚如语句一样,思想也会改变其真假值(*Cat*. 1. 5. 4^{a} 26 – 28)。① 亚里士多德认为,譬如像“泰阿泰德坐着”这样一个语句或命题,显然是有时态的,是时而属真时而属假的。当泰阿泰德坐着时,此命题属真,当他不再坐着时,此命题属假。

在亚里士多德看来,这一命题的性质中没有任何东西可以阻止它改变自身的真假值。不过,在一个特定命题的内容中,兴许有某种东西能够维系其真假值保持不变。

后来的逻辑学家们经常区别出两类命题,一类是可以改变其真假值的命题,一类是不能改变其真假值的命题,他们把前一类称之为或然命题(*contin-*

---

① 在这里,一个命题的真假值是指其真假性。

gent propositions)，把后一类称之为必然命题(*necessary propositions*)。这一区别的根源来自亚里士多德，而他的表述方式是，谓项或属性的断定对象是必然还是偶然均属于主项。在《解释篇》与《范畴篇》里，他讨论了诸如“A 一定是 B”和“A 可能不是 B”这样的命题，这些命题后来被逻辑学家称之为“模态命题”(*modal propositions*)。

在《解释篇》里，他引入了模态命题的议题，他就此指出：“A 不是 B”否定了“A 是 B”，而“A 可能不是 B”不否定“A 可能是 B”。譬如，一块布料有可能被人剪开，但也有可能不被人剪开。不管怎样，相互矛盾的命题不可能都是真实的。因此，命题“A 可能是 B”的否定不是“A 可能不是 B”，而是“A 不可能
131 是 B”。

在直截了当的范畴陈述里，无论我们是把“不”(not)与“是”(is)还是与“B”联系在一起，都不会造成实际上的差异。在模态陈述里，无论我们是把“不”与“可能”(can)还是与“B”联系在一起，均会造成巨大的差异。亚里士多德试想通过改写的方式彰显这一差异，于是将“A 可能是 B”(A can be B)改写为“A 是 B 是可能的”(It is possible for A to be B)，将“A 可能不是 B”(A can be not B)改写为“A 不是 B 是可能的”(It is possible for A to be not B)，将“A 不可能是 B”(A cannot be B)改写为“A 是 B 是不可能的”(It is not possible for A to be B)(*Int.* 12. 21^a 37 – ^{b}24)。这一改写方式使否定指号的位置没有歧义，同时也彰显出一个模态命题与其否定断定之间的关系。

并非“可能的”模态表述，诸如“不可能的”与“必然的”模态表述，均能以相同的方式予以处理。命题“A 是 B 是不可能的”(It is impossible for A to be B)所否定的并非是“A 不是 B 是不可能的”(It is impossible for A not to be B)，而是“A 是 B 不是不可能的”(It is not impossible for A to be B)；命题“A 是 B 是必然的”(It is necessary for A to be B)所否定的并非是“A 不是 B 是必然的”(It is necessary for A to be not B)，而是“A 是 B 不是必然的”(It is not necessary for

A to be B)(*Int.* 13. 22^{a} 2 – 10)。

这些模态观念是相互联系的。“不可能的”显然足以否定“可能的”,但更为有趣的是,“必然的”与“可能的”是相互可以界定的。必然的事情是指不可能不是的事情,可能的事情是指并非必然不是的事情。假如 A 是 B 是必然的,那么,A 不是 B 就是不可能的,反之亦然。另外,假如某物是必然的,那不用说它就是可能的;假如某物不是可能的,那不用说它就不是必然的。亚里士多德在列对当方阵里安排了不同的实例,这一方阵类似于我们前面为范畴命题所列举的那一方阵。

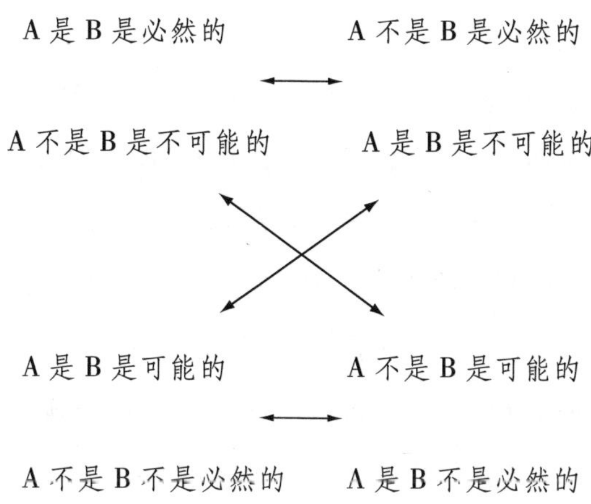

132

在这幅图表的每个角上,各有一对命题是彼此等值的:这表明模态词项是相互可以界定的。在对当方阵中“可能的”与“不可能的”这两个算子(*operators*)是相互联系的,其方式与范畴命题方阵里所用的“所有”、“有些”与“没有”等量词是平行的。在范畴方阵中,位于上面两角的命题是矛盾命题:它们虽不可能都是真实的,但它们可能都是虚假的。在一个角上的命题与斜线对角上的命题是矛盾命题。位于上面两角的命题使直接位于其下面的那对命题成为必然,但反之不一定成立。位于下面两角的命题是相互兼容的:它们可能都是真实的，但它们不可能都是虚假的（*Int.* 13. 22^{a} 14 – 35）。

在这个图表里，所有必然命题也是可能的，虽然反之则未必。然而，亚里士多德指出，“可能”与“必然”形成对立，而且不相互一致，但“可能”还有另一种用法。在这种用法中，“A 不是 B 是可能的”这一命题，不仅与“A 是 B 是可能的”一致，而且也可以从中得出这一表述（*Int.* 12. 21^{b} 35）。在此用法中，“可能的”一词与“既非必然也非不可能的”说法是等值的。另外有“或然的”（*endechomenon*）一词，它可以取代“可能的”第二种用法。亚里士多德经常将其用于这一目的（例如 *Apr.* 1. 13. 32^{a} 18 – 21； 15. 34^{b} 25）。于是，命题可以分为三类：必然命题，不可能命题，介于这两者之间的或然命题（既非必然也非不可能的命题）。

亚里士多德《工具论》里最有趣的段落之一出现在《解释篇》第九节，他在此讨论了时态与模态在命题里的关系。他开始便说，对于那些存在或一直存在的事物而言，其肯定式或否定式必然是真实的或虚假的（18^{a} 27 – 28）。由此得知，他并不是简单地说假如“*p*”是一个现在时或过去时的命题，那么“是 *p* 或不是 *p*”必然是真实的：这一点对于任何命题都存在，无论它是何种时态（19^{a} 30）。他也不是说，假如“*p*”是一个现在时或过去时的命题，那它不是真实的就是虚假的：事实上，后来他认为，这对于将来时的命题而言也是如此。他这样说的意思：假如“*p*”是一个现在时或过去时的命题，那么，“*p*”就是一个必然命题。这里所说的必然性显然不是逻辑必然性：安妮女王已死的说法，不是逻辑
133 问题。这种必然性是此类谚语里所表达的那种必然性，如“做过的事是不可反悔的”，“为无可挽回的事情忧伤是没有用的”（参阅 *NE* 6. 2. 1139^{b} 7 – 11）。

《解释篇》第九节这一核心部分，讨论的是应用于现在与过去命题的那种必然性，是否也应用于所有将来命题。毫无疑问，普遍必然的真实性不仅适用于现在和过去，而且适用于将来。不过，亚里士多德所关注的焦点是单称命题，诸如“这件外衣在穿破之前要先剪破”，“明天将有一场海战”等等。显然，

这类命题的真实性或虚假性并非任何全称概括所致。

但是，构成一种有力的论证，使关于将来的命题（如果属真的话）成为必然真实的命题是可能的。如果 A 说明天有一场海战，B 说明天不会有一场海战，那么，所言属真的不是 A 就是 B。不同时态的命题之间存在这样的关系：譬如，如果“苏格拉底将会是白人”一说属真的话，那么“苏格拉底将会是白人”一说在过去就一直属真，事实上，在过去的确总是属真。所以，其论证如下：

> 如果断定这是或这将是永远为真，则这不是或这将不是就不可能。但是，如果某事不发生是不可能的，则它不可能不发生。但是，如果它不可能不发生，则它必然会发生。因此，任何将会发生的事，都是必然要发生的。（9. 18^{b} 11 – 25）

亚里士多德在考虑这一论证时，一开始就假定某人说“明天会有一场海战”，另一人则说“明天不会有一场海战”，同时还指出这两人中唯有一人所言属真。但是，亚里士多德继而声称，相似的预测可能早已做出，即：“将来一万年里会有一场海战”，这一点或者是与其矛盾的命题会有一个属真。确切地说，早先是否已经做出预测并不会造成任何差别。在整个时间里，如果这一命题或与其矛盾的一方，总有一个属真的话，那么这一战事的发生就是必然的。既然就所发生的任何事情来说，“这将会发生”的断言原本总是属真，则任何事情的发生都具有必然性（9. 18^{b} 26 – 19^{a} 5）。

亚里士多德声称，由此可见，没有任何事情是偶然之事或偶发之事。更糟的是，在两种方式之间做出深思熟虑的抉择是没有意义的。但在事实上，亚里士多德又认为，有许多明显例子表明，事情在成为一种形态时，本也能成为另 134
一种形态，就像一件披风，在可能被剪破之前就先给穿破了。“所以，显然不是所有事情都是必然的或必然发生的，但有些事情确是偶然发生的；肯定与否定都不是没有道理的;就其他事情而言,此事通常更为真实,彼事则不然,但有可能都会发生”(9. 19^a 18 -22)。

这样一来,我们又当如何处理所有事情的发生具有必然性这一论证呢?亚里士多德说过,在有些情况下,“肯定不会比否定来得真实”,有些人因此一直认为亚里士多德解决问题的方式就在于告诉我们将来的或然命题缺乏一种真值:这类命题不只是不一定属真或属假,而是它们在根本上没有真假。不过,这不可能是亚里士多德的本意,因为他在该书 18^b17 这一节里指出,“*p* 将会如此”或“*p* 将不会如此”之类的断言是否属真,不是由我们随意来说的。他给出的理由之一是:这两个命题显然不可能都是虚假的;然而,这并不排除这两个命题还包含某些第三值(third value)。亚里士多德排除第三值的论证并不完全清晰,但看上去像是这样:如果“明天会有一场海战”与“明天不会有一场海战”这两个命题都不是真实的话,那么,“今天会有一场海战”与“今天不会有一场海战”这两个命题即便在明天也不会是真实的。

在上述论证结束处,亚里士多德显然承认将来的或然命题可能属真,但这类命题不一定在方式上与现在命题以及过去命题等同。一句话,一切当其所是之时必然就是,但这并不意味着一切必然就是。明天会有或不会有一场海战是必然的,但会有一场海战与不会有一场海战都不是必然的(9. 19^a 30 -2)。

不甚明了的是,亚里士多德到底是如何解除这一有力论证的,而他早先正是出于对普遍必然性的考虑才建立这一论证的。方才摒弃的那种区别本身不足以做到这一点,因为那种区别并未考虑诉诸将来或然命题在过去的真值的做法,而这种做法恰是这一论证的组成部分。鉴于亚里士多德承认过去的是必然的,那么,有关将来事件在过去时间的真值(past truths about future events)一定是必然的,因此将来事件本身一定是必然的。解决的方法依赖于分析在过去时间中真值的概念:我们务必把过去时态中所陈述的真值与由过去发生

的事件所证实的真值区别开来。“明天会有一场海战[的说法]在一万年以前
是真实的”，因为这里所用过去时态并非真的就是一个关于过去的命题。不 135
过，亚里士多德在任何地方也没有明确摒弃这一解决方式，他所阐述的问题在
古代后期和中世纪时期则以许多不同形态一再重现。[①]

在《前分析篇》里，亚里士多德探讨了从模态命题中构建三段论的可能性。他建构模态三段论的尝试在今日被普遍视为虽败犹荣之举；人们甚至在古代就已意识到这种论式的错误之处。亚里士多德在吕克昂学院的继任者塞奥弗拉斯托对这一论式有过研究并加以推进，但即便如此也不能令人满意。对这种尝试难以成功的原因，尼勒（Martha Kneale）做了如此精妙的说明，即：亚里士多德确定不了什么是分析模态命题的最佳方式。

> 如果模态词修饰谓项的话，那就没有必要设立一种模态三段论的特殊理论了。因为，这些只是普通的实然三段论（assertoric syllogisms），只是其中两个前提有特殊的谓项。另一方面，如果模态词修饰所依附的命题陈述的话，那就没有必要设立一种特殊的模态三段论式了，因为确定模态陈述之间逻辑关系的法则是独立的，是不受由模态词主导的命题的品性影响的。[②]

尼勒得出的结论是，模态逻辑学的必要基础就是一种对命题不加分析的逻辑学，也就是斯多亚学派所发展的那种逻辑学。这一陈述需要资格限制条件。的确，20 世纪模态逻辑学的繁盛景象，恰恰有赖于一种命题演算（proposi-

---

① 《解释篇》里的这一段话，也一直是现代大量讨论的主题。我的解释在很大程度上应归功于安斯康姆（G. E. M. Anscombe），他于 1956 年发表的论文《亚里士多德与海战》（见《从巴门尼德到维特根斯坦》，*From Parmenides to Wittgenstein*, Oxford: Blackwell, 1981）距今近乎 50 年，但依然是对亚里士多德这段话的最佳述评之一。另一精心论证的选择性陈述可参阅沃特洛：《片段与可能：亚里士多德的模态概念研究》（S. Waterlow, *Passage and Possibility: A Study of Aristotle's Modal Concepts*, Oxford: Clarendon Press, 1982），78 – 109 页。

② 参阅《逻辑学的发展》（Kneale and Kneale, *The Development of Logic*），91 页。

tional calculus)。但在中世纪时期亚里士多德学派的语境中,模态逻辑学也取得了显著的发展,当时,亚里士多德自己提出的模态三段论,被更为精致的一些系统所取代。亦如先前那样,不是所有谓项中包含“可能或会”(can)与“必须或务必”(must)之类助词的命题,都可以替换成另一类命题,即模态算子附加在整个嵌套命题上的那一类命题。譬如,“我会说法语”(I can speak French)这句话,在含义上不同于“我正在说法语是可能的”(It is possible that I am speaking French)这句话。亚里士多德区别了双向可能性(two-way possibili-
136 ties, 诸如一个人有能力行走或不行走,这由他选择而定)与单向可能性(one-way possibility, 火可燃木,如果将木头一直放在火上,木头就会被火燃烧,这里没有双向可言)。这种运用于人类选择的双向逻辑学迄今尚未得到充分的系统化阐述。

斯多亚学派的逻辑学

在亚里士多德之后的那一代人里,模态逻辑学在麦加拉学派(the school of Megara)那里以有趣的方式得到发展。在狄奥多罗·克洛诺斯(Diodorus Cronos)看来,一个命题当且仅当(iff)它是属真或者将会属真时才是可能的,一个命题当且仅当它是属假并且永远不会属真时才是不可能的,一个命题当且仅当它是属真并且永远不会属假时才是必然的。① 就像亚里士多德一样,狄奥多罗承认命题根本上是有时态的,会改变其真值的;与亚里士多德不同的是,狄奥多罗无需严格区别现实性和潜能,因为潜在性是依据现实性来界定的。根据狄奥多罗的定义,命题不仅改变其真值,而且改变其模态。“波

① ‘Iff’是一位逻辑学对‘if and only if’的简写。[在英文中,‘iff’在读时应一一读出‘if and only if’。该简写形式一般汉译为“当且仅当”。——译者注]

斯帝国已被摧毁”的命题，在苏格拉底活着时是不真实的，但却是可能的；在亚历山大大帝征战取胜之后，这个命题便是真实的和必然的（LS 38E）。在狄奥多罗看来（在亚里士多德看来也是如此），特殊的必然性也适用于过去的事情。

狄奥多罗对可能性的界定有一特征，即：并非所有可能性都永远无法成为现实。任何可能的事情，总有一天是真实的或将是真实的。这一情况似乎涉及一种宿命论：无人可做任何超出他们事实上所做之事。狄奥多罗似乎支持这一立场，他所采用的推理思路成为人们所知（我们不知何故）的主论证（Master Argument）。从（1）过去的真是必然的（past truths are necessary）这一前提出发，狄奥多罗提出了一个证明，没有什么东西在现在不真并在将来不真的情况下是可能的。我们假定（用古代讨论这一论证的例子来说）在浅水中有一只事实上永远看不见的贝壳，我们不妨称其为诺提路斯（Nautilus）。我们可以从表示不可能看见这一贝壳的前提出发建构一种论证：

（2）诺提路斯将永远不会被人看见。

（3）诺提路斯将永远不会被人看见总是事实。（命题（2）的一种合理推论结果）

（4）诺提路斯将永远不会被人看见是必然的。（从命题（4）与命题（1）推论得出的结果）

（5）诺提路斯将永远被人看见是不可能的。（必然不＝不可能）

虽然我们不知道狄奥多罗所举证明的确切模式，但很容易概括出这一论证思路旨在表示这一点：只有将会发生的事情才会发生。

137

斯多亚学派最伟大的逻辑学家克律西普(Chrysippus),见于卢浮宫的一尊雕像(公元3世纪)。

这一论证显然近似于我们在讨论亚里士多德处理将来或然事件时所遇到 138
的那种论证。狄奥多罗的论证前提是过去的真是必然的,这个前提具有歧义,因而导致了论证的瑕疵。过去的真指什么?如果它是一个过去时态的真命题,那么就不能保证它是必然的。要明白这一点,我们就只有思考一个过去时态的否定命题,诸如"波斯帝国并没有被摧毁"。这一命题在苏格拉底的时代是真实的,但不是必然的:这一命题将会改变其真值,即从真实变为虚假的命题。另一方面,如果一个过去的真是指由一个过去的事件所证实的真,那么,过去的真便是必然的了;不过,既然像(4)这样的命题不是过去的真相,那么像(5)这样的命题也就不需要了。①

狄奥多罗的弟子是来自麦加拉的菲罗,后者放弃了老师的模态定义,在解释可能性时所依据的是命题的内在属性而非其在时间中的真值。我们不清楚他的解释是如何展开的,但我们知道自圆其说的缘故所在:一片木头即便没有被燃烧,即便一直躺在海床上,但它被燃烧是可能的(LS 38B)。

来自麦加拉的菲罗对逻辑学的主要贡献是对条件句的定义。他说,"如果 p 那么 q"在 p 真而 q 假的情况下是假的,在其他三种情况下是真的。由此可见,一个条件命题的真值,并非取决于前件与后件的内容(the content of the antecedent or the consequent),而是取决于它们的真值。如此一来,"如果这是黑夜,那这就是白昼"之类的命题,凡在白天讲这句话,它就是真命题;同样可以假定原子论是真的,则"如果没有原子,那就有原子"之类的命题就是真的。菲罗以这种方法处理条件句,预示了现代命题逻辑学对实质蕴涵(material impli-
cation)所采用的真值函项定义。但是,决定条件句之真假的真值,是可以变化 139
的真值。这对逻辑学的形式阐述不利,因为"如果 p,那么 q"的命题就会因此不再是一条逻辑学法则了:"如果我坐着,那么我坐着"之类命题便是假命题,

① 参阅普里奥:《时间与模态》(A. N. Prior, *Time and Modality*, Oxford: Clarendon Press, 1957, 86 – 87; Jonathan Barnes in *CHHP* 89 – 92)。

诚如菲罗式的条件一样,如果我在前件与后件之间站立起来,上述那一命题也是假命题。

然而,来自麦加拉的这位菲罗给出的定义,似乎已经被斯多亚学派的逻辑学家们所采纳,他们率先将命题逻辑加以形式化。就在亚里士多德于其逻辑学论著中用字母表示变项之处,斯多亚学派则用数字表示变项;这一差异当然微不足道,但具有更重要意义的是,在亚里士多德所用的变项代表词项之处,斯多亚学派所用的变项则代表完整句,或者是能够成为完整句子的成分。在"如果星辰在闪耀,那就是夜晚"这一命题里,无论是前件"星辰在闪耀"还是后件"就是夜晚"都不是完整句;但是,每一组语词都能自个组成一个完整句。

斯多亚学派将命题逻辑学内嵌在一个详述的语言和语义的理论之中。斯多亚学派区别了语音(*phone*)、语词(*lexis*)与言说(*logos*)。野兽或大海的咆哮是一种声音,但唯有成为语音的发声(articulate sound)才会成为言语(speech);不过,并非所有言语都是有意义的:人类会发出像"嘿 诺尼 诺"(hey nonny no)这样的无意义言词(nonsense words)。唯有包含意义的言语才表示言说某种东西(D. L. 7. 57)。一位希腊人所发的语音与言语,可以被一位不会说希腊语的蛮族人听到,但是,其用意只能为一位懂得希腊语的人所理解(S. E., *M* 8. 11 - 12)。

"逻各斯"(logos)一词,我在这里将其译为"言说",而这个希腊词具有非常广泛的含义:该词在不同语境中可以意指"语词"(word)、"语句"(sentence)、"语言"(language)、"推理"(reason)。这个名词(logos)与意指"言说"的普通动词(legein)相关。斯多亚学派从这个动词词根里杜撰出"莱克顿"(lekton)这个新词。该词的字面意思是"所说之事"(thing said),但我认为该词具有尚未翻译出来的专业特性,因此找不到一个确切的英语对应词。

在斯多亚学派区分指号与指号所指对象的过程中,lekton 发挥着重要作用。譬如像“戴恩正在散步”(Dion is walking)这句话,就是一个或真或假的命题。讨论过这类句子的塞克斯都·恩披里柯(Sextus Empiricus)这样告诉我们: 140

> 斯多亚学派说过,语义、能指与议题(*tunchanon*)三项是连在一起的。能指是一语音,诸如“戴恩”,语义是用语音所描述的内容,……议题是外在对象,譬如戴恩自己。在上列三项中,语音与议题这两项均是物质的,而所指的内容这一项,即莱克顿(*lekton*),却是无形的,也就是或真或假的东西。(S. E., *M* 8. 11 - 12)

这里的莱克顿就是语句所言说的东西,即戴恩正在散步一事。按照塞克斯都所言,像戴恩自己或“戴恩”这个名字或“戴恩正在散步”这一整句,都是有形的实体,而逻各斯是无形的。戴恩此人是这句话的议题,也就是说,戴恩此人是这句话的相关对象。这句话真假与否,取决于它所描述的事情①是否存在,也就是取决于戴恩是否正在散步。基于上述类似段落的论证,我们可以说,一件所说之事(*a lekton*)就是一个直陈式语句的内容(参阅塞内加, Ep. 117. 13)。

不过,对于莱克顿(*lekton*)的界定,需要提出两个资格限制条件。

其一,第欧根尼告诉我们,斯多亚学派区分了自立的莱克顿与非自足的莱克顿。他提议把“主动与被动谓词”作为“不完整的莱克顿”的注解,不完整的莱克顿是指一种语言表达不完全的东西,譬如像“正在写作”之类,这种说法会引出“谁”的问题。因此,不完整的莱克顿就是一个谓词所言说的东西,例如,我们可以说某人正在写作这件事。类似这样的莱克顿是不完整的,除非我们

---

① 将 deloumenon 一词习惯性地译为“被揭示出来”(revealed)是不能令人满意的,因为你只能揭示事实上属真的东西。如果这句断言是虚假的,那就没有被揭示出来的事情。

明确指出我们正在谈论何人,即明确一个议题,譬如苏格拉底(D. L. 7. 63)。

其二,直陈句并非是其内容提供所说之事例的唯一句形。有两种疑问句也可以提供此类样例:一种是可用“是”或“不是”来回答的问题,譬如“这是白天吗?”另一种是需要比较复杂答案的问题,譬如“你住在何处?”另外,也有像“洗个澡吧”这样的祈使句,像“帕台农神庙可不是真美啊!”这样的感叹句(D. L. 7. 66 – 67)。

事实上,我将莱克顿定义为直陈式语句内容,的确只适用于特定的、但却非常重要的一种莱克顿。这就是斯多亚学派所谓的断言表达式(axioma)。对断言表达式的界定有几种:“断言表达式就是或真或假的东西,即一种能够自行断定和凭借自己进行断定的完全之事。”“断言表达式是指能够自行断定和凭借自己进行断定的某种东西,譬如‘这是白天’或‘戴恩正在散步’等等”(D. L. 7. 65)。当一断言表达式能够成为一个自立的断言(self-standing asser-
141 tion)时,就不需要予以断定了。“如果戴恩正在行走,那么就是白天”,这里所引用的两个断言表达式均未得到断定。因此,有些作者将 *axioma* 译为“可断定的”(assertable)。① 此译准确,但却累赘,因此我用“命题”(proposition)来译 *axioma*,因为就像此前所解释的那样,这个希腊词的含义接近于命题这个英语词的标准含义。不过,切记斯多亚式命题不同于亚里士多德式命题,前者并非句子本身,而是句子所言说的某种抽象的东西;斯多亚式命题也不同于现代逻辑学家所讨论的命题,因为前者是某种可以随着时间改变其真理值的东西。

斯多亚学派区别了简单命题和非简单命题。简单命题(simple propositions)是经常用“这是白天”和“这是黑夜”来解释的那些命题;但它们并不包括三种主词—谓词式命题,其差别取决于这三种命题的主词是否为指示词、专用名词或用作量词的代词。斯多亚学派将“那个人正在散步”称之为确定的命

① 譬如 Suzanne Bobzien in *CHHP* 93 ff.

题(definite proposition),将“某人正在散步”称之为不确定的命题(indefinite proposition),将“苏格拉底正在散步”称之为居间的命题(intermediate proposition)。非简单命题(non-simple propositions)是由一个或更多连词(*sundesmoi*)从不同命题中复合而成的那些命题。例如,“如果这是白天,那这就是光明”;“因为这是白天,所以这是光明”;“这抑或是白天,抑或是光明”(D. L. 7. 71)。

在他们处理非简单命题的过程中,斯多亚学派已经非常接近于建立在真值函项算子或运符(truth-functional operators)①基础上的命题演算(propositional calculus)。不过,这里需要标明一些差异。

在现代演算中,否定指号被视为真值函项算子,它们与“同”、“或”以及“如果”等两项连词等价。相比之下,斯多亚学派将否定命题划为简单命题。不过,他们的确承认,有可能通过给整个命题而非仅给谓项加上一个否定性指号来否定一个命题,这一程序对于命题演算的运作至关重要。如此一来,他们更喜欢说“不:这是白天”(Not: it is day)而非“这不是白天”(It is not day)。他们还进而承认否定方式可用于复杂命题和简单命题;他们意识到在这种情 142
况下需要细心认真,以便从伪矛盾中分辨出真矛盾。“这是白天与这是光明”与“这是白天与这不是光明”并不矛盾。矛盾一定是由加在句首并且主导整个命题的否定指号所形成。这样一来,辖域(*scope*)的观念就进入到逻辑学的历史之中(S. E., *M*. 8. 88 - 90)。

斯多亚式逻辑学与现代命题逻辑学的另一差异,源自处理各个连词的方式。在现代命题逻辑学里,“或者”(or)通常被当做相容的连词(inclusive connective):换言之,如果 p 与 q(p and q)都属真而且不是两者之中唯有一个属真,那么,“p 或 q”(p or q)就会成为真实的。斯多亚学派似乎一直没有在这一观点和不相容的解释之间做出抉择,根据这种解释,“p 或 q”为真当且仅当其

① 一个逻辑算子或运符(即从一个或多个命题中构成一个新命题的符号)在而且只有在新命题的真理值只取决于原初命题的真理值(而非其内容)时,才是真值函项算子。

中一个且只有一个为真。另外,斯多亚学派认为,在构成复杂命题的诸连词中,有些连词并非是真值函项的连词。“如果 *p* 那么 *q*”(If *p* then *q*)这种命题模式是否真实,不只是取决于构成命题的真理值。

就条件连词“如果”(if)而言,尚未确定的是斯多亚学派在多大程度上接受了来自麦加拉的菲罗对该词从真值函项角度所做的解释。根据这一解释,“如果 *p* 那么 *q*”的命题形式在任何情况下都属真,唯有在“*p*”属真而“*q*”属假时才是例外。塞克斯都将这一观点完全归功于斯多亚学派。如他所言:

> 一个正确的条件句不是包含真实的前件与虚假的后件的条件句。一个条件句会包含一个真实的前件与一个真实的后件,例如,“如果这是白天,这就是光明”。一个条件句也会包含一个虚假的前件与一个虚假的后件,例如,“如果地球飞翔,那地球就有翅膀”。一个条件句会包含一个真实的前件与一个虚假的后件,例如,“如果地球存在,那地球就飞翔”。或者,一个条件句会包含一个虚假的前件与一个真实的后件,例如,“如果地球飞翔,那地球就存在”。就这三个条件句而言,只有包含虚假的前件与真实的后件一句是不正确的,其他都是正确的。(S. E. , *P*. 2. 104 – 106)

上列例句支持塞克斯都的断言,即:斯多亚学派是从真值函项角度来解释条件句的。这种解释的特征在于,一个条件句的真实性并不要求在前件的内容与后件的内容之间建立任何联系。“如果地球飞翔,那地球就有翅膀”这一条件句会使人联想到凡是飞翔的东西都有翅膀的念头,而将“地球存在”与“地球飞翔”连接起来就不会使人联想到这一点。自不待言,斯多亚学派最感兴趣的条件句,就是那些存在这种联想的条件句;“如果她有奶水,那她已经怀
143 孕”,塞克斯都随后所给的这一例句就是这样。不过,现代教科书所举的例子大都如此,即便这类教科书所阐述的是逻辑学,是基于从真值函项(truth-func-

tion)角度来解释条件句的基本形式。

另一方面,一些段落暗示,至少有些斯多亚学派人士,对条件句命题的真值条件(truth-conditions)采取了一种不同的观点。据说,克律西普认为在"如果p那么q"这个条件句式里,其连接词宣称q追随p(q followed from p)。他自己与另外一位斯多亚主义者对此注解如下:

> 当与后件矛盾的命题同前件发生冲突时,这个条件句便是真的。譬如,"如果这是白天,那这就是光明"一说之所以属真,是因为与后件矛盾的命题"这不是光明"与"这是白天"彼此冲突。当与后件矛盾的命题与前件并不发生冲突时,这个条件句便是假的,譬如,"如果这是白天,那戴恩正在散步"一说就是如此,因为"不:戴恩正在散步"与"这是白天"彼此并不发生冲突。(D. L. 7. 73)

显然,此处所言的"冲突"一定是指前件与后件之间某种内容的不兼容性,而不是指真值的差异性。但是,这种不兼容性(这符合逻辑吗?这是经验性的发现吗?)的确切本性依然模糊不清。

幸运的是,为了讨论和评价斯多亚学派的推理学说,并不一定要解决这些不确定性。亚里士多德已经通过列举与三段论条件相对应的、有条件的必然真值,以期表明三段论的各种方式;而斯多亚学派在以推理图式来陈述他们的论证时,有时把数字用作变项,有时使用标准例句,有时使用这两者的混合体,譬如,"如果柏拉图活着,那柏拉图就在呼吸。但有其一,才有其二。"大部分斯多亚学派人士认为,一个推理必须由一个第一前提(*lemma*)、一个第二前提(*proslepsis*)和一个结论(*epiphora*)组成。少数人则认为一个推理可能只有一个单独的前提(D. L. 7. 76)。

衡量一个推理的无效性的标准,类似于克律西普提出的那种衡量条件句的真理值的标准。如果结论的矛盾一方与大小前提的合取式(the conjunction of the premisses)发生冲突,那这一推理就是有效的(*perantikos*);如果不发生冲突,那么这一推理就是无效的。一个典型的无效推理便是:“如果这是白天,那这就是光明。然而这是白天,因此戴恩正在散步”(D. L. 7. 77)。如今,我们已
144 然习惯于区别有效推理与正确推理。如果其中一个或一个以上的前提是不真实的,那么这一推理就会有效但不正确。斯多亚学派做过类似的区别,但用希腊词 *alethes* 来表示“真实的”;在这里,“真实的”与“正确的”相对应,“虚假的”与“不正确的”相对应。他们指出,如果一个推理或者有效或者在其前提中包含某种假,那它就是不正确的(D. L. 7. 79)。

推理有各种形式,被称之为“论式”(moods)。克律西普列举了 5 种基本的有效推理形式,他称其为“不可证的论式”(D. L. 7. 79)。这 5 种形式陈述如下,此处使用基数而非序数:

(A) 如果 1 那么 2;然而 1;因此 2。

(B) 如果 1 那么 2;然而非 2;因此非 1。

(C) 不是 1 与 2;然而 1;因此非 2。

(D) 既非 1 也非 2;然而 1;因此非 2。

(E) 既非 1 也非 2;然而非 1;因此 1。

克律西普坚信,一切有效的推理可以还原为这些原始形式,在他诸多逸作中,他似乎已然证明了许多定理,这些定理将更为复杂的引申论式还原为这些简单范式。于是,如果我们采取下列论式——

(F) 如果 1,那么如果 1 那么 2;然而 1;因此 2,

我们就会通过下述方式表明这是一个有效的推理图式，这一方式便是从与论式（A）相符的两个前提中推导出“如果 1 那么 2”，接着使用论式（A）再次进行推导，即从这个结论与第二前提“2”中进行推导（S. E. , *M.* 8. 234 －6）。

表面看来，克律西普所列举的 5 种原始图式，对命题演算内的演绎法而言，既没有构成完整的基础，也没有构成不可还原的基础。没有原始命题能够证明“p”就是从“既是 p 也是 q”的论式中推理出来的；毫无疑问，之所以至此，是因为不愿意仅凭一个单独的前提来推理。第四个原始图式只有在“或者”得到不相容的解释时才是有效的；但如果它有效，那它就不需要，因为任何得到确认的推理，会通过论式（C）得到确认。

在古代后期，亚里士多德学派的逻辑学与斯多亚学派的逻辑学被视为彼此的对手，虽然斯多亚学派自己的著作未能幸存下来，但我们可以看到这两个体系的支持者相互争论的大量证据。凭借数千年的事后认识，我们能够看清这两个体系基本上是互不兼容的，但它们对逻辑学的不同领域进行了详细的阐述。在命题与谓词演算（predicate calculus）方面，它们都是现代发展的先驱，这些发展既相异又互补。

第四章

知识及其限度：认识论

有一哲学分支在当今被称为认识论(epistemology)：145
其研究对象是什么可以认识与我们如何认识。我们对许多议题有许多信念；这其中到底哪一种可以算作真正的知识呢？真正知识的标志是什么呢？真正知识与单纯信念如何区分呢？有没有一种可靠的路径可以认识真理和去除似是而非的虚假信念呢？从早期阶段一开始，这些问题就引起希腊思想家的关注。

前苏格拉底时期的认识论

巴门尼德兴许有资格宣称自己是认识论的创始人：他起码是系统区别知识与信念的第一位哲学家。在他那首伟大的诗篇开头，一位女神承诺巴门尼德将会学到一切，其中包括可靠的真理和凡人那些不可信的意见。这首诗分为两部分：真理之路(the way of truth)与意见之路

(the way of seeming)。真理之路阐述的是巴门尼德的存在论(theory of Being),对此我们将在本书专论形而上学的第六章里予以考察。意见之路讨论的是感觉世界,变化与色彩的世界,充满空洞名称的世界。不接受真理之路的凡人一无所知,一味沉浸在形而上学的错误之中。他们耳聋目盲,心智迷茫,可以被称之为"双头人",因为其种种信念缺乏内在的一致性(KRS 293)。

实在与表象之间的鲜明对比,也出现在德谟克利特这位非同一般的哲学
146 家的著作里。在他看来,原子与虚空是仅有的两种实在,感官所知觉的性质均为单纯的表象。为了证明感觉表象不可能是关于事物的真理,他论证了这些表象的相互冲突关系。病患者与健康者对东西的味道感觉不同,人类与其他动物的做法不同,感觉属性在不同时间对于同一个人来说也显得不同(亚里士多德,*Metaph.* *Γ* 5. 1009^{b} 7)。感觉表象只能导向信念,而非真理。引用德谟克利特的话说,"甜是约定俗成的,苦是约定俗成的;热是约定俗成的,冷是约定俗成的;色彩是约定俗成的,但只有原子和虚空是实在的"(KRS 549)。说"风是冷的"这样的命题阐述的是一个假的信念,似乎不等于说这一命题阐述的某种东西只是在约定俗成的意义上是真实的;不过,无论德谟克利特的确切意思是什么,显而易见的是他坚持认为感觉并不提供有关独立实在的真理性。

如果我像你一样站在同样的风里宣布这风是热的,而你却宣布这风是冷的,那么,德谟克利特就会说,我们两人所言均非事实真相。智者普罗泰戈拉采用了一个相当对立的立场:他声称我们两人所言都是事实真相(柏拉图,Tht. 151e)。他的著名说法是:"人是万物的尺度(Man is the measure of all things),是存在者如何存在的尺度,也是非存在者如何不存在的尺度"(KRS 551)。凡是对一个特定的人显现为真实的东西,对这个人来说就是真实的。因此,所有信念都是真实的:然而,它们仅仅具有相对的真实性。德谟克利特在感觉表象中试图寻找而未找到的那种独立而客观的真实事物,是根本没有的。德谟克利特反对说,普罗泰戈拉的学说是自相辩驳的。如果信念是真实

的，那么，在真实的信念中，就有认为每个信念并非都真的信念(DK 68 A114)。

普罗泰戈拉可能为了抵消这一反对立场，试图把他的说法限定在感官知觉的实例之中。“在我看来……”这一表达方式与希腊语里的等价表达方式，既包含感觉印象，也包含意见，德谟克利特在他的反驳中详尽地揭示了这一事实。不过，在历史上，普罗泰戈拉并没有采取逃遁的方式：他的兴趣广为延展，超过了感官知觉领域。第欧根尼告诉我们，普罗泰戈拉说过，每一件事情都有两种对立的表述；塞内加也告诉我们，普罗泰戈拉声称，对每个问题你都可以平等地从对立双方的各自立场展开论辩。① 假定 A 为 *p* 提供论证，B 为 not-*p*
提供论证，而且这两套论证都是同样有力的，那么，我应当如何从中做出抉择 147
呢？普罗泰戈拉似乎建议我无须从中做出抉择，而是接受两者。不过，这会不会等于接受矛盾的双方呢？恰恰相反，普罗泰戈拉否认了矛盾是可能的观点(D. L. 9. 53)。真正接受的东西不是“*p*”，也不是“not-*p*”，而是“对 A 来说属真的‘*p*’”和“对 B 来说属真的‘not-*p*’”。

在普罗泰戈拉看来，所有的真实性都是相对的，不单是带有明显主观色彩的事情(诸如对风的感觉)的真实性是相对的。就我们所知，他对于这一论题并未进行任何论证，只是把感觉表象和信念加以类比而已，并且认为个人看法能使任何一个正论与任何一个反论相互匹配。不过，这一论题并未使他逃过德谟克利特所设的陷阱。他可以承认“有些信念是假的”这一断言属真——但这是对德谟克利特来说属真。他可以继续相信“没有信念是假的”这一断言属真——自不待言，这种真实是对普罗泰戈拉自己而言的。要解决这两者之间的问题，就得寻求其他途径——诚如我们所见，柏拉图试图提供了这一途径。

普罗泰戈拉有时被描述成一位怀疑论者。这在一方面属于老生常谈。一位怀疑论者是这样的人：他认为发现真理是困难的，或许是不可能的。但在普罗泰

---

① D. L. 9. 51; DK 80 A 20. 参阅巴内斯：《前苏格拉底哲学家》(J. Barnes, *The Presocratic Philosophers*, rev. edn., London: Routledge, 1982, ii. 243)。

戈拉看来,发现真理是再容易不过的事情:你只要构建一种信念,然后就说,“嘿!这是真的!”就行了。但是,从德谟克利特的观点来看,用相对的真理概念取代普遍而客观的真理概念本身,就是一种非常深刻的怀疑论形式。在一位相对主义者看来,唯一值得探寻的那种真理之所以不可能发现,是因为它不存在。

无论怎么说,德谟克利特自己并没有坚决拒绝怀疑论。他声称有两类认识,一类通过感觉得来,一类通过理智得来。只有理智认识才是合理的认识;五种感觉只提供暧昧的认识(S. E., *M.* 7. 130 – 139)。然而,这里存在一个问题:原子论中所表达的理智认识,在部分程度上是基于经验证据:这种证据来自不牢靠的感觉。盖伦(Galen)在引用感觉属性的约定俗成原则时指出,“贬低表象之后,[德谟克利特]让感觉对理智说道:‘可怜的理智!你从我们这里取得证据,又想要推翻我们!我们被推翻了,你也就垮台了’”(KRS 552)。

因此,从逻辑上讲,德谟克利特应当是一位怀疑论者,而不是一位原子论者。他的一名弟子梅特洛多罗斯(Metrodorus of Chios),因对怀疑论提出这一
148 极端说法而闻名:“我们没有一人知道任何东西,甚至不知道我们是知道还是不知道,也甚至不知道什么是知道与不知道”(DK 70 B1)。但这是在一本原子论者的物理学之书的开篇说的,因此很难知道到底是以何等认真的态度对待这一宣言的。另一方面,智者高尔吉亚所提供的论证表明,关于实在的知识是不可能的。其论证大致如此:如果思想的对象(*ta phronoumena*)不是实在的(*onta*),那么,实在的东西就不是思想的对象。而思想的对象不是实在的;倘若有一思想对象存在,那所有思想对象都存在,就像它们被思想一样。不过,虽然某人认为有人飞越大海或战车驰越大海,但这并不意味着天上真有飞人或海上真有驰车。因此,所想到的东西并非是实在的;实在的东西并非就是思想的对象(DK 82 B3)。

我们不知道高尔吉亚是否认真地对待这一论证。我们毋庸置疑,如果没有思想对象是实在的,那么也就没有实在是思想的对象。论证中的这一弱点

似乎认为，如果某一思想对象是实在的，那么所有思想对象都是实在的。对例证的选择意味着我们可以区别两类情况，一类是其中的思想对象并非属真，一类是其中的思想对象属真（即思想具有一种与思想对象相应的实在性）。

苏格拉底，知识与无知

普罗泰戈拉与高尔吉亚都是智者。人们经常抱怨说，智者是散播怀疑论的人。有些人认为，苏格拉底与智者是一丘之貉。他确实四处揭穿其他人拥有知识的假象，并且自以为豪地意识到自己无知。不过，他从未对那些特殊行业里自称拥有知识的工匠与专家提出过挑战。确切地说，在柏拉图的对话里，我们反反复复地了解到半打儿技艺，包括造鞋、造船、航海、烹饪、医疗等等，这些技艺所提供的知识范式，可以用来检验和发现那些自称拥有道德和政治知识的人们装模作样的情景。苏格拉底若是一位怀疑论者，他的怀疑论就属于有限和偶然的一种。只有关于某些重要事情的知识是不可获得的；这种知识对人类来说并不一定是不可获得的，它只是在当时的雅典未被发现罢了。

不过，要评价苏格拉底的认识论，更多是要理解柏拉图在其对话中通过苏格拉底之口讲出的那些认识论议题，这就务必要讨论那些与英语中"知识或认识"（knowledge）一词或多或少相对应的不同希腊语词。"认识论"（epistemology）一词衍生于希腊词"*episteme*"，该词经常用来表示某一宏大种类的知识，所以其英语对应词之一就是"science"（科学）。除了与这个名词相关的动词"epistamai"之外，还有用来表示更为日常的知识与认识的普通词。因此，举凡在特殊领域里否认知识可能性（possibility of episteme）的人，并不一定就是一位排除所有知识可能性的怀疑论者。

149

罗马人眼中的苏格拉底(伊弗索的一幅壁画)。

德尔斐神谕(the Delphi oracle)宣称,没有人会比苏格拉底聪明。在问过 150
那些享有智慧(sophia)盛名的人们之后,苏格拉底得出这样的结论:他之所以比这些人聪明,就是因为他并不虚妄地相信他知道他所不知道的事情。在询问政客与诗人的过程中,他得出的结论是:他们对自己获得声誉的那些领域并没有真正的知识。不过,当他去问艺匠时,他的确发现这些人对他自己无知的许多事情都有知识(episteme),因此他认为这些人要比他自己更聪明。问题是,在其特殊的技艺基础上,这些艺匠愚蠢地认为自己在完全不同的和更为重要的议题上都那么聪明。于是,苏格拉底认定自己要比那些艺匠好一些,因为他既没有他们那样的智慧,也没有他们那样的无知(*Apol.* 22d – e)。

在柏拉图的苏格拉底式对话里,总有一人声称拥有某一特殊领域的知识;典型的例子是,这个人物声称自己知道一种特殊德性或技艺的性质。譬如,欧绪弗洛(Euthyphro)声称自己拥有虔敬和不虔敬的知识(*Euthyphr.* 4e – 5a),美诺(Meno)高兴地认为他知道何为德性(*Men.* 71d – e),甚至连谦逊的卡尔米德(Charmides)也认为自己知道何为谦逊。苏格拉底然后诘问这等人物,以期获得定义中所表达的知识。随着各个界说的提出,他宣称这一个个界说已然充足,但随后不是提出反例,就是揭示出该界说所用术语中的歧义性或模糊性。反例可以采用两个形式:抑或用来表明相关界说涵盖了它无法涵盖的内容,抑或用来表明相关定义没有涵盖它本应涵盖的内容。于是,当克法洛斯(Cepha-
lus)在《理想国》第一卷里声称正义就是实话实说和有借有还时,苏格拉底就 151
抱怨说,把一件借来的武器还给一位发疯的朋友就不正义(*Rep.* 331c – d)。另一方面,当拉凯斯(Laches)(在以其名相称的那篇对话里)声称勇敢就是坚守岗位从不逃跑时,苏格拉底就指出,战术性撤退也是勇敢的一种表现(191c)。随后不久,这位所谓的专家不得不承认他的界说不能成立;未能提供一种令人满意的界说的失败性尝试,可以用来表明声称拥有知识的说法是不正当的。

在柏拉图的对话中,不断提问的苏格拉底对分列于德性(*virtue*)或知识

(*knowledge*)等概念之下的一系列项目从来都不满意。美诺告诉他有许多不同种类的德性:一类适用于男性,一类适用于女性,一类适用于儿童,一类适用于奴隶,一类适用于自由人,一类适用于年轻人,一类适用于老年人。苏格拉底认为这毫无用处:就像对一位想知道蜜蜂为何物的人说有许多不同种类的蜜蜂一样。苏格拉底指出,不同种类的蜜蜂只要是蜜蜂,那它们彼此之间就没有什么不同;我们想要刨根问底的东西,就是它们在其中都彼此相同而无差别的东西(*Men.* 72c)。德性也是如此。我们可以说,苏格拉底所寻找的是德性的本质(*essence*)。

认识某物的本质显然是一种特别的认识:自从有了柏拉图笔下的苏格拉底以后,认识这种本质对许多哲学家来讲就是一种知识范式。近期以来,有些哲学家批评苏格拉底式的恪守方式,即坚持对本质的认识。维特根斯坦指出,在哲学家最感兴趣的项目中,有些或许没有这样的本质。譬如,维特根斯坦否认说,我们称之为语言的东西,都具有一个共同的特征,这一特征使我们用同一个词来表示相关的一切。恰恰相反,这些现象以许多不同的方式彼此关联,就像同一家族的不同成员在不同特征方面彼此相似一样,这些特征包括体格,步态,肤色与性情等等。[①] 即使在 X 没有本质的地方,能够界定本质或系统阐述一种用来区分 Xs 与非 Xs 的无例外准则,对真正能够识别你所眼见的 X 来说,并不是一个必要的条件。例如,我可能知道一台电脑如果不能产出一种将
152 生命与非生命分离开来的严密准则的话,那它就不会发挥什么作用了。[②]

我们会赞同这一点:在日常意义上,知识这个英文词可在界定和限定能力缺场时出场。然而,人们会认为这是哲学家的一项特殊任务,哲学家借此探寻事物的本质,或者就像上述实例所示,在概念的不同应用方式中涉及家族相似

---

① 维特根斯坦:《哲学研究》(L. Wittgenstein, *Philosophical Investigations*, Oxford: Blackwell, 1958),1.66-67。

② 盖奇(Peter Geach)将对此的否定称之为"苏格拉底式的谬误"(参阅《上帝与灵魂》,*God and the Soul*, London: Routledge, 1969),40页。

性(family resemblances)。这项特殊任务的目标在于达到一种认识水平,或至少是一种理解水平,该认识或理解水平高于日常以非正式方式使用概念者所拥有的认识或理解水平。正是为了取得这种洞察或洞识水平,柏拉图在其成熟时期的对话里专门留用了这个希腊词“episteme”(知识或科学)。

《泰阿泰德篇》所言的知识

柏拉图的对话之一《泰阿泰德篇》(*Theartetus*)内容最为丰富,专门讨论“什么是知识(*episteme*)”的问题(145e)。这篇对话虽然不属于早期作品,但其结构亦如苏格拉底式的对话结构:主角(此处为一位才华横溢的年轻数学家)提出一系列界说,都被苏格拉底依次驳回,这场戏剧以宣布无知而告终。年轻的泰阿泰德在对话一开始,对解答“什么是知识”这个问题显得踌躇满志,头脑中孕育着自己的答案,苏格拉底则把自己描述成一位接生的助产婆(149a-151d);然而,这一孕育过程到头来成为想象性的,结果只是虚幻的产物。

泰阿泰德的第一个提议是:知识一方面由几何学和天文学这样的东西组成,另一方面由造鞋术和木匠术这样的技艺组成(146d)。这行不通:苏格拉底从不满足于罗列,于是他说,如果我们试图界定几何学与木匠术的话,“知识”这个词本身就会出现在界说之中。泰阿泰德的第二个提议是:知识就是知觉(perception),认识某物就是凭借感官来知觉某物(151e)。苏格拉底发现,鉴于只有真实的东西可以被认识,因此,认识只有在知觉总是正确时才有可能是感性知觉(sense-perception)。不过,假如我们接受普罗泰戈拉的这一论点(任何显现给特定个人的东西在他看来都属真)的话,那么,情况只能是如此。

就瞬间的感觉而言,普罗泰戈拉的论点可凭借赫拉克利特的论点取得似真性(plausibility),赫拉克利特认为世界处在永久的流动之中。我们所看到的种种色彩,都不是稳定的对象:当我的目光与一块大理石相遇时,大理石的白色特性与我对这种白色特性的视觉感受是两项瞬间性的东西,这一对双胞胎
153 是父亲似的目光和母亲似的大理石相遇后一同孕育而生的(156c – d)。如此一来,如果我在一个特定的场合说“这是白色的”,那我不会出错:没有其他人在这个立场上与我相矛盾。其他各类的感性知觉也是如此(157a)。

不妨假设我们承认普罗泰戈拉的论点,知觉者在这种情况下说什么就是什么。但苏格拉底依然会坚持说,在许多其他情况下提出这样的看法可能是荒诞的。我们做梦时会认为自己在飞翔;一个人发疯后会认为自己就是一尊神。可以肯定地说,在这些情况下显现给个人的东西不是真实的。即便是通常情境,也就是知觉不会出错的地方,都不会是提供真正知识的情境。因为,我们如何才能肯定我们不是在做梦呢?我们一生的一半时间是在床上度过,通常说来,要证明某人醒着未睡是不可能的 (158c – e)。

在这里,苏格拉底对泰阿泰德(和普罗泰戈拉)做出回应,这是一个弱性的回应,因为所论述的不是梦幻者或疯子的实例,而是病患者的实例,这些病患者的感觉受到疾病的影响。假如苏格拉底病倒了,他饮用甜酒时开始觉得发酸。按照赫拉克利特学派的解释,葡萄酒的味道是葡萄酒和品酒者合生的产物。患病的苏格拉底与健康的苏格拉底不是同一个品酒者,由于亲生父母不同,所生后代自然有异。甜酒发酸不会属真,但对患病的苏格拉底来说,他喝时觉得甜酒发酸则是真的。所以,我们在此并非有一错误知觉的实例,因此,将认识和知觉等同视之的观点未被驳倒。

在这篇对话里,苏格拉底继而进入一个不同的领域。存在没有知识的知觉实例,譬如,我们会听到有人讲一门外国语言,但我们却不了解这门语言(163b)。也存在没有知觉的知识实例,譬如,当我们闭上眼睛回忆我们见过的某种东西,我们知道这种东西看上去的样子,但却再也见不到它了(164a)。不

过，如果知识等于知觉的话，那么，这两者一定同时既是知识又是非知识的实例。这难道不是一种荒诞的说法吗？即便如此，苏格拉底愿意让普罗泰戈拉找到自己的出路。要找到同时性的知觉与非知觉的实例是容易的，譬如，你给一只眼睛戴上眼罩，你用另一只眼睛去看某种东西。所以，如果知觉等于知识的话，那你在同一时间既可认识又不认识的做法就不足为奇了（165c）。

在讨论泰阿泰德将知识和知觉等同起来的过程中，柏拉图笔下的苏格拉底任由普罗泰戈拉为所欲为、信口开河。但在最后，他自信普罗泰戈拉会自作
自受，会把自己吊在德谟克利特的那只钩子上。这在所有人看来，有些人要比 154
其他人认识更高：果真如此的话，根据普罗泰戈拉的观点，那对所有人来讲就是真实的。在大部分人眼里，普罗泰戈拉的论点是假的；果真如此的话，他为了自身利益所提出的论点就一定是虚假多于真实了，因为不相信这一论点的人数超过相信这一论点的人数（170b－171d）。但是，对于他的这一论点可以更为直接地予以抨击。无论这一论点在应用于感性知觉时会貌似多么真实合理，也无法将其应用于医学诊断或政治预测。即便每个人在其目前所感觉的东西上都是权威，那他也不是衡量他所感受或所知觉之对象的尺度：在患者后来是否感觉热或冷的问题上，内科医生要比患者认识更高；在明年出产的葡萄酒是否味甜或不甜的问题上，种植葡萄的人要比饮酒的人认识更高（178c）。

苏格拉底提出的最后论证，使泰阿泰德放弃了知识就是知觉的提议。这一论证如下：诸感觉对象是通过不同渠道呈现在我们眼前的；我们用眼睛去看，用耳朵去听。颜色不同于声音。我们听不到颜色，看不到声音，但又如何判断“颜色不同于声音”呢？这一认识从何而来的呢？它不会来自眼睛，因为眼睛看不到声音；它也不会来自耳朵，因为耳朵听不到颜色。再者，没有专门的感官来识别相同性，但却有看和听的感官。灵魂本身凝神思索的是那些用来描述所有感觉作用的共同术语（184b－185d）。

在回应这一论证时，泰阿泰德继而提出第二个建议性的知识定义，即：知

识不是知觉(aesthesis);知识是思想(doxa),而思想是灵魂本身的一项活动。当理智或灵魂在思索时,就好像它在自言自语,边问边答,默默地形成意见。知识不能完全等同于思想,因为有假的思想;但是,我们或许可以说,知识是真实的思想(187a5)。

在一个有趣的话语转向之中,苏格拉底指出“虚假思想”这个观念不是没有自身问题的,随后,他对这一界说提出反对意见。在有些实例中,人们具有真实的思想,形成真实的意见,但却没有实际的知识。如果陪审团在聪明律师的说服下做出某种裁定的话,如果这一裁定符合事实的话,那么,陪审团成员将会形成一个真实的意见。但是,他们的真实思想就等于知识吗?苏格拉底
155 认为并不一定,他说:只有现场目击者确实知道在攻击或抢劫嫌疑案例中所发生的事情。所以,不能把知识界定为真实的思想。

苏格拉底早先就曾表明,知识不是知觉,所给出的例证是知觉不足以取代一份知识。他还进一步举例表明,知识不是真实的意见,知觉对知识而言是必要的。人们可能会期待泰阿泰德做出这样的回应,那就是在解释知识时把知觉与思想彼此联系起来。相反的是,他详尽地阐述了他提出的第二个定义。他建议说,知识是真实的思想加上逻各斯;他列举了三种逻各斯可能采用的形式(206c)。

诚如人们所知,“逻各斯”(logos)是一个难以翻译的希腊词,因为该词与许多不同的英文词相对应:譬如“语词”(word),“语句”(sentence),“话语”(discourse),“理性”(reason)等等。在现有语境里显而易见的是,泰阿泰德认为真实思想加上逻各斯就是一个以某种方式得到详尽阐述的思想,而不加逻各斯的思想则不然。我在解释泰阿泰德所想到的不同种类的详述之时,我将不翻译逻各斯这个词。

人们会认为,表述一个思想的逻各斯方式,就是用语词来表达这种逻各斯。但是,能够在此意义上表述一个思想,并不会成为区分真实思想与知识的

东西，因为任何一位并非愚钝的人也能做到这一点（206d－e）。

似乎更为合理的是，逻各斯会是一种分析方式。要知道X为何物，就要能将X分解为其构成因素。如此一来，你便可以通过拼写该词的字母来展现对该词的知识。如果这就是何为知识的话，那实在的知识就必须通过分解出构成这一知识的终极因素得以展示。不过，这种拼写的比喻说法使我们陷入困境。“苏格拉底”（Socrates）一词可以分解为其组成因素，诸如像字母S就是其一。但是，字母S则无法进一步分解了；与“苏格拉底”这个词不同的是，字母S却没有语词拼写一说。所以，如果知识涉及分解的话，那么，终极的、不可分解的宇宙因素便是无法认识的了。如果一个复合物的构成因素是不可知的，那么，这个复合物何以能够为人所知呢？另外，列出一复合物构成的系列因素也不足以取代知识，除非这些因素均以正确的方式被安置在一起（207b）。

泰阿泰德对一个对象的逻各斯的最终解释，就是提供一种独特真实的描述。于是，一个人会通过一种说法给出太阳的逻各斯，他会说这种逻各斯就是 156
天体星辰中最明亮的那一个。然而，这会不会等同于有关太阳的真正知识呢？确切地说，对X能够提供某种肯定的描述（definite description），就是意识到X的一个必要条件；但这不足以将一个关于X的真实思想转换成一份真正的知识。

这时泰阿泰德承认失败。他提出的所有思想，在苏格拉底这位助产婆的协助下最终均变成软壳蛋。我们远未达成一种有关知识的定义；因此，在这篇对话中经常出现的诸如“知道”与“不知道”等语词的所有用意，最终都成为不合理的了（196e）。

泰阿泰德承认失败也许过早了。如果他继而对“逻各斯”做出其意指“正当化”、“理性”或“证明”之类的第四种解释，那么，他把知识界定为真实信念加上逻各斯的提议，就会使随后千年哲学期间的许多哲学家感到满意了。不过，柏拉图笔下的苏格拉底是一个难以感到满足之人，在《理想国》第六卷和第七卷里,柏拉图本人让苏格拉底用一种不同的风格陈述了一种截然不同的认识论。

知识与理念

上列两篇对话的表述之所以有别,都是因为《理想国》诉诸柏拉图的理念论,而《泰阿泰德篇》则没有。这两篇对话的共同之处在于这条原则,即:被认识的东西一定是真实的;知识只能是关于本质存在(what is)的认识。理念在《理想国》里是中肯的,因为柏拉图认为只有理念方为真正存在的论题:换言之,唯独理念才是量化意义上的本质存在。譬如,美的事物而非美的理念才会此时美而彼时不美,才会这一部分美而另一部分不美。一句话,除了美的理念之外,没有任何东西是真正美的(*Smp.* 211a)。理念首次出现在《理想国》第五卷里,柏拉图在这里描述的是哲学家。他把哲学家描述成爱真理之人(*the lover of truth*),并将哲学家区别于半吊子的艺术爱好者(dilettante),即景象和声音的爱好者(the lover of sights and sounds)。

非哲学家不知道美的对象与美自身的差别:他生活在梦境之中,错把影像当做实在(*Rep.* 476c – d)。就这种人的心态(*dianoia*)而言,柏拉图用"doxa"
157 (意见)一词来表示,该词在《泰阿泰德篇》用来表示想法(thought)或信念(belief)。他将该词与属于哲学家的知识进行了对比,将这种知识称之为"*gnome*"。如果知识务必是对本质存在的认识,而且只有理念才完全是本质存在的话,那么,知识一定是对理念的认识。如果有任何东西位于理念的对立一端,即某种全然非在的东西,那就是完全不可知的。不过,大部分是 F 的东西,有一部分是 F,有一部分不是 F,在这一方面是 F,在另一方面不是 F。它们被安置在全然是 F 的东西与全然不是 F 的东西之间。这些东西便是 *doxa*(想象或信念)的对象。

正是在这里,《理想国》与《泰阿泰德篇》之间出现了一种根本的差异。在《泰阿泰德篇》里,我们试图把知识的本质特性设定为知者心态的一种特征:这是不是一个感觉问题呢?这一定要包括逻各斯吗?但在《理想国》里,知识与信念之间的差异就是对象之间的差异,也就是已知对象与已思对象之间的差异。这一点讲得相当明确。柏拉图声称,知识与思想是功能(*dynameis*),就像视觉与听觉也是功能一样。功能没有我们用来区分彼此的颜色与形状。“就功能的情况而言,我只观察与功能相关的东西,只观察功能作用于的东西,也就是通过参考每个我称其为功能的东西来了解功能”(477d)。视觉是区分颜色的一种功能,听觉是区分声音的一种功能:这便是颜色和声音这些对象之间的差异,此差异将这两种功能区别了开来。按照柏拉图的建议,知识与信念之间的差异,取决于关注知识与信念所涉及的这两类对象之间的种种差异(478b6 ff.)。

在《理想国》第六卷里,柏拉图将这一论证思路推向深入,将知识和思想进一步加以区分。意见(*doxa*)以可见世界作为自个的领域,但呈现为具有不同对象的两种不同形态。一种形态是想象(*eikasia*),其对象是影子和倒影;另一形态是信念(*pistis*),其对象是有关我们的有生物、自然的作品或人工的作品。知识(*gnosis*)的领域也被分为两个。杰出的知识是理性或理解力的知识(*noesis*),其对象是属于哲学家研究范围内的理念。但是,也有另外一种知识,为数学家所特有,柏拉图将其称之为理智(*dianoia*)(509c5 ff.)。数学家研究的抽象对象与理念都具有永恒不变的特征:它们属于存在的世界(the world of be- 158
ing)而非生变的世界(the world of becoming)。不过,它们也与普通世界的对象有一共同特征,即:它们是多样的而非独特的。几何学家的各种圆形,不同于理想的圆形,可以彼此相交;数学家的各种2,不同于唯一理想的2,可以彼此相加为4(参阅525c-526a)。

按照柏拉图所言，人类认识就像锁在洞穴里的囚徒的认识，这些囚徒只能看见洞穴内墙壁上的影子，这些影子是通过入口处一屏幕上的木偶投射上去的。只有数学家和哲学家能够逃出这座洞穴，来到日光照耀下的现实世界。（16 世纪佛兰芒画派作品）

柏拉图区别数学家和哲学家的基础，不仅包括他们各自学科所涉及的不同对象，而且包括他们各自研究所用的不同方法。柏拉图抱怨说，数学家从假设出发，把假设当做显而易见的东西，感觉没有必要对其做出解释。然而，哲
159 学家虽然也从假设出发，就像数学家一样，但并不马上从假设出发推导出结论，而是先从假设上升到一项高于假设的原理，然后再从前提出发下达结论。柏拉图将哲学方法称之为“辩证法”(dialectic)；他认为辩证法“不是把假设用作第一原理，而是仅仅用作假设，就像从行程的起点出发向上攀登一样，由此上升到高于假设的第一原理。”在掌握了第一原理之后，辩证法“又回过头来把握那些以第一原理为根据提出来的东西，最后再下降到结论”(511b)。辩证

法的这种上升途径，在《理想国》第七卷里再次被描述成一种过程，这一过程“开始研究已经设立的东西，继而一直上升到第一原理”。“开始研究已经设立的东西”等于不用假设而高于假设，在特殊情况下兴许意味着放弃一种假设，或将一种假设置于高于假设的基础之上（533c）。

对于柏拉图所设想的辩证法的确切性质，学者们一直未能达成共识，但就其概要而言，我们可以说这位辩证学家的做法如下所述：他提出一种假设，即一种有问题的或靠不住的假设，力图表明这一假设导向一种矛盾。当他抓住这个矛盾时，他放弃原来的假设，继而检验用来导出那种矛盾的其他前提。这样继续追问下去，一直到他取得一个不成问题的或靠得住的前提。这一过程可以通过《理想国》自身予以解释。

在《理想国》第一卷里，对话中的三个人物克法洛斯、玻勒马霍斯（Polemarchus）和色拉叙马霍斯（Thrasymachus），各自对正义提出界说，苏格拉底逐一证明这些界说都不能令人满意。克法洛斯认为正义就是实话实说、有借有还，苏格拉底对这一提议进行了反驳，他认为将一件借来的武器还给已经发疯的朋友是不义之举（331c）。不过，这一反驳有赖于一种含蓄的界说，即把正义界定为帮助朋友、伤害敌人。当玻勒马霍斯将这一界说明确之后（332b ff.），也遭到反驳，其依据是伤害任何人都永不正义。这一反驳有赖于正义乃人类善行的前提：一位好人可用自己的善行使其他人变得不好这一想法确实反常。但色拉叙马霍斯急忙插进来挑战这一前提：正义不是善，而是羸弱和愚昧（338c）。最后，色拉叙马霍斯也遭到反驳，他被迫承认正义之士将会比不义之人活得更好（354a）。他的变节行为是在数个假设的迫使下做出的，这些假设本身是有问题的或靠不住的，其中大多在《理想国》的其他地方遭到质疑。 160

譬如，有一反对色拉叙马霍斯论点的假设认为，正是灵魂的功能指导着有此灵魂之人。这一假设在《理想国》第四卷里重新得到审视，苏格拉底在这里将灵魂分为三个部分：灵魂的指导功能并非属于整个灵魂，而是只属于理性。

在建立灵魂三分说(*the trichotomy*)的过程中,苏格拉底诉诸下述原理:情况并非如此,"同一事物可以两种对立的方式或主动而动,或受动而动,或成为两种对立的事物,一方面关系着同一事物的同一部分,一方面关系着同一对象"(437a)。这乍一看来是一条非矛盾的无害原理,但在柏拉图的眼里,这便成为一种假设,它假定除了理念之外,其他东西都不是真实的。所以,这位辩证学家沿着他的上升途径,不得不进入到理念领域。

充分理解正义本性的途径,需要通过不同程度的认知活动,柏拉图在《理想国》第六卷里对此有过辨识。起先就是柏拉图所说的想象。阅读诗歌和观看戏剧表演(只要文本属于批准的一类)的人,将会在舞台上看到正义取得胜利,将会得知神是善的、不变的和可信的(382c)。从这里他会进而获得有关正义的真实信念:这将等同于在法庭发挥作用的人类正义的胜任能力。但是,辩证法的任务就在于学习什么是理想的正义,在于弄清理想的正义在理念系统中如何取得自己的地位,该理念系统的主使就是至高的理念或善的理念。不幸的是,随着这位辩证学家接近辩证法的上升途径的末端,为了从善本身那里习得法律和道德的第一原理,《理想国》里的苏格拉底,就像西奈山上的摩西(Moses on Mount Sinai)一样,消失在云朵里。他只能用隐喻谈论,不能对善本身做出哪怕是暂定的说明(506d)。

理念论的模糊性,尤其是善的理念的模糊性,意味着在《理想国》的认识论的核心部位存在漏洞。获得理念的知识到底是指什么?如何才能获得这种知识?诸如此类的问题从未得到解释。《斐多篇》与《美诺篇》等其他对话,为了填补这一漏洞,提出了一种令人惊讶的建议。理念的知识在本质意义上是回忆(recollection):回忆早先认识的东西,更多是指精神生活。这一提议与其说是认识论意义上的,不如说是形而上学意义上的,本书后一章将对此加以考察。

亚里士多德论科学与幻象

就像在其他问题上一样,亚里士多德在认识论方面的研究议程也是柏拉图设定的。亚里士多德接受了柏拉图对感觉和理智的区分,认为这一区分具有重大意义,同时经常抨击诸如恩培多克勒和德谟克利特等早期思想家,批评他们不会鉴赏知觉与思想之间的区别(*Metaph.* *Γ* 5. 1009^{b} 14 ff.)。他以《泰阿泰德篇》为参照,再次阐述了普罗泰戈拉式的问题,也就是感觉的可靠性和可错性问题。最后,他接受和发展了柏拉图罗列的不同理智状态,阐述了取得理智最高境界即科学知识的准则。

柏拉图反复强调感性经验的不稳定性与混乱性。譬如,在《理想国》第十卷里,他这样写道:"同一事物在水里看是弯的,不在水里看就是直的;同一事物的外表看来凹凸不平,这是因为颜色误导目光所致;所有各种类似的混乱,都显示在我们的灵魂里面"(602c – d)。他将这一点与灵魂中的理性部分所得出的计算和衡量结果的一致性进行了对比。

在《形而上学 *Γ*》(5. 1009^{b} ff.)里,亚里士多德为了反驳普罗泰戈拉的论证,在为矛盾原理辩护的过程中,讨论了感觉在认识上的地位。问题出自相互冲突的感觉印象。我们有如下四个命题:

(1) 感觉说 *p* 如何如何。

(2) 感觉说 non-*p* 如何如何。

(3) 感觉所说属真。

(4) 并非皆为 *p* 和 non-*p*。

这是一个不连贯的四重组合命题:任何三个命题均可用来证明第四个命

题的虚假性。在亚里士多德所论述的那一争辩中,不同的角色均可以不同的方式利用这种可能性。德谟克利特与柏拉图(古代与现代怀疑论者追随他们)接受命题(1)、(2)与(3),因为这三个命题表明第四命题的虚假性。在现代,有些哲学家试图通过量化命题(1)与(2)和引入感觉资料(sense-data)这一观念,来为命题(3)与(4)提供辩护。根据这些哲学家的说法,感觉并非真的是说那根棍子是直的或那根棍子不是直的;而是说此时此地有一视觉上看来不
162 直的感觉资料,此时此地有一触觉上感到平直的感觉资料。

就像感觉资料理论家一样,亚里士多德通过量化命题(1)与(2)来研究这个不一致的四重组合命题。但是,他的研究不是通过改变 *p* 的内容来进行的。感觉的确告诉我们相关的情况,这些情况关乎外在现实关系,但不关乎诸如感觉资料这一所谓的纯粹心理实体。亚里士多德通过专注于感觉来解决自己所遇到的难题。无论我们在什么地方遇到感觉说 *p* 如何如何、说 not-*p* 如何如何这样的显著实例,我们都会真的遇到一种感觉 S1 说 *p* 如何如何、另一种感觉 S2 说 not-p 如何如何的实际情况。假如 S1 和 S2 告诉我们不同的故事,我们就会有理由在两者之间做出抉择,因此,不是感觉告诉我们的一切都是真实的。

普罗泰戈拉式主张是:在感觉做出的两个判断发生冲突的地方,那里没有理由从审视真理的角度好此而恶彼。但是,有人会说,在健康人与患病者的味觉发生冲突的情况下,我们就应当听取健康人的汇报,因为这代表大多数人的意见。针对这一问题,亚里士多德对普罗泰戈拉所做的回应是:我们不能把多数人的意见奉为真理的标准。如果一场世界性的流行病爆发的话,那么,现在被称为健康的人数将会减少,因此也就不再有理由接受他们关于蜂蜜是甜的意见了(*Metaph. Γ*. 5. 1009a 1 – 5)。

亚里士多德会认为,为何看重健康人的知觉而非病患者的知觉的理由,一定是某种不同于统计数字的东西。但是,他不赞同普罗泰戈拉式的结论,认为每个人事实上都把表象分为不同等级,没有人将表象视为都是同样可信的东

西。如果你在利比亚打盹做梦而认为你就在雅典的话，那么，你一旦醒来后就不会去找雅典剧场（*Metaph. Γ*. 5. 1010^{b} 11）。亚里士多德提出一系列排列感觉表象次序的准则，必要时可以从中选择，这其中最重要的准则就是一种感觉在判断其专门对象时具有优先性。

各个感觉的专门对象，在《论灵魂》（*de Anima*）（2. 6. 418^{a} 12）里被界定为另一感觉无法知觉、也不可能被其欺骗的东西，譬如，颜色是视觉的专门对象，声音是听觉的专门对象，味道是味觉的专门对象。亚里士多德所讲的第一点非常清晰：我们无法品味颜色，我们无法听到味道，我们无法看见声音。但是，一种感觉不会被其专门对象欺骗一说的意思到底是什么呢？亚里士多德对此迅即作出如下解释：如果我看见某种东西是白色的，我可能会误以为那是一个 163
人或其他什么事物，但不会误认为那东西是不是白色的（3. 6. 430^{b} 29）。这使其看上去就好像他只是在说：如果你用眼睛看时，你将自己限制在描述事物在此时此地是如何呈现给你的，那么，你就不会出错。但是，这不可能是亚里士多德的意思，因为他显然设想一种感觉的两种作用在那里真正发生了冲突，他为此提出了将它们分解开来的法则，譬如，就视觉而言，人们喜欢近观胜过远观。

所以，在亚里士多德看来，感觉对于各自专门对象来说不会出错（infallibility），并不意味着出现在某一特定感觉能力所及范围内的任何东西都是真实的。在使用眼睛的基础上，对颜色所做的所有表述并不都是真实的，譬如，看起来是红色的东西，可能不是红色的。基于视觉经验所做的种种表述（诸如“那是红色的”），并非都是一成不变的定论。这些表述的特殊之处在于，只要进一步使用同一感觉，它们就可以得到改正。如果我们不能肯定某物是否真的就是从我这里看上去的那种颜色，我们就仔细看看，走近看看，借助更好的光线看看，以便对其加以验证。对任何特定外观的裁定会遇到起诉；但在涉及颜色问题的地方，相关起诉永远不会进入高于视觉法庭的其他法庭。由于其他感觉都有各自独特的品质，由于感觉不限于一个感觉（譬如“共同的可感知对象”)，视觉所做的裁定并非就是最终裁定(*Metaph. Γ*. 5. 1010^{b} 15 – 18)。所以，他概括说：每一感觉就其专门对象而言，就是最终裁定的法官，虽然它必须把握住用于判断的正确条件和位置。在感觉 S1 与 S2 告诉我们有关感觉属性的不同情况之处，如果感觉 S1 是专用感觉，感觉 S2 是异常感觉，那么，就相关属性而言，感觉 S1 就比感觉 S2 更为可取。在专用感觉的两个裁定之间，我们要选择那个在最佳条件下做出的裁定，这些条件要求宁近勿远，健康勿病，清醒勿睡，等等。

正因为如此，亚里士多德试图回避普罗泰戈拉的现象主义与柏拉图的理智主义。他坚持认为，我们的知识有赖于感觉，这些感觉既有助于形成我们所用的概念，也有助于构成我们用于推理的尚未经证实的前提。我们是这样形成概念的：首先有了感觉，然后有了记忆；记忆积成经验，我们从个别经验中形成普遍概念，这就是实践技艺(practical *techne*)和理论知识(theoretical *episteme*)的基础(*Apo*. 19. 100^{a} 3)。亚里士多德在《前分析篇》(1. 30 46^{a} 17 – 22)里指出，正是经验提供了关于任何主题的原理。天文学家从他们观察天体的
164 经验开始，又在掌握了许多天文学现象之后，才进而探寻原因，提供证据。类似的方法在生命科学里理应被采纳(*Apr*. 1. 1. 639^{b} 7 – 10, 640^{b} 14 – 18)。

科学始于经验，而非终于经验。像柏拉图一样，亚里士多德也对认知和理智状态进行了详细的分类。这两位哲学家将道德德性与理智卓越视为一特别属的两个种(two species of a particular genus)；不过，柏拉图(无疑受苏格拉底的影响)习惯于把德性当做一种特殊的科学予以研究，亚里士多德则习惯于把科学当做一种特殊德性加以研究。对于柏拉图的知识分析论，亚里士多德在两部《伦理学》的共有卷本(*NE* 6, *EE* 5)里进行了补充性论述，他在其中讨论了种种理智德性。希腊词“arete” 相当于英文词“virtue”(德性、美德)与“excellence”(卓越、杰出)；所以，在当前的语境里，我暂且不翻译这个词。

一切事物的 *arete* 的本性取决于其工作效用(*ergon*)，也就是其功能作用和

自有特色的成就。心智及其所有官能的工作效用，就是成就真与假的判断（*NE* 6. 2. 1139^{a} 29）。起码可以说，心智的工作效用意指心智的独特活动，其成就意指心智工作的好或坏；其活动是指心智工作良好、为其所为；因此，心智的工作效用在严格意义上就是单指真理（2. 1139^{b} 12）。于是，理智德性（intellectual *aretai*）就是指能使灵魂的理智部分获得真理的卓越能力。心智有五种状态，具有如下效用，即 *techne*，*episteme*，*phronesis*，*sophia*，*nous*，我们可以将其译为技艺（skill），科学认知（science），实践智慧（wisdom），理解力（understanding），洞察力（insight）（3. 1139^{b} 16 – 17）。

技艺与实践智慧都是实用知识的形态：这种知识是关于做什么事和怎样做事的知识。技艺如建筑或医疗，是用来制作或生产（*poiesis*）某种东西，而不是单纯的练习，技艺的产出结果抑或是具体的，如一座房子；抑或是抽象的，如恢复健康。在另一方面，实践智慧所关注的与其说是产出结果，不如说是人类实践活动（*praxis*）本身，故而被界定为一种杰出的推理能力，擅长查清和确认真理，该真理关系到对人类有益和有害的东西（4. 1140^{b} 5，^{b}21）。

智慧之士的特征在于审慎思索那些通过行动可以获得的东西；他不关注那些不能通过行动获得的东西（7. 1141^{b} 9 – 13）。因此，实践智慧不同于科学与理解力，后两者关注的是永恒不变的事情。灵魂的理性部分被分为两个组成部分：审慎思索的 *logistikon*（推理能力）与关注永恒真理的 *epistemonikon*（认识能力）。每一组成部分具有专门的德性：实践智慧有助于前者（审慎的推理 165
能力），理解力有助于后者（认识能力）。其他理智德性抑或是理解力的组成部分，抑或是洞察力的组成部分；譬如，理解力是由洞察力加科学而组成的（7. 1141^{b} 3 – 4）。

亚里士多德告诉我们，理解力将神性的、荣誉的和无实用性的事物作为自身的主题：这正是泰勒斯与阿那克萨戈拉等著名哲学家所实践的主题。什么是洞察力（*nous*）并非一下子就能说清楚：这个词经常用来表示全部人类理智部分，表示心智中与情感部分相对立的认知部分（参阅 1. 1139^a 17，2. 1139^b 5）。但是，该词在这里意味着对理论科学的第一原理的洞察力，也就是对尚未证明的必然真理的理解力，这种理解力正是科学（*episteme*）的基础（6. 1140^b 31 – 41^a 9）。正是这种与科学相关联的洞察力，构成理解力（*sophia*）这一至高的人类理智成就。

伦理学并不详细阐明 *episteme* 或科学认知所包含的内容。《后分析篇》第一卷前六节对此进行了明确而详细的表述。亚里士多德承认，认识某种东西就是真正熟知其存在实情的相关解释，就是意识到这种东西不可能以别的方式存在。亚里士多德指出，如果知识就是这样的东西的话，那么，“被证明的知识就必然有赖于真实、原始、直接和更为熟知的事物而不是结论，这些事物也必然先于证明的知识而存在，同时也必然是对被证明的知识的解释”（*Apo.* 1. 2. 70^a 20 – 22）。科学知识的主要部分来自证明的结果。每一证明都是一种特殊的三段论式：这一论式的前提可以追溯到真实、必然、普遍和直观的原理。这些第一或自明的原理与科学结论的关系，就如同公理（axioms）与定理（theorems）的关系。

《后分析篇》里对科学的说明，还存在一个尚未解决的问题：这一问题与亚里士多德科学论著里的内容主旨毫无相似之处。数代学者一直努力在他的著作中寻找证明的三段论的单独例证，但都无功而返。确切地说，《后分析篇》不是一篇论科学方法的论作，而是一套科学论述的指导原则。① 但是，亚里士多德的论作本身，都是论述性的，而非方法论的，它们与《后分析篇》的模式甚至
166 没有什么近似之处。不单是亚里士多德的这部论集的主旨缺乏一种亚里士多德式的科学，就连科学努力的全部历史也没有这种科学的完美范例。亚里士

① 参阅巴内斯：《亚里士多德的论证学说》，见巴内斯等：《亚里士多德论文集 1：科学》（See J. Barnes, '*Aristotle's Theory of Demonstration*', in J. Barnes, M. Schofield, and R. Sorabji (eds.), *Articles on Aristotle*, i: Science, London: Duckworth, 1975）。

多德所给的许多例子，都选自数学或几何学，这表明其思想显然受到当时数学家的影响。亚里士多德死后，当欧几里得(Euclid)提出自己的公理化几何学时，这看起来就好像《后分析篇》的科学理想已然得到实现：但在两千多年以后，人们发现欧几里得的那些几何学公理缺乏必要的不证自明性。20世纪，类似的命运是忽视了弗雷格的公理化逻辑和数学课题。17世纪，斯宾诺莎试图将哲学自身予以公理化的努力，仅仅表明《后分析篇》所持守的科学理想属于虚幻的目标而已。

伊壁鸠鲁的认识论

在希腊化时期，认识论在哲学里所占的地位，要比在柏拉图或亚里士多德当时所占的地位更为重要。正是伊壁鸠鲁率先给认识论命名，使其作为独立的哲学的分支。他将认识论称为“范型”(canonic)，该词源自希腊词“kanon”，意指一条法则或一根衡量标杆。伊壁鸠鲁比其他希腊化时期的哲学家更常用到的词不是“范型”，而是“准则”(criterion)。根据伊壁鸠鲁的说法，真理的三个标准是感觉(sensations)、概念(*prolepseis*)与感受(feelings)。

在伊壁鸠鲁看来，感觉是知识的基础。他执意坚持这一论点：感觉就其专门的对象而言是不会出错的。卢克莱修对此有过精妙的表述：

> 真理的这一观念是来自感觉。
> 那么何种证明能对感觉提出挑战？
> 不信任感觉能赢得上风，
> 更大的真理才能把虚假驱散？
> 当理性发自错误的感觉
> 这理性有何权利批评感觉？

如果感觉告诉我们的东西不是真的，
那么理性自身也只能是虚假。
难道耳朵有能力责备眼睛？
难道触觉能够控告耳朵撒谎，
或者味觉控告触觉撒谎？

（《物性论》第四卷第 478 - 487 行）

167

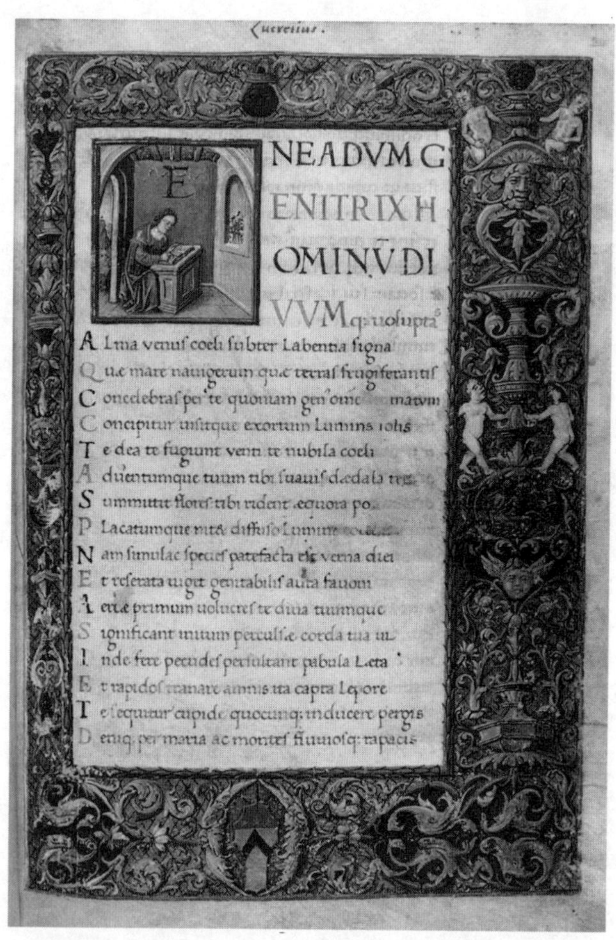

卢克莱修的《物性论》某卷开篇，这部插图书稿现藏于大英图书馆。

就像亚里士多德一样,卢克莱修指出,就一种感觉的专有对象而言,这种感觉不能通过另一感觉予以纠正。但是,伊壁鸠鲁学派要比亚里士多德走得更远,他们宣称一种感觉甚至不能纠正自个所得的印象,因为每一感觉印象都具有同等的可靠性,故此呈现给一种感觉的任何东西在任何时候都是真实的(Lucretius 4. 497 –499; D. L. 10. 31)。 168

伊壁鸠鲁学派对表象的研究是等同视之,并未依据可靠性将其分为不同层级,他们丢弃了亚里士多德用来研究冲突印象的方法,譬如一座塔的视觉印象是有冲突的,它在远处看呈圆形,在近处看则呈方形。而伊壁鸠鲁学派的人士认为,在这种情况下我们有两个同样有效的印象,但属于不同对象的印象。塞克斯都对伊壁鸠鲁如何处理这一问题做了解释,他从原子论的角度来解释视觉,认为视觉遇到一连串从一视觉形象那里流溢出来的意象。

> 我不会说视觉在远处看一座塔小而圆、在近处看这座塔大而方时是受到欺骗的结果。恰恰相反,这是相当正确的。当被感知的对象显得小而圆时,它真的就是小而圆,因为形象的棱角在其穿越空气的旅程中被抹掉了。当被感知的对象显得大而方时,它真的就是大而方。但这两种印象不是同一回事。(*M*. 7. 208)

伊壁鸠鲁认为,这些都是对同一事物进行两次观望的结果,我们的共同印象并非因为知觉所致,而是因为“变形的信念”(distorted belief)所致。他以类似的方式研究了其他一些反对感觉不可错性的立场观点,譬如梦境与幻觉等。当俄瑞斯忒斯(Orestes)认为自己看见复仇三女神时,他的视觉并没有欺骗他,因为那里确有真的形象出现;正是他的心智错把形象当做固体(S. E., *M*. 8. 63)。我们必须严格区分感觉印象(*phantastike epibole*)与相随的特定信念(D. L. 10. 51)。

因此,诸感觉作为真理的首要准则,尽管具有不可错性,但只能为我们的知识结构提供一种相当脆弱的基础。我们需要看看第二套准则,那就是概念。伊壁鸠鲁所用的“prolepsis”一词,经常被译为“预先概念”(preconceptions),但这种译法属于误导,部分原因是这种译法意味着偏见,部分原因是这种译法意味着某种需要借助整个命题来表达的东西,而我们所给出的大多数例子都是用诸如“身体”、“男人”、“母牛”、“红色”来表达的。一个概念是诸如此类的
169 某个词所意指的某种东西(这种东西当然也可以用一个意译的语句予以表达,譬如“一头母牛是某种动物”)的普遍观念。希腊词“prolepsis”里的前缀“pro”,意在表示 X 的概念不是指源自经验的有关 X 的一系列信息,而是指一种模板,借此我们可以先行识别出经验中所表述的个体是不是一个 X。概念并非需要证实的事物:概念本身就用于证明(D. L. 10. 33, 38)。无论是在伊壁鸠鲁那里,还是在其追随者那里,都未明确讲清概念源自何处。概念不可能都是经验的结果,因为它们提供我们分离感觉的手段,而感觉则是经验的基础。不过,有些概念看来确是经验的结果——这种经验或许被误解了,譬如神的概念就是如此(卢克莱修,《物性论》第五卷,1169 - 1171 行)。

在伊壁鸠鲁看来,感觉与概念均是“明证的”(感受也是如此,但需要在不同语境中予以考察)。我们必须将自己不认为什么是明证之物的信念建立在这些明证的因素之上。所有猜想与理论在所有感觉提供反驳它们的证据时就是假的(D. L. 10. 39)。一种猜想(conjecture)在得到所有感觉的确认时就是真的;一种理论在没有得到所有感觉的怀疑时就是真的(S. E., *M.* 213)。后来的这一主张看似令人惊讶,即:与相关证明相符合的不会仅有一个不兼容的理论吧?伊壁鸠鲁学派的人士接受了这一可能性;因此,卢克莱修认为,对星辰的运动会有不同的解释,这就如同对停尸桌上尸体的死因会有不同的假设一样(6. 703 - 11)。在这样的情况下,所有的解释都应被接受,因为在宇宙的多个世界里,每一种解释都有可能在这个或那个世界里是真的,即便我们不知道

哪一种解释在我们这个世界里是真的(5.526－33)。

斯多亚学派的认识论

早期的斯多亚学派与伊壁鸠鲁学派,都提出一些有关知识本性的共同假设。就像伊壁鸠鲁学派一样,斯多亚学派也相信知识的本性一定具有二元基础,一方面以不出错的感觉印象为基础,另一方面是以原初的习得概念为基础。在概念议题上,斯多亚学派比伊壁鸠鲁学派所提供的东西要多,他们对概念起源的说明,非常近似于亚里士多德所做的说明。但一个人出生时,他的心 170
智犹如一张白纸,随着他成长起来后开始使用理性,概念就会写在原来的那页白纸上。最早的概念来自感觉:一个个经历留下记忆,记忆积累而成经验。一些概念是从教导中学来的,或者是为了某一目的而设定的;其他概念是自然而然地自发出现的,正是这类概念称得上"prolepsis"这一名字(LS 39E)。这类概念是所有人共有的:只有当这类概念应用于特殊实例时,才会出现不同意见,这就好似同样的行动,有人将其描述成英勇勇敢,而有人将其描述为疯狂轻率(Epictetus 1.22.3)。

斯多亚学派对心理状态所做的分类,要比伊壁鸠鲁学派所做的分类更为详细。斯多亚学派想要提出一种能够抵御怀疑论挑战的认识论。自从柏拉图以来,知识(*episteme*)与意见(*doxa*)这两种状态一直被人加以对比,斯多亚学派除了对比这两者之外,还引入了第三种状态,即认知(*katalepsis*)。[①] 塞克斯都告诉我们,斯多亚学派

① 这一英译现已成为标准,使用者包括 Long, Sedley (LS 254)和 Frede(*CHHP* 296 ff.)。我勉强使用这一英译,因为"认知"(cognition)在现代灵魂哲学中与许多混乱现象联系在一起。

认为有三种东西彼此联系在一起,它们是知识、信念与介于两者之间的认知。知识在论证意义上是可靠、坚实和不变的认知;信念是脆弱的和假的赞同意见;认知介于这两者之间,是对认知现象的赞同(*M.* 7.150 – 151)。

这里对知识的界定,附加了一种新的因素:知识在论证意义上是不变的。这看来是一个合理的洞见。如果我声称知道 *p* 如何如何,那我除了其他事情之外,就等于声称没有人能够说服我不要相信 *p* 如何如何。这不同于下述情况:我相信 *p* 如何如何,但我也会相信 not-*p* 如何如何。后者的意思就等于说信念是脆弱的赞同意见。这种信念也(可能)是假的:像"X 相信 *p* 如何如何,但 *p* 如何如何却是假的"之类说法并不荒诞,但是,像"X 知道 *p* 如何如何,但 *p* 如何如何却是假的"之类说法则属荒诞。不过,在这一段话里,最为有趣的一点是依据认知现象(*phantasia kataleptike*)对认知的界定。

"现象"(appearance)是一个宽泛的术语,其含义不仅包括呈现给感觉的对象,而且包括提供给其他类信念的候选对象。认知也会同样来自感觉或理
171 性(D. L. 7.52)。现象与信念不是同一回事。信念包含额外一项,那就是赞同;与现象不同的是,赞同是自愿的。现象值得赞同时才是认知性的。认知介于知识与信念之间:与信念不同的是,认知永远不是假的;与知识不同的是,认知不涉及永不改变自己看法的决心。[①]

我们得知,认知现象是"源自本质存在的现象,是打上符合本质存在之烙印的东西"(D. L. 7.46; 西塞罗,*Acad.* 2.77)。妙哉! 此类印象(诚如我们这样称谓)显然值得赞同。芝诺曾言,智慧之士不会有单纯的信念(西塞罗,*Acad.* 2.77);无疑,智慧之士如果只赞同认知现象,那就不会有单纯的信念。不过,我们如何知道某一现象是不是认知现象呢? 这一现象是不是显而易见,

① 参阅弗雷格的文章。(So Frede, *CHHP* 296 ff.)。

实际上迫使我们赞同，因此我们不由自主地相信它呢？或者说，这一现象是不是具有某些特征，我可用其作为准则来决定授予该现象一种我会恪守的赞同意见呢？我们所看到的证明不完全清晰，但幸存下来的例子给我们提供了某些暗示。

其一，我们得知神经病患者头脑中的印象不是认知性的。（确切地说，斯多亚学派有时否认精神病患者的印象是真正的印象，因此不将其称为印象，而是称为“错觉或幻象”（phantasms）；D. L. 7. 49.）“它们的出现纯粹是外在的和偶然的，因此，这些患者对这些印象没有积极的态度，也不赞同这些东西”（S. E.，*M.* 7. 248）。即便他们赞同这些印象，也显然不会使其被称为认知性的，因为这些东西不是真实的，唯有真实的现象才会成为认知性的。那么，到底是什么样的认知法则使精神病患者遭到如此的待遇呢？也许可以说，这些患者没有检查他们印象中的细节程度，因为我们得知的第二条信息就是认知印象（cognitive impression）必须是综合性的，如此一来，就得复制出这一印象原初情况的所有特征。“诚如指环上的图章总能将其纹样特征准确地拓印在蜡上那样，这些创造种种对象认知的印象理应包含自身的所有特质”（S. E.，*M.* 2. 750）。然而，如果认知印象是细节上完全综合的印象，那它们肯定是寥寥无几。

我们或许可以猜测，认知印象具有特别富有说服力的性质，这便成为这些印象的显著标志。斯多亚学派的确根据这些印象的说服力将它们分为如下四类： 172

(1) 有说服力；例如，“这是白天”，“我在谈话”。

(2) 无说服力；例如，“假定这是黑夜，这就是白天”。

(3) 有说服力与无说服力；例如，哲学悖论。

(4) 既不是有说服力也不是无说服力；例如，“所有星辰的总数是奇数”。

不过，说服力并非是真理的保障：水中船桨的弯曲现象很有说服力，但却是一种假的印象。无疑，智慧之士会抵制任何让人接受具有说服力的现象的诱惑，会把自己的赞同意见限于那些不仅具有说服力而且具有合理性的现象。于是，波西多纽(Posidonius)告诉我们说，有些早期的斯多亚主义者除了把认知印象作为真理的准则之外，还把这一准则等同于正确的理由(D. L. 7. 54)。

不过，这个问题进一步复杂化了。除了认知印象，还有合理印象。当一位斯多亚主义者落入埃及托勒密王朝国王斐洛佩特(King Ptolemy Philopator)所设的圈套，误将蜡制石榴当做真石榴时，他回应说：他所赞同的不是它们是石榴这一命题，而是相信它们是石榴这一命题具有合理性(eulogon)。他接着指出，合理的印象是兼容虚假性的(D. L. 7. 177)。如此一来，评估一个表现是否认知性的问题，就不可能是一个理性问题了。早期的斯多亚学派并没有进一步协助确定认知印象的辨别特征。

斯多亚学派这一立场的弱点，被阿尔凯西劳(Arcesilaus)揭露无遗，阿尔凯西劳在3世纪后期担任雅典学园的新主持。他挑战斯多亚学派对认知印象的这一界说：认识印象是“某种带有某物的确就是如此之印记的东西”。他质问说，难道不会有一种以假乱真的印象吗？来自西提姆的芝诺赞同说，如果一种印象达到与一种虚假印象完全相像的程度，那么，该印象(即便是真的)就不可能是一种认知印象。芝诺借此矫正了这一界说，为其附加上这么一条：认知印象“是一类并非源自非本质存在的印象”(西塞罗，*Acad.* 2. 77；S. E.，*M.* 7. 251)。但不清楚斯多亚学派是如何建立起那些从中找到不出差错的区别标志的实例的，与此同时，也不清楚斯多亚学派是如何回应这一怀疑论立场的：凡是存在真实现象的地方，就可以想象出以假乱
173 真的赝品。

雅典学园的怀疑论

从怀疑论的角度对斯多亚学派的认识论提出挑战,这并不令人惊奇。不过,令人惊奇的是,这种挑战来自雅典学园,来自柏拉图的继任者。柏拉图的对话全集,确实包含一些从未有过的最为独断的哲学。但是,后来的雅典学园主持阿尔凯西劳及其继任者卡尼阿德,都将各自世袭出身向前推定。他们求助于苏格拉底,因为后者的诘问技巧闻名遐迩,揭穿了许多有关知识的虚假主张(西塞罗,*Fin.* 2.2)。苏格拉底声称自己没有哲学知识,因此也没有留下任何哲学著作;阿尔凯西劳与卡尼阿德在这两个方面也是步其后尘。不过,他们两人要比苏格拉底走得更远,这主要表现为他们两人提出了更加激进的怀疑论思想,他们不仅把哲学论题的信念悬置了起来,而且把日常论题的信念也悬置了起来。

虽然阿尔凯西劳与卡尼阿德没有留下任何著作,但我们相当熟悉他们的哲学学说,因为西塞罗的业师是卡尼阿德的弟子斐洛,对于学园的怀疑论思想兴趣甚大,故而在其《论学术》一书里,生动地描述了怀疑论争辩的来龙去脉。正是从他那里以及其他资料来源里,我们得知雅典学园成员曾经提出一连串论证,旨在证明可能没有不会出错的印象。

没有真实的印象来自那种与另一印象无法合作的感觉。印象与感觉难以区分;感觉是非认知性的。如果两个印象难以区分开来的话,就不会出现此类情况:在这两个印象之中,一个是认知性的,另一个不是认知性的。因此,没有印象是认知性的,即便它是真实的。要想说明这一论证,就需要考虑普比留斯·格米努和昆图斯·格米努(Publius Geminus and Quintus Geminus)这对双胞胎的实例。如果某位注视普比留斯的人认为自己在注视昆图斯的话,他所得印象的每个细节都会相似于他事实上注视昆图斯时所得的印象。因此,他的印象不是认知印象，因为这并未回答芝诺提出那一界说的最终附加条款——“认知印象是这么一类不是源自非本质存在的印象”（西塞罗，*Acad.* 2. 83 – 85）。

作为回应，斯多亚学派似乎已然否定了任何一对物体在各个方面彼此相似的可能性。他们提出的论题，就是后来众人所知的不可分辨物的同一性（identity of indiscernibles），即：没有两根沙子完全相像，也没有两根头发完全相
174 像。雅典学园成员抱怨说，这一论题是没有根据的；但这一论题的确不比他们自己的主张更无根据，他们的主张是：真实的印象总有可能与假的赝品发生混淆。

事实上，斯多亚学派的回应看来既无必要，也不充足，这取决于我们如何解释这一怀疑论的挑战。如果出错的真正可能性阻止印象成为认知印象的话，那么，为了保存认知印象，斯多亚主义者无须断言真实印象在任何情况下都是虚假印象所无法代替的，他只须断言在有些情况下就是如此便足矣。从另一方面看，如果单凭骗人赝品的可想象性就足以破坏印象的认知性，那么，不可分辨物的同一性将无法恢复遭到破坏的东西。就像我知道自己是谁一样确定我正在与你谈话，但想不到你还有一位同你长得一模一样双胞胎弟弟，我对他毫无所知，那我怎么知道我所交谈的对象是他而不是你呢？

有各种程度的怀疑论。怀疑论者或许只是否定可能（在某些或所有研究领域里）获得真正知识的人。这类怀疑论者无须反对坚持对不同论题的信念，只要坚持这些信念之人并不认为这些信念享有知识的地位。他本人会有一系列信念，包括认定没有知识这类东西的信念。这里没有不一致性，只要他不声称自己知道没有知识这一回事。阿尔凯西劳竭力想要再次证实苏格拉底声称自己知道自己无知的断言（西塞罗，*Acad.* 1. 45）。

然而，更为激进的怀疑论者不仅会质疑知识的可能性，而且会质疑信念的合宜性（propriety of belief）。他会建议人们不仅要放弃具有确定特性的坚定的

赞同立场,而且要放弃具有意见特性的临时的赞同立场。阿尔凯西劳看来就属于这类怀疑论者;西塞罗告诉我们(*Acad.* 1.44; LS 68A),阿尔凯西劳坚持认为,“无人应当断言或肯定任何东西,也不应当赞同任何东西;相反,我们应当控制自己的急躁行为,以免自己失足。承认某物虚假或未知,的确是急躁行为,没有什么要比赞同和承认超出认知的东西更不光彩的了。”阿尔凯西劳所从事的实践活动,就是为每一论题提供正反两方面的论证,旨在按照他的建议将赞同立场悬置起来(*Fin.* 5.10)。学者不能确定他的论证是否都纯粹诉诸情感或偏见,也不能确定他是否(前后不一地)断言他自己的怀疑论哲学立场就是真理。[1] 175

根据一些我们所得到的古代资料,卡尼阿德属于不太激进的一类怀疑论者,尽管他也拒绝承认知识的可能性,他认为智慧之士会以合理的方式持守单纯的信念。阿尔凯西劳与卡尼阿德这两位雅典学园的成员,将其抨击的目标锁定在芝诺的不同观点上。芝诺认为,没有智慧之士会持守单纯的信念,但是,如果他只是依赖于认知印象的话,他就会把自己的认可当做知识。阿尔凯西劳与卡尼阿德彼此所见略同,都认为没有认知印象,因此也就没有知识,但阿尔凯西劳得出智慧之士不会认可什么东西的结论,而卡尼阿德则得出智慧之士会持守单纯信念的结论(西塞罗,*Acad.* 2.148)。

然而,从另一方面看,在评价卡尼阿德的立场时,我们需要对认识论者所研究的心理现象展开更为精微的分析。我们不是要简单地区分一种现象与赞同一种现象,而是要引入一种新的冲动(*horme*)观念。当赞同是自愿的而且是可以保留的情况下,我们就知道现象是在我们的掌控之外。但是,现象必然有冲动追随,况且,在没有心理赞同的情况下,此类追随现象依然可能。也正是在这种赞同里面,可找到真实性,可避免虚假性(普鲁塔克,*adversus Coloten*

① 参阅绍菲尔德的论文(See Schofield, in *CHHP* 334)。

1122 LS 69A；西塞罗，*Acad.* 2. 103 – 104 LS 69I）。

这种区别看来已经用来回应反对极端怀疑论的共同立场：如果怀疑论者悬置判断的话，那他如何能够过上正常的生活呢？如果就他所知这是深渊，那他如何能够进入浴池呢？答案在于他不会匆忙做出判断，断定那真的就是一个浴池；可他会受到进入浴池这一冲动的驱使。在哲学讨论中，智慧之士甚至会顺从自己的冲动，用“是”与“非”来回答问题。

皮浪式的怀疑论

在公元前 1 世纪，涌现出一家新的基要主义的怀疑论学派，他们认为雅典学园成员以不可接受的方式将怀疑论搞得一塌糊涂。这一学派的创立人是埃涅西德姆（Aenesidemus），但他及其追随者将他们的怀疑论说成是皮浪主义（Pyrrhonism）。这种主义得名于来自埃利斯的皮浪（Pyrrho of Elis），皮浪本人曾在亚历山大大帝的军队里服役，他被尊为怀疑论的创立之父。埃涅西德姆撰写过一部皮浪式的话语论集，阐述了他同雅典学园怀疑论的差异，此书后来
176 逸失。他还收集了我们在本章谈到的那类怀疑主义论证，将其汇总在 10 个标题之下，后来以埃涅西德姆十论式（the Ten Tropes of Aenesidemus）闻名于世。我们对此书内容的了解，如同对其他怀疑论的了解一样，都源自塞克斯都这位公元 2 世纪皮浪主义怀疑论者的著作。

塞克斯都留下三卷本的《皮浪主义纲要》（*Outlines of Pyrrhonism*）和十一卷本的《反数理学家》（*Against the Professors*）。出现在这些著作里的几乎所有来自幻象的怀疑论论证，也出现在后来的文献里，其中许多已经无人问津了。我们在他的笔下看到一部关于黄疸病的黄皮书，这部书所论内容包括残像（after-image），压迫眼球后变形的视像，凹凸的镜像，食用无花果后饮酒口感发酸，食

用坚果后饮酒口感发甜,地平线上的船只看上去静止不动,船桨在水中显得弯曲,气味在卧室里更为刺鼻,鸽子颈上的颜色流动闪耀,当然,我们前面谈到的那座塔在远处看呈圆形,在近处看则显方形。

塞克斯都自己的怀疑论观点,并非像他让我们所相信的那样,与雅典学园的怀疑论有多么不同。在他看来,怀疑论者在不赞同任何东西的情况下,已然会有他们自己的看法,这些看法不仅涉及日常生活中的感性问题,也涉及哲学问题。塞克斯都的著作对我们仍有价值,这不是因为其著作包含早期和初始怀疑论者的大量信息,而是因为他终结了他所列举的怀疑论传统。

古代认识论研究能教给我们许多东西,譬如知识的性质与怀疑论的限度等等。有些洞识已然成为所有未来哲学遗产的组成部分:譬如,知识只能是真实的东西;知识只有在能以或隐或显的方式得到某种支持时才是知识,无论这种支持来自经验、推理还是某种其他根源;举凡声称有知之士,务必立场坚定,不可在后来阶段自以为是地转而接受另一不同观点。

但是,古代认识论被两个不同但相关的谬见搞糟了。这两个谬见均源自误解,即对无论任何知识都务必真实这一真理的误解。其中一个谬见一直到亚里士多德时期都困扰着古典认识论;另一个谬见一直困扰着希腊化时期与罗马帝国时期的认识论。

第一谬见如下:“无论任何知识都务必真实”这一命题,可从两种途径予以解释。

(1) 必然如此,假定 p 是已知的,那 p 就是真实的。 177

或者

(2) 假定 p 是已知的,那 p 就必然是真实的。

(1)是真实的,而(2)是虚假的。必然的真实是:假定我知道你是坐着,那你就是坐着;你可以在任何时候站起来。柏拉图和亚里士多德一再反复论说这一点,他们似乎认为(2)与(1)不能分开。考虑到知识与真实性的必然联系,柏拉图与亚里士多德似乎认为,只有必然的东西才是可知的。对(2)的接受,自然会构成永恒不变的理念论,同时也会形成不可能实现的亚里士多德式的科学理想。

倘若无论任何知识都务必是真实的,那就会出现这样的观点:知识务必是不会出错的感官能力的练习活动。这便是希腊化时期那种谬见所采取的形式。与柏拉图和亚里士多德不同的是,伊壁鸠鲁学派与斯多亚学派有意支持如下观点:知识不仅涉及永恒的真实性,而且涉及诸如像“戴恩现在散步”这等世俗的偶然性。但是,他们断言,只有当我们拥有认知能力时,这才是可能的;无论这些认知能力是感觉还是理性,它们均能在运作过程中不出差错。希腊化时期的这一谬见,恰恰就是古典谬见的镜像(mirror image)。若用F代表某种认知能力,那么真实的情况便是:

假定F知道p如何如何,那F已然出错是不可能的。

不过,语词不同的情况或不真实的情况便是:

假定F知道p如何如何,那F将出错是不可能的。

认识论的谬见,无论以其古典的形式还是以其希腊化时期的形式出现,都会在哲学史上投下长长的阴影。

第五章

事物如何发生：物理学

在前面几章里，我们看到希腊思想家，从泰勒斯到柏拉图，如何详尽地描绘了我们所居住的宇宙的图景（picture of the universe）。尽管他们的物理学理论具有很大的历史影响，但已然被科学进步所取代，不再会启发我们认识这个世界。亚里士多德的世界图景（world-picture）也是如此；不过，亚里士多德所提供的物理学思辨，远远超过他的前辈思想家，除此之外，他还对基础概念（underlying concepts）进行了哲学考察，这些概念对许多不同种类的物理学解释来说是基础性的。与其物理学体系本身有别的是，他的物理学哲学包含着许多依然令人感兴趣的东西。 178

亚里士多德所论范畴中的第二范畴，就是量的范畴。这一范畴所回答的问题是“多大”，而亚里士多德头脑中所想到的答案则是“四尺长”，“六尺高”（*Cat.* 4. 1^{b} 28）。他告诉我们，量有两种，一种是离散的，另一种是连续的。离散量犹如一支千人的军队（*Metaph.* Δ 13. 1020^{a} 7）；连续量犹如我们已知的线条、表面、物体、时间与场所等(*Cat.* 6. 4^{b} 20 ff.)。亚里士多德对连续物(continuum)与连续量(continuous quantities)的研究,对其物理学哲学具有根本意义。本章第一部分主要讨论这些议题。

连续物

在《物理学》(*Physics*)第六卷开篇,亚里士多德介绍了三个术语,借此表示
179 量化诸项之间的不同关系:这些关系或许是顺联的(*ephexes*),接触的(*hama*)或连续的(*syneches*)。如果两项之间没有与它们同类的东西,那么这两项便是顺联关系。譬如,在列岛里的两座岛屿之间如果只是海洋,那这两座岛屿便是顺联关系;如果两个白天之间没有白天而只有黑夜,那这两个白天便是顺联关系。亚里士多德指出,如果两项各自之间界限彼此相接,那这两项便是接触关系;如果两项之间只有一条共同的界限,那这两项便是连续关系(231^{a} 18 – 25)。他用这些界说为下述论证奠定基础:连续物不能由不可分割的原子构成。

譬如,线不能由没有宽度的点组成。既然点是不可分的,那它就不能有一条不同于自身的界限:因此,两个点不可能是接触的或连续的。如果你说一个点的界限与这个点本身是同一的,那么,连续的两个点便是同一个点了。点也不是彼此顺联的:在一条连续线上的两个点之间,我们总能找到同一条线上的其他点(231^{a} 29 – ^{b} 15)。

亚里士多德说,同样的推理方式也适用于研究空间量度、时间以及运动,因为所有这三者都是同一类的连续物。时间不能由不可分割的瞬间组成,因为在两个瞬间之间总有一段时间;运动的原子事实上就是静止的瞬间。

可分割性的确是量或量度的界定性特征,在亚里士多德《形而上学 Δ》

(1020^{a}7)中的哲学术语里就是如此使用的:“我们所说的量,是指任何可以分割为两个或两个以上组成部分的东西,而每个组成部分是同一类中的一个单独实体。”我们将在后文讨论“同一类中的一个单独实体”到底等于什么。

因此,可以分割的点或瞬间会缺乏量度,无论怎么重复,零的量度相加永远不能得出任何量度。因此,我们从另一条途径得出如下结论:连续量不是由不可分的项组成。如果每一量度只能分为其他量度,如果每一量度必须是可分的,那么,其结果就是所有量度都是无限可分的。

亚里士多德的无限可分观念不容易把握,他自己也充分意识到这一点。在《论生成和毁灭》(*On Generation and Corruption*)一书里,他详细地阐述了一条反对其论题的思路,并且建议说,正是这条论证思路引导德谟克利特采纳了原子论。该论证与此相似。 180

如果物质无限可分,那么,让我们假设这一分法已经得到施行——因为,如果物质真的是可分的,那么在上列假设中就没有任何不连贯的东西了。由这种分法所产生的碎片会有多大?如果这些碎片具有任何量度的话,那么,从无限可分的假设角度来看,就有可能继续分割这些碎片。所以,它们一定是没有广延的碎片,就像几何学意义上的点一样。不过,任何可分的东西可以重新放置在一起:如果我们将一根木头锯成许多木片,即使木片小如锯末,我们依然能够将其放置在一起,还原成一根与原来大小相当的木头。然而,假定我们的碎片没有量度,那么,如何才能将其相加在一起来复原我们开始所用质料的大小与长度呢?物质不可能由几何学意义上的点组成,甚至也不可能由无数个这样的点组成,因此,我们必将得出可分性必有终止的结论,而最小的可能碎片一定都是有大小、有形状的物体(1. 2. 316^a 14 – 317^a 3)。

亚里士多德在几处都试图回答这个难题(*Ph.* 3. 6. 206^a 18 – 25; 7. 207^b

14)。他坚持认为,“无限可分”(Divisible to infinity)意味着“无休止地可分”(unendingly divisible),而非“可分为无限多的部分”(divisible to infinitely many parts)。无论一个量度多么经常地加以分割,它依然可以继续进行分割。无限可分的意思就是其可分性无终无止。连续物没有无数个组成部分;确切地说,亚里士多德将实际上的无穷数(infinite number)这一理念视为不连贯的(incoherent)。他说,无限性仅仅具有潜能的实存性(3. 6. 206^{a} 18)。

这便是对德谟克利特式论证的有效回应:不过,亚里士多德继而却画蛇添足。他区别了不同种类的潜能。一块大理石具有成为一尊雕像的潜能;当这一潜能得到实现时,这尊雕像立刻就在那里了。但是,一个时间段或系列可以分割成的各个部分,具有不同种类的潜能。它们不可能立刻都在那里:譬如,当我睡醒时,前面的白天既包括早晨也包括下午,但早晨与下午不可能立刻同时出现。

从几个方面看,这种论说似乎考虑不周。首先,亚里士多德是在为通常的连续物进行辩护:通过诉诸属性来为其辩护,似乎有悖常理,因为这一属性可能是时间这一特殊形式的连续物所特有的东西。再者,对连续物无限可分的论证,不涉及分割过程。在亚里士多德提供给德谟克利特的论证里,后者认为
181 如果某物是无限可分的,那么,分割可否同时实施不是什么问题,而分割结果是否成为某种连贯可知的东西则是问题(*GC* 1. 2. 316^{a} 18)。另外,将此与制作一尊雕像的潜能相比较,则是一条错误的路径。

米开朗基罗(Michelangelo)在一首十四行诗里,对内在于一块大理石的种种潜能进行了充满激情的描绘:

> 概念不是来自艺术家的灵魂
> 无论这灵魂是多么伟大,
> 而隐藏在大理石里待人开启的概念

此人的理智会教导他用手去发现。①

在一块独特的大理石里，同时实现所有最伟大的艺术家的所有概念是不可能的，同时实现连续物的所有组成部分也是不可能的。一般说来，从

(1) 有 p 的可能性和有 q 的可能性

推论出

(2) 有 p 和 q 的可能性

是一谬论，要搞清这一点，就得审视这一情形，这里的"q"是"非 p"。因此，为了回答德谟克利特的问题，亚里士多德无须区别同时实现的潜能和同时没有实现的潜能。只要指出两种说法之间的差异就足矣（如他所言；*GC* 1. 2. 317a 8），其中一种说法是：凡是连续的东西在任何一点上都是可分的；另一种说法是：凡是连续的东西在每一点上都是可分的。

不过，我们应当更加仔细地审视这首十四行诗。当米开朗基罗的双手与理智在实现大理石的潜能方面无人能够超越时，有人会追问他的这首诗是否表示从哲学上充分把握住了潜能的本性。显然，米开朗基罗认为，潜在的雕像如同影子般的现实，已经以某种神秘的方式隐含在尚未被削砍的大理石里。如果你将潜能视为影子现实，那么，你似乎可以设想和量化它们 182
了。在此情况下，凡是无限可分的东西，会有无数个组成部分。但是，以这

① 原诗如下：Non ha l' ottimo artista alcun concetto
Ch' un marmo solo in sè non circoscriva
Col suo soverchio, e solo a quello arriva
La man che ubbidisce all' intelletto.

中世纪的想象在此表明，亚里士多德的研究助理亚历山大大帝正在玻璃潜水钟里探索海底。

种方式看待潜能的诱惑必须予以抵制，无论对米开朗基罗还是对德谟克利特来说，都是如此。

亚里士多德论场所

亚里士多德所论的第五范畴是场所（place），所回答的问题是“在那里”，可提供的典型答案是“在吕克昂”（*Cat.* 4. 2ª 1）。《范畴篇》就此范畴并未告诉我们更多的东西，但《物理学》第四卷则有六节专论场所（亚里士多德告诉我们，他在这个难题上从前辈思想家那里得不到任何帮助；4. 1. 208ª 32 – 33）。每个人至少初看起来，都位于某一场所，并且能从这一场所移动到另一场所。同一场所可在不同时间由不同物体所占据，就像可以先盛水而后装空气的瓶子一样。所以，场所与占据该场所的物体不可能同一（4. 1. 208ᵇ 29 – 209ª 8）。那么，场所是什么呢？

亚里士多德最终得出的答案是:一个事物的场所就是该事物的第一个不移动的界限,此界限就包含在该事物之中。因此,一品脱葡萄酒的场所,就是 183
装酒瓶子的内在表面——其条件是这只瓶子静止不动。不过,假如这只瓶子是移动的呢?是在一条平底船上从江面上顺流而下呢?这样,那葡萄酒也会从一场所移动到另一场所,要说出其场所,就必须确定与不动的江岸相关的位置(4. 5. 212^{b} 15)。所以,河流中的一棵树,四围都是水流,其场所是由根植于其中的不动河床来确定的。①

从这些例子中可以清楚地看出,对亚里士多德来说,一件事物不仅位于由其直接容器来界定的场所之中,而且位于包括那一容器的东西之中。于是,一个小孩会这样写出自己的住址:宇宙,地球,欧洲,英国,牛津,高街 1 号。所以,亚里士多德指出,“如今你之所以在宇宙里,是因为你在大气层里;你之所以在大气层里,是因为你在地球上;你之所以在地球上,是因为你在你自己特有的场所上”。宇宙就是万物共有的场所。

如果位于某地或某处就是在一个容器里面的话,那就得承认宇宙不在某地或某处之中。这便是亚里士多德得出的结论。“宇宙不是任何地方;因为位于某处的东西不仅仅存在,而且具有某种与其相随的东西,存在的东西就在其相随的东西之中,相随的东西包含着存在的东西。但在整个宇宙之外,则无任何东西”(*Ph.* 4. 5. 212^{b} 14 – 17)。如果宇宙不在某地或某处之中,那它就不能从一处移动到另一处。

显然,亚里士多德所描述的场所,截然不同于牛顿(Isaac Newton)所说的空间(space),牛顿认为空间是无限广延或宇宙网格(infinite extension or cosmic grid)。无论物质宇宙是否曾被创生,牛顿式的空间都会存在。在亚里士多德看来,如果没有物体,也就没有场所;不过,会有真空,即空无物体的场所,但仅

① 参阅罗斯:《亚里士多德》(W. D. Ross, *Aristotle*, 86; id., *Aristotle's Physics*, Oxford: Clarendon Press, 1936), 575 页。

当此场所以实现物体为界限(4. 1. 208^{b} 26)。因此,他的场所概念可以避免那些难题,也就是导致诸如康德这样的哲学家否认空间的实在的种种难题。然而,亚里士多德却给这一基本概念附加上一个不可挽回、不合时宜的重要因素,即自然场所的观念(notion of natural place)。

亚里士多德相信,在一秩序井然的宇宙里,土、气、火、水四元素中的每个
184 元素,都有一个自然场所,都会产生因果性的影响:就各自的本性而论,气与火是向上升,水与土是向下降。每种运动对于它的元素而言,都是自然的;其他运动形式虽是可能的,但却是"暴犯的"。诚如我们在宇宙中所见,这些自然运动受到各种因素的阻碍,因此,实际上极少数事物位于它们的自然场所之中;不过,要对四元素的实际分布做出特别解释,就需要参考这些元素寻求其自然场所的倾向,自然场所就是最适合这些元素存在的地方(4. 1. 208b 9 – 22)。当我们将自然死亡与暴死加以对比时,我们依然保留亚里士多德的遗风,即将自然的运动形式与暴犯的运动形式区别开来。然而,没有一位亚里士多德的现代敬仰者会为这种由类所限的宇宙观(class-bound vision of cosmos)进行辩护,即每一元素都知道各自的场所,都心甘情愿地处在自然所赋予它的位置上。

亚里士多德论运动

无论怎么讲,亚里士多德对运动(motion)的基本阐述,虽与陈旧的学说相关,但未受陈旧学说的污染。确切地说,他对运动的阐述是其物理学哲学中最为精微的部分之一。在他看来,运动(*kinesis*)是一宽泛术语,包括几个不同范畴里的变化,譬如体积的增长或颜色的变化等(*Ph.* 3. 1. 200^{b} 32)。但是,从一处移动到另一处或在当地运动,提供了可用来思索亚里士多德的运动理论的

范式。

在《物理学》第三卷里，亚里士多德对运动的界说，初看起来并没有多么大的启发意义。他说，“运动只要处在可能之中，那它就是可能中存在的现实”。让我们就此做一说明。假定一物体 X 要从 A 点移动到 B 点，它务必能够完成这一位移：当此物体位于 A 点时，它只是在潜在意义上位于 B 点。当这一可能成为现实时，那么物体 X 就位于 B 点了。但是，此物体随后处于静止状态，而非运动状态。所以，从 A 点移到 B 点的运动，不仅仅是实现了位于 A 点而后达 B 点的可能性。那么，我们能不能说运动是这种可能性的部分实现呢？这样说不行，因为一个位于 A 点与 B 点之间的静止物体，不能说已经部分地实现了那种可能。我们就得这样说：运动是一种依然处于实现过程中的潜能的实现结果：这就是亚里士多德的运动界说所包含的意思。事实上，位于 A 点的这个物体具有两种不同的可能性：一种是位于 B 点的可能
性，一种是移动到 B 点的可能性。在解释这一论点时，亚里士多德列举了其他 185
运动的例子，诸如身体的加热，雕像的雕刻，患者的康复，房子的建造，等等（3. 1. 201^{a} 10－15）。

亚里士多德指出，运动是一个难以把握的概念，这是因为运动会处于直接可能性与直接现实两者之间。他将自己所言概括成一句简短的口号，即：运动是未完成可能性的未完成现实（3. 2. 201^{b} 31）。［该物体］位于 B 点将是完成现实；［该物体］移到 B 点则是未完成现实。位于 B 点的潜能是完成时的潜能（the perfect potentiality）；移到 B 点的潜能则是未完成时的潜能（the imperfect potentiality）。

运动是一连续体：介于 A 点与 B 点之间的一系列单纯位置，并非就是从 A 点到 B 点的运动。如果物体 X 要从 A 点移到 B 点，就必须通过 A 点与 B 点之间的所有中间点；但是，通过一个点不等于位于那一点。亚里士多德论证说，任何运动的东西一直在运动。如果物体 X 在从 A 点旅行到 B 点时通过中间

点K的话，那它肯定已经通过早先位于A与K两点中间的J点。无论A点到J点之间的距离会有多短，那也是可分的，是无限可分的。物体X无论移动到任何一点上，此前都有它依然移动过的一点（*Ph.* 6. 5. 236^{b} 33 – 35）。由此得出的结论便是：没有运动第一时刻这样的东西。

亚里士多德对运动的阐述，是建立在认真分析希腊动词的语义属性基础之上的。与希腊语不同的是，英语的每一动词时态都有特殊的连续形式。“他跑”与“他正在跑”两句之间的差异，在英语中一目了然。“所有移动的此前已经移动”（这是有疑问的）与“所有正在移动的此前一直在移动”（这是确实的）两句之间的差异，也显而易见。在希腊语里，亚里士多德不得不花费一番气力，来说明他正在谈论的不是所有移动的东西，而是所有正在移动的东西。不过，他要坚持的不仅包含所有正在移动的此前一直在移动这层意思，而且包含所有正在移动的此前已经移动这层意思（*Ph.* 5. 6. 237^{b} 5）。

在亚里士多德看来，有些动词表示运动（*kinesis*），有些动词表示现实（*energeiai*）（*Metaphor.* θ 6. 1048^{b} 18 – 36）。如前所言，运动不仅包括运动，而且包括许多不同种类的变化和产生，亚里士多德就此所给的例子如下：学习某种东西，建造一座特殊房屋，走到一个特定场所。他就现实所给的例子包括“在看，在了解，在感觉快乐”等等。他借助微妙的语言学要点，区分了他所说的两类
186 动词。

第一类动词意指活动，这些活动在下列意义上是未完成的：如果我正在进行甲这项活动，那我尚未完成甲这项活动（假定我正在建造这座房子，那我尚未建成这座房子，等等）。这类动词所意指的活动是需要时间的活动（*NE* 10. 4. 1174^{b} 8）。不过，第二类动词所表示的活动或成果不需要时间，而是持续或连续地超越时间。运动能快能慢，可完成或中断；但现实则不行。我会很快学到某种东西，但我不可能很快认识这种东西；我在学习时会中断，但我在认识时不可能中断（*NE* 10. 4. 1173^{a} 33；*Metaph.* Θ 6. 1048^{b} 19）。

诸如认识这样的现实，均属于状态。在此类状态之外，还有第二现实，表示此类状态的行使方式。我们这里有一三元序列（triadic sequence）：我学希腊语，我懂希腊语，我说希腊语。第二现实具有某些运动的特征，同时也具有某些现实的特征：说希腊语不是一个趋向终止的未完成过程，而学希腊语则不然。从另一方面讲，学希腊语会以某种方式中断，而懂希腊语则不然。

亚里士多德的分类可以被当做一种研究，语法学家将其称之为动词的体（aspect）。在希腊语而非英语中，动词的体经常与动词的时态纠缠在一起。我们已然使用亚里士多德的术语，来区分譬如未完成时态（这种时态告诉我们什么正在发生）与完成时态（这种时态告诉我们什么已经完成）。在本书第三章里，我们讨论过亚里士多德在《解释篇》里对过去时态和将来时态的研究，因此可以说我们已经接触过亚里士多德对时态的研究了。现在，我们应该看看他在《物理学》里对时间论题的正式研究。

亚里士多德论时间

亚里士多德认为，广延、运动与时间是三个根本性的连续统，彼此之间关系密切而有序。他所说的变化范式，就是局域运动，从一处到另一处的运动。运动从空间广延的连续统中获得自身的连续性（*Ph.* 4. 11. 219^{a} 10－14）。继而，时间的连续性源自运动的连续性。如此一来，亚里士多德对时间的阐述，有赖于他对运动的阐述。他提出的正式界说确是这样：时间是就先后而言的
运动的数目。 187

显然，运动与时间是密切相关的；但是，你会不会质疑亚里士多德给予运动以优先性呢？如果没有时间，运动和任何一种变化都是不可能的。假定物体 X 要从 A 点移到 B 点，它必须先位于 A 点，后位于 B 点，任何变化必然涉及

早先的状态和后来的状态。但在没有运动的情况下时间还可能吗？我们可否认为一个静态的或的确空无的宇宙，会持续一段较长或较短的时间？

亚里士多德并不相信：在没有运动之处，就没有时间(4. 11. 219^{a} 1)。时间与运动并非同一，运动是特定事物的运动，不同种类的变化就是不同种类的运动，但时间是普遍的和一致的。再说一遍，运动会更快或更慢，但时间则不然。确切地说，运动所需要的时间决定着运动的速度(4. 10. 218^{b} 9;14. 223^{b} 4)。虽然如此，亚里士多德声称“我们是同时感知到运动和时间的”(4. 11. 219^{a} 4)。

我们通过观察某一变化过程，便可得知多少时间已经过去。如今，通过确定钟表指针在时钟表盘上所到达的位置，我们就能知道是什么时间了。无论采用什么方式将沙漏或滴漏计时器当做时钟，都可以取得钟表指针所起到的作用。在亚里士多德看来更为重要的是，我们通过观察日月星辰在天上的运行，便可测量出年月日。

更接近出发点的旅程部分，先于更接近终点的旅程部分。远近的空间关系，证实了运动中的前后关系。正是运动中的前后，提供了时间里的早晚。如此一来，时间秩序从亚里士多德的观点来看，在终极意义上源自运动在连绵过程中的空间排序。

当亚里士多德声称时间是运动的数目时，这一排序无疑是他所想到的种种事物的排序。我们会将运动的组成部分列为第一部分，第二部分，第三部分……但是，我们会想到基数与序数方式，因为时间包含度量因素以及拓扑因素。我们经常会说不仅A先于B，而且会说先于多长时间(how long)。这似乎意味着亚里士多德在解释他所说的“数目”时，他的意思是指被计算的东西，而不是指计算的单元(*Ph.* 4. 11. 219^{a} 9)。为了表明这一点，他或许会对他的界说
188 做出如下补充：时间不仅就前或后而言，而且就更快或更慢而言，时间就是在数数(numbering)。因为，作为时间普遍性的一种证明，他提供的事实是：无论任何变化都是依据速度来测量的(*Ph.* 4. 13. 222^{b} 30)。

亚里士多德的界说(先于—后于系列)所显现的时间与其通过时态(过去、现在与将来)所表达的时间之间是什么关系呢?亚里士多德是用“现在”(*to nun*)的概念将这两者联系在一起的。

> 我们说“先于”与“后于”,是指相对于现在的前后差距;现在是过去与将来的定限……不过,就过去时间和将来时间而言,“先于”的含义是相反的:在过去时间里,我们把离现在更远的称为先于,把离现在更近的称为后于;而在将来时间里,我们则把距现在较近的叫做先于,把距现在较远的叫做后于(*Ph.* 4. 14. 223ª 5 – 14)。

亚里士多德频繁地谈论“现在”。他似乎要用此达到两个不同目的:其一是最自然的用法,以此表示现在时间;其二是专门用法,以此可能表示“瞬间”或“瞬刻”。在第二种用法里,你可以言说较早或较晚的现在(*Ph.* 4. 10. 218ᵇ 24; 11. 220ª 21)。在上述引文里,亚里士多德看来是将这两种用法混合起来,以便表示“现在瞬间”。这是不幸的,因为现在瞬间是一个不连贯的观念。“现在”是一个形容词,仅仅适用于时间段,譬如现年或现世纪。瞬间是时间段的界限,将来时间段由将来瞬间所限定,过去时段由过去瞬间所限定。但是,现在时间段则不是由现在瞬间所限定,而是由两种瞬间所限定:其一是过去,其二是将来。没有现在瞬间或瞬间现在。①

现在就是瞬间的论题,与亚里士多德十分重视的另一论题相互抵牾,另一论题断言瞬间不可能有运动。如果现在就是瞬间,瞬间没有运动,那么,现在就无物运动。这一论证无论在任何时候都可重复;由此看来,运动定然永不真

---

① 欧文(G. E. Owen)建议,这里的混乱表述源于柏拉图的《巴门尼德篇》(参阅欧文:《亚里士多德论时间》,见巴内斯等编:《亚里士多德研究文集,iii:形而上学》)(G. E. Owen, ‘*Aristotle on Time*’, in J. Barnes, M. Schofield, and R. Sorabji (eds.), *Articles on Aristotle*, iii: *Metaphysics*, London: Duckworth, 1975),151 页。

实。但我们在上述情况下究竟能从第二论题本身中得出什么呢?

我们会欣然赞同这一说法:没有物体可能移动于瞬间。在 t 时与 t 时之间
189 不可能发生移动,同样,在 A 点与 A 点之间也不可能发生移动。但是,由此不会得出这样的推论:没有物体可能正在移动于瞬间,同样,没有物体可能正在移动在某一点上。然而,亚里士多德不是从希腊语现在时态的一种通义错误地推导出另一种通义;正如我们所见,他能够驾轻就熟地克服这类可能存在的语义学混乱现象。他为更有力的结论所提供的论证,是建立在我们已经看到过的这一前提之上,即:所有正在运动的东西一直都在运动。不过,从这一论证得出的正确结论,并非是无物可能正在运动于瞬间,而是无物仅能在单一瞬间内正在运动。

亚里士多德的主张所包含的真理性在于:我们只有在 t 时这一个瞬间属于一个时间段时,才能说物体 X 正在 t 时运动;也就是说,从 t' 到 t'',X 在运动;同样,我们只有在 p 点这一点位于 p' 与 p'' 两点之间的线路上时,才能说物体 X 正在 p 点运动,而这一线路必须是物体 X 运动时遵循的线路。在一点上运动的速度观念,是从时间长度中衍生出来的观念(这一观念可能简单也可能复杂,这取决于运动的一致性或这种一致性的缺失),从 t' 到 t'' 的时间长度,正是 X 从 p' 达到 p'' 所花费的时间。

亚里士多德论因果关系与变化

在《形而上学 Δ》以及《物理学》(2. 3 194^b 16 – 195^b 30)的哲学用语中,亚里士多德区分了四种原因或解释。其一,他认为一物是由什么组成或构成,譬如音节由字母组成,雕像由青铜构成。这就是所说的质料因。其二,他认为一物有一形式或模式,这可用相关的界说予以表述:他所举的例子是,里拉琴上

两根弦的长度比例,使一个八度乐音(octave)有别于另一乐音的原因。第三个原因是指某物中变化的起源或静止的状态;亚里士多德的追随者经常将其称为“动力因”。亚里士多德所举的例子包括做出决定的人,育出孩子的父亲,雕刻塑像的雕刻家,医治患者的医生以及通常制造或改变某物的任何人。第四个也是最后一个原因,就是目的或目标,也就是做某事图什么;如果有人问我们为什么散步,我们回答说“为了保持健康”,这就是对此事的一种解释。最后这一原因就是人们所知的“目的因”。 190

在现代哲学里,因果关系(causation)通常被视为两个事件之间的关系,其中一个为因(cause),另一个为果(effect)。显然,亚里士多德所建立的因果关系十分不同。他偶尔论及事件引起事件的情况(雅典对萨尔迪斯的探险活动引起雅典与波斯的战争;*Apo.* 2. 1. 94^{a} 36),但在他所列举的典型原因中,没有一个是偶发事件;大部分是内容丰富的实体,人类存在或青铜块体;有些是持久的状态,譬如里拉琴弦之间的比例或雕刻家的技艺(此乃更为直接的雕像原因;*Ph.* 2. 3. 195^{a} 6)。诚如亚里士多德所言,效果会有许多类别,诸如状态,行动与产品。亚里士多德所说的第三类原因或动力因,就包括实体(小孩)、制品(雕像)以及事件(患者康复)。不过,这样说不会歪曲亚里士多德的概念,在关乎作用的因果关系里,所导致的结果总是事件,抑或是某物的变化(患者的康复),抑或是某物的形成(孩子的孕育,雕像的制造)。

亚里士多德的原因观念和现代的原因观念之间的差异是非常显著的,一些学者因此拒绝接受将 *aitia* 译为 cause(原因)的传统做法;他们更喜欢使用的术语是“解释”(explanations),倾向于谈论四因为(four becauses)而不是四原因或四因(four causes)。亚里士多德本人告诉我们说,这四者是对“为什么”这一问题的四种答案。

归根结底，我们会把“为什么”归结为“是什么”（像数学中不变的东西那样，最终都要归结到直线、可约数等诸如此类的定义）；或者归结为原初的变化（若问“他们为什么打仗？”回答说“因为遭到袭击。”），或者归结为目的（为了获得统治权力），或者就生成的事物而言归结为质料。（*Ph*. 2. 7. 198^{a} 14 – 21）

我们在此遇到同样四项，但其排序如下：形式因，动力因，目的因，质料因。

在列举他的四因时，亚里士多德用数学例证来说明形式因。但是，他最感兴趣的因果关系的种种形式，是事物的形式或性质：正是这些形式，从内在角度来解释动植物的生命周期和独特活动。在这些实例中，形式因与目的因出现巧合：自然形式的成熟实现，成为有机体的活动所追求的目的。不过，亚里

191 士多德也有兴趣解释非生命实体之间的相互变化，他对此会列举水化为蒸气的例子。在这些实例中，他将形式因和质料因用作解释原则。

在亚里士多德看来，变化会发生在不同的范畴之中：譬如，生长就是量度范畴里的变化，性质（譬如颜色）范畴里的变化被称之为变换（*GC* 1. 5. 320^{a} 13）。我们已经知道，局域运动属于场所范畴里的变化。但实体范畴里的变化则是非常特殊的一种变化，在这里一种东西变成另外一种东西。当一实体发生量和性质的变化时，同样的实体会连同其实质模式始终不变。但在一种东西变为另一种东西时，会不会有始终不变的东西呢？亚里士多德的回答是：质料。

当感知到变化的载体坚持不懈，仅仅改变自身的属性时，我们就有一转换（alteration）的实例……身体有时健康，有时患病，虽然保持着同样的身体。有些青铜有时会是圆形的，有时会是角形的，但还是同样的青铜。然而，在事物发生整体变化时，就没有什么可以感知的东西作为变化的载体

> 可以保持其同一性了。例如,精液变成血液,水变成气,气变成水。诸如此类的情形,是一物的生成与一物的毁灭……就其最严格的意义而言,质料等同于承担生成和毁灭的深层载体。(*GC* 1. 4. 319b 8 – 320a 2)

什么是影响实质变化的这一质料的性质呢?亚里士多德经常借助实物比喻的方式,来解释质料与生命物形式的关系(例如他对胎儿形成过程的老式描述)。“就像青铜之于雕像、木头之于床、成形前的无形物之于成形后的物体那样,实体的深层本性也是如此”(*Ph.* 1. 7. 191a 9 – 12)。这一比喻并非易于理解。木头在做成床之前与之后依然是木头,深层本性在实质变化过程中依然是深层本性,那么,这一深层本性到底是什么呢?改变木头或青铜的形状是偶然变化而非实质变化的样例。

当亚里士多德告诉我们下述情况时,事情依然没有变得更加清楚。

> 我所说的质料,就其自身而言既不是任何种,也不是任何量,也不是规定存在的任何范畴可以描述的东西。因为,质料是所有这些事物谓述它的东西,因此,质料的本质不同于所有谓项的本质。所有其他范畴谓述实体,但实体谓述质料。因此,质料就其自身而言,既不是任何种,也不是任
> 何量,也不是别的什么东西。(*Metaph. Z* 3. 1029a 21 – 25) 192

一个无种无量无形的实在体,因对它无话可说,故显得非常神秘。但这并不是亚里士多德想要我们接受的观点。他所说的终极质料(他有时称其为最初的质料),不是任何一种本质自在(in and of itself)。因为它生长或缩小,所以它不是本质自在的任何特殊量度;因为它彼此转化,所以它既不是本质自在的水,也不是本质自在的蒸汽。这里所说的意思,不是它在任何时候都不具有任何量度,或者在任何时候它既不是水也不是蒸汽或任何其他东西。

那么,如何辨识一块质料呢?在日常生活中,我们熟悉这一想法:同一包物料有可能先是第一种东西,然后是第二种东西。装有一品脱炼乳的瓶子,在摇晃之后,你会发现所装的不是炼乳而是黄油。从这只瓶子倒出来的物料,就是原来装进去的物料:既没有添加什么,也没有减去什么。但是,倒出来的东西在类别上不同于原来装进去的东西。亚里士多德的质料观念正是从这些实例中引申出来的。

斯多亚学派论因果性

斯多亚学派对原因的阐述,要比亚里士多德的阐述既更简单又更复杂。说其更简单,那是因为斯多亚学派并不把质料因、形式因和目的因理所当然地称之为原因,他们嘲讽亚里士多德的追随者是"一群原因之众"(crowd of causes)(Seneca, Ep. 65. 4)。不过,他们对动力因的研究则比较复杂,因为他们采用了一种描述因果关系的典型模式,并对不同原因种类进行了丰富多样的分类。最为重要的是,他们与亚里士多德不同,他们提出的普遍因果律需要予以阐释和辩护。

斯多亚学派对因果关系的标准分析是基于下述模式:A 导致 B 即 F。A,作为因,务必是一物,B 务必如此;但 B's 即 F,作为果,并不是一物,而是一抽
193 象实在,即一莱克顿(lekton)。塞克斯都对此这样解释:

> 斯多亚学派认为,每一因都是一物,此物对彼物而言则成为某种无形的因。譬如,一把解剖刀是一物,此物对彼物肉体而言,则成为某种无形的因,意味着被切割。再如,火是一物,此物对彼物木头而言,则成为某种无形的因,意味着被燃烧。(*M.* 9. 211)

当A与B都是物质实在时，斯多亚学派便用“质料”特指B这一因果关系中的被动因素（塞内加，Ep. 65. 2LS 55E）。所以，在斯多亚学派所论的因果关系中，我们发现有因、质料与果三要素。

斯多亚学派引入了共同因（*sunaitia*）和辅助因（*sunerga*）这两个概念。例如，两头牛在其中任何一头拉不动犁时就成为合力拉动犁的共同因；我在你自己能够搬动一堆东西的紧要时刻帮你一把就成了搬动这堆东西的辅助因（LS 55I）。承认共同因和辅助因具有重要意义，因为这表明在言说一特殊状态或事件的原因时经常会有误导。这些原因所形成的不是连锁关系，而是网络关系。

在斯多亚学派看来，不只是存在物的变化和开端需要原因，因为还有导致事物继续存在的维持因（*aitiai synektikai*）。例如，各类物都是由活性的稀薄流动体集结而成，这一流动体被称为普纽玛（*pneuma*），字面意指“气息”，担负着宇宙的内聚力。有生命的物体因灵魂而保持活生生的状态，灵魂就是这些物体的维持因。此类原因的特征在于：假定这些因停止运作，其果也就不再能够获得。

确切地说，芝诺将这种特征说成是所有原因的特征（LS 55A）；但是，其他斯多亚学派人士似乎一直承认另外一类前件或前提因（*prokatarktikai*），由这些因所产生的果，在这些因消除之后依然存在（LS 55I）。显而易见的是，一座房子在建造者停止工作之后会依然存在。看来，来自西提姆的芝诺所想到的是维持因，即维持存在或生命的原因。譬如，审慎是导致一个人谨慎的原因，只要他的审慎意识依然存在，他就会依然保持谨慎。应当切记，谨慎对于斯多亚学派的唯物主义者而言，乃是一个人的生理构成因素（LS 55A）。

前提因的存在方式与芝诺的维持因学说是相互一致的，这种方式看来一直是这样：一前提因导致一物体具有一内在特征，即：此物本身是一维持因，与所要解释的果同时存在。确切地说，这正是该学说用来确证医学实践时所采
用的模式：当一患者外感风寒时，空气之冷就是前提因，患者发烧则是内在的 194

持久状态,也就是患者症状的维持因。①

克律西普因借用园圃滚筒(garden roller)或儿童陀螺来解释这一点而闻名。儿童不用鞭子抽打,陀螺就不会转动:一旦抽动后,陀螺会依靠“自身的力量和本性”(西塞罗,*Fat.* 43)继续旋转。用鞭子抽打就是前提因,但陀螺的内在力量则是主要因。同样的道理,园圃滚筒一旦被推动,就会主动地继续滚动。使用这一解释的企图,就是要把斯多亚学派的因果论与人类责任的可能性调和一致起来。

因果关系与决定论

斯多亚学派不仅相信普遍因果关系,换言之,他们笃信一切皆有因的论题;与此同时,他们还相信普遍因果决定论,换言之,他们认定一切皆有因并由因决定。阿弗罗蒂西亚的亚历山大(Alexander of Aphrodisias)对斯多亚学派有过如下报道:

> 世界上没有任何事物是无因而在或无因而生的,因为任何事物所包含的东西无以独立于或孤立于原先所出现的东西。如果引进或推行无因而起的运动,那么这个世界就会分裂破碎,就再也不会在独一秩序与政策的统制下依然保持统一。除非一切存在和生成的事物具有先前它们必然遵从的原因,那才会出现这种情况。(亚历山大,*Fat.* 191. 30. LS 55N)

这里需要注意的是斯多亚学派的极端立场。他们不仅主张实存的开端有一原

① 参阅汉金森所编辑的论文(See texts in Hankinson, *CHHP* 487 - 491)。

因,而且断言万物发生时有一原因。另外,他们还认为每一原因都是必然需要的原因:既有因,就有果。他们不仅坚信普遍因果关系,而且坚信普遍决定论。这一学说是斯多亚学派的发明,从其诞生之日起一直影响巨大。毫无疑问,该学说潜伏在原子论中(西塞罗,*Fat.* 23),但德谟克利特没有像斯多亚学派那样清晰地阐明这一点。亚里士多德没有接受斯多亚学派之类的因果论主张,而伊壁鸠鲁学派虽然接受了因果关系的普遍性,但却没有接受必然性的普遍性。 195

这一系列统一的、连续的和不可避免的必然原因,被斯多亚学派及其批评者称为命运(LS 55F)。该命运学说即刻遭到来自几方面的哲学批评,西塞罗的《论命运》(*On Fate*)一书,生动地阐述了针对命运学说提出的论证以及斯多亚学派对这些论证所做的反应。一个著名的论证被称为惰性论证(*argos logos*),其目的在于表明:如果决定论是真实的话,那做任何事情都没有必要了。

这一论证想象某人正在告诫一位躺在病床上的斯多亚学派的患者:“如果命中注定你会从这场病中康复,那么,无论你是否请医生[诊治],你都会康复;同样,如果命中注定你不会从这场病中康复,那么,无论你是否请医生[诊治],你都不会康复。不管哪一种情况,你都命该如此,因此,请医生[诊治]没有什么必要”(*Fat.* 29 LS 55s0)。显然,同类论证可适用于任何一种正常的生活行为:另有人设想这一论证是用来说服一位拳击运动员没有必要使用防护装置的。

在回应中,克律西普区别了简单事实与复杂事实。“苏格拉底将在某一天死去”这一断言是真实的,无论他做什么都会如此;然而,“莱尤斯将生出俄狄浦斯”这一断言,只有在莱尤斯与妻子发生性关系才有可能是真实的。假如那位患者的康复是一件同请医生诊治联系在一起的复杂事实,那么,请医生诊治将与最终的康复都同样是命中注定的。

如果世界的历史是单独一套相关事件的话,尚不清楚克律西普自己在多大程度上有资格对简单事实与复杂事实做出区别。苏格拉底的死或许连同他的一些行为都与命运相关(克律西普所用的说法),譬如他在受审时的行为。确切地说,一切事情或许与其他一切事情都是与命运相关的(co-fated)。

然而,克律西普有资格摒弃那种惰性论证。这里不妨想想下列命题:

(1)假定我请医生,我将康复。

(If I call the doctor, I will recover.)

(2)假定我不请医生,我将康复。

(If I do not call the doctor, I will recover.)

如果我命中注定会康复,那么,这两个命题的各自结果都是真实的;如果我们从真值函项的角度、也就是用菲罗的方式来分别解释这两个命题的话,那么,它们各自在假定意义上都是真实的。如此说来,无论我是否请医生诊治,我都会康复就是真实的了。然而,鉴于这些命题通常是用来指导行为的,因
196 此,不仅要从真值函项的角度来理解这些命题,而且要将这些命题看作支持相应的反事实的命题:

(3)假定我请来医生,我会康复。

(If I called the doctor, I would recover.)

(4)假定我未请来医生,我会康复。

(If I did not call the doctor, I would recover.)

不过,斯多亚学派人士没有理由接受命题(4)。[1]

---

① 惰性论证在多个世纪以来频频出现在许多不同的语境之中,例如,在弥尔顿(John Milton)反驳加尔文主义的宿命论时,这种论证方式就出现在他的《基督教学说》(*de Doctrina Christiana*)里。

决定论与自由

较为严肃的论证是：如果决定论（determinism）是真实的，那么，人类的行为责任就会蒸发，表扬与谴责均无意义。伊壁鸠鲁学派和雅典学园派都进行过这种论证。伊壁鸠鲁说过，必然性不对任何人负责，任何取决于我们的事情，任何招致谴责或表扬的事情，必然不受命运的辖制（LS 20A）。伊壁鸠鲁学派为了将这一自由与原子论系统调和，提出了原子参与不可预见的偏离运动这一假设。因此，卢克莱修这样写道：

唯恐人的灵魂遭受强迫的力量驱使
无可奈何地因循预先确定的路径
旅行中的原子偏离了某一空间
在不确定的时间与场所打转。（2.290）

这一随机量子如何跳动是否就是人类自由的充足条件的问题，无论在古代还是现代一直都不清楚；斯多亚学派与雅典学园派都认为这种偏离既不充分，也无必要。

西塞罗告诉我们说，卡尼阿德

曾经表示，伊壁鸠鲁学派无需这种虚设的偏离也能卫护他们的主张。他们教导说，某一自愿的灵魂运动是可能出现的，为这一学说进行辩护胜于介绍或引入偏离的观点，尤其是在他们无法给出偏离运动的原因时。通过为此辩护，他们会这样回应克律西普：他们可能会同意，运动均不缺乏原因，这无须承认所发生的一切事情都是事先原因引起的结果。因为，我

197 们意志的运作并不是外在的事先原因引起的。(*Fat.* 33)

就其内在本性而言,自愿或自发的运动内在于我们的能力之中,是顺从于我们的;这一内在本性正是此类运动的原因。

卡尼阿德在这里为伊壁鸠鲁学派提供了回应克律西普的答案;然而,克律西普据说在陈述自己的立场时,采用了与卡尼阿德相类似的方式。诚如我在先前所说,克律西普喜好使用陀螺和园圃滚筒之类的例子来解释因果关系,与此同时,他也使用这些例子来为负责任的行动留下余地。我们对任何命题或提议的赞同(assent)是由外在的刺激物来促发的,这就像小孩用鞭子一抽陀螺就开始旋转一样。不过,实际上我们所表示的赞同内在于我们的能力之中,这一点维持着不违背命运时所负的责任感。"如果某一事情在没有事先原因的情况下发生,那么,任何事情都经由命运而发生的说法便是虚假的;但是,如果任何事情的发生都有一事先原因的说法是可能的,那么,有什么可能的理由来否认所有事情都是经由命运发生的呢?"(西塞罗,*Fat.* 43)

其差别看来在这里:卡尼阿德否认自愿行动具有外在的事先原因;克律西普则肯定自愿行动具有外在的事先原因,但在这里他似乎否认自愿行动是必然由外在的事先原因决定的。这与斯多亚学派在其他地方坚持的那种普遍决定论又当如何才能协调一致起来呢?要回答这一问题,我们必须更加仔细地审视陀螺的比喻。陀螺虽然在鞭子抽打之后开始旋转,但陀螺因其本性使然,以自行的方式运动(可以说,这种运动方式不同于园圃滚筒的运动方式)。同样,心里表示赞同也是本性使然,此时涉及呈现给灵魂的刺激物。当赞同是外在刺激物和能动者自身本性这些共同原因的唯一可能结果时,那它就会受到命运这个凌驾在一切之上的法则的支配。不过,赞同不是外在的事先原因的必然结果,在此意义上克律西普就会否认赞同是必然的说法。

后来的许多哲学家一直主张,如果人类的能动者对 X 行动担负责任的话,那对这位能动者来说,就一直有可能在行动的时刻抑或采取抑或不采取 X 行动。这种二者必择其一的自由,后来被赋予了“冷漠性自由”这个专业名称。克律西普并没有主张冷漠性自由可与命运兼容,因为他更感兴趣的是后来哲学家所说的“自发性自由”。如果能动者采取 X 行动是因为他想采取 X 行动的话,那他就会欣赏自发性自由。克律西普所说的那些人之所以欣赏自发性自由,就是因为他们采取 X 行动是因为他们赞同 X 行动,而他们赞同 X 行动是因为他们的本性与品格所致。克律西普所卫护的责任感,就是能动者的自 198
主性(autonomy of the agent),一种在不受外因或刺激物的强迫下采取行动的自主性。

从克律西普的时代直至今日,哲学家一直在争论到底在多大程度上有可能将决定论与自由协调一致起来。在古代世界,这方面最有趣的贡献之一就是圣奥古斯丁论意志自由的著作,此作撰写于他自己皈依基督教的那一年。不过,鉴于他将自己的讨论置于伦理学和神学的语境之中,我们还得等到讨论本书第八章时再对其进行考察。

第六章

何谓存在:形而上学

形而上学的核心论题是存在论或本体论(ontology), 199
即存在研究(study of Being)。“ontology”一词源自古希腊词“on”(复数形式为“onta”),是系词“einai”(是,在)的现在分词。如同在英语中那样,定冠词在希腊语里可以置于分词之前,借此表示一类人或物:譬如,当我们谈及在世者(the living)或临终者(the dying)时,我们意指所有现在活着的人或所有现在将死的人。存在论的创立者是巴门尼德,他在界定自己的论题时,将定冠词“to”置于分词“on”之前,由此形成“to on”,字面意思为“the being”,其样式类似“the living”,实际意指所有存在(all that is)。这一表达词组习惯上被译为大写的英语词“Being”。小写的英语词“being”在哲学中有两种用法,第一用法相应于希腊语的分词(the Greek participle),第二用法相应于希腊语的原形动词(the Greek infinitive)。我们可以说,使用分词形式的 a being 是指一个存在的个体(an individual that is);而使用动名词的 being,实际上是指任何个体存在者所参与的东西。诸个体存在者的总体构成存在(Being)。①

这些相当枯燥的语法上的区分需要澄清,因为忽视这些区分就有可能而且也已导致一些大哲学家思想上的混乱。为了搞懂巴门尼德的想法,还需要进一步做出重要的区分,即 Being 与 existence 之间的区分。

英语里的"to be"(是)与希腊语对应词的意思可以确指"to exist"(在)。因此,诗人华兹华斯(Wordsworth)告诉我们,

> 露西活着时默默无闻
> 当她停止存在时(ceased to be)
> 更是鲜为人知。

系词形式(to be)在英语中的用法大多限于诗性描述,但当我们想要表示金字塔依然存在而罗得岛巨人雕像已不存在时,若用系词形式来言说这类事物就不自然了:"金字塔是在,但罗得岛巨人雕像不在(The Pyramids are, but
200 the Colossus of Rhodes is not)"。不过,比喻性的陈述在古希腊语中是十分自然的,巴门尼德所谈的 Being 肯定包含系词(be)的这层意思。所以,Being 包含两层意思,即:所有本质存在与所有存在者。

但是,希腊语系词不仅出现在"特洛伊不复存在"这样的句子里,而且出现在许多不同种类的句子里,譬如,"海伦是美丽的","阿芙洛狄特是女神","阿喀琉斯是勇敢的"……正是通过所有这些不同的模式,亚里士多德得以提出范畴问题。在巴门尼德看来,Being(存在)不仅意指什么东西存在,而且意指任

---

① 一般西方语言中有系词的动名词和现在分词形式之分,两者形似而意别。汉语中没有等价词或对应词。如果翻译成"是",放在有的语句里可以理解(如表示本质存在的"This is what is",可译为"这是其所是",不一定非要译为"这是本质存在"),但放在其他语句里则难以读通(如表示存在总体性本质意义的"Being of all beings",与其译为"所有是的是",不如译为"所有存在的存在")。因此,时下在国内哲学界通常将其译作"存在",这样放在所有语句中虽原意有失但大意皆通。为了避免重叠或混淆,哲学界习惯于把 existence 译为"实存",因为"实存"有别于"实在"(reality)。——译者注

何包含系词(is)的句子所描述的东西是真实的。同样,being(存在者)不仅表示实存着(existing),而且表示存在状态:譬如是热或是冷,是土或是水,等等。依据这样的解释,存在(Being)就是一个要比实存物的总体(the totality of existents)更为丰富且更令人迷惑的领域了。

巴门尼德的存在论

让我们先来看看巴门尼德那些神秘主张的某些细节,他是以蹩脚的韵文来表达的,我将其翻译成同样蹩脚的英文。

> 你可称谓和思想的东西一定是存在(Being)
> 因为存在能在而无不能在。
>
> (DK 28 B6)

第一行(可直译为"对言说和思想来讲必定是存在的")表达了存在的普遍性(universality of Being),即:无论你用名所称的任何东西,无论你能够想到的任何东西,都一定存在。为什么会如此呢?因为我若说出一名称或思考一思想,那我一定能回答这个问题:"你正在言说或思考的到底是什么?"第二行(可直译为"这是因为存在就在而无不能在")的意思是指:凡是能存在的东西,一定是这种或那种东西;它不可能是无(nothing)。

在后来的一部分残篇里,当巴门尼德引入与存在(Being)相应的否定观念时,这个问题就变得更加清楚了。

> 这一点永远不会占据上风,未在就是如此;

它发自所有念头，它约束你的灵魂。

(DK 28 B7, 1－2)

201

拉斐尔《雅典学园》里的一对邻居：巴门尼德与赫拉克利特。

我在英译文中所用的“未在”（Unbeing）一词，代表巴门尼德所用分词（*meeonta*）的否定形式。我之所以用Unbeing（未在）而不用non-being（非在）这一俗套，是因为这一语境可以澄清巴门尼德的希腊语表达方式，他的表达方式尽管是一种完全自然的表达方式，但其意欲为存在（Being）设定一个与其对立 202
的一极。如果存在意指与其相关的这种或那种或无论任何一种东西都是真实的，那么，未在（Unbeing）则意指与其相关的东西无一是真实的。确切地说，这是胡言乱语。因为，这不仅不能存在，而且也无法思考。

> 你不会掌握未在——这不可能做到——
> 你也无法言说未在；被思想与存在是同一的。

如果我们所理解的“未在”是意指对此附加不上任何谓词的话，那么，某物不可思议的说法就肯定是正确的。在回答你的问题“你在思考哪一种东西？”时，如果我说我思考的不是任何一种东西，你就会感到困惑不解。进一步讲，如果我无法告诉你我所思考的东西会是什么，或者确实告诉不了你任何与此相关的东西，你就会得出结论说我没有思考任何东西，甚至说我的确没有进行任何思考。如果我们在此意义上理解巴门尼德的用意，那我们就会赞同被思与存在是集一（to be thought of and to be go together）的观点。

尽管我们在很大程度上认同这一点，但我们依然会抗议这种认定被思与存在为一的断然主张。可能会遇到这样的情况：如果我将要思考X，我一定能在思想中给X附加上某一谓词。但实情并非如此：我的关于X的任何思想一定是真实的；因为，我可以在X不是P时认为X是P。如果我们用这种方式采纳此类意见的话，那它就是虚假的，因为被思与属实（being thought and being true）是截然不同的两回事。

另外，在尚未认同不存在物不可能被思考这一立场的情况下，我们可能会赞同未在是不可能被思考的观点。我们可以思考虚构的英雄人物和从未有过的幻想性野兽。假定不存在的东西真的不能思考的话,那我们就会证明事物正由于思考它们才得以存在的道理。巴门尼德是否相信我们会这样做呢?考虑到对其所用语言的扭曲情况,我们很难确定这一点。有些学者断言,巴门尼德混淆了用于谓述的“is”(譬如用于未在无法被思考这一真实断言中)和意指实存的“is”(譬如用于非实存物不能被思考这一虚假断言中)。我认为,更有帮助的说法应当是这样:不管是其哪一种用法,巴门尼德总是将系词(to be)当做完全意义上的动词。换言之,参照他物思考与“being”(存在者)相关的“是水”(being water)或“是气”(being air)时,在方式上类似于他思考与“running”(流动)相关的“流水”与“缓缓流动”。在S是P这种模式的句子里,他所思考的“is”并非作为系词而是作为动词,他所思考的P并非作为谓词而是比作副
203 词。一个人开始快跑然后慢跑而一直在跑。同样,在巴门尼德看来,这东西开始是水然后是气而一直存在。变化永远不是从非在者发展到存在者,反之亦然;最有可能出现的情况是存在者的变异(variation of being)。

用这一方式来解释巴门尼德,有助于我们理解他是如何从存在的普遍性和未在的不可思议性等论题中得出这些令人赞叹的结论的。

> 有一条路,标志着智慧之路:
> 存在永不诞生、永不死亡。
> 存在坚定不移,永无终结。
> 它既不是在过去,也不是在将来,而是在现在
> 整个作为单一和连续。
> 它如何能够诞生呢?
> 它在何时何地能够成长呢?是未在吗?
> ——不是——

未在既不能言说，也不能思考；但我们无法走到
否认它存在的地步。需要什么，
或早或晚，才能使存在从未在的种子里生成？
这样一来，那一定是一起在或一起不在。

(KS 28 B8.1 – 11)

许多具有不同说服力的哲学家，从“无可能来自无”(nothing can come from nothing)这一原理中得出如下结论：世界肯定一直存在着。其他哲学家也提出这样一个确证：不会有充足的理由来证明世界于此时彼时、或早或晚得以存在。然而，巴门尼德断言，存在(Being)无始无终，这一断言采用了一概而论的形式。存在不仅是永恒持久的，而且不受变化的影响(“坚定不移”)或时间进程的影响(存在即现在，既无过去，也无未来)。什么能将过去与现在和将来区别开来呢？如果过去不是一存在者(being)，那时间就不真实；如果过去是一存在者，那它就是存在(Being)的组成部分。过去、现在和未来都是一体存在(one Being)。

凭借类似的论证，巴门尼德试图表明存在是不可分的。什么能将存在从存在那里分开呢？是存在吗？可这里没有分化，只有连续不断的存在(continuous Being)。那是不是未在(Unbeing)呢？可这里的分化是不真实的(DK 28 B8.22 – 25)。我们可能会期待巴门尼德采用一种平行的方式来论证存在是无限的。那么，什么会为存在设限呢？未在不会对任何事情做任何事情；如果我们想象得出存在因存在而受限制的话，那么，存在还没有达到自身的限度。巴门尼德的一些追随者就是这样论证的(亚里士多德，GC 1.8.325a 15)，但这并
非就是巴门尼德本人看待问题的方式。当他着手总结自己的学说时，他先从 204
现在熟悉的前提入手，由此得出令人惊讶的结论。

思考一物之所属等于思考其存在，就是这样。
除了存在之外，我们可能表达的任何东西
思想都无法到达。在存在的边界之外
就是无或将是无，因为命运的诏书
将其整个死死锁上。万物都是名称
均由凡人的轻信构想出来——
诞生与毁灭，所有或没有，
地点的变化，颜色的显隐。
但由于设定界限在于包揽一切
其形状呈现出圆形，就像完美的球体。

(DK 28 B8, 34-43)

宇宙作为完美天体(perfect sphere)的概念，其自身是否贯通或是否与巴门尼德的学说符合，在这里看不清楚。无论会出现什么样的情形，此处有一较为紧迫的问题。如果存在的本性就是齐一、不变、不动与无休无止或无始无终，那么，我们又当如何说明变化属性的多样性呢？而这些变化属性，正是我们基于感觉经验赋予世界上的各项事物的。在巴门尼德看来，这些属性属于意见之路。如果我们想要走真理之路的话，那我们必须让自己的心思专注于存在之上(keep our minds fixed on Being)。

虽然巴门尼德及其在意大利的希腊城邦之追随者们强调说，只有完全稳定不变的东西才是真实的，但在大海对面小亚细亚的希腊城邦，赫拉克利特则强调说，一切真实的东西都在流动之中。赫拉克利特喜好用谜语言说。他在表述其普遍变化的哲学时，将火与水用作意象。世界是永远燃烧的火，火势高时烈焰腾空，火势低时几近熄灭；火是一切事物可以皈依或转化的硬通货，譬如，金子与货物就是彼此互换的(DK 22 B30, B90)。不过，世界也是永远流动的水。如果你踏进同一条河流的话,你不可能将你的双脚放在同样的水中。在其隐喻的驱使下,赫拉克利特继而指出(如果柏拉图所述真实的话):你不可能两次都踏进同一条河流(*Cra.* 402a)。无论会出现怎样的结果,赫拉克利特似乎毫不怀疑地断言:万物一直都在运动之中(Aristotle, *Ph.* 8. 3. 253^{b} 9)。如果我们不注意这一点,那是因为我们的感觉存在缺陷。在赫拉克利特看来,真理之路就是变化,意见之路就是稳定。 205

柏拉图所说的理念及其麻烦

巴门尼德与赫拉克利特开辟了多个世纪以来哲学论战的战场。柏拉图的哲学思考,在很大程度上是竭力地调和或解除这两个对手的武装。他笔下的一位人物告诉我们说,真正的哲学家必须拒绝接受两个学说:其一是所有实在都不变化的学说,其二是实在到处都在变化的学说。“就像要得到和吃掉蛋糕的孩子一样,他必须这样说:存在(Being)为一切之总和,既是一蹴而就或从不变化,又是一切处于变化之中”(*Sph.* 249c – d)。

亚里士多德告诉我们说,柏拉图是在赫拉克利特的思想影响下开始哲学思考的,并且一生都恪守这些思想的要旨(*Metaph. A* 6. 987^{a} 31 – 33)。在《泰阿泰德篇》里,柏拉图提出了一种知觉理论,试图在不接受普遍流动这一观点的情况下,竭力保存赫拉克利特洞见中的真理性。我们将在第七章里审视这一点,眼下所关注的焦点是柏拉图处理巴门尼德式问题的方式。

在其一生中,柏拉图进行过三次系统性的尝试,力图解决上述两位哲学巨人提出的形而上学问题。第一次尝试的结果是提出了理念论,分别陈述于《会饮篇》《斐多篇》和《理想国》。在非常粗犷的意义上,你可以说柏拉图笔下的苏格拉底在此阶段将哲学领域一分为二,将可以理解的理念宇宙拱手让给巴

206

这是梵蒂冈藏品中被理想化了的柏拉图头像。在诸多哲学家中间，柏拉图的天分几乎是独一无二的，这种天分体现在批评和修正自己最为看重的理念论上。

门尼德，将可以知觉的感觉宇宙拱手让给赫拉克利特。到了第二阶段，在以巴门尼德名字为题的那篇对话里，巴门尼德本人代替苏格拉底揭示理念论所产生的一些不可接受的后果。到了第三或最后一个阶段，也就是在《智者篇》里，一位来自埃利亚的不知名的陌生人作为第三个主角，引导我们不仅摆脱了巴门尼德和赫拉克利特，而且摆脱了柏拉图的理念论，转而接受了一种详致的解决方式，借此取代所有这三位哲学家，使我们能够得到和吃掉属于自己的形而上学蛋糕。

诚如我们所知，柏拉图早中期对话里所表述的理念（the Ideas），属于一个永恒而不变的世界，如同借用巴门尼德的真理之路所揭示的存在（Being）一样。而在另一方面，居于经验世界的种种实在物，则处于赫拉克利特所言的流动之中，经常徘徊于存在与非在之间。但是，柏拉图对这两位主角并非一视同仁，而是认为巴门尼德的世界远胜于赫拉克利特的世界，理念的不变世界要比变动不居的经验世界更为真实且包含更多真理。对理念的理智洞识方能给予 207
知识；而感觉则不会提供比真实信念更好的其他任何东西。

不过，理念的领域虽然是不变的，但也不像巴门尼德所言的存在那样是齐一或同质的。存在是不可分割的和独一的，而理念则是多种的和不同的，是以某种方式彼此联系的。理念显示出层次序列，均位于善的理念之下，似乎可以击败任何存在观念（*Rep.* 6. 509[b]）。无疑，其他理念均由于善的理念才成为理念：譬如，一张床只有分有了完美才是完美或理想的床，才是最可能好的床。然而，不同的次要理念之间的关系并没有被阐述清楚，也确实没有任何建议说所有理念在某一崇高的巴门尼德式领域里都是彼此相关的全一。

于是，当柏拉图借用巴门尼德之口着手对理念论进行批评性评价时，人们毫不惊奇地发现，他所谈论的焦点是一（the One），即整一性理念（the Idea of Unity）。

《巴门尼德篇》是柏拉图对话中最难解释的文本，许多学者坦言自己对此无能为力。此篇对话分为两部分。第一部分与早期的苏格拉底式对话相似，其中自以为是的专家最后被证明均无能力将其所谓的专家性论题继续进行下去。让人耳目一新的是，本篇对话将通常的角色颠倒了过来。先前喜好刨根问底的苏格拉底，总是在抨击某位著名智者的说法；而在这里，被盘问的对象则是年轻的苏格拉底，使其蒙受羞辱的诘难性论题正是理念论。巴门尼德扮演了一位成功的追问者，他告诉苏格拉底他在辩证法方面训练不够，故此需要进一步训练。本篇对话的第二部分旨在揭示苏格拉底所需要的那种训练。开始先讨论关于一与存在的假设，两人都显得竭力而为地在探讨其可能性，巴门尼德提出一系列滴水不漏但经常不够合理的论证，我们无论接受矛盾的任何一方，都会得出完全令人不快的结论。

学者就此对话中两大部分的各自本质及其相互关系看法不一。第一部分对理念的批评在柏拉图看来是否会严重危害其理念论呢？如果是这样的话，他又将如何解救这一设论呢？或者说，他是不是坦言相告他的困惑所在呢？第二部分里的论据，是否意味着开开玩笑还是严肃认真的论证呢？如果是后者的话，柏拉图是不是想要我们识别出这些论证中的谬误呢？或者说，他本人
208 是不是认为这些论证都是有效的呢？无论是这两者中的哪一种情况，对抨击理念论的第一部分而言，第二部分的相关意义到底是什么呢？

在概述第一部分里提出的理念论的主要问题之前，有必要在此重申一下在本书第一章里被奉为古典理论核心内容的六项原理：

(1)共同原理。只要几样东西是F，那是因为这几样东西参与或模仿了F这个独一的理念（*Rep.* 5. 476a）。

(2)分离原理。F的理念有别于所有那些都是F的东西（*Phd.* 74c）。

(3)自我谓述原理。F的理念就是F自体。

(4)纯粹原理。F 的理念不是别的而是 F(*Phd.* 74c)。

(5)独特原理。只有 F 的理念是实在、真正与集合意义上的 F(*Phd.* 74d; *Rep.* 479a – d)。

(6)崇高原理。理念是永恒的,它们既没有部分,也不会变化,更不为感官所察觉(*Phd.* 78d)。

《巴门尼德篇》第一部分所列出的问题如下:

1. 根据理念论来推断,诸多特殊的 Fs 之所以是 F,是因为它们分有了 F 的理念。但"分有"(participation)是何意思? 一个特殊的 F 是不是仅仅享有理念的一部分呢? 或者说,这个特殊的 F 是不是包含理念的全部呢? 要证实这两种说法中的任何一种,都有难处。如果一个特殊的大的东西 L 包含整个大的理念(Idea of Large),那理念似乎就被分散开来而缺乏理念的整一性了。但如果 L 仅仅分有大的一部分,那么某物本身是小的也就是大的了,因为它仅仅是一部分,所以它一定比大的要小(131a ff.)。

2. 对理念论至关重要的是,无论在何处有几样东西是 F,它们都从某一其他实体中引申出 F 的理念。因此,几样大的东西从大的理念中引申出大(largeness)的木性。倘若我们将原先那一套大的东西连同大的理念放在一起,我们就有了新的一套大的东西,后者作为大的本性,一定衍生于某一其他实体。"所以,大的本性的另一形式,连同大的理念和分有这一理念的东西,就会一起出现,随后还会出现另一种超过所有这些东西的形式。"如此一来,我们等于踏上了一条无穷回溯(an infinite regress)之路(132b)。这一思路给亚里 209
士多德留下深刻印象,他用"人"而非"大"取代了原初前提里的 F,称其为第三人论证(the Third Man Argument),这里的"人"是作为一个超理念(Super-idea)出现的,是从(a)在世之人和(b)理念之人得出的第三人。

3. 有一特殊难题涉及关系谓项。譬如说,我是一个奴隶。根据理念论来推断，那一定是因为我与理想的奴隶相似。但谁是理想的奴隶主呢？确切地说，谁是理想的主人呢？但我不是理想的主人的奴隶，而是我在地球上的任何一位奴隶主的奴隶。如此一来，世界上诸实在物之间的关系就无法用诸理念之间的关系来解释。

这些难题均是理念论的真正问题，柏拉图确实想要我们认识到这一点。这些问题至少要求对理念论进行实质性的矫正，而在其他对话中，柏拉图对理念论实施了这一矫正。不过，在《巴门尼德篇》里，柏拉图并未明确地表述这些必要的矫正，虽然我们可能会期待这篇对话的第二部分就矫正所需要的思路提出某项指导原理。

第二部分的主要问题在于：巴门尼德开始论证时所涉及的那一对假设尚不明确(137b)。他将这一对假设描述成关于一自身(the One itself)的一对假设，但在希腊语的陈述中，这一对假设可用不同方式予以翻译。下列两对是最切近原义的翻译：

(1)假定一存在　　v. 假定一不存在。

(2)假定它是一　　v. 假定它不是一。

(2)所标示的读法，最适合《巴门尼德篇》里这段被接受的文本(the received text)的希腊语表述方式，这里没有定冠词出现在“一”(*hen*)这个词之前。确切地说，即便那些最积极热情地力挺第一种读法的人们也会认同这一点：这种读法只有在你于此处修改文本时才会得以保留。另一方面，(1)所标示的读法在两种情况下更为适合，其一是对直接相关的先遣词而言，其二是对整体系列的后续论证而言，此处不存在任何歧义，经常用一定冠词来指称一。另外，任何接受读法(2)的人，就得回答第三人称单数“它”(it)到底代表什么这个问题。

在我看来，没有必要修改文本。第二种读法是最为自然的翻译，容易同后续论证调和一致起来。现有两种途径可做到这一点。 210

第一种途径是将所讨论的第三人称代词“它”(it)，当做历史人物巴门尼德在其诗歌中描述真理之路时所用的主词“它”(it)，即:存在(Being)。在后续论证中，表示“一”的种种指称是易于说明的。这些指称是在阐述“它(存在)是一”的假设过程中出现的。如果该假设是真实的，那就有一个卓绝的主词，也就是谓词“一”所应用的对象，即存在自身。这一主词会自然而然地用来指称“一”，巴门尼德实际上以预辩方式用此指称“一”(137b3)。但是，当巴门尼德继而考察否定性假设——这里可译为“存在不是一”——时，这种解释就变得更加难以维系了。

因此，第二种途径会更加受人青睐。此处可将第三人称代词“它”读作“一”。如此一来，那两个假设便是“理念一是一”(The One is one)与“理念一不是一”(The One is not one)。从字面上看，这是一种似乎不合理的读法:第二假设由于自相矛盾而将自己立刻淘汰出局。但如果我们予以反思，我们就会发现实际情况并非如此。理念论所存在的一些主要问题，在《巴门尼德篇》第一部分就已形成，这一部分是从F的理念是F自身这一自我谓述原理中引申出来的(参阅本书原文第208页)。适当的做法是，这篇对话的第二部分不应把自我谓述原理当做理所当然的原理，而是要探索其否定和肯定形式在一个卓绝的理念实例中所带来的种种结果。

辩证法发端于对话主角巴门尼德基于第一假设的探寻活动，他所探寻的对象包括连接一的是什么谓词，连接事物的是什么谓词。如果理念一是一，那么理念一就不是一个具有部分的整体(137a)。它既无界限，也无地点(138b)。它既不发生变化，也不处于静态(139b)。它与自身或其他什么东西既非有别也非相同(139e)，它与自身或任何其他东西既不相像也非不相像(140b)。它与自身或任何其他东西相比，既不大也不小(140d)。它并非位于

时间之中,因为它不属于过去、现在或未来,故而不能分有任何存在。由此得出的结论便是:

> 因此,理念一无法存在(the One in no way is)。因此,理念一不是以这种方式成为一,因为在那种情况下,全一就会成为一个存在者(a being)或存在者的分有者(a partaker of being)。不过,看来会是这样:如果我们不得不信任这一论证的话,那么,理念一既不是一,也毫不存在。但如果某物不存在,无物会属于它或表述它。所以,它没有名称,没有句子或思想能
> 211 够表述它,也没有关于它的感觉与知识。(142a)

很显然,我们无意将这一结论视为理念"一"的正确陈述。在这篇对话里,巴门尼德的交谈者亚里士多德(与历史上的亚里士多德本人无关)通常是一位应声虫式的人物,只有在被问及这一结论是否可能时才偶尔表示一丁点儿异议。如果该结论是真实的话,那就会削弱得出这一结论的论证基础,因为这些论证都会论及理念"一"(the One),仅凭这一结论是无济于事的。至此,辩证法务必作为归谬法:但要归到什么?就此假设而论,理念"一"是一,而且就是一。不消说,理念论的重要部分是纯粹原理:F 的理念是 F 而且只能是 F。所以,在这里,辩证法等于放弃了理念论的一个重要因素。

巴门尼德在此另行开张,提出理念"一"是一的新假设,证明理念"一"是一个具有许多部分的整体(142b, 143a),受到限制和塑造(145b),位于自身或他处,既运动又静止,既相同又有别于自身和他物(148c),在同一时刻既等于、大于和小于自身与他物(151b)。理念"一"不仅是而且会变得比自身与他物更年老和更年轻,但它同时既不是也不会变得比自身与他物更年老或更年轻(155c)。它属于过去、现在和未来,它分有存在,尽管存在(being)和一的本性(oneness)并非一回事(柏拉图论证说,如果存在和一的本性是一回事,那么

“是一”[is one]就会与“一一”[one one]表示同一意思)(142c)。所以,在命名、谈论和争论“理念一”时,不存在什么问题。

显而易见的是,在此辩证法的前两段对话之间,存在一种密切的并行关系。在每一论证阶段,我们都看到一对彼此对立的谓词(譬如运动、静止等)。在第一段对话里,巴门尼德论证说,这两个谓词均不适用于表述理念“一”。相关两段对话对理念论的解释都是破坏性的。第一段对话愚笨地坚持认为F的理念只能是F(纯粹原理)。第二段对话错误地坚持认为只能是F的理念是F(独特原理)。

不过,这两段对话并不意味着彼此完全一致。诚如我们所知,第一段对话所得出的结论是自我失效的结论,整个论证方式在严肃意义上只能被当做一种归谬法。而第二段对话所得出的结论,虽然会令人感到惊奇,但可从丝毫不 212
是自我反驳的方式予以理解。

在总结这段对话的结果时,巴门尼德指出,理念“一”有时分有存在,有时又不分有存在。他的说法重复了《理想国》里的那种怨言,抱怨感性知觉的普通对象徘徊在存在与非存在之间。现如今这里呈现出上述徘徊模式的一种形式,而将理念与普通对象区别开来的理念论的最高要旨认为,这些普通对象并非如此徘徊不定。F的理念并非有时是F有时不是F,也非此方面是F彼方面不是F。如今所言说的理念“一”,标志着与原初理念论已然分道扬镳。

就感性殊相而言,我们能够在不违背非矛盾原理的情况下,确定使这些殊相既是F又不是F的诸时期、方面与关系等因素。我们现在要做的事情就是予以适当区别,借此弄清一个谓词及其主词如何可能在不同方面表达理念“一”的真相,以及如何通过暗示来表达其他理念的真相。需要注意的是,巴门尼德所断言的主词均是理念,或者说,这些主词至少是普遍词项而非个别命名所指的词项,因此,用来表达这些东西的方式是“相同”与“另外”,而非“卡里阿斯”或“迪奥”。

为了解决有关理念的一些问题，柏拉图区分了两类主谓关系。若用属于后来时期的术语，我们便可以说柏拉图区分了参照自身的主谓关系（predication per se）与参照他物的主谓关系（predication per accidens）。这两者之间的差别可以这样呈现出来：如果存在 P 是作为 S 存在的部分（if being P is part of what it is to be S），那么 S 便是参照自身的 P（S is P per se）。于是，一棵橡树便是一棵参照自身的树。（如果我们承认 S 存在的非固有和固有部分，则一棵橡树便是参照自身的橡树。）另一方面，假定 S 是作为事实上的 P（if S is as a matter of fact P），那么 S 便是参照他物的 P（P per accidens），则存在 S 就并无部分是存在 P（but it is no part of being S to be P）。有鉴于此，如果某一特定区域里的橡树在事实上有许多棵，那么，“许多棵”只是在参照他物的意义上予以断言的。①

我们发现，柏拉图在《巴门尼德篇》里，放弃了纯粹原理与独特原理。就自我谓述原理而论，他利用了两类谓词的区别做法。理念“大”的确是大：是大乃
213 是大者的非固有部分。而其他东西并非是参照自身的大。如果我的房子是大的，那并非因为这“是大”就是一座房子存在的部分。因此，“大”（large）的谓述不同于大东西（large things）与理念“大”（the Large）的谓述；因此，理念“大”与其他大东西不能类合起来形成一套它们不得不是的东西，借此发生谑名为“第三人”的回溯论证（in order to generate the regress nicknamed the Third Man）。

同样，奴隶在参照自身的意义上属于奴隶主，因为，属于奴隶主是作为奴隶存在的部分。然而，世间奴隶与世间奴隶主之间的关系，理想奴隶与理想奴隶主之间的关系，均非参照自身的关系，而是参照他物的关系。这两组关系，以及诸个体之间和诸形相之间的关系，可在不发生冲突的情况下并肩发挥作用。

最后，我们可以重新讨论分有观（the notion of participation）。在理解许多

---

① 这两个拉丁语术语虽然不是柏拉图所用的希腊语 *pros heauto*（就本身而论）与 *pros alla*（就他者而论）的直接翻译，但在各自的意思上是相呼应的。

事物何以分享一个单一的理念(Idea)方面,所遇到的主要难点在于这似乎要把一个理念分为若干部分。我们现在可以说,一个形相(Form)是作为参照自身的一,而此一是作为一个形相应其所是的部分,那它应当是独一无二的:否则,该形相就不能实现其专门追求的目的,此目的旨在表明使用相同命名的事物所共有的东西。但如果有许多个体例示的是该形相,那它就是参照他物的多(many per accidens)。

有关形相论(the Theory of Forms)的辩证法论证与巴门尼德式难题所隐含的解决方式,都涉及贯通这两者的一条共同线索,即:用于谓述诸个体和这些个体所分有的诸形相的同样方式,并不能用来谓述什么东西(nothing can be predicated in the same way of individuals and of the Forms in which the individuals partake)。用来表示柏拉图分有观的一个现代比喻,就是有关阶层成员资格的比喻:如果 x 分有 F 的形相,则 x 就是 Fs 种类的一名成员。同样,用来表示《巴门尼德篇》要旨的一个现代比喻就是:一虽能用来表述[作为命题主词的]诸个体,但一不能简单地用来表述[作为命题主词的]诸种类。在我们谈论诸种类(并非构成这些种类的成员)的种类(the class of the classes)时,所引出的悖论是从《巴门尼德篇》里的诸悖论中直接派生的。

将理念论改写为形相论的相关论述,在《智者篇》里得到进一步展开。这篇对话的原定目的是寻找智者的定义,但最终提出的定义显然意在搞笑。寻找这一定义意在解释界定方法,这种方法在室内游戏中依然流行。在这类游戏中,应答者所想到的对象,正是提问者通过一系列问题所要辨识的东西,而这些问题是以二分法为特征。譬如,它是有生命的还是无生命的?若是有生命的,那它是一动物还是一植物?若是一动物,那它是人类还是非人类?凡此 214
种种,不一而足。在这篇对话的推进过程中,柏拉图考察了有关这种界定风格的形而上的预设条件。

凭借划分来探寻定义的做法,假如是以认真的方式进行的,那将会展示出树形结构(a tree structure),在这里,种(species)将列于属(genera)之下,狭义的属将列于广义的属之下:人类将列于动物之下,动物将列于生物之下,等等。此树形结构涉及就其自身而论的主谓关系,我们发现这种主谓关系正是《巴门尼德篇》里的一大特征。因为,在由属与种组成的树形结构里,任何列于 F 之上者,将是参照自身予以断言的某种东西。如此一来,是一动物就是作为人类存在的部分;是一生物就是作为动物存在的部分。

在界定智者的尝试中,我们需要解决虚假思想与虚假话语的问题。在没有讨论虚假的本性(nature of falsehood)的情况下,人们无法将伪装的智者与真正的哲学家区别开来。但是,在谈论虚假性时,我们如何才能不落入历史人物巴门尼德在其诗篇(237a)里所叙说的陷阱呢?言说什么是假(what is false),就等于言说什么不是(what is not)。不过,什么不是的确就等于未在(what is not is surely Unbeing),就巴门尼德所给的理由(238e)来看,未在就等于无意义(Unbeing is nonsense)。因此,似乎不可能在言说某物是假时而不谈论无意义的东西。那么,能否修正我们的说法呢?能否坚持认为言说什么是假时,就等于言说什么是、什么不是或什么不是、什么是呢?这样会不会避免巴门尼德的谴责呢?

要解决这一问题,我们就得解除巴门尼德的武装,迫使他承认什么不是就某一方面而言就是,而什么是就某一方面而言就不是(241d)。譬如,运动不是静止,但这并不意味着运动什么都不是(250b)。有许多事情甚至不以存在来表示:譬如,存在不是运动,存在不是静止。

在《智者篇》里,亦如在《巴门尼德篇》里那样,柏拉图所关注的是不同形相(Forms)之间的关系。在这里,他将这一论题说成是"形相的交织"(the interweaving of Forms),他认为此乃支撑语言基础的东西(259e)。如果我们假定没有形相或所有形相可能彼此结合的话(251e-252e),那就等于我们为自己设下了陷阱。显然,有些形相可能而有些形相则不能如此,我们需要探讨到底哪些形相与其他哪些形相可以相互结合。在此,存在(to on)于这一探讨中发挥着中心作用,就像“一”(the One/*to hen*)在《巴门尼德篇》中所占据的地位一样。但是,除了存在之外,运动、静止、相同和差异等其他四种形相,也得到思考,其相互关系也得到探索。 215

差异到头来与存在发生重要关系(256d－e)。当我们言说什么不是时,我们并非是在谈论不在,即存在的反面:此时,我们只是言说不同于所在事物之一的某种东西(257b)。非美的东西(the non-beautiful)和不义的东西(the unjust),不如美的东西和正义的东西那样真实(257e－258a)。假如我们将非某物(non-something)或不是某物(unsomething)的所有东西堆在一起的话,那么,我们就会得出非存在的范畴(category of non-being),这与存在的范畴(the category of Being)一样真实。所以,我们等于打开了巴门尼德用来囚禁我们的那所牢狱(258c)。

现在,我们可以说说思想和言语中的虚假性了。这一问题在于:无法思想或言说什么不是,因为不是或未在是无意义的。但是,既然我们已经发觉未在是完全真实的,那我们就可以利用这一点来解释虚假的思想和虚假的语句。

一个典型的语句由一名词和动词组成,是就某物言说出某种东西(262a－e)。“泰阿泰德正坐着”与“泰阿泰德在飞翔”都是言说泰阿泰德的语句,但其中一句属真,一句属假(263b)。这两个语句所言说的是有关泰阿泰德的不同事情,属真的一句所言说的关于泰阿泰德的事情,是其的确所为的事情中的一种;而属假的一句所言说的关于泰阿泰德的事情,是其的确未为的事情中的一种。飞翔不是未在(Flying is not Unbeing),而是的确存在的一种事情,有关飞翔的事情有许许多多,但是,这种事情不同于泰阿泰德的确所为的那些事情,不同于可以真的用来言说泰阿泰德的那些事情(263b)。

在《智者篇》里,柏拉图从一批哲学对手之间的争斗角度出发,一再反复描述存在的本性所引发的种种争议。在这一处所出现的争斗,是巨人与诸神之间的争斗，巨人属于唯物论者，只认为唯有实体存在，而诸神则是观念论者，只承认理念论中所描述的非实体形相。在另一处，唯物论者在赫拉克利特的带领下，所倡导的是普遍的流动（因为所有实体都在不断变化），而支持形相的盟友代表则是巴门尼德，其学说认为所有实在都是不变的。最后，我们被告知，真正的爱智者或哲学家务必对赫拉克利特充耳不闻，同时要拒绝接受所有真正的实在均不变化的学说，无论这一学说是由独一形相的倡导者（巴门尼德）提出的，还是由许多形相的倡导者（柏拉图）提出的。

216

无论亚里士多德是否驳斥柏拉图主义，利比（Filippino Lippi）从不怀疑阿奎那已如此做了（见圣玛利亚·索普拉·密涅瓦大教堂里的卡拉发小教堂——Caraffa Chapel，S. Maria Sopra Minerva）。

《智者篇》向我们展示了一种方式，这种方式是让我们在保留蛋糕的同时吃掉蛋糕，也就是说，存在包括所有不变的和可变的东西(271d)。

亚里士多德所说的形式

亚里士多德是理念论的严厉批评者。有时，他的批评怀有敬意(如 *NE* 1.6 1096^a 11ff.：柏拉图是我的朋友，但真理是更伟大的朋友)，有时，他的批评带有鄙视(如 *Apo.* 1.22 83^a 28：不要再提这等微不足道的谎言了)。亚里士多德的批评，无论蛮横或谦和与否，总是针对柏拉图中期对话中所陈述的理念论，而不是针对《巴门尼德篇》和《智者篇》里形相论的发展结果。但是，亚里 217
士多德经常默然利用柏拉图在后期著作中所陈述的思想，发展他的形式说，所著《形而上学 *Z*》尤其如此。在此书里，亚里士多德用平等的语词来讨论柏拉图的理念论及其形相论中所存在的问题。此卷内容繁多，晦涩难解，我们在这里所做的解释，只不过是引导我们走出这座迷宫的一条线索罢了。

亚里士多德所说的形式与柏拉图所说的形相之间的差异，就在于形式在亚里士多德看来不是分离的(*chorista*)，即：任何形式都是某一实存个体的形式。正如我们在阐述亚里士多德的物理学时所见，形式与质料配对，诸形式的范例都是物质实体的实质性或非实质性形式。不过，亚里士多德无法回避柏拉图试图在其理念论中予以解决的那些问题。譬如，亚里士多德务必回答有人提出的这一问题，该问题涉及分用同一名称或使用同一宾词的许多东西所共有的是什么。换言之，他务必对普遍词项做出说明。

在《形而上学 *Z*》里，亚里士多德讨论了存在、实体、质料与形式之间的关系。在这部书里，他试图将《范畴篇》里专论实体和谓项的学说，与《物理学》里专论质料和形式的学说联系起来；他通过修改和扩充，将这两者整合成一篇专论存在的论文。“过去、现在和将来总会提出的问题，就是‘何为存在’这一问题。也就是‘何为实体’这一问题”（*Z* 1. 1028^{b} 2 – 4）。

他所给出的为何省略这两个问题的理由，就是忆述《范畴篇》的论说，即：无论存在什么，都一定是某一实体或某种属于实体的东西，譬如该实体的量或质。当我们列出存在的东西时，我们就会估计（假如你乐意的话）健康与优良；但是，任何实际的健康是某人的健康，任何实际的优良是某物或他者的优良。在诸如此类的情况下，假定我们询问什么是真真切切的东西，所得到的回答将会是：这位健康的人，这只优良的狗 *Z*（ 1. 1028^{a} 24 – 30）。

所以，亚里士多德明确认为，像动物、植物、土、水、太阳和星辰等物质实存都是实体（Δ 8. 1017b 8；Z 3. 1028b 8）。他将数个深入的问题先放在一边，随后才加以研究。因篇幅所限，此处不再深究。那么，平面、线条与点是不是实
218 体呢？

数字是不是实体呢？他以旁敲侧击的方式，直接回应了柏拉图的一大问题：有没有任何一种可以分离的实体呢？有没有不同于我们凭借感觉所能领悟的实体呢？（*Z* 3. 1028^{b} 8 – 32）。

本质与实质

在《巴门尼德篇》里，我们发现柏拉图采纳了一种就谓项自身而论的形式：如果存在 P 是作为 S 存在的部分，那么 S 便是参照自身的 P。亚里士多德对于这一谓述关系深感兴趣。在《范畴篇》里，谓述关系属于（第二）实体范畴。在《形而上学》里，谓述关系回答的问题，是某物到底是（*ti esti*）什么一种东西。有时候，亚里士多德在谈论某物“是什么”（what-is-it）；在目前所进行的讨论语境里，他经常使用这样一种几乎无法翻译的词组——*to ti en einai*，该词组由定

冠词、“是什么”的问题和系动词不定式三个因素组成，可直译为某物“是什么的存在”(the what-is-it to be)，也就是回答“是什么”这一问题的那种存在。

用拉丁文评述亚里士多德的学者，有时把“实质”(quidditas)一词用作原希腊词组的相应词。拉丁文的问题“是什么”(quid est)，相应于希腊文的问题“是什么”(ti esti)。许多英语学者用“本质”(essence)来翻译这一希腊表达方式。这是颇为可行的；不过，我将采用从拉丁文那里得到的线索，在此使用“实质”(quiddity)一词。自不待言，“本质”自身是一拉丁式说法，源自表示存在的拉丁语系动词“esse”，就像希腊文“ousia”源自表示存在的希腊系动词一样。然而，有一充分理由可持续使用传统上将 ousia 译为 substance(实体)的做法。于是，我们便可使用“essence”(本质)一词，来应对另一个晦涩难懂的亚里士多德式的构词。譬如，我们可以在亚里士多德言说“为黄金而在”(the for-gold being)之处言说黄金的本质，这里所用的不定式位于希腊语的与格(Greek dative case)之后，其意思是“什么为黄金而在就是黄金”(what it is for gold to be gold)。这最后一种构词方式发端于柏拉图所关注的那些问题，这些问题涉及什么是黄金所包含与不包含的部分。大体说来，“实质”与“本质”可当做同义词使用。

凭借这些初步阐述，我们便可陈说亚里士多德在《形而上学 *Z*》核心部分
的开端处为自己设定的议程表。按照他的说法，“实体”具有四种主要含义：实 219
质，共相，种属与主体。他在该书后面的章节里逐个研究了这四项内容：在第三章里专论主体，在第四—五章里专论实质，直到第十二章里才探讨种属，最后在第十四章里则专论共相。

这一主体(*to hypokeimenon*)到头来与《范畴篇》里的第一性实体相同：这一主体可用任何东西予以表述，但其自身则不表述任何东西。我们得知，诸如此类的第一实体就是由质料和形式的构成；一尊雕像以此方式与其青铜及其形状发生关系(1029^{a} 3 –5)：我们从亚里士多德的《物理学》里已然熟悉了这

一关系。不过，质料不是实体（因为纯粹的质料并非独自存在；1029ª 27），假定我们要想发现形式是否就是实体的话，那我们就得探究形式与实质的关系。

在论述实质之时，亚里士多德利用了《形而上学 Δ》（1017ª 7）里专论特殊词汇时所做的区别，也就是参照自身的存在者（being *per se/kath' auto*）和参照他物的存在者（being *per accidens/kata sumbebekos*）之间的区别。我已经在阐述《巴门尼德篇》时使用过这样的词组，尽管柏拉图的希腊语词组与此截然不同。这些拉丁文短语只不过是亚里士多德的希腊语词组的言词转换结果（tranverbalizations of Aristotle's Greek expressions）。试图将这些希腊语词组翻译成英文的努力是徒劳的，因为英语的对应等价词，就像拉丁文短语和希腊文短语的对应等价词一样，其含义在它们所出现的语境里均有差异。这些短语用于各种不同的语境，譬如表示因果关系的语境。一位建造者是一座房子的参照自身的原因：他作为建造者建造了这座房子。不过，如果这位建造者碰巧是一盲人，那么，"盲人建造房子"的标题，所表示的就不是这座房子的参照自身的原因，而是这座房子的参照他物的原因。

这一区别也适用于下述存在者的情况。亚里士多德告诉我们，位于十大范畴中的实体，正是参照自身的诸存在者的范例：一物的色彩或形状，与某物自身都是参照自身的存在者（Δ7. 1017ª 22）。显然，参照自身与参照他物之间的区别，不同于实体与偶性之间的区别。偶性在混淆意义上是参照自身的存在者。由某一偶性而获得资格的某一实体，是一参照他物的存在者。所以，当苏格拉底的智慧是参照自身的存在物时，聪明的苏格拉底就不是参照自身的存在者，因为苏格拉底已然是参照他物的存在者了。

亚里士多德利用这一定义来界说实质：实质是指某种参照自身的东西。譬如，你可能是一位学者，但你不是参照自身的一位学者，这不同于你是参照自身的一个人（*Z* 4. 1029ᵇ 15）。"学者特奥弗拉斯图斯"所命名的是一位参照他物的存在者。不管怎么说，"男人特奥弗拉斯图"所命名的是一位参照自身

的存在者,“特奥弗拉斯图斯是一男人”表示主谓关系。“是一男人”乃是特奥弗拉斯图斯的实质或本质。 220

我们进而得知,某一实质是由某一定义给出的东西。这使人感到迷惑不解,因为可以肯定地说,不仅参照自身的存在者有其定义。无疑,对亚里士多德来讲,一位邮差可能是一位参照他物的存在者:但我们能否将“邮差”界定为“携带邮件的人”呢(cf. 1029^{b} 27)? 亚里士多德的回应是:我们有一系列与X相应的同义等价词,但并非总有X的定义。否则,全部史诗就会成为“伊利亚特”(Iliad)一词的定义(*Z* 4. 1030^{a} 9)。某一定义务必依据种和属而定,唯有这样的定义才会生成本质(*Z* 4. 1030^{a} 12)。

偶性(accidents)以及实体可用下列方式予以界定:我们可以追问“三角”意指什么,也可以追问一匹马是什么。为了允许这样的追问,亚里士多德有意软化自己原初对定义的严格说法。如他所言,“定义”犹如“存在”、“实质”和“本质”一样,都是类比性词语:第一,所有这四者只属于实体,诚如“健康”所谓述的对象首先是患者,其次才是医术和器械。第二,所有这四者均可适用于偶性;第三,所有这四者甚至都适用于参照他物的存在者(*Z* 4. 1030^{b} 1; 5. 1031^{a} 9)。

亚里士多德接着追问:某一物与其实质之间的关系是什么? 他的回答是:它们是同一的。这让我们大吃一惊,因为某一物确实具体,而某一实质确实抽象。对于这一令人吃惊的断言,他所做出的最初证明如下:某一物确实如自身一样是相同的实体,此物的实质被称为此物的实体。《范畴篇》似乎采用了直截了当的方式来阐明此处的奥秘:譬如,苏格拉底与第一实体是同一的,苏格拉底的实质就是他的第二实体。但是在《形而上学 *Z*》这一部分里,亚里士多德试图回答这一问题:“第二实体”到底意味着什么? “人”在“苏格拉底是人”这句话里意味着什么?

亚里士多德所考虑的第一个答案是柏拉图所给的答案,即:人代表一种人性,是某种不同于苏格拉底的东西。亚里士多德利用第三人论证的变体来表明这一答案是行不通的。假定一匹马不同于其实质,那么此马的实质就有自身特有的实质,以此类推,以至无穷。这一章的结语是:“显然,凡是基本的东西和用以言说参照自身之物及其本质的东西,都是同一的东西”(*Z* 6. 1032^{a} 8)。

这似乎就是此意。在诸如“苏格拉底是聪明[的]”(Socrates is wise)这样的句子里,“聪明[的]”(wise)一词意味着一种偶性,即苏格拉底的聪明不同于苏格拉底本人。但在“苏格拉底是人”(Socrates is human)这样的句子里,
221 “人[的]”(human)一词并非意味着不同于苏格拉底本人的任何东西。我们需要将苏格拉底与其聪明区别开来,因为这两者有着不同的历史:随着苏格拉底日益变老,苏格拉底的聪明抑或增益,抑或蒸发。不过,苏格拉底及其人性并无不同的历史:是苏格拉底就要是人,假定苏格拉底停止是人,那他也就停止生存了。

然而,在具体与抽象之间到底有没有需要考虑的差异呢?亚里士多德在此问题上对我们的帮助,见于他在第七—八章里对生成(coming-into-being)的讨论,在这里,亚里士多德指出:当某物生成之时,既非指形式也非指实质开始存在。在利用这一长期超负荷的类比之时,他提出这样的说法:假定我要制作一个铜球,但我因此既不制造青铜,也不制作球形。他还继而总结说:

> 凡是得以存在的制品务必是可分的,每一制品务必具有可以识别的两个组成部分,其一必然是质料,其二必然是形式,……从上述中可以清楚地看出,被称之为形式或实体的那一部分并不显现出其存在;举凡显现出存在的制品,都是由此得名的综合实体。(*Z*8. 1033^{b} 16 – 19)

亚里士多德随之得出如下反柏拉图的结论:如果说寓于质料的形式始终全然不是生成的话,那就没有必要乞灵于分离和理想的形式来解释形式是如

何生成的了（*Z* 8. 1033^{b} 26）。

我们甚至无需乞灵于形相来解释个别实体是如何取得其形式的。人类并非是从理念之人那里获得自身形式的，而是从其父母那里获得自身形式的（*Z* 8. 1033^{b} 32）。父（与母，尽管亚里士多德忽视这一点）有责任将形式赋予合适的质料。“最终的制品，即在这些骨肉中的一种形式，是卡里阿斯或苏格拉底。使他们两者与众不同的东西就是他们的质料，不同就在于此；不过，他们两人在形式上是相同的（因为人的形式是不可再分的）”（*Z* 8. 1034^{a} 8）。在这一段论述里，亚里士多德阐明了一个历史悠久的论题，即质料是个体化原理（matter is the principle of individuation）的论题。按照这一论题，无论两物相互之间会有多大差异，但使这两者相互有别的并非是其特性或特征之间的差异。因为，两物彼此之间在完全不同的情况下也有可能彼此相似。譬如，两粒豌豆无论彼此多么相像，它们依然是两粒豌豆而非一粒豌豆，因为它们是两块不同的
物质。 222

在《形而上学》中的一些地方，亚里士多德将形式与实质等同视之（例如 *Z*7. 1032^{a} 33），他继而指出：就人类和动物的情况而论，其形式与其实质与其灵魂应当是同一的（*Z*10. 1035^{b} 14）。这便提出如下难题：假定灵魂是实质，而实质与具有这一实质的东西是相同的，那么这是否意味着苏格拉底与苏格拉底的灵魂是同一的呢？亚里士多德似乎随即准备审视凝思这种可能性（*Z* 11. 1037^{a} 8），但这并非是他考虑过的意见，于是他继而论证将灵魂、形式与实质等同起来的说法。“人与马以及任何作为普遍谓述对象的个体均非实体。实体乃是普遍采纳的这个定义与这一物质的综合体”（*Z* 10. 1035^{b} 27）。这意味着有血有肉的确是人存在的部分；但具有这一特别的血肉不是人存在的部分，而是苏格拉底存在的部分。

我们兴许想知道质料—形式和灵—肉这一对概念之间的关系是什么。在《形而上学》卷 *Z*11. 1037^{a} 5 处，亚里士多德指出：某一动物是由灵魂与身体组

成,他明确地将身体和质料等同视之,但在此处他也说过,灵魂不是形式,但却是第一实体。此后不久,他继而指出:基本的实体是内在于物的形式,(另一种)实体则是这个形式和质料的综合体(*Z* 11. 1037[a] 29)。为了将这一点与亚里士多德早先的说法连贯起来,我们就得假定他在此处所说的“第一实体”,正是他在《范畴篇》里所说的“第二实体”!

但是,他给我们留下一个重要难题。在研究《形而上学》一书里的早先一段话时,我们有充分的理由得出这一结论:亚里士多德告诫说,在“苏格拉底是人”这个句子里,谓词“人”指的就是苏格拉底而非其他什么。如今,这似乎意味着那是指苏格拉底的形式或灵魂:正是借此提出了苏格拉底的定义,这在此有别于苏格拉底的质料。苏格拉底的身体显然是苏格拉底的部分:但这是否就是苏格拉底的定义或实质的部分呢?

对这一点有所阐明的是亚里士多德处理定义的方式。定义有诸多部分,定义所界说的实体也有诸多部分,亚里士多德用一整章来解释下列观点:假定A是X的部分,这一点并非总意味着A的定义就得是X的定义的部分。(你在界定直角时并不一定要提及锐角;事实上,你在界定锐角时就得提及直角;*Z*
223 11. 1035[b] 6.)定义务必提及形式的诸部分,但不必提及质料的诸部分。形式的诸部分凭借划分的定义方法被划为种和属,我们在柏拉图的后期对话里见到这种做法。

我们现在可以看出,为何会以误导的方式去追问苏格拉底的身体是否是其实质部分的问题。身体与灵魂是苏格拉底的部分(也是一特殊类别的组成部分,本书下一章将对此做出解释)。苏格拉底的实质部分,既是理性的又是动物性的;因为是动物性的,所以就拥有一个身体(一种特殊的有机身体)。然而,拥有一个身体不同于作为一个身体。要问苏格拉底的身体是否是其实质部分,就会陷入将具体与抽象混为一谈的困境,我们先前曾就此谴责过亚里士多德本人。另一方面,我们必须就灵魂说出一些类似的东西。亚里士多德有时漫不经心地提议说,灵魂不能简单地等同于实质:要成为人就得具有一个适合的灵魂,一个适合于化入有机身体之中的灵魂。

我们已然尽力阐释了《形而上学》里有关实体学说的含义。亚里士多德在引入这一论题时,是将其作为回答“何为存在”(what is being)这一根本问题的一种方法。现在该是正面解决这一问题的时候了。

是与实存

亚里士多德显然与巴门尼德一样,均以相同方式使用 to on(存在)这一表述:存在(Being)乃一切事物所是的本质。每当亚里士多德解释其意义时,他的做法就是解释这一希腊系动词(to on /to be)的含义(参见《形而上学》Δ7. 1017a 6 ff. ; Z 2. 1028a 19 ff.)。

是(being)所含各项,均可作为真实句子的主词,这些句子都含系动词“是”(‘is’),且无论该系动词(the ‘is’)后面是否接有谓词。譬如,“苏格拉底是”(Socrates is)与“苏格拉底是聪明的”(Socrates is wise)这两个句子,均告知我们某些有关存在的东西(something about Being)。亚里士多德也告诉我们,所有范畴里的谓词均意指是,因为任何动词均可用一个包含系词“是”(‘is’)的谓词予以取代。譬如,“苏格拉底跑动”(Socrates runs)可用“苏格拉底是个跑动者”(Socrates is a runner)取代。任何非实体的范畴里的每个存在,是实体的一种特性或限定。此乃实体研究为何是理解存在本性之路径的原因。

在亚里士多德那里,亦如在巴门尼德那里一样,将是或存在(being)等同
于实存(existence)是一错误。就《形而上学 Δ》里的哲学用语“是”而言,在相 224
关的词典条目里,甚至没有将实存列为是的含义之一。这是令人吃惊的,因为

在其逻辑学著作中,亚里士多德似乎不时地将其认定为一种特殊含义。于是,在《辩谬篇》(*Sophistical Refutations*)里,亚里士多德指出:“一句话,是某物并不同于是”,也就是说,是与是 F 并非同一(5. 167ª 2)。他运用这一原理消除了下列错误的推论:“此物并非是,因为此物并非是想出来的”(what is not is, because what is not is thought of),或者,“X 不是,因为 X 不是一个男人”(X is not, because X is not a man)。亚里士多德以类似的方式,进而联系到与已经不再存在的东西有关的存在 F:例如,从“荷马是个诗人”(Homer is a poet)这一句子里,得不出他是(he is)的结论(*Int.* 11. 21ª 25)。

在《后分析篇》中的这一著名段落(11. 7. 92ᵇ 14)里,亚里士多德指出:“是(to be)不是任何事物的实体(*ousia*)部分,因为某物存在(*to on*)不是一个属类”。这句话也可以这么说:实存不是任何事物的本质部分,即:有这样的事物不等于任何事物的本质所在(that there is such a thing is not what anything is)。倘若这就是其意所指,那么它理应接受叔本华的如下称赞:亚里士多德凭借先知先觉的洞识,预先阻止了存有论或存在论的论证(Ontological Argument)。[①] 但不清楚的是,这是否就是可赋予这一段落的唯一用意呢?

某物存在(*to on*)不是一个属类的前提,不一定意味着没有这样一类事物,即实存的事物或尽管可能但却真实的事物。亚里士多德在别处争辩说,存在不是一个种,因为种有别于属,这取决于不同于属的诸多差异,而任何差异都是某类存在物(*Metaph. B* 3. 998ᵇ 21)。最为清楚的实例就在于系词“是”(be)必须意指动词“实存”(exist),此时系词被附加在“参照他物的实存体”(*entia per accidens*)之上:当他说“聪明的苏格拉底是”(wise Socrates is)这句话时,他是将其区别于“苏格拉底是聪明”(Socrates is wise)这句话,但他的用意不是别的,而是说聪明的苏格拉底实存(wise Socrates exists),此乃诸多实存事物中的

① 参阅《三位哲学家》(See G. E. M. Anscombe and P. T. Geach, *Three Philosophers*, Oxford: Blackwell, 1961),20 – 21 页)。

一种而已。当亚里士多德简单地写出“苏格拉底是”(Socrates is)这句话时，就非常难以确定这是意指苏格拉底的实存，还是意指苏格拉底这个主谓关系中的主词。我们无法断定他所指的就是在我们看来似乎非常清楚的这一区别，即系词“是”(‘is’)与表示实存的“是”(‘is’ of existence)之间的区别。

当“是”的确作为一个系词出现时，就将主词与谓词连接了起来，我们可能会问它意指什么。对此，亚里士多德学派的文本提出两种可能的解释。其一，它没有意指什么，它只是一个不完整的符号，因此不能以其自身来进行推断，但却可以根据其后所接的谓词项来解读，如此一来，“……是白人”(…is
white)便可被理解为代表“白人”的偶然形式。对于“是”(‘is’)意指什么的问 225
题，将不会有一普遍答案，但对于“……是P”意指什么的问题，一般说来将有一答案，那就是十大范畴之一的实体(entity)。

其二，它代表是或在，此处的“是或在”(being)应被当做动名词，就像动名词“跑动”(running)一样，这样比较容易适用于亚里士多德学派的文本。假定我们说出这一点，那我们看来还必须附加上这么一句：是或在有各种类别。这种是或在于实质性谓词里是用系词“是”来表示的，譬如，“……是一匹马”就是一种实质性的存在物(substantial being)，而在偶性的谓词里，这种是或在也是用系词“是”来表示的，譬如，“……是白人”就是一种偶性的存在者(accidental being)，是与性质范畴相应和的。进一步说，从不同类别的存在物之间可以发现差异，因此在系词“是或在”的不同含义里也可以发现差异。

有力支持这种读法的段落便是《形而上学*H*》的第二章。在这里，亚里士多德说过，在许多方式里事物是彼此相异的。有时之所以如此，是因为事物的构成因素皆以不同的方式组合而成：有时候这些因素混在一起，就像[用酒、果汁和牛奶等调和而成的]潘趣酒那样；有时候这些因素绑在一起，就像一捆禾那样；有时候粘在一起，就像一本书那样。有时候那种差异是位置的差异：一根石条可能是一门槛，也可能是一过梁，这根据它处在门上方还是门下方的位置而定。时间导致了早餐与午餐的差异,风向导致了此风与彼风的差异。亚里士多德继而指出:"是或在"是用不同的含义来言说的。一个门槛之所以是其所是,是因为它被如此这般地安放在这个位置上,所以,门槛之所是,就在于将它如此予以安放。正如冰之所以是冰,因为它是以如此这般的方式凝固而成(*H* 3. 1043[b] 15 ff.)。

尽管想要从亚里士多德对是或在的论述中寻求有关实存的解释是一错误,但若认为亚里士多德没有意识到在此领域里有劳哲学家费心的那些问题也是错误的。当哲学家询问自己什么事物真正实存与否的时候,他们可能抑或担心具体事物与抽象事物之间的对比(譬如,苏格拉底与聪明智慧相比,苏格拉底与人性相比),抑或担心虚构事物与实际事物之间的对比(譬如皮噶苏斯与布斯法鲁斯相比),抑或担心现存事物与灭绝事物之间的对比(譬如大金字塔与亚历山大港的法罗斯岛灯塔相比)。亚里士多德在不同的地方讨论过这三个不同的问题。

我们已然看到许多有关亚里士多德如何借助范畴来处理抽象作用的方式。偶性是对实体的限定,因此,有关抽象作用的陈述,譬如色彩、行动与变化等等,均可以解析为关于第一实体的陈述。另一方面,实体范畴里的谓词,并
226 不涉及任何实在物的实存——譬如人性的形式,这种实在物不同于合适种类的个别实体。

亚里士多德为自己提供了解决有关虚构问题的手段,该手段采用了系词"是或在"的一种含义,在这里"是或在"意指"是真实的"(is true)(Δ 7. 1017[a] 31)。某一虚构是一真切的思想,但它不存在,换言之,它不是真实的。针对现存事物与灭绝事物的对比关系,亚里士多德凭借质料与形式的学说,所要解决的问题关乎那些得以实存的事物和不再实存的事物。实存之物务必是在某一形式统摄下的质料,务必是某一种类的东西。假如苏格拉底不再拥有自己的形式,或者说,假如苏格拉底不再是一个人,那他也就

不再实存或停止存在了。

我们依然没有明确地考虑亚里士多德对形而上学所做出的至为重要的贡献，也就是现实与潜能的学说（the doctrine of actuality and potentiality）。假定我们从一品脱牛奶到一名警察的整个范围里考虑其中任何一项的话，我们就会发现一些东西真的属于那一项，而其他一些东西虽然在当时真的不属于那一项，但在其他时间则会真的成为那一项。于是，一品脱液体是牛奶，但这牛奶可以变成黄油；这位警察肥胖、懒散、只说英语，但是，如果他愿意的话，他会变得苗条、勤于修剪草坪和学说法语。亚里士多德将某物当前所是或所为的那些东西称之为现实（*energeiai*）；某物可能所是或可能所为的那些东西是某物的潜能（*dynameis*）。于是，此液体在现实意义上是牛奶，但在潜在意义上则是黄油；此警察在现实意义上是肥胖的，但在潜能意义上则是苗条的；等等。与现实性相比，潜能是发生某种变化的能力，它抑或是通过自身的行动，抑或是通过其他能动者对自身采取的行动。从胖变瘦是一种偶性变化（accidental change）：在此情况下，某一实质具有此时是 F 和此时不是 F 的潜能。不过，在亚里士多德看来，从牛奶变成黄油是一种实质性变化（substantial change）。所以，不是这实质而是这质料才具有采纳不同实质性形式的潜能。

自不待言，在研究质料—形式和实质—偶性这两对范畴时，我们在事实上已然熟知特殊种类的潜能和现实。在形而上学的历史上，分析的重要意义被亚里士多德视为解除巴门尼德、赫拉克利特和柏拉图提出的种种挑战的一种途径。早先的形而上学家们详细地阐述了诸多悖论，而可能生成这些悖论的说法抑或是存在源自存在，抑或是存在源自非存在。亚里士多德想要从这两 227
种说法之间穿过，于是提出现实存在源自潜能存在的说法。这当然不是一个魔幻的程式，不会消除所有哲学上的困惑；但它却是一个适宜的模板，其中可以嵌入对不同种类的可能变化的详细分析。

亚里士多德并未将自己的研究称为“形而上学”;这一命名的原初意思是“物理学之后”(After Physics),是亚里士多德著作的编辑为了标明这一文本在其全集里的位置而给予的。但是,亚里士多德的确这样说过:有一学科“是对作为存在的存在(Being qua being)的理论化,是对自体属于存在的事物的理论化”(Γ1. 1003a 21)。这一学科被称为“第一哲学”(first philosophy),自身所关注的是第一原理与至高原因。亚里士多德似乎对这一学科的主旨提出过两种彼此冲突的说明:其一,它不同于特殊的科学,所探讨的是作为整体的存在;其二,它所探讨的是一特殊种类的存在,即神性的、独立的和永恒的实体(因此,亚里士多德有时将其称为“神学”)。我们是不是要说这些就是对作为存在的存在的两种不同的表述呢?

非也。没有作为存在的存在这样的东西,仅有研究存在的不同方式。你可以研究作为存在的存在,但那不是研究一个神秘的对象,而是从事一种特殊的研究。就像所有亚里士多德的科学一样,这种研究是对原因的探求:当我们研究作为存在的存在时,我们是在寻找最普遍和最基本的原因。不妨将这一学科与其他学科加以对比:当我们在研究人类生理学时,我们是把人类当做动物加以研究;换言之,我们是在研究人类与动物所共有的结构和功能。不过,自不待言,并没有人即动物这样的实在体。

研究某物即存在物,那就是依据它与别的事物共有的东西对其进行研究。(可爱的人儿,你或曾想到:亚里士多德自己认为,亦如我们所见,无物能以存在作为自身的本质或本性。)不过,对作为存在的宇宙的研究,就是将其当做单一的凌空系统予以研究,这一系统包容所有生成和永存事物的原因。诚如我们将在本书第九章中所见,位于亚里士多德提出的原因层次至高点上的是天上动与不动的动者(the heavenly moved and unmoved movers),也就是引起所有生成与毁灭的最终原因。当亚里士多德声称第一哲学研究存在的整体时,他给予第一哲学需要解释的场域;当他声称第一哲学是神性的科学时,他给予第

一哲学自身用来解释的终极原理。如此一来,亚里士多德的第一哲学既是研究作为存在的存在的科学,同时也是神学。 228

伊壁鸠鲁学派与斯多亚学派很少关注柏拉图和亚里士多德经常思考的存在论问题。不过,有一发展结果值得简要评述。

在致朋友的一封信里,塞内加解释说,无物依据属和种予以分类:人是动物的一个属,但在动物之种上面更有一形体之种,因为有些形体有生命,而有些形体(如岩石)无生命。在形体之上,还有没有一个种呢? 有。有一存有之种:就如其所是的东西而言,有些是有形体,而有些是无形体。按照塞内加所言,这一种才是至高之种。

> 斯多亚学派要把另一更为基本的种置于这一种之上。在这些斯多亚学派人士看来,基本的种似乎就是"某物",让我来解释其中的缘由。在自然界里,他们声称有些事物存在,有些事物不存在,自然界甚至也包括那些不存在的东西——也就是那些进入思想或头脑里的东西,譬如像半人半马,巨人以及其他虚构的东西,即缺乏实体但有意象的东西。(Ep. 58. 11 – 15)

这里我们可以清楚地看出,系词"是"(to be)的用法等同于"实存"(exist)的意思,丝毫没有那些源于巴门尼德的复杂关系。① 这是一大进步。另一方面,斯多亚学派将实存物与非实存物视为单独而至高的存在论之种下面的两个属时,已然播下了数百年里哲学思想混乱的种子。在这部哲学史的后面几卷里,我们将会遇到这一混乱现象所产生的后果。其中最为详细的产物,就是有关上帝存在的存在论论证;其中最为时尚的产物就是现实世界与可能世界之间的区别。

---

① 参阅《希腊化时期的哲学家》(See LS i. 163)。

尽管斯多亚学派的发展具有重大意义，但直到我们开始研究新柏拉图主义者的思想时，形而上学在古代世界里的重要性才再次成为哲学的要素。不过，在普罗提诺这样的作家身上，形而上学发生了神学转向(theological turn)，他的学说将在本书讨论宗教哲学的第九章里予以深入考察。

第七章

灵魂与心智

灵魂研究要比哲学研究更为久远。在诸多地方与诸 229
多文化里，人类都曾想象自己能长生不死，古时候与世界“灵魂”同义等价的诸多词语，首先用来表示我们身上永恒不死的东西。哲学发轫之初，死后生活的可能性与灵魂的本性便成为哲学所关注的核心问题之一，该问题涉及宗教与科学两个领域。

毕达哥拉斯的灵魂再生说

毕达哥拉斯经常被尊为哲学家中的第一人，他因倡导死后重生之说而闻名。不过，他不像许多其他人所言，并不相信灵魂在死亡之际进入不同的阴幽世界；他相信灵魂此时返回到我们所居住的世界，但灵魂在返回时是附在不同身体之上的。他本人宣称自己的灵魂是从尊贵的神灵宗谱那里传承而来,并说自己记得数百年前作为一名英雄参加特洛伊城之战的情景。这种(无须永远继续的)灵魂转生说(transmigration)截然不同于受到诸神保佑的永恒不朽说(blessed immortality),前者全然没有死亡之虞(D. L. 8. 45)。

根据毕达哥拉斯所言,灵魂转生的方式不仅可以发生在这个人与另一个人之间,而且可以发生在不同的种类之间。有一次,毕达哥拉斯阻止一人用鞭子抽打一只幼犬,因为他声称自己从幼犬的呜咽中听出一位故友的声音(D. L. 8. 36)。莎士比亚对此学说感受颇深,提到数次。在《第十二夜》

230

毕达哥拉斯在为其学生推算早逝的大力神赫拉克勒斯的身高。

(*Twelfth Night*)里,剧中人物马尔福里奥(Malvolio)在与毕达哥拉斯谈论宗教信仰时告诉我们说,他相信

> 我们女祖先的灵魂 231
> 会碰巧寄居在一只鸟儿的身上。
>
> (第四幕第二场 50 – 51 行)

当夏洛克(Shylock)在《威尼斯商人》(*The Merchant of Venice*)里遭到辱骂时,逆向迁移的可能性随之增大了。

> 你几乎使我动摇了自己信奉
> 与毕达哥拉斯达成的共识——
> 动物的灵魂自行输入
> 到人类的血管之中。
>
> (第四幕第一场 130 – 133 行)

毕达哥拉斯并没有为灵魂幸存与灵魂转生说提供哲学上的论证;相反,他主张以自己的实例来证实这一点,其做法就是辨别自己在前世托生中的所属关系。在一长串哲学家的名录中,他率先将记忆奉为识别个人身份的一个标准(狄奥多罗 10. 6. 2)。与他同时代的阿尔克迈翁(Alcmaeon)似乎首先在此领域提供了一种哲学上的论证,后者从模糊不清的前提中得出令人疑惑的推理结果,断言灵魂不死,因为灵魂就像神性的天体一样处于永恒的运动之中(亚里士多德,*de An.* 1. 2. 405^{a} 29 – b1)。

恩培多克勒对毕达哥拉斯的灵魂转生说进行了详尽的描述,将其作为他的循环历史观的组成部分。作为早期堕落的结果,诸如谋杀者与作伪证者等

罪人,他们像游魂野鬼一样转存三万年,托生为许多不同的形式,从一种艰苦生活转换到另一种艰苦生活(DK 31 B115)。鉴于动物形体是受罚灵魂居住的地方,恩培多克勒便告诫其追随者切忌食用活物。你若屠宰一动物,就有可能是在屠杀你自己的儿子或母亲(DK 31 B137)。另外,灵魂不仅有可能转生到动物身上,也有可能转生到植物身上,因此,即便是素食者也要当心他们的食物,要避免食用豆类和月桂树叶(DK 31 B141)。死后,你若托生为动物,最好是成为狮子;你若托生为植物,最好是成为月桂。恩培多克勒声称自己经历过灵魂转生,他不仅曾经托生为人,也曾经托生为动植物。

> 我一次托生为男孩,一次为女孩,一次为一棵树
> 也有一次为一只鸟,一次为海里一条沉默的鱼。

232 (DK 31 B117)

早期,对当下生命之灵魂的研究,似乎一直附属于对来世灵魂居所的思索。所有早期的思想家都似乎采用了一种唯物主义的观点:认为灵魂不是由气构成(阿那克西米尼与阿那克西曼德),就是由火构成(巴门尼德与赫拉克利特)。不过,需要假以时日,才能解决这一难题,即:无论这一质料要素是多么纤细和易变,它到底是如何施行灵魂特有的感受与思想功能的呢?

赫拉克利特仅仅提供了这么一个精妙的比喻:

> 一只伏在蜘蛛网中间的蜘蛛,会立刻发现破坏任何一根蜘蛛网丝的苍蝇,并且会立刻冲将过去,仿佛痛惜断裂的网丝似的;一个人的灵魂,犹如这只蜘蛛,如果身体的任何部分受到伤害,它就会迅速地赶往那里,仿佛不能忍受对身体的这种伤害似的,因为灵魂与身体是紧密而和谐地结合在一起的。(DK 22 B67a)

这段话开一代先河,从中衍生出许多哲学上的尝试,试想把人的能力与行为解释成一内在微小动物的活动——虽然后来的哲学家更倾向于把灵魂视为一个内在的小人,而不是一只内在的节足动物。

知觉与思想

恩培多克勒是详细描述知觉如何发生的首位哲学家。如同他的前辈一样,恩培多克勒是一位唯物主义者。在他看来,灵魂就像宇宙中的其他东西一样,是土、气、火与水的复合物。感觉是在同这些元素中的每一元素互相交合中发生的,这些元素出现在知觉的对象之中,它们在感觉器官里也都有各自对应的部分。争与爱这两股力量,在恩培多克勒的体系里会对这些元素施加影响,也在这种交合过程中发挥作用,这一切都受同类相知原理的主导:

> 我们以土见识土,以水见识水,
> 以气见识空中的气,以火见识燃烧的火,
> 我们以爱感知爱,以争感知可悲的争,
> 如此而已。
>
> (DK 31 B109)

这一过程似乎就如此发生。世上的种种物像流射出一种东西,进入到我们眼睛的微孔之中;声音这一流出物,透入到我们的耳朵里。倘若知觉就要出现,微孔与流出物就彼此进行交合(DK 31 A86)。自不待言,这一相互交合过 233
程是在这些元素层面上进行的,涉及恩培多克勒体系中的根本性解释原理。在某些实例中,这一过程是简单的;譬如,声音通过气来传达,通过内耳里的气

得以回应。但视觉的情况就比较复杂,必然涉及各个元素的比例问题,这正是上述残篇引言所隐含的意思。所有这些元素最为复杂的混合体就是血液,血液围绕心脏进行旋流,由此促发思想。血液构成的纯化性可用来解释思想的广泛性(DK 31 B105, 107)。

恩培多克勒的唯物主义思想的初始性,使他成为后来的灵魂哲学家容易关注的对象。亚里士多德抱怨说,恩培多克勒分不清知觉与思想的区别。其他人指出,除了眼睛和耳朵之外其他东西也有微孔:为什么海绵与浮石就不能有知觉呢?原子论者德谟克利特回答了这一问题。他认为,视觉影像是所见物像流射与观看者的流射彼此作用的产物:这一影像或印象是在介于中间的气里形成的,然后进入到眼睛的瞳孔之中(KRS 589)。但是,就像恩培多克勒一样,德谟克利特不能以比较令人信服的方式说明这一思想,因此他同恩培多克勒均遭到亚里士多德的批评。

在前苏格拉底时期,被后来的希腊人尊为灵魂哲学家的是阿那克萨戈拉。阿那克萨戈拉相信宇宙发端于一微小的复杂单元,随后扩展和演化成为我们所知的世界,但在其演化的各个阶段,每一单独事物都包含其他任何事物的成分。这一发展过程是由心智(*nous*)来主导的,心智本身外在于这一演化过程。

> 其他东西都分有每一事物的部分,但心智是无限的和自主的,它不与任何东西相混合,是单一的和独立自在的。因为,倘若心智不是独立自在的,而是与其他事物相混合的,那它就会分有任何一种事物,诚如我先前所说,一切事物中都分有其他一切事物的部分。与心智混合的东西会妨碍心智,使其不能像它独立自在时那样以自己的方式来主宰一切。因为,在万物之中,心智是最精粹和最纯洁的。心智对万物拥有一切知识和支配力量。一切有灵魂的事物,无论是较大的还是较小的,都受到心智的支配。(KRS 475)

阿那克萨戈拉区分了种种灵魂与神一般的心智，前者是质料世界的部分，后者则是非质料性的，或者至少是由一种独特而精微的质料构成的。对恩培多克勒而言，同类相知，但阿那克萨戈拉所言的心智，可以认识一切，这只是因为心智不同于任何东西。有一广大的宇宙心智，其他一些事物（大概如人类）都分有灵魂，因此有较小的灵魂和较大的灵魂（KRS 476，482）。

柏拉图《斐多篇》里的灵魂不朽说

受阿那克萨戈拉思想影响的哲学家中就包括苏格拉底；但是，难以确认历史上的苏格拉底对灵魂与心智到底有何思考。在柏拉图的《申辩篇》里，苏格拉底对死后生活的可能性抱有不可知论者的态度。他寻思，死亡是无梦之眠呢，还是前往冥界去会见光荣死者的旅途呢？“我们各走自己的路，我去死，你去活：哪样更好，唯有神知”（40c－42a）。但是，在《斐多篇》里，柏拉图笔下的苏格拉底是这篇论文里的主要言说者，他认为灵魂不仅在死后幸存，而且在死后更加丰润（63e）。

苏格拉底参加这场讨论的出发点，是人作为灵魂被囚禁在身体之中这一观念。真正的哲学家不在乎饮食男女之类的身体快乐，他们发现身体对于哲理的追求与其说是帮助不如说是阻碍（64c－65c）。“思想的最佳时节就是灵魂集聚于自身之时，此时没有任何东西干扰它，既无声音，也无视像；既无痛苦，也无任何快乐；灵魂此时离开身体，与身体发生尽可能少的联系”（65c）。所以，举凡追求真理的哲学家，都让灵魂离开自己的身体，而死亡就是将灵魂与身体分离开来。因此，真正的哲学家在其一生中都一直渴望着死亡（67e）。

与苏格拉底进行对话的人物是西米亚斯（Simmias）和克贝（Cebes），这两人发现苏格拉底的言辞具有启迪教化作用。但克贝感到有责任指出，大部分人会拒绝接受灵魂可以离开身体存在的思想，因为他们相信灵魂在死亡到来后就会停止存在，就会化于无形，如同吐出的烟雾一样（70a）。苏格拉底赞同说，他需要提供证据，证明人死后其灵魂依然存在。

首先，苏格拉底从对立的事物中提供论证。假如两样事物是对立的，那么一方就来自另一方。假如你要去睡觉，那你必然一直是醒着的。假如A要比
235 B变得更大，那么A肯定一直比B更小；假如A要比B变得更好，那么A肯定一直比B更糟。因此，像更大与更小、更好与更糟这些对立的东西，都是相辅相成的。而死与生也是对立的，这两者也是如此。假如死来自生，那么生肯定就是来自死吗？鉴于死后的生活是看不见的，因此它肯定是在另外一个世界里（70c－72e）。

苏格拉底之死一直是许多绘画的主题。这幅收藏于乌维茨（Uffizi）博物馆的画作，出自杜夫瑞诺（Claude Dufresnoy，1611－1668）之手。

苏格拉底的第二个论证旨在证明没有身体的灵魂是存在的,这种灵魂不
仅存在于身体里的灵魂生后,而且存在于身体里的灵魂生前。他首先论证说,
知识是回忆,而回忆涉及先在或灵魂存在(preexistence)。他指出,我们经常看
见的事物,在大小上都差不多;但我们从未看见世界上有两样事物是彼此绝对
等同的。我们所看到的近似等同的事物,只是我们早先遇到的绝对等同的提
示而已。而这一际遇并非出现在我们的现世生活中,也不是凭借感觉。它肯 236
定出现在我们的前世生活中,是凭借纯粹的理智活动。凡是追求绝对等同的
理念者,也会追求其他相似的理念,譬如像绝对善与绝对美(73a-77d)。

其三,苏格拉底从可溶解性与不可溶解性这对概念出发进行论证。任何可以分化的东西,就像身体在死亡时那样,一定是合成的和可变的。而灵魂所关涉的理念则是不可变的,不同于我们亲眼目睹的那些可视的和消退的美。在流动的可视世界里,灵魂就像醉汉一样蹒跚而行;只有当其返回自身时,它才会宾至如归,进入纯粹、永恒与不朽的世界。在埃及将身体制作成木乃伊后,即便能够幸存许多年,但依然使人难以确信灵魂在死亡的一刻会消散而去。恰恰相反,只要它是一颗得到哲学净化的灵魂,它就会往生于看不见的极乐世界(78b-81a)。

在应对这些论证时,西米亚斯提出了不同的灵魂观。如他所言,一把里拉琴是由木头和琴弦构成,是通过琴弦的张力来调音的。一个活的身体可以比作一把合音的里拉琴,一个死的身体可以比作一把不合音的里拉琴。荒唐的论证方式是:因为调音(attunement)并非像木头与琴弦那样是质料性的东西,它在摔坏里拉琴后依然可以幸存。当身体似的琴弦由于受伤或患病而丧失其音调时,灵魂就会像一把破里拉琴的合音性那样必然消亡(84c-86e)。

克贝也表示异议。他认同这样的说法:灵魂要比身体坚强,因此当身体完结时,灵魂不一定完结。在正常的生命过程中,身体经常遭受种种磨难,经常需要靠灵魂来修复。而灵魂可能是不死的,在此意义上,灵魂可以战胜死亡,

不会因死亡而毁灭;在此意义上,灵魂会永远活着。即便灵魂从一身体转生到另一身体,甚至有可能在一天内死去,但就像一位织布者一样,他在自己的一生里制作出和穿坏过许多外套,终究有一天,他会安然死去,身后留下一件外套(86e-88b)。

为了摒弃西米亚斯的喻说,苏格拉底提出了好几个理由。合音允许不同程度的合音;而没有任何一个灵魂与另一个灵魂相比可以是一个差不多的灵魂。正是琴弦的张力使得里拉琴可以合音,而在人那里,这种关系则转入其他
237 方向:正是灵魂才使身体保持有序状态(92a-95e)。

为了回应克贝的问题,苏格拉底区分了事物的两种属性,也就是后来的哲学家所说的必然属性与偶然属性。人的身材或高或不高:高(tallness)是人的偶然属性。然而,3 这个数字只能是奇数,雪只能是冰冷的:这些属性对于它们来说是必然的,而不是偶然的。冷不能转化为热,而必然冰冷的雪,在遇到热时必然会融化(103a-105c)。

苏格拉底的上述论证说服了对话里的人物西米亚斯和克贝,但这些论证的确不该至此。对立的东西来自对立的东西难道就是正确的吗?即便对立的东西来自对立的东西,那么这一循环会不会永远持续呢?即便睡觉是跟随在清醒之后,但一个人在上一次清醒后,会不会(像《申辩篇》里的苏格拉底所臆测的那样)随之进入永不休止的睡眠呢?灵魂不会屈从于死亡,不会像融化的雪那样消失,无论这种说法会有多么正确,但灵魂为什么在身体死后就必然要退隐到其他地方去呢?

灵魂的剖析

在《斐多篇》里,灵魂被当做独一的统一实体。在其他地方,柏拉图也向我们多次描述了灵魂,这灵魂由不同的部分组成,各个部分具有不同的功能。在

《斐德罗篇》里，柏拉图先是提供了一个简要的证据，即：通过对阿尔克迈翁的回忆，以期证明灵魂必然不死，因为它自行运动；随后，柏拉图转而描述灵魂的结构。他告知说，不妨把灵魂看做一个三元组：一位车夫驾着两匹马，一匹是良驹，一匹为劣马，一起奔向天堂的盛宴(246b)。那匹良驹拉车向上奔驰，而那匹劣马不时地将车向下拉拽。这两匹马显然用来代表灵魂的两个不同部分，但它们的确切功能从未弄清。柏拉图主要用此比喻来描述其理想的哲学 238
型的同性爱恋的轮廓特征。当我们读到这里时，我们发觉一个男人、一个男童和四匹马都一起躺在床上，这一隐喻显然令人难以理解(256a)。

柏拉图将灵魂视为一位车夫，多拿特罗(Donatello)在一尊胸像雕刻品所佩戴的大纪念章上对此所做的图示。

灵魂的剖析在《理想国》里描述的比较清晰。在第四卷里，苏格拉底提议说，灵魂包含三个要素，就像他想象中的城邦由三个阶层构成一样。他询问说，“我们是否了解灵魂中的一部分对另一部分感到愤怒的事情呢？譬如就食色等快感产生欲求的第三部分而言，或者说，当我们具有诸如此类的冲动时，我们是不是与我们的整个灵魂一起进行活动呢？”（436a－b）。他发现自己给出的答案所关注的是心理冲突时的种种现象。一个人或许口渴但却不愿饮水（可能因为医生的命令）：这表明灵魂的一部分是在进行反省，而另一不同部分是在感受身体的欲求。前者可以被称为理性（*to logistikon*），后者可以称为欲望（to *epithymetikon*；439d）。如今，不能将愤怒归咎于这些要素中的任何一个：不能归咎于欲望，因为我们会对自己卑鄙的欲求感到恶心；不能归咎于理性，
239 因为儿童在他们达到慎重判断的年龄之前都会发一些小孩子脾气。鉴于愤怒会与理性和欲望发生冲突，因此我们就得把愤怒归于灵魂中的第三要素，我们可以称其为激情或性情（*to thymoeides*；441b）。灵魂中的公正是这三种要素的和谐状态。

在《理想国》第九卷里，我们从中读到灵魂三分说。其中最底层的要素可以称之为贪婪要素，因为钱财是满足这一欲求的首要手段。性情寻求权势、胜利和名声，所以可以称之为灵魂中热衷荣誉或雄心勃勃的部分。理性追求真理性的知识，故而热衷于学习。在每个人的灵魂里，这三种要素中的一个可能是主导性的：人们据此可以分为贪婪者、有志者或博学者三个阶层。每一类型的人都会宣称自己的生活是最佳的生活：贪婪者将赞扬商业生活；有志者将赞扬政治生活，博学者将赞扬知识、理解力和学习生活。自不待言，柏拉图推崇的是哲学家：哲学家阅历最广，判断最佳，他所献身的事业更为真实，胜过其竞争对手所追求的虚幻快感（587a）。

不难看出，第四卷里对灵魂的描述有别于第九卷里对灵魂的描述。与此同时，柏拉图还提出了理念说，并且详尽地阐述了培养哲学王的教育计划。理性的任务不再只是照看身体，而是逐步提升“线喻”里所描述的心理境界和活动：想象，信念与知识。在第九卷结尾处，我们在告别灵魂三分说的同时看到

一幅生动的图景。欲望是一只多头野兽,不时迸发出驯兽与野兽的头颅;性情就像一头狮子,理性就像一个人。野兽要比其他两者庞大,所有这三者都隐藏在一个人的心中。我们从赫拉克利特这只谦卑的蜘蛛那里出发,已然经历了一个长长的路程。

灵魂三分说并非是柏拉图在《理想国》里的最后定论。在第十卷里,他比照了理性化部分里的不同要素:其一与视觉幻象相混淆,其二旨在衡量、计量和称量。尽管在早先的几卷里,灵魂的组成部分是以其欲求加以区别的,我们现在发现一种认知能力上的差异,而此能力是区分灵魂各个部分的基础。

在同一卷里,苏格拉底为不朽提供了新的证据。每一事物都会被其特有
的疾病毁掉:眼睛会被眼炎毁掉,铁会被铁锈毁掉。邪恶就是灵魂的特有疾 240
病:而邪恶并不毁掉灵魂。假如灵魂自身的疾病无法杀死自己,那它就不会被身体的疾病杀死,那它一定是不朽的(609d)。然而,不朽或不死的东西,不会像三重性的灵魂那样,被称之为不易综合的实体。这样的灵魂就像海里的一尊雕像,上面覆盖着贝壳类的动物。热爱智慧的灵魂要素也热衷于神性的东西,假如我们想要看到其所有可爱之处的话,那就必须剥掉其外部的因素。看到灵魂的真正本性,是否会证明其多重性或单纯性呢?这是一个需要回答的开放性问题(611b ff. , 612a3)。

然而,在《蒂迈欧篇》里,灵魂三分说再次出现,其组成部分是既定的身体位置。理性位于头部,其他两部分位于躯体,脖颈作为一峡,把灵魂中的神性要素与世间要素彼此隔开。性情位于心脏,欲望位于腹部,膈就像房间里男女卧室的隔墙一样将这两者分开。心脏是警卫室,指令从这里通过循环的血液传遍整个身体,实现某一目的的缘由或执行其他命令的缘由会争夺地盘。灵魂中最底层的部分置于肝脏的控制之下,该部分特别容易受到心智的影响。盘绕的肠子有助于阻止欲望贪婪成性(69c – 73b)。

柏拉图论感知

就像《理想国》的前几卷一样,《蒂迈欧篇》剖析了基于欲求而非认知的灵魂,这篇对话颇为详细地探讨了知觉的心理机制。在《蒂迈欧篇》里讨论普罗泰戈拉有关特殊之人确有特殊之处的论点时,感性知觉的地位也引起柏拉图的注意。在普罗泰戈拉的思想背后,柏拉图甄别出赫拉克利特的普遍流动学说。

假如世上的一切处于连续不断的变化之中,那么,我们所见的种种颜色以及我们凭感觉所甄别的种种性质,就不可能是稳态的或客观的现实存在了。相反,它们个个均是我们的某一感觉和宇宙大旋涡里某一适宜的转瞬即逝现象的际会或巧遇。譬如,当我们的眼睛触及到一个适宜而可视的物像时,眼睛
241 便看到白色(whiteness),该物像看上去也就是白色的(white)。这白色本身是通过眼睛和物像这对父母之间的交合生成的。眼睛及其物像都会不断发生变化,但其运动若与来去匆匆的感性印象相比则是缓慢的。眼睛看见白色物像与该物像自身的白色是孪生关系,两者同生同灭(156a - 157b)。

其他感觉也有类似的情况:但不清楚的是,柏拉图在多大程度上要求我们认真对待他对感性的这番描述。在反驳赫拉克利特有关万物的性质与位置总在变化的论点时,这个问题终究出现在归谬证法之中。苏格拉底论证说,倘若某物停留在所放之处,我们就可以描述该物看上去会是何模样;倘若我们有一块始终如一的颜色,我们就可以描述该颜色如何从一处移动到另一处。不过,倘若这两种变化都是同时发生的,那我们就无话可说:我们既不能说什么在移动,也不能说什么在变色。每一观看(seeing)时段即刻会转变为一个无观看(non-seeing)时段,于是知觉就变得不可能了(182b - e)。

尽管如此,柏拉图在《蒂迈欧篇》里通过自己的言说方式,陈述了观看是眼睛与物像之间的际会这一原理,同时还解释了视觉的心理机制。在我们的头

部，有一温柔之火，近似于日光：此火通过我们的眼睛流出，与周围的日光组成统一的光柱：当这根光柱触及到某一物体时，微微的颤动就会反过来传遍整根光柱，并且通过我们的眼睛，进入到体内，由此产生的感觉我们称之为视觉(45d)。诸色是从物体身上流出的光泽，是由许多粒子组成，与我们的视觉相宜，因此能够产生感觉。这些光泽映入我们的视线，而视线则把原初的光柱用作一种载波。每一颜色都是粒子进行不同混合的产物：粒子的四个基本种类包括黑、白、红和鲜亮(67b－68d)。

亚里士多德的哲学心理学

柏拉图的灵魂哲学是由各种对话片段拼凑而成，大多涉及伦理学和形而上学问题。而在亚里士多德的哲学心理学里，我们发现情况大不一样。在这里，除了来自伦理学著作的材料之外，我们看到一部系统论述灵魂本性的著作 242
《论灵魂》(*de Anima*)，和几部关于感性知觉、记忆、睡眠与做梦等议题的次要著作。亚里士多德继承和发展了柏拉图的一些思想，诸如灵魂三分，官能，感觉即际会的哲学分析方式等等；不过，亚里士多德的基本方法因植根于生物学研究而别出一格。他对灵魂结构及其官能的分析方式，在过去的两千年里不仅影响了哲学，而且影响了科学。

对亚里士多德这位生物学家而言，灵魂并非像在《斐多篇》里所说的那样，想要从寄寓条件恶劣的卑下身体中得以解脱。灵魂的真正本质取决于它与一种有机结构的关系。不仅人类有灵魂，动植物也有灵魂——其灵魂并非二手灵魂，即作为对早先行为惩罚的转生灵魂，而是动植物生命的内在原理。亚里士多德指出，灵魂是“身体具有生命的现实”，此处的生命意味着自我存养、成长和老朽的能力。假如我们将一活生生的实体视为质料和形式的综合体，那么,灵魂便是这一自然而有机的(或者像亚里士多德有时所说的那样)身体之形式(*de An.* 2. 1. 412^{a} 20, ^{b}5 – 6)。

亚里士多德对“灵魂”下过数个定义,一些学者觉得这些定义彼此不相一致。① 不过,这些定义之间的差异,不是来自不相连贯的灵魂观念,而是来自亚里士多德使用希腊词“身体”时所引发的歧义性。这个希腊词有时意指活生生的复合实体:在此意义上,灵魂是活着的身体之形式,是一自我运动体(2. 1 412^{a} 17)。这个希腊词有时意指一种由灵魂赋予形式的适宜质料:在此意义上,灵魂是一具有潜能生命的身体之形式(2. 1. 412^{a} 22; 2. 2. 414^{a} 15 – 29)。灵魂是一有机体的形式,这一有机体具有诸多器官(organs),换言之,具有发挥特定功能的部分,诸如哺乳动物的嘴与树木的根等等。

希腊词“organon”意指工具,亚里士多德在解释他的灵魂观念时,将无生命的工具与身体上的器官做了比较。假如一把斧子是一活体,其砍削的能力便是其灵魂;假如一只眼睛是一整全动物,其观看的能力便是其灵魂。亚里士多德告诉我们说,灵魂是一种现实(actuality),但他区别了第一现实与第二现
243 实。当斧子在实际砍削时,当眼睛在实际观看时,那就是第二现实。不过,一把入鞘的斧子,一只入睡的眼睛,所保持的能力是它们实际上没有运用的能力:其主动能力乃是第一现实。这种现实性正是灵魂之所是:即一活体的第一现实。运用这一现实是有机体生命运作的总体(2. 1. 412^{b} 11 – 413^{a} 3)。

灵魂不只是活的身体之形式或形式因,同时也是身体变化和运动的根源,尤其也是赋予身体目的论导向的形式因。再生作用乃是最根本的生命运行活动之一。每个生物都竭力“再生自己的种类,动物繁殖动物,植物繁殖植物,其目的在于它们尽可能地去参与分享永久的和神性的东西”(2. 4. 415^{a} 26 – 9, ^{b}16 – 20)。

---

① 在这一点上可参阅巴内斯的论文《亚里士多德的灵魂概念》与阿克里尔的论文〈亚里士多德对灵魂的界定〉(J. Barnes, ‘Aristotle’s Concept of Mind’, *Proceedings of the Aristotelian Society*, 1972, 101 – 14; J. L. Ackrill, ‘Aristotle’s Definitions of Psyche’, *Proceedings of the Aristotelian Society*, 1973, 119)。

有生命的存在物的灵魂，可以按照等级予以排列。植物具有可生长或有营养的灵魂(vegetative or nutritive soul)，是由生长、营养与再生作用的能力组成(2. 4. 415^{a} 23 –26)。动物除了上述能力之外，还具有知觉和运动的能力：它们具有敏感的灵魂(sensitive soul)，所有动物至少具有一个感性官能，最为普遍的就是触觉。能够感受的任何动物都能感受快感，因此有感觉的动物也有欲望。人类除了上列能力之外，还具有理性和思想(*logismos kai dianoia*)的能力，我们可以将其称之为理性的灵魂(rational soul)。

亚里士多德的灵魂之理论概念，有别于在他之前的柏拉图的灵魂之理论概念，同时也有别于在他之后的笛卡尔的灵魂之理论概念。对亚里士多德来说，灵魂不是内在的、非质料的、作用于身体的能动者。“我们不要去问身体与灵魂是否是同一回事，这个问题无异于去问蜡与印在蜡上的印章是否是同一回事，无异于去问任何东西的质料与本身是质料的质料是否是同一回事”(2. 1. 412^{b} 6 –7)。灵魂无须像身体那样用一方式将自个分成部分：灵魂与身体之间的差异或许就像圆周内凹凸形之间的差异(*NE* 1. 13. 1102^{a} 30 –2)。当我们谈论灵魂的各部分时，我们也就是在谈论各个官能的作用：它们由于运作方式及对象不同而相互有别。成长的能力有别于感觉的能力，因为成长和感受是两种不同的活动；视觉有别于听觉，不是因为眼睛不同于耳朵，而是因为颜色不同于声音(*de An.* 2. 4. 415^{a} 14 –24)。

感觉对象可分为两类：一类适用于诸如颜色、声音、味道与气味等特定感觉，另一类适用于感知运动、数字、形状和大小的感觉。例如，假定某物在运 244
动，你可以通过观察或感受予以辨别，因此，运动是一“共同感觉得到的东西”(2. 6. 418^{a} 7 –20)。我们没有一个特殊的器官来甄别共同感觉得到的东西(common sensibles)，而亚里士多德则说，我们的确有一官能，他称其为 koine aesthesis，可直译为“共同感”(common sense)，但借助英语短语(general sense, 3. 1. 425^{a} 27)将其翻译成“普遍感觉”显得更好。当我们遇到一匹马时，我们会看、听、触与嗅到它。正是普遍感觉将这些感觉统一起来，从而形成对单一对象的种种知觉（尽管知道这个对象就是一匹马，但对亚里士多德来讲，这种知识有赖于理智功能而非感觉）。亚里士多德赋予普遍感觉以数种其他功能：譬如，正是凭借普遍感觉，我们感知到自己在使用特殊的感觉（3. 1. 425^{b} 13 ff.），我们辨别出适用于不同感觉的感觉对象之间所存在的差异（譬如白色与甜味之间的差异）（3. 4. 429^{b} 16 – 19）。最后这一步骤看来判断有误：辨别白色与甜味之间的差异，的确不是一种就像辨别红色与粉色之间的差异那样的感性识别行为。将白色错当做甜味会成何体统呢？

亚里士多德关于各个感觉运作活动的最饶有趣味的论点是：运作中的感觉官能与行动中的感觉对象是同一的。感觉对象的现实性与感觉官能的现实也是同一的（3. 2. 425^{b} 26 – 27，426^{a} 16）。亚里士多德在解释自己的论点时，以声音和听觉作为例证；鉴于希腊文短语与英文短语之间的种种差异，我将在此尽力说明亚里士多德谈论味觉（sense of taste）实例时的用意何在。① 一杯茶水的甜味是一感觉对象，是某种可以品尝的东西。我的品尝能力是一感觉官能。味觉对于品尝对象的作用亦如对象对于我的感觉的作用。换言之，茶水让我喝起来是甜的与我品尝茶水的甜味是同一回事。

亚里士多德将感觉的实例应用于他提出的不同层次的潜能和现实的构想（2. 5. 417^{a} 22 – 30，^{b}28 – 418^{a} 6）。茶水在现实意义上是甜的，而在放糖之前，茶水只是在潜能意义上是甜的。杯中茶水的甜味是第一现实：茶水在现实意义上让我喝起来是甜的则是第二现实。甜味的性质无异于合适的品茶者品尝
245 到甜的能力；味觉官能无异于品尝到甜食之甜味的能力。因此，我们会认同这样的说法：虽然品尝的能力与被品尝的能力是两种不同的东西，因为前一种能

① 亚里士多德解释说，希腊文中没有一个词可用来描述我们在品尝东西时它对我们产生的作用（3. 2. 426^{a} 17）。英文则不缺乏这样的词，但却没有一个单一的词相应于希腊文中的另一个词，即用来描述声音使我们听到它时对我们发生作用的词。

力为动物所有,后一种能力为质料所有,但是,运作中的感觉属性与运作中的官能则是相同的东西。

对感觉概念的这种哲学分析看来是有效而重要的:这种分析能使人摒弃那个误导了许多哲学家的观念,即:感觉涉及心智与被感觉到的东西的某种再现形式(representation)之间的贯通作用(transaction)。亚里士多德对感觉属性的化学载体和感觉器官的心理机制所做的详细解释,均是截然不同的问题或久已过时的思辨理论。在此领域里,亚里士多德尽管对他的前辈(譬如德谟克利特和著有《蒂迈欧篇》的柏拉图)采取了批判的态度,但是,他自己的说法与其前辈们的说法一样,距离科学进步中所发现的真理同样遥远。

除了五种感觉和普遍感觉之外,亚里士多德还承认后来被归类为"内在感觉"(inner senses)的其他官能:尤其是想象(phantasia)(*de An*. 3. 3. 427^{b} 28 – 429^{a} 9)与记忆,他为此专门著有一部完整的小书(《论记忆》)。在认知层面上与感觉相应的东西,就是灵魂中的情感部分,即同时感受到情绪的中心。灵魂的这一部分是在《尼各马科伦理学》里予以介绍的,该部分基本上是非理性的,但与生长性的灵魂不同的是,它能够为理性所控制。灵魂的这一部分是关乎欲望和激情的,相应于柏拉图灵魂三分说里的欲求和性情部分。当灵魂处在理性的支配下时,就会孕育出诸如勇敢和节制这样的德性(1. 13. 1102^{a} 26 – 1103^{a} 3)。

无论是对亚里士多德还是对柏拉图而言,灵魂中的最高部分是由心智或理性主导的,这是思想和理解力的所在地。思想不同于感性知觉,仅限于(至少在地球上是如此)人类所有(*de An*. 3. 3. 427^{a} 18 – ^{b}8)。思想就像感觉一样,其要务是做出判断;而感觉则关注殊相,理智认识则关注共相(2. 5. 417^{b} 23)。亚里士多德区别了实践推理(practical reasoning)和理论推理(theoretical reasoning),并对内在于心智里的官能做了相应的分工。理性灵魂(*logistikon*)中有一审慎部分(*deliberative part*),所关注的是人类事务,同时也有一认知部分

(*epistemonikon*),所关注的是永恒真理(*NE* 6. 1. 1139^{a} 16; 12. 1144^{a} 2 – 3)。这
246 一区别易于理解;但在《论灵魂》中的一段著名论述里,亚里士多德对两种心智(*nous*)做了不同区分,这一区分非常难于把握。他说过,在自然界的任何地方,我们会发现一种质料要素,该要素于潜能意义上是任何事物与一切事物,同时还会发现一种作用于质料的创造要素。所以,这也与心智有关。

> 有一种心智生成万物,另有一种心智造就万物,作为一种积极的状态,它就像光线一样;因为,光线以某种方式使潜能的颜色成为现实的颜色。这种心智是不可分离的,不可逾越的,同时也是纯洁不杂的,从本质上讲它就是现实性;因为,作用者总是优越于被作用者,原理总是优越于质料。现实中的知识与知识的对象是同一的。(*de An.* 3. 5. 430^{a} 14 – 21)。

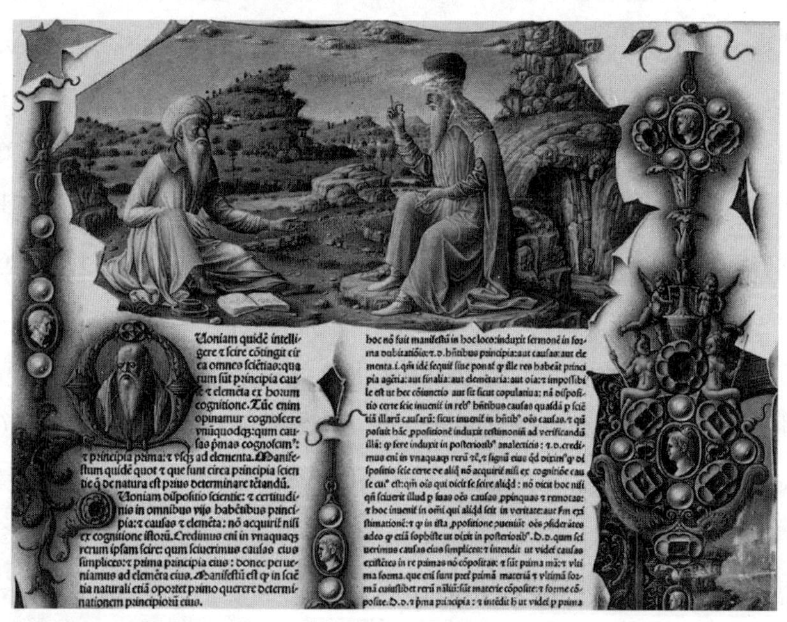

诠释亚里士多德的阿拉伯领军人物是阿威罗伊(Averroes),他在这幅插图里被描绘成一位 16 世纪的注释者,正在接受哲学家亚里士多德的教诲。

在古代和中世纪，这段话的主旨得到截然不同的解释。有些学者（特别是在阿拉伯的注释者中间）将不可分离的和主动的作用者，即心智之光，等同于神或其他某种超人的理智。其他学者（尤其在那些用拉丁文进行注释的学者 247
中间）则用亚里士多德的以上论述来识别人类心智里的两种不同的能力：由此形成概念的主动理智（active intellect）与储藏理念与信念的被动理智（passive intellect）。

知识及其对象的现实同一性定理（与关于感性知觉的相应论点并行不悖），根据第二种解释可用下述方式予以理解。我们在经验中所遇到的对象，只是在潜能意义上而非现实意义上可以思想的对象，这就像黑暗中的颜色一样，只是在潜能意义上而非现实意义上可以看见的东西。主动理智凭借从特殊经验中抽象出普遍形式的做法来创造概念，也就是创造在现实意义上可以思想的对象。这些没有质料的形式仅仅存在于心智之中：它们的现实性只能被思想到。思想活动本身与其他事情无关，只忙于思索共相。于是，思想对象的现实化与思想的思想者的活动是同一的。

假如第二种解释是正确的，那么，亚里士多德在此承认的是人类灵魂中与身体可以分离和不朽的那一部分。在《动物志》（2. 3. 736^{b} 27）里，亚里士多德以同样的语调说，理性是“从门外”进入到身体的，是灵魂中主要的神性要素，与任何身体活动没有关系。这些说法使我们会想起这些东西：除了我们一直在研究的正式的生物学意义上的灵魂观念之外，再就是我们在亚里士多德那里经常觉察到的柏拉图的有关思想残余，理智据此是一个可与身体分离开的独特实体。

这一思路在《尼各马科伦理学》的末卷里要比在其他任何地方表现得更为显著。而在《优台谟伦理学》里与涉及共同论题的其他著作里，理论理智（theoretical intellect）显然是灵魂的一种能力，但这并不意味着这种理智是超越的或不朽的；在《尼各马科伦理学》第十卷里，理智的生命被描述为超人的生命，从而与身心综合体(syntheton)形成对照。道德德性与实践智慧是这一综合体的德性，而理智的卓越性或德性在于能够分别存在(10. 7. 1177^{a} 14，^{b}26 – 9；1178^{a} 14 – 20)。对《尼各马科伦理学》而言，正是这种可以分别的理智活动，在至高意义上构成人类的幸福。

难以将亚里士多德思想里的生物学作用力和超越性作用力协调统一起
248 来。在这方面，按照年代顺序排列的发展理论也未取得成功。诚如我们所见，《论灵魂》一书里有一段话，坚决表示人的灵魂里有一不朽的要素；这部著作最为清晰地阐述了灵魂即有机体之形式的学说，就在此书的这一段里，亚里士多德告诉我们说，灵魂在身体里，就像海员在船只上，这是一个开放性的问题(2. 1. 413^{a} 9)。而这是对身心关系之二元论观念的一种经典性论述。

希腊化时期的心智哲学

在亚里士多德和奥古斯丁之间，没有一位古代作家阐述过比较丰富的心智哲学。伊壁鸠鲁的哲学心理学，对德谟克利特的哲学心理学影响甚微。对伊壁鸠鲁而言，灵魂就像其他东西一样，是由原子组成，这些原子不同于那些更小的和更幽微的原子，其结构在精密程度上胜过那些构成风的原子。灵魂是无形体的说法纯属胡言乱语：任何不是物体的东西只能是虚空(empty void)。灵魂对感觉负有主要责任，但这种责任只是通过灵魂在身体——即灵魂复合体——中的地位得以实现的。构成灵魂的原子，在死亡时消散开来，停止了感觉能力，因为它们不再占据身体中固有的位置了(LS 14B)。

卢克莱修的长诗《物性论》第三卷的主题是心理学。他首先区别了心智(*animus*)与灵魂(*anima*)(34 – 35)。心智(animus or mind)是身体的一部分，就像手或足一样；这一点可通过下述实例得到证明，即：一旦呼出最后一口气，身体就变得没有生气了。心智是灵魂(anima or soul)的一部分;它是主导部分,位于心脏之中。灵魂的其余部分遍布整个身体,应心智之邀而动。心智、灵魂与身体三者紧密地交织在一起,正如我们所知,恐惧引起身体颤抖,身伤引起心伤。心智与灵魂必定是有形体的,否则它们就不可能驱动身体——它们要感动身体就必须触及身体。除非它们自己是有形体的,否则它们怎么会触及身体呢(160－167)?心智就像光线,结构完美,如同葡萄酒的芳香——尸体终究比活体的分量稍少。心智是由火、气、风和第四种无名要素组成。心智比灵魂更为重要;一旦心智走开,灵魂立刻随后,而心智能够幸免于灵魂遭到
的巨大破坏(402－405)。 249

有些人认为,身体不会感知任何东西,唯有灵魂才有感知能力,灵魂被视为一个内在的小人(inner homunculus)。卢克莱修竭力反驳这一原始的观点。假如眼睛不从事观看活动,而只是心智观看时所要通过的门户,那么,我们就应该在眼睛坏掉后看得更加清楚,因为,若将门和门柱拆掉后,室内的人就会更加清楚地看到外面(367－369)。

卢克莱修讨论心智和灵魂的目的在于证明它们两者都不免一死,借此想要抽掉人们恐惧死亡的基础。水从砸烂的容器里流出:一旦身体遭到破坏,灵魂的稀薄液体外泻的速度该有多快啊!心智与身体一起成长,同时与身体一起腐朽。心智在身体患病时就会遭罪,通过物理医术可得到治疗。这些都是不免一死的明显标志。

> 倘若灵魂与身体都会死去,
> 死亡这个可怕的怪物还能吓唬人吗?
> 当四面八方的迦太基大军掩杀过来时,
> 当整个天地万物惊恐万状乱作一团时,
> 我们就像在生前那样感受不到痛苦。

因为这个世界的帝国争论不休，
这样使奴隶们心惊胆战，
不知道谁会取得统治权？
所以，当我们不免一死的躯壳将要解散时，
没有生命的块体就会离开心智，
我们因此摆脱了哀伤和痛感；
我们将没有感觉，因为我们将不复存在。

（830－840，德赖登译）

卢克莱修在结论中指出，我们只是我们，而灵魂与身体都在同一个躯壳之内。

伊壁鸠鲁学派从原子论的角度来阐述感性知觉，尤其是对视觉的阐述。世界上的物体释放出构成它们的精细的原子射流，这些东西保持着自己原初的形状，因此作为影像（*eidola*）而发挥作用。这些影像以其惊人的速度环绕世界飞行，只有当它们接触到灵魂里的原子时才会发生。当我们看到心中的影像（mental images）时，这便是更多的薄膜与空气交会在一起时产生的结果，就像蜘蛛网或金色叶子一样。如此一来，一种半人半马的怪物的影像便是将人的影像和马的影像交织在一起的结果；这一影像在睡眠时或清醒时会进入心
250 中。我们的四周总是围绕着无数这样精致的影像，而我们只意识到那些心智所关注的影像（卢克莱修，《物性论》第四卷，722－785行）。

就像伊壁鸠鲁学派一样，斯多亚学派也采用了唯物主义的灵魂观。克律西普论证说，我们活着是因为我们呼吸；灵魂就是让我们活着的东西，气息就是让我们呼吸的东西，所以，灵魂与气息是同一的（LS 53G）。心脏是灵魂的底座：那里居寓着绝妙的灵魂，它作为主导官能（*hegemonikon*）将诸感觉分派出去，带回关于环境的报告，以供主导官能予以评价。感性知觉本身只是在主导

官能里发生(LS 53M)。主导官能就像灵魂的其余部分一样是质料的,但在死亡时与身体分离后,至少暂时能够幸存下来(LS 53W)。然而,斯多亚学派认为,没有任何真正个人可以不死:明智人士在死后的灵魂,至多会被吸纳进弥漫和统治宇宙的神性世界灵魂之中。

有些斯多亚学派人士将人的灵魂比作一只章鱼:八个触角从主导官能中萌发出来进入身体,其中五个触角是感觉器官,一个调拨肢体的运动作用,另一个触角控制各个发生器官,最后一个触角是向生殖器官传送精液的管道。这些触角个个都是呼吸造就的(LS 53H ,L)。

人们会注意到,这八个触角中有五个是传入神经管,有三个是传出神经管。这反映出斯多亚学派对哲学心理学所做的一个重要澄清。柏拉图与亚里士多德的主要兴趣是以层次论的方式来分化灵魂的官能作用,所依赖的基础就是官能对象的认知或伦理价值。因此,理智高于感觉,理性选择高于动物欲求。斯多亚学派清楚地意识到理性语言使用者的能力与不会说话的动物之间所存在的差异(LS 53T),但他们认为官能作用的分工具有同等的重要性,这种分工与其说是横向的,不如说是纵向的。西塞罗对此区别就是这样陈述的,这里引用帕奈提乌(Panaetius)的说法为证:

> 心智的运动分为两类:一类归于思想,另一类归于欲求。思想主要关注的是探索真理,欲求则是采取行动的驱动力(Off. 1. 132)。

认知官能与欲求官能之间的区别,同感性官能与理智官能之间的区别相互抵牾。在古代后期以及中世纪时期,哲学家们最终接受了下述图式: 251

理智　　意志

感觉　　欲求

这一图式整合了两种区别，一是亚里士多德在理性层面与动物层面之间所做的区别，二是斯多亚学派在认知维度和欲求维度之间所做的区别。

古代后期的意志、心智与灵魂学说

人们常说，在古典哲学中没有意志概念。有些人士甚至还说，在亚里士多德的心理学里也没有出现意志一词，只有经过此后 11 个世纪的哲学反思，意志的概念才得以创立。的确不可否认，在亚里士多德的表述中，没有一个全然相当于“意志自由”（freedom of the will）这一英语表述，学者因此得出结论说，亚里士多德没有真正把握住这个问题。

对亚里士多德的批评取决于某种意志本性观念。在现代，哲学家们经常把意志当做一种内省意识现象。意志的行为或意志的作用，是先于和引起某些人类行动的心理事件；其在场或缺场会使自愿行动有别于非自愿行动。意志自由关系到这些内省式意志作用的不确定性。

尚不清楚伊壁鸠鲁学派与斯多亚学派在多大程度上分有人类行动的因果关系概念，但可以确定的是，在亚里士多德那里找不到意志的概念。而这正是他的优点所在，因为意志这个概念有很大瑕疵，新近一直遭到诟病。要想从哲学上对意志做出令人满意的阐述，就得把人类行动与能力、欲求和信念联系起来，就得对自愿性（voluntariness）、意向性（intentionality）和合理性（rationality）展开研究。亚里士多德的数部论作，包含大量研究所理解的意志的资料，虽然他所用的那些概念与今日所用的那些概念并不完全相符。

亚里士多德对自愿性的界定如下：如果某种事情发源于免受强制或错误左右的能动者，那它就是自愿的（*NE* 3. 1. 1110^{a} 1 ff.）。在亚里士多德的道德体系中，发挥重要作用的是目的性选择（prohairesis）这个概念：选择一种行动
252 乃是人生总体计划的组成部分（*NE* 3. 2. 1111^{b} 4 ff.）。亚里士多德对自愿概念

的界定太过笨拙，而他对目的性选择概念的界定则太过狭隘，因此无法区分那些构成我们人生的日常道德选择。在英语里没有一个与“目的性选择”相对应的词，这一事实本身标志着这一概念的蹩脚之处：亚里士多德使用的大部分道德术语已经自然地化入到所有欧洲语言之中了。

尽管亚里士多德对实践推理做过丰富而有见地的阐述，但他并未提出与我们所用的意向概念相对应的专门概念：也就是说，从事 A 旨在导致 B，选择手段是为了实现目的或为了目的而追求目的。自愿是一个比意向更具广义的概念：它包括我们有意而非无意去达成的任何事情，这些事情不是所欲求的行动结果。目的性选择是一个更具狭义的概念：它将意向的目标限定在宏大的生命范式的规约之中。

在亚里士多德所论述的人生欲求方面，这些缺陷就是隐含在夸张性断言背后的真理性，该断言认定亚里士多德没有提出过意志概念。这的确是拉丁哲学家的反思方式，其结果是意志概念得到充分发展；在奥古斯丁的著作里，这一反思方式见诸内容丰富的形式。

在公元 2 世纪和 3 世纪，进一步的发展要求对亚里士多德的心智哲学做出矫正。医生盖伦（Galen，129－199）发现，为了肌肉运动，脑和脊髓的神经就得积极主动。于是，脑而非心脏理应被视为灵魂的主要底座。不过，盖伦就像斯多亚学派人士一样，他将感性灵魂与运动灵魂区别了开来，他认为前者与通往脑的传入神经有关，后者则与源自脊髓的运动神经有关。①

来自阿弗罗蒂西亚的亚历山大（Alexander of Aphrodisias）这位漫步学派评注家，曾在公元 3 世纪的前几十年里负有盛名，他将《论灵魂》里的主动理智（Active Intellect）等同于《形而上学 Λ》里的不动的动者（the unmoved mover）。这位亚历山大开创了长久的解释传统，以不同的形态盛行于后起的评注家中

① 参阅贝内特和哈克尔所著的《神经科学的哲学基础》（M. R. Bennett，and P. M. S. Hacker，*Philosophical Foundations of Neuroscience*，Oxford：Blackwell，2003），20 页。

间，在阿拉伯世界尤其如此。他还坚持认为，一个人在出生时只有质料或物理
253 性理智（material or physical intellect）；真正的思想只有在至高的神性心智影响下才能获得。结果，人的灵魂并非是不朽的：它最多只能凭借冥想不动的动者去思索不朽的思想（de An. 90. 11－91. 6）。

针对伊壁鸠鲁学派、斯多亚学派以及后来的漫步学派的唯物主义立场，普罗提诺的反应是步柏拉图的后尘，竭力证明个体灵魂是不朽的。他在自己最早的一部著作中，也就是在《九章集》第四章第七部分（2）《论灵魂不朽》（*On the Immortality of the Soul*）里，详细地阐述了他的例证。假如灵魂是活的存在物的生命原理的话，那么它自身在本性上不可能是肉身的。假如灵魂是一实存体，那它一定是土、气、火、水这四种要素之一，或者是这四种要素中一个或多个的复合体。而这些要素本身都是无生命的。假如一个复合体是有生命的话，那它一定是由复合体内的要素具有特定比例所致：而这个复合体一定是其他东西赋予的，其原因为这一混合物的成分不仅提供了处方，而且将这些成分合为一体。这里所言的其他东西就是指灵魂（4. 7. 2. 2）。

普罗提诺论证说，从营养和生长的最低形态到想象与思想的最高形态，生命功能中无一不是凭借某种单纯肉身的东西得以落实的。肉身每时每刻都在发生变化：这种处于永恒流变的东西何以能够记住任何瞬息之间的东西呢？肉身被分为部分，并在空间展开：这样一个散开的实体何以能够提供我们在知觉中所意识到的统一焦点呢？我们能够思考抽象的本质，譬如美和公正；属于肉身的东西何以能够把握不属于肉身的东西呢？（4. 7. 5－8）。灵魂一定属于本质存在的世界，而不属于变化生成的世界（4. 8. 5）。

普罗提诺意识到，有些人说过灵魂虽然不是身体本身，但为了自个实存却有赖于身体。他回顾了西米亚斯在《斐多篇》的论辩中提出的观点，该观点认为灵魂只不过是身体筋肉的一种谐调作用。他还巧妙地扭转了那个论证。他说，当一位乐师弹拨里拉琴弦时，他奏响的是琴弦而非旋律；而琴弦在旋律不

需要时是不会被弹拨的(3.6.4.49－80；4.7.8)。

普罗提诺显然坚持个体的人格不朽性。如果说当苏格拉底在奔赴一个死后更美好的世界时，苏格拉底就不再是苏格拉底了，这听起来荒诞不经。诸心智会在那个更加美好的世界幸存下来，因为凡是具有真实存在的东西都是不可毁灭的(4.3.5)。不过，这一断言的确切意味是不清晰的，因为普罗提诺也认为所有灵魂会形成一个整体，会在尊贵的世界灵魂(superior World-Soul)里聚合在一起，它们从这里起源并回归到这里(3.5.4)。当我们继而讨论普罗提 254
诺的神学时，我们会在本书第九章里看到有关世界灵魂的更多论述。

书斋里的圣奥古斯丁(卡帕齐奥之作，威尼斯收藏[Vittorio Carpaccio, S. Giorgio, Venice])

从普罗提诺的思辨中获益最多的学者之一是年轻的奥古斯丁。不过，奥古斯丁对心智哲学的原创性贡献见于他论自由的专著。在奥古斯丁皈依基督教那一年里所著的《论自由意志》(*de Libero Arbitrio*)一书中，他为一种自由意志论(libertarianism)做了辩护,这种自由意志论一方面有别于我们在前一章里讨论克律西普时所见识到的相容论(compatibilism),另一方面也有别于那种使基督教徒奥古斯丁声名狼藉的预先命定论(predestinarianism)。

在此书第三卷里,所提出的问题是灵魂是否必然会犯罪。我们得知,我们务必区别"必然性"(necessity)的三种含义:本性(nature),确定性(certainty)和强制性(compulsion)。本性与强制性同自愿性是不相容的,只有自愿的行为才是应遭谴责的。假如一罪犯因本性或因强制而犯罪,那此罪就不是自愿的。而确定性与自愿性是相容的:可以确定的是,X 将会犯罪,但 X 会因为自愿犯罪而遭到应有的谴责。

255 首先考察一下本性的必然性。灵魂不是以石头因本性的必然性而下落的方式必然犯罪:灵魂的犯罪行动是自愿的。虽然灵魂与石头都是能动者,但灵魂是自愿的能动者而非天然的能动者。其差别在于:"石头本身不具有停止自身下落运动的能力,而灵魂除非自己愿意,否则它就不会为了较低级的东西而主动放弃较高级的东西"(III. 2)。

诚如我们在讨论克律西普时所见,自愿性可以依据那种去做人们想做之事(自发性自由)或不想做之事(冷漠性自由)的能力予以界定。在《论自由意志》里,奥古斯丁将这两种方法予以综合。灵魂的运动出于自愿,因为灵魂在做它想做之事。奥古斯丁指出,"假如我用于想要或拒绝的意志不是我自己的,那我不知道我会将什么称为我自己的。"想要的能力本身是一种双向的能力。"意志借以转入这个或那个方向的运动兴许不是值得称赞的,除非它是自愿的并且处于我们能力之内。"犯罪者在他将意志的枢纽(cardo)转向冥府时,也是不可责怪的(III. 3)。

奥古斯丁试图证明想做某事是我们的能力所及。其证据的确切线索并不清楚。根据一种解释,该证据好像是这样:假如我们在任何想做的时候去做 X,那么,做 X 就是我们的能力所及。而在任何我们想做之时,我们就想做。

因此,想做是我们的能力所及。这样说似乎太过容易了:第一前提肯定是不完全的。它理应这样解读:假如我们在想做 X 的任何时候我们就做 X,那么做 X 就是我们的能力所及(Doing X is in our power if we do X whenever we want to do X)。因此,第二前提也应当这样解读:当我们想要去想做 X 的任何时候,我们就想做 X(Whenever we want to want to do X we want to do X)。在没有一阶的想要(the first-order want)情况下,我们能否得有一个二阶的想要去想要某物(second-order want to want something)呢?当奥古斯丁想要保持贞洁而不能时,他真的想要保持贞洁呢,或者只是想要去想要保持贞洁呢?

在奥古斯丁早先所圈定的意义上,假如去做 X 是我们的能力所及,那么不去做 X 也一定是我们的能力所及。这便弱化了他的论证,该论证旨在表明想要乃是我们的能力所及。故此,这里有两个断言:其一,假如我想要去想要某物,我就想要某物;其二,假如我不想要去想要某物,那我就不想要某物。无论在第一断言里有什么样的貌似合理性,在第二断言里却没有任何貌似合理性。我可能真想戒烟:可在此刻并不妨碍我很想吸一支烟。 256

毫无疑问,奥古斯丁可以通过区别不同种类的想要而对此作出反应:但在目前的语境里,继续因循他对意志作用的分析将是无益的。在《论自由意志》里,与决定论和自由问题最为相关的一部分,是他对上帝预知能力的思考。奥古斯丁相信,上帝在任何时刻都预知未来发生的所有事件。因此,他参照自愿犯罪的可能性,可建构出如下论证:

(1)上帝预知亚当将会犯罪。

(2)倘若上帝预知亚当将会犯罪,那亚当必然会犯罪。

(3)倘若亚当必然地会犯罪,那亚当就必然犯了罪。

(4)倘若亚当必然犯了罪,那亚当不是出于自己的自由意志而犯罪。

(5)亚当不是出于自己的自由意志而犯罪。

这样的论证思路，显然是基督教继承了亚里士多德讨论海战的方式，同时也继承了狄奥多罗(Diodorus)的主论证(Master Argument)方式：在各自实例中，过去情景或事件的必然性，均以不同的方式被当做一个起点，由此引申出未来事件的必然性。在古希腊人那里，始发前提是逻辑的，在这里是神学的。

奥古斯丁试想借助确定性与自然因果性或强制性之间的区别，来解除对这一论证的疑虑。我可能在不引起某事的情况下知道某事(譬如，我知道此事是因为我记得此事)。我可以肯定，某人在没有强制他去做某事的情况下会去做某事。据此，我们可以区别"必然性"在上述论证中的不同含义。在第二前提里，第三前提的前件"必然地"一定被理解为"确定地"。在第四前提和第三前提的结果里，"必然地"一定被理解为"在强制下"。鉴于第三前提里的结果具有歧义性，因此这一论证不能成立。

奥古斯丁的反应并非全无可信之处：在对未来的猜测性人类知识和无时不在的神性全知之间，委实没有什么精确的类比可言。奥古斯丁在论述中所遗留下来的那些尚未解决的难题，继而引起后世许多代基督教神学家的研究兴趣；而奥古斯丁的讨论方式，可以恰如其分地代表反思古代决定论的最后阶段。

第八章

怎么活:伦理学

在归于早期希腊哲学家的诸多言论中,许多都含有 257
道德内容。譬如,归在泰勒斯名下的早期说法就有:“对待别人要像别人对待你们那样”;问及我们如何才能活得最好时,泰勒斯回答说:“假如我们自己不做那些我们谴责别人所做之事”。当一名通奸犯问他是否应当以起誓的方式来肯定自己无辜时,泰勒斯以更加模棱两可的语调回答说:“哟,假誓不比通奸更糟”(D. L. 1. 37)。赫拉克利特也说过同一类玄奥的话:“人们得到他们想要的一切并非好事”(DK 22 B110);“一个人的性格就是他的命运”(DK 22 B117)。其他哲学家也对特定的道德问题采取了各自的态度:诸如恩培多克勒抨击食肉和祭牲(DK 31 B128, 139)。不过,并非一直等到德谟克利特出现,我们才找到一位提出道德体系的哲学家的踪影。

道德论者德谟克利特

德谟克利特在伦理学议题上能言善辩：诚如第尔斯与克兰茨（Diels-Kranz）所记，德谟克利特的残篇有60页是专门讨论道德忠告的。其中许多内容属于朴实无华、苦中作乐一类。例如，不要承担你力所不及的任务，不要嫉妒富人和名人；想想所有那些比你还要穷困的人们，要满足于自己的遭际（DK 68 B69）。当事情因为你的失误而出错时，勿要诅咒厄运：你通过学会游泳，就会避免淹死（DK 68 B119,172）。只有在你计划做出更大的回报时，你才能接
258 受恩惠（DK 68 B92）。在诸多婚礼早餐上屡遭篡改的一种说法见于残篇272："有幸得一女婿者得一儿子，不幸者失去一女儿。"

德谟克利特的忠告有时更有争议。譬如，最好不要任何孩子：将他们养大养好就得劳累操心，看他们长大学坏则是一切痛苦中的最残酷之事（DK 68 B275）。如果你一定要有孩子，就从你的朋友那里收养孩子而不要自己去生育孩子。这样你就能够选择你想要的那类孩子，而以正常的方式生育孩子，那你就得忍受你所得到的孩子（DK 68 B277）。

从柏拉图往后，有许多道德哲学家蔑视身体，认为身体是灵魂的败坏者。德谟克利特却采取了相反的观点。在生命终结时，假如身体因为它所遭受的种种痛苦和疾病而要起诉灵魂的话，那么，公正的法官就会为身体叫屈。假如身体的某些部分因忽视而遭破坏或因纵情声色而被毁坏，那是灵魂的错误所致。你或许会认为身体只不过是灵魂所用的工具而已：那好吧，但如果工具的状态不佳，你不会埋怨工具，而会埋怨工具的主人（DK 68 B159）。

德谟克利特的道德观点传布给我们的是一系列格言，但有些证据表明他提出过一种系统的伦理学，虽然这种伦理学与其原子论到底有何关系依然模糊不清。他著有专论生活目的的论文，研究过幸福（*eudaimonia*）的性质：这种

性质并不在于财富，而在于灵魂的善行，人们不应从必死之物中寻求快乐（DK 68 B37, 171, 189）。他还指出，有教养者的希望胜过无知者的财富（DK 68 B285）。而蕴藏着幸福的灵魂之善行，看来一直不属于得到升华的神秘一类：相反，他的理想是过上快乐而知足的生活（DK 68 B188）。因此，他在后来的时代是作为一位欢笑哲学家闻名于世。他称赞节制，但他并非苦行主义者。他说过，节俭和斋戒是好的，但参加宴会也是好的；难点在于判断各自的适当时间。没有宴席的生活，犹如长途跋涉，途中没有客栈（DK 68 B229, 230）。

德谟克利特以某些方式为后继的希腊思想家设定了议程。他将探索幸福的问题置于道德哲学的中心，古代的所有道德论者几乎都追随他的做法。他

259

布拉曼特在此再现了欢笑哲学家德谟克利特和哭啼哲学家赫拉克利特。

曾说过,“犯罪原因是对良善事物的无知”(DK 68 B83),他所阐述的这一理念,在苏格拉底的道德思想中占据着核心位置。另外,当他说你被冤枉要比你做错事为好时(DK 68 B45),他所道出的思想后来被苏格拉底发展成为这样一项原则,即:遭受冤屈胜过处罚冤屈。这一原则与有影响的道德体系是不相容的,后者鼓励人们只根据行动的结果来评判行动,而不是根据行动结果与动因的同一性来评判。德谟克利特信口道出的其他言论,倘若认真对待的话,足以推翻全部伦理学体系。譬如,当他指出好人不仅克制自己不做错事,而且本来就不想做错事时(DK 68 B62),他全力反驳人们经常恪守的下述观点:德性只有在战胜冲突的激情时才达到最高层次。

不过,德谟克利特并没有探讨对所有古代伦理学而言最为重要的概念,也就是德性(*arete*)这个概念。这个希腊词与任何一个英文词都不确切匹配,在最近的学术著作里,这个希腊词“*arete*”的传统译法“virtue”(德性或美德),经常被“excellence”(卓越或杰出)所取代。“*Arete*”是一抽象名词,类似于形容词
260 “*agathos*”,后者是用以表示“good”(善的或好的)的一个最普通的词。任何属于这一类的善或好的东西,具有与之相应一致的德性。如今,谈论一匹马或一把刀的德性,在英文里已然过时,因此,人们倾向于将“*arete*”译为“卓越或出色”(excellence);人类的有些德性,譬如科学专长,不适合用“理智德性”(intellectual virtue)予以描述;将和蔼(gentleness)这一品格称之为“卓越或杰出”,也同样显得怪异;所以,我将使用 *arete* 的传统译法,但要提醒的是,该传统译法远非完全符合原义。这不仅仅是一个习惯用法的问题,它委实表明古希腊人与现代欧洲人在以适宜的方式汇聚人类不同的所需属性方面,存在概念上的差异。这两种概念结构之间的差异,既说明研究古代道德哲学的难度,同时也表示此类研究具有重大价值。

苏格拉底论德性

对德性的本性率先展开系统研究的正是苏格拉底;他将这一研究置于道德哲学的中心地位,也将其置于整个哲学的中心地位。在《克里托篇》里,他自己对死亡的接受方式被描述成为了正义和虔诚而献身的殉道行为(54b)。在苏格拉底式的对话中,特定德性要受到详细的盘查:譬如,《欧绪弗洛篇》里所论的虔诚(*hosiotes*),《卡尔米德篇》里所论的节制或自制(*sophrosyne*),《拉凯斯篇》里所论的勇敢(*andreia*),《理想国》第一卷里所论的正义或公正(此卷很可能原初作为一篇独立存在的对话《色拉叙马霍斯篇》[*Thrasymachus*])。这些对话都采用了相似的模式。苏格拉底寻求界定每个德性,对话里的其他人物则以定义作为回应。盘问(*elenclus*)迫使每个参与对话的角色承认他们给出的定义有不足之处。不过,在提出令人满意的定义方面,苏格拉底并不比他的对手高明,因此,每篇对话结束时并无结论。

这一模式可从《理想国》第一卷里得到说明,德性在此被界定为正义。年迈的克法洛斯提议说,正义就是实话实说,有借有还。苏格拉底在反驳这一观点时问道,将借来的武器奉还给发疯的朋友是否正义。所得到的回应是这不
正义,因为伤害朋友不可能是正义之举(331d)。克法洛斯的儿子玻勒马霍斯 261
随后的提议是,正义就是善待朋友而伤害敌人。这一观点也遭到拒绝,其根由是伤害任何人都不正义:正义是一德性,德性的作用不会使任何人(或友或敌)变得更糟,而是变得更好(335d)。

这篇对话里的另一位人物色拉叙马霍斯此时对正义是否乃一德性提出质疑。他争论说,正义不可能是一德性,因为它不是每个人都有意具备的德性。相反地,正义乃是有利于权势者的东西;法律和道德均是保护权势者利益的系统。借助一系列复杂而经常令人疑惑的论证,色拉叙马霍斯最终只好承认,正

义者会比不正义者活得更好，这样一来，正义便有利于正义者了(353e)。然而，这篇对话却以不可知的说法结束。苏格拉底说，“这场讨论的结果就是我一无所获。因为我既然不知道什么是正义，也就无法知道正义是否就是一种德性，也就无法知道正义者是痛苦的还是快乐的”(354c)。

在这些对话中，柏拉图借用苏格拉底之口自称无知的做法，并不意味着苏格拉底毫无伦理德性的信念：恰恰相反，这意味着要为知识的认定设立非常高的门槛。在这些对话里，苏格拉底及其对话者经常会认同某些特定行动可否当做相关德性的例证，其中所缺乏的则是一种能够涵盖相关德性之所有行为的程式。另外，在讨论过程中，苏格拉底为数个实质性的论点进行辩护，这些论点既关乎特殊的德性(譬如伤害任何人都永远不是正义的)，也关乎一般的德性(譬如正义者一定总能得到好报)。

在探讨德性的本性时，苏格拉底惯常的做法是将其与技艺加以比较，技艺在此涉及木工技艺，航海技艺，医疗技艺，另外他还将其与算术或几何这类科学加以比较。诸多读者，无论是古代的还是现代的，都发现这种比较方式荒诞不经。确实，知识与德性是两种截然不同的东西，一种是理智问题，另一种是意志问题。对这两种东西可作出这样的回应：其一，倘若我们要明确区别理智与意志的话，那是因为我们传承了许多代人所从事的哲学反思活动，而启动这
262 一反思活动的正是苏格拉底和柏拉图。其二，在德性与专长之间，的确存在重要的相似性。与人类的其他属性和特性不同的是，这两者是习得的，而非天生的，并且都是人类所珍重的特征：我们之所以钦佩或仰慕一些人，就是因为他们具有专长和德性。苏格拉底断言，这两种东西对其拥有者而言是有益的，因为我们越是拥有更多的专长，越是具有更多的德性，我们就越是生活得更加丰裕。

但在某些重要方面，专长与德性并非彼此一样，至少基本如此。苏格拉底对此心知肚明，而他经常诉诸这两者之间的类比说法有一原因，那就是要将这

两者加以对照和比较。他迫不及待地想要检验其差异到底有多大。一种差异是:技艺与科学是由专家教学传授的,但却没有任何专家能够传授德性。尽管有些智者妄称自己是此类专家,但实际上在这方面并没有真正的专家(*Prt.* 319[a] – 320[b]; *Men.* 89[e] – 91[b])。另一差异是:假定某人做错事情,我们会问他是否有意为之,如果确是有意为之,那我们就会问这样做是要让事情变得更糟还是更好。假如出错是在操练技艺时所犯——譬如在演奏笛子时吹错一个音符,或在射箭时没有射中靶子——那么,如果是有意为之,那就更好:换言之,有意犯错并不反映一个人的技艺水平。而犯错若是德性方面的失败所致,那就要另当别论了。像下述这类说法就属于怪论:故意违反我的权利之人,不像无故侵犯我的权利之人那样不正义(*Hp. Mi.* 373[d] – 376[b])。

苏格拉底相信自己能够应付下列两种反对将德性与专长予以同化的立场。在回应第二点时,他断然否认有人故意违背德性而犯罪(*Prt.* 358b – c)。倘若一个人如此犯错的话,那他是因为无知所致,因为不知什么对他来说是最好之事。我们都期望行善和幸福:因此,人们向往健康、财富、权力与荣誉等东西。而这些东西只有当我们知道如何恰当使用时才是好东西;在没有这类知识的情况下,这些东西会给我们带来更多害处而非好处。知道如何以最佳方式使用个人拥有之物的知识就是明智(*phronesis*),此乃唯一真正善好的东西(*Euthd.* 278e – 282e)。明智是分辨好坏的科学或真知,它与德性(以及所有德性)是同一的。

为何没有德性传授者的原因并非在于德性不是一门科学,而是在于它是一门极其难以把握的科学。这是由德性相互交错并形成整体的方式所致。自 263
不待言,体现勇敢的行动不同于体现节制的行动;而这些行动所表现出的正是单一的和不可分的灵魂状态。假如我们从未来危险的角度将勇敢说成是一门分辨好坏的科学,那我们就得认同此类科学只有在其作为全部善恶科学的组成部分时才是可能的观点(La. 199c)。各个德性都是这门科学的组成部分,但只有在整体意义上才能拥有各个德性。无人拥有这门科学,就连苏格拉底本人也是如此。①

不管怎么说,我们看到一种有关德性貌似什么的说法,这是一种令人惊讶的说法。在以普罗泰戈拉的名字命名的那篇对话里,苏格拉底要他接受这一前提:善与快乐同一,恶与痛苦同一。从这一前提出发,苏格拉底进而想要证明自己的如下主张:无人愿意作恶。常说人们作恶是他们知道那是恶,因为他们屈从于诱惑并受制于快乐。假如“快乐”与“善”意味着相同的东西,那么人们必然作恶,因为他们被善征服。这样说是不是太荒谬了呢(354c-5d)?

知识是强有力的东西,明白某事属恶的知识,不像奴隶那样会被人任意支使。既然已知普罗泰戈拉所接受的前提,那么,明白某一行动属恶的知识,必然是明白该行动就结果而言将会导致更多痛苦而非快乐的知识。拥有此类知识的人,就不会去采取那种行动;因此,犯错者一定缺乏这种知识。附近的物体看上去似乎大于远处的物体,心像中会出现某种类似的东西。犯错者所遭受的幻象,在于重视当下的快乐而忽视后来的痛苦。这里所需要的就是衡量快乐与痛苦、当下感受与未来结果之相对大小的科学,“因为,我们在生活中得以拯救的方式,最终存在于对快乐与痛苦的正确选择之中”(356d-357b)。
264 此乃关乎善与恶的科学,这与正义、节制和勇敢等各个德性是同一的(361b)。

柏拉图论正义与快乐

苏格拉底是否把快乐演算法(hedonic calculus)当真视为“什么是德性”这

① 在此我得益于彭纳(Terry Penner)所撰的几篇文章,后来他将其汇集在〈苏格拉底与早期对话〉(*Socrates and the Early Dialogues*)这篇论文里,见克罗特主编:《剑桥柏拉图导读》(R. Kraut, ed., *The cambridge Companion to Plato*, Cambridge: Cambridge University Press, 1992)。

一问题的答案,学者们看法不一。不管苏格拉底是否这样认为,柏拉图则肯定不这么认为。在《理想国》里,我们看到一个有关正义的不同说法——确切地说,不止一个不同说法。这篇对话的主体发端于第二卷里的两个挑战性问题,分别是由柏拉图的两个兄弟格劳孔(Glaucon)与阿德曼托斯(Adeimantus)提出的。格劳孔想要得到证明的论点是:正义不仅仅是避免作恶的方法,而且是某种本身值得去做的东西(358b-362c)。阿德曼托斯想要得到证明的论点是:除了附加在正义身上的奖励或制裁之外,就像人们喜欢视觉胜过目盲、喜欢健康胜过疾病那样,人们喜欢正义胜过不义(362d-367d)。

这篇对话里的苏格拉底在给出自己的答案时,描述了城邦与灵魂之间的比喻关系。在他所想象的城邦里,德性分配给不同的城邦阶层:城邦的智慧是其统治者的智慧,城邦的勇敢是其卫士的勇敢,城邦的节制是艺匠们臣服于统治阶层。正义则是这三个阶层的和谐:正义存于每个公民身上,存于每个阶层身上,正义就是他们去做最适合自己能做之事。灵魂的三部分与城邦的三阶层相呼应,灵魂的德性就像城邦的德性一样予以分配(441c-442d)。勇敢从属于脾气秉性,节制从属于较低的部分,智慧位于理性之中,统治和关照着整个灵魂。正义是诸灵魂因素的和谐。"我们每个人都会是一个正义之人,只有当我们灵魂里的各个部分实现各自的职能时,我们才会完成自己应尽的职能"(441e)。

假如不义是灵魂诸要素分层和谐的结果,那么,不义和所有邪恶的做法,就会在灵魂中的低级要素反叛这一分层时发生(443b)。灵魂里的正义与不义,就像身体里的健康和疾病一样。由此说来,追问正义的活法有益还是不义的活法有益是荒谬的。当身体备受疾病折磨时,世界上的所有财物与权力都不能使生活值得一过。当灵魂作为生命原理遭到败坏时,生活还值得一过吗?

对正义与德性的这一说法,便是对格劳孔和阿德曼托斯的问题做出的第一回应。这在几个方面都有别于《普罗泰戈拉篇》里的说法。作为灵魂三分的结果,德性统一体的论点已然被放弃了,或者至少被矫正了。快乐看来不是德
265 性的对象,而是灵魂最低部分的密友。不过,正义有益于正义者的结论,不仅是《理想国》的共同基础,也是早期苏格拉底式对话的共同基础。此外,如果正义就是灵魂健康的话,那么,人人一定会真的向往正义,因为人人都向往健康。这一点与苏格拉底的下列论点相契合,即:无人会故意犯错,作恶从根本上说是出于无知。

可是,《理想国》第四卷结尾处得出的结论,只不过是一个临时性结论,因为它没有参考柏拉图的重要创新过程——理念论。这篇对话的中间几卷在阐述了理念的作用之后,我们看到一种有关正义与幸福之间关系的修正说法。正义者要比不义者更为幸福,这不只是因为他的灵魂是和谐的,而且是因为让灵魂充满理解要比让灵魂充满欲求更为快乐。理性不再是关照个人的官能,而是近乎于不变和不朽的真理世界(585c)。

根据其灵魂中的主导要素欲求、性情与理性,可将人分为贪婪型、抱负型或学者型等类别。每一类型的人都会断言他们自己的生活最佳:贪婪型的人会赞美经商生活,抱负型的人会赞美政治生活,学者型的人会赞美知识和理解。学者型或哲学家的判断力是比较受人喜爱或推崇的,因为他在经验、洞识和推理等方面胜过他人(580d-583b)。另外,哲学家一生竭力追求的目标,要比其他人所追求的目标更加真实,相比之下,其他人的快乐是虚幻的(583c-587a)。柏拉图并没有完全告别快乐演算法:他告诉我们,哲学王要比邪恶的对应人物快活 729 倍(587e)。

在成熟期的对话《斐莱布篇》(*Philebus*)里,柏拉图重新讨论起幸福与快乐的议题。其中有一人物普罗塔库(Protarchus)就争辩说,快乐是最大的善;苏格拉底反驳说,智慧胜过快乐并引发更多幸福(11a-12b)。这篇对话提供了一个范围广泛的讨论机会,涉及不同类别的快乐,截然有别于《普罗泰戈拉篇》

里将快乐当做单一类别的通约项目。在此番讨论结束处,苏格拉底反驳普罗塔库的论点赢得上风:在一系列仔细审视的事物分级里,即便是最好的快乐也居于智慧之下(60b – c)。 266

然而,这篇对话中最有趣的部分是这样一种论证,其大意是快乐与智慧均非幸福生活的本质,唯有包含快乐和智慧的混合型生活才真的值得选择。时时享受各种快乐但缺乏理性的人,不会感到幸福,因为他除了当下之外不能记住也不能预知任何快乐,他所过的生活不是人的生活,而是软体动物的生活(21a – d)。但是,没有快乐的纯理智生活,同样是难以忍受的(21e)。没有一种生活是“充足的,完美的或值得选择的”。最终的善就在于快乐与智慧之间达成和谐的比例(63c – 65a)。

亚里士多德论幸福

在《斐莱布篇》里设立的美好生活准则,再次出现在亚里士多德对美好生活的描述里。他在《尼各马科伦理学》开篇中指出,我们所寻求的美好对象,与其他目的相比是完善的,也就是说,这种对象必须是某种为了它自身起见而寻求的对象,永远不是为了其他东西起见而寻求的对象。它必须是自我充足的,换言之,它必须是某种使生活值得一过的东西,必须是某种不匮乏任何东西的东西。他还继而指出,这些就是幸福(*eudaimonia*)的属性(*NE* 1. 7. 1097^{a} 15 – ^{b}21)。

在所有亚里士多德的伦理学论著中,幸福观念起着核心作用。然而,这一观念更为清楚的表述见于《优台谟伦理学》,在我的陈述中,我将开始依据这部文本而非人们更为熟悉的文本《尼各马科伦理学》。这部论文开篇就提出这样的问题:什么是美好的生活以及如何才能过上这种生活?(*EE* 1. 1. 1214^{a} 15)。

对于第二个问题,我们得到五种候选答案(凭借自然,凭借学习,凭借纪律,凭借神恩,凭借运气);对于第一个问题,我们得到七种候选答案(智慧,德性,快乐,荣誉,名声,财富和教养)(1.1.1214^{a} 32, ^{b}9)。亚里士多德随即删除了一些与第二个问题有关的答案:假如幸福纯粹凭借自然、运气或神恩而至的话,那么,它将是大部分人遥不可及或无能为力的东西(1.3.1215^{a} 15)。而对第二个问题的完整答案,显然取决于对第一个问题的答案:亚里士多德就此提出下
267 列问题:什么使生活值得一过?

生活中所发生的有些事情,譬如疾病与痛苦,使得人们想要放弃生活:显然,这些事情并未使生活值得一过。在孩提时代发生的那些事件,也不可能是生活中值得选择的事情,因为无人会在正常情况下选择回归到儿童时期的生活。在成人生活中,我们所做的那些事情只是作为实现目的的手段而已;这些事情本身显然无法使生活值得一过(1.3.1215^{b} 15-31)。

假如生活就是值得一过的话,那它肯定就是某种作为目的本身的东西。此类目的就是快乐。食品、饮料与性爱给人的快乐,就其本身而言,由于太过动物性,故不能成为人类生活的合宜目的。但若我们将这些东西与审美和理智快乐结合起来,我们就会发现那是重要人士一直认真追求的目标。其他人更倾向于过上一种立德建功的生活,譬如真政治家的生活,不像假政治家那样,只追求金钱或权力。第三种则是科学凝思的生活,以阿那克萨戈拉为代表,当被问及人为什么要选择出生而非不生时,他回答说,“那是为了仰慕天体和宇宙的秩序”。

于是,亚里士多德曾将“什么是美好生活”这一问题的诸多可能答案,减少到三个简短答案:智慧,德性与快乐。他还指出,所有人都将幸福同哲学的、政治的和纵欲的三种生活形态中的任何一种连在一起(1.4.1215^{a} 27)。这三者是解读亚里士多德伦理学研究的一把钥匙。《优台谟伦理学》与《尼各马科伦理学》都详细地分析了德性、明智和快乐等概念。当亚里士多德性将表述自己对幸福

的看法时,他断言幸福融会吸收的是所有三种传统生活形态的魅力因素。

实现这一点的关键一步,就在于从形而上学的角度来分析伦理学领域里的潜能和现实。亚里士多德区别了状态(hexis)与其用途或效能(energeia)。①德性与智慧均为状态,而幸福则是活动,因此不能与德性或智慧等同视之(*EE* 2. 1. 1219^{a} 39; *NE* 1. 1. 1098^{a} 16)。不过,构成幸福的活动是德性的用途或效能。智慧与伦理德性尽管是不同状态,但在单一效能里运作时是不可分离的;因此,它们不是为了幸福而竞争的对手,而是为了幸福而合作的助手。另外, 268
亚里士多德断言,快乐与适宜状态中通行无阻的效能是同一的,因此,幸福被视为这两种状态中通行无阻的效能,它在同步意义上就是充满德性、智慧和快乐的生活(*EE* 7. 15. 1249^{a} 21; *NE* 10. 7. 1177^{a} 23)。

这可能不是亚里士多德的幸福生活理念,但它看来就是15世纪对亚里士多德文本的图解。

要达到这一结论,就要连篇累牍地进行分析和论证。其一,亚里士多德务必表明幸福是与德性相一致的活动。这一点源自对人类职能或特殊活动(ergon)的考察。《尼各马科伦理学》论证说,人务必有一职能,因为特定类型的人

① 《优台谟伦理学》偏好形式上的区别,譬如德性的德性用途;《尼各马科伦理学》也偏好形式上的区别,譬如与德性相一致的德性活动(*energeia kat' areten*)。

(譬如雕刻家)如同人类的各个部分或各个器官一样,都会担负各自的职能。这是什么样的职能呢?不是成长与营养,因为那是植物分享的东西;也不是感官生活,因为那是动物分享的东西。那它一定是关乎行动的理性生活,因为灵魂活动与理性是相一致的。所以,人类的善将会是善的人类功能作用,也就是说,灵魂的活动与德性是相一致的(*EE* 1. 7. 1098ª 16)。没有效能的德性并非就是幸福,因为这与睡眠中过往的生活相兼容,但无人会称其为幸福(1. 8. 1099ª 1)。

其二,亚里士多德务必分析德性概念。人的德性是依据前一章里所概述的灵魂三分法予以分类的。灵魂中生长部分的德性,诸如消化好,与伦理学不相干,因为伦理学关注的确是人的德性。灵魂中与欲望和激情相关的部分,确然是关乎人的,因此处在理性的控制之下。该部分有其自身的德性,诸如勇敢
269 和节制等伦理德性。灵魂的理性部分是理智德性的所在地。

亚里士多德论道德和理智德性

《尼各马科伦理学》第二—五卷和《优台谟伦理学》第二—三卷侧重论述了伦理德性。这些德性并非天生,而是凭实践而获得,因不用而丧失。故此,它们不同于理智或记忆这样的功能。它们是持久的状态,有别于发怒与怜悯那样的短暂激情。使人变好或变坏或使其值得称赞或需要谴责的东西,既不是简单地拥有那些官能,也不是简单地生发那些激情。相反,它是一种品格状态,表现在目的(*prohairesis*)与行动(*praxis*)之中(*NE* 2. 1. 1103ª 11b -25; 4. 1105ª 19 -1106ª 13; *EE* 2. 2. 1220ᵇ 1 -20)。

德性表现在良善的目的之中,换言之,表现在与良善的生活计划相一致的行动规定之中。亚里士多德告诉我们说,表现伦理德性的行动,会避免过度与不足之处。例如,一位节制的人,既会避免饮食过量,也会避免饮食太少。德

性选择介于过度与欠缺之间的中道(the mean or middle ground),譬如饮食讲究适量。亚里士多德列出一长串德性,从传统的德性勇敢与节制开始,但也包括譬如大度、真诚、尊严与豁达乐观等诸多德性;与此同时,亚里士多德还概述了如何以中道来关注每个德性。

中道学说(the doctrine of the mean)并非意指甘于平庸的妙方或居于中游的训令。亚里士多德告诫我们说,适量饮用、适度放弃与适量谈论,都要因人而异,譬如,适合一位奥运冠军的食量,就不一定适合一位新运动员的食量(2. 6. 1106^{b} 3 –4)。我们人人凭借经验得知什么是合适的量度,我们通过观察和校正得知自己行为中的过度和不足之处。

德性不仅关注行动,而且关注激情。我们会有太过或太少的畏惧,勇敢能使我们在应当畏惧时感到畏惧,在不应当畏惧时无所畏惧。我们会对性过度关注,我们也可能对其兴趣不足。有节制的人就会把握住合适的兴趣程度,因此既不好色,也不会性冷淡(*NE* 2. 7. 1107^{b} 1 –9)。

除了关注行动和激情的手段之外,德性本身就是手段,在此意义上它们占据着介于两种相反的恶的中间地带。于是,勇敢居中,一边是鲁莽,另一边是 270
怯懦;同样,慷慨居中,一边是吝啬,另一边是挥霍(*NE* 2. 7. 1107^{b} 1 – 16; *EE* 2. 3. 1220^{b} 36 – 1221^{a} 12)。虽然行动与激情各有中道,然而德性本身却无中道。某种特定的行动或激情不能太多,但不能说某一德性也不能太多。假如我们想要说某人过于勇敢,我们的真正意思是说他的行动越过了勇敢德性与鲁莽的恶之间的界限。假如说某一德性不能太多,那么是否可以说某一恶也不能太少呢?因此,恶没有中道可言,德性也没有中道可言(*NE* 2. 6. 1107^{a} 18 –26)。

虽然所有伦理德性均是行动和激情的手段,但实际上不是每种行动与激情都能取得具有德性的中道。有些行动并无适量可言,因为其任何量度都嫌太多:亚里士多德在此以谋杀和通奸为例,借以表明不存在诸如于合适的时间用合适的方式与合适的人进行通奸之类的事情。同样,有些激情也被排除在中道所适用的范围之外,譬如,不存在适量的羡慕或怨恨(*NE* 2. 6. 1107[a] 8 – 17)。

亚里士多德将德性视为中道的说法,在许多读者看来似乎是老生常谈。事实上,这一独特的伦理学说与其他各种有影响的体系形成对照。就像传统犹太教或基督教学说之类的道德体系,均将(自然的或启示的)道德法则概念置于核心地位。结果,在重视或强调道德戒律方面,列举出一长串需要规避的行动或行为:譬如,《摩西十诫》中的大部分一开始就讲“你不要……”。诚如我们所见,亚里士多德的确相信有些行动要一并排除;但是,他所强调的不是道德正派所需的最低限度,而是实现道德卓越的种种条件(这终究是伦理德性所意指的东西)。我们兴许可以说,他所撰写的有关道德的文本,是为了取得优异而非合格这样的成绩。

亚里士多德对中道的论述,不仅仅与宗教系统形成对照。对于一位功利论者或任何一类效果论者(consequentialist)而言,没有一类行动可以先行排除。在功利论者看来,鉴于一种行动的道德性是依据后果加以判断的,因此在特定实例中可能存在适量的通奸或谋杀。但从另一方面看,有些世俗的苦行主义体系已然排除了所有各类行动:譬如对于素食者而言,就不存在食用适量
271 肉类的事情。我们或许会说,从亚里士多德的观点出发,功利论者在运用中道时走向过度,而素食者在运用中道时愧感不足。自不待言,亚里士多德主义在运用这一学说时把握住了令其感到快慰的中道。

亚里士多德在总结自己对伦理德性的描述时指出,德性是表现在选择中的一种品格状态,存在于适宜的中道内,取决于明智人士所建立的规范。为了完成这一描述,他就得解释什么是智慧,解释明智之士的规范是如何达成的。他在一卷书里所做的解释,均见于两部伦理学著作(*NE* 6, *EE* 5),其中还阐述了理智德性。

诚如他在本卷书的开篇所言,智慧并非唯一的理智德性。任何事物的德

性，均有赖于其职能或作用。理性的作用就是做出真假判断，当它出色地尽到自身的职责时，就会做出真实的判断（6. 2. 1139^{a} 29）。因此，理智德性便是让理性取得真理的杰出或卓越作用。亚里士多德认为，有五种状态具有这一效果，即：技艺（techne），科学（episteme），实践智慧（phronesis），理解智慧（sophia）与直观能力（nous）（6. 3. 1139^{b} 17）。这些状态与或真或假的信念或意见等心理状态形成对照。因此，理智德性具有五个候选项目。

不过，技艺就是建筑师与医生之类艺匠或专家所展现出来的技能，亚里士多德并未将其视为一种理智德性本身。诚如我们所见，苏格拉底和柏拉图乐于将德性同化为技艺；而亚里士多德则强调这两者之间的重要差异。技艺制作产品，不同于技艺操练——其产品抑或是具体的，就像建筑师所建的房子，抑或是抽象的，就像医生妙手回春（6. 4. 1140^{a} 1－23）。技艺操练是通过其产品的卓越性予以评价的，而不是凭借实践者的动机予以评价的。假如医生使用的疗法取得成功，建筑师所建的房子美不胜收，那我们就无需探究他们运用技艺的动机了。德性并非如此：德性是在行动中发挥作用的，无需拥有进一步取所得的结果，而行动无论在客观上多么无可指责，但都不是有德之为，除非该行动具有合适的动机，也就是说，除非该行动作为值得一过的生活方式的组成部分（*NE* 2. 4. 1105^{a} 26－^{b}8）。该行动未必不利于个人不想使用的技艺；亚
里士多德坚持认为，有德之人一定乐于去做善的事情，而非只是不情愿地尽其 272
职责（*NE* 2. 3. 1104^{b} 4）。最后，虽然技艺的拥有者务必知道理应如何运用技艺，但特定的技艺运用可能是有意为之的失误——教师或许会向学生表明不应去完成一项特殊任务。相形之下，无人在演练节制的德性时会让自己（譬如说）喝得酩酊大醉。

究其结果，其他四种理智德性可以减至两种。理解智慧是永恒真理的全面理解能力，这正是哲学家所追求的目标。这种智慧结果成为直观和科学的融合（6. 7. 1141^{a} 19－20）。实践智慧所关注的不是不变和永恒的问题，而是

可以作为审慎思虑之对象的人类事务与问题(6. 7. 1141^b 9 – 13)。因为它们关注的是不同的对象,所以理解智慧与实践智慧便是理性灵魂的两个不同部分。理解智慧是理论部分(epistemonikon)的德性,所关注的是永恒的真理;实践智慧则是实用部分(logistikon)的德性,所关注的是人类事务。所有其他德性抑或是理论部分和实用部分这两种德性,抑或可以还原为理论部分和实用部分这两种德性。

实践理性的理智德性,与灵魂中情感部分的伦理德性,是不可分割地联系在一起的。亚里士多德告诉我们,如果没有实践智慧,就不可能有真正的善;如果没有伦理德性,就不可能有真正的明智(6. 13. 1144^b 30 – 32)。从实践理性所关注的这种真理本性出发,便可得出这样的看法:

> 在欲望中有追求和躲避,正如在思想中有肯定和否定一样。伦理德性既然是表现在目的中的一种状态,那么目的便是经过思考的欲望;因此,如若目的就是善好的,如若欲望非得追求思想所规定的东西,那么,推理就必然是真实的,欲望就必然是正确的。这便是具有实践意义的一种推理和一种真理。(6. 2. 1139^a 21 – 27)

具有德性的行动必然建立在有德性的目的之上。目的是经过理性思考的欲望,因此,如若目的就是善的,那么推理和欲望都必然是善的。实践智慧使推理成为善的,伦理德性使欲望成为善的。亚里士多德承认正确推理在伦理德性缺场时是可能的,他称其为“理解力”(deinotes)(6. 12. 1144^a 23)。他还承认适宜的欲望在正确推理缺场时也是可能的,譬如儿童那些与生俱来的具
273 有德性的冲动(6. 13. 1144^b 1 – 6)。然而,只有当正确的推理和适宜的欲望一起出现时,我们才会采取真正具有德性的行动(*NE* 10. 8. 1178^a 16 – 18)。这两者的联姻,能使理智融入实践智慧,使自然德性融入伦理德性。

在亚里士多德看来，实践推理(practical reasoning)是一过程，始于人类康乐的基本观念，继而审视特例的情势，最后涉及行动的规定。[①]在明智之士的深思熟虑中，所有这三个阶段都将是正确的，都会展示出实践的真理(6. 9. 1142ᵇ 34；13. 1144ᵇ 28)。对第一个基本前提来说，伦理德性至关重要；如果没有伦理德性，我们将会步入歧途，自以为是，不能正确地把握行动的终极基础(6. 12. 1144ᵃ 9, 35)。

与亚里士多德为理论推理建构的三段论相比，他并未对实践推理做出系统性的说明。在他的著作中，委实难以找到他对单个具有德性的实践三段论的充分阐释。他所列举的那些关乎推理活动的最为清晰的例证，在某些方面是有道德瑕疵的。实践推理也许会引发坏的行为，这是(1)由错误的基本前提所致，(2)因为有一瑕疵涉及特定的前提；(3)因为没有得出或采纳结论。亚里士多德借用暴食暴饮的实例，对此做了解释。

我们可以想象某人面对美味的糖果时，(因某种原因尚未澄清的)节制要求拒绝这种诱惑。倘若贪吃者本人不是采用了节制的生活计划(life-plan)，而是采用了通常的做法，一味去追求任何唾手可得的快乐，那么，无法抗拒糖果的诱惑是由错误的基本前提所致。亚里士多德将这类人称为"缺乏节制者"(intemperate)。而有人会赞许节制的基本原则，因此拥有适宜的基本前提，但在此场合依然抵挡不住贪吃的欲望，故而不能拒绝糖果的诱惑。亚里士多德将这类人称之为"不能自制者"(incontinent)而非"缺乏节制者"，他解释说，这种不能自制(akrasia)的品性会根据各种方式采用不同的形态，实践推理的后期阶段会在其中失效(7. 3. 1147ᵃ 24 – ᵇ12)。

在讨论智慧与德性的关系过程中，亚里士多德时常会转而将自己的学说与苏格拉底的学说加以比较和对照。他说，苏格拉底将智慧视为伦理德性的

---

① 参阅肯尼：《亚里士多德的意志理论》(A. Kenny, *Aristotle's Theory of the Will*, Lonond: Duckworth, 1979)，111－154 页。

274 要素是正确的，但他将德性与智慧等同起来的做法则是错误的（*NE* 6. 13. 1144^b 17 – 21）。再者，苏格拉底否认了个人会做自己认为错误之事的可能性，其依据是知识不会像奴隶一样被人拖来拽去。亚里士多德还说，苏格拉底对知识力量的看法是正确的，而他把不能自制视为不可能之事的认识则是错误的。不能自制源自种种不充足性，这些不充足性抑或涉及小前提，抑或涉及实践推理的结论，但对全称大前提的地位不抱任何偏见，因为大前提是名至实归的“知识”。（*NE* 7. 3. 1147^b 13 – 19）。

快乐与幸福

属于节制、无节制和不能自制领域的种种快乐，是一类特殊的快乐，诸如众所周知的饮食男女所产生的身体快乐。如若亚里士多德要落实自己解释快乐与幸福之关系的计划，那他就得对快乐的本性做出更为普遍的说明。他的说明见于两个段落，一是 *NE* 7 = *EE* 6（1152^b 1 – 54^b 31），二是 *NE* 10. 1 – 5（1172^a 16 – 1176^a 29）。这两个段落在风格和方法上有别，但其基本内容一样。①

在这两部论著中，亚里士多德对快乐进行了五重式分类。首先是（身体或灵魂）病患者所生的快乐；这种快乐真的只是假快乐（1153^b 33，1173^b 22）。其次是贪吃贪色之徒喜好饮食男女所生的快乐（1152^b 35 ff.，1173^b 8 – 15）。接下来是两类审美感觉快乐：一方面是触觉与味觉这等低级感觉所生的快乐，另一方面是视觉、听觉和嗅觉这等高级感觉所生的快乐（1153^b 26，1174^b14 – 1175^a 10）。最后是最高级的快乐，即灵魂所生的快乐（1153^a 1 – 20，1173^b 17）。

275 这些快乐虽然不同，但对每一真实快乐之本性的阐述则有共同之处。

---

① 参阅肯尼：《亚里士多德学派的伦理学》（A. Kenny, *The Aristotlian Ethics*, Oxford: Clarendon Press, 1978），233 – 237 页。

每一感觉都有与之相应的快乐，思考与沉思也是如此。每一项感觉活动若是最完美的，那也就是最快乐的；当感觉器官处于完好的状态下时，当它指向其最佳对象时，这一感觉活动就是最完美的。不过，快乐并不像感觉对象和感觉那样，使用相同的方式使感觉活动变得完美，如果感觉活动是好的，快乐就会完善它；正如健康与医生均是某人恢复健康的原因，但各自发挥的作用则不同。(*NE* 10. 4. 1174^b 23 – 32)

快乐使感觉活动变得完美这一学说，是以不同的术语加以表述的，在另外一段话里，快乐被界定为通行无阻的、与天性相若的意愿活动(*NE* 10. 4. 1174^b 23 – 32)。

要知道亚里士多德心里的感受，就需要考虑味觉所生的审美快乐。譬如，你在品尝酿好的葡萄酒；你没有伤风感冒，你不受背景音乐的干扰。那么，如若你不喜欢这种葡萄酒，那是因为你的味蕾差（“味觉器官不在良好的状态”）或是因为这葡萄酒差（“味觉并未指向最佳的对象”）。此外再无第三种可能。快乐使感觉活动“变得完美”，意指它使这一活动（如品尝活动）成为同一类的美好活动。味觉器官与品尝对象（就味蕾和葡萄酒而言）是引发这项活动的有效原因。假如这器官和对象都处在良好的状态下，那它们将是引发这项美好活动的有效原因，因此，它们会使这项活动“变得完美”，也就是使其成为此类活动的范例。但快乐并非引发这项活动的有效原因，而是其目的因，它就像健康，而不像医生。

完成这一分析之后，亚里士多德开始考察快乐与幸福之间的关系。“快乐是好还是坏”的问题太过简单了，只有在种种快乐得以区别和分类之后才能予以回答。快乐不能被视为自身就好或自身就坏的东西：好活动特有的快乐是好的，坏活动特有的快乐是坏的(*NE* 10. 5. 1175^b 27)。

> 即便某些快乐是坏的，但这并不妨碍最好的东西成为某种快乐；这就像某些类别的知识尽管是坏的，但并不妨碍知识会是好的一样。必然的情况或许如此：如若每一感觉状态均有通行无阻的活动，那其中就有一项活动（如果是通行无阻的话）应该是幸福的。因此，这可能是所有事情中最有价值的；这便是一种快乐。（*NE* 7. 13. 1153b 7 – 11）

以此方式便可得出如下结论：（某种）快乐是所有人类好事中的最好之事。如若幸福就在于至高形态的德性作用，如若通行无阻的德性作用构成了快乐，
276 那么，这种幸福与快乐就是同一的了。

在《斐莱布篇》里，柏拉图提出这一问题：构成最好生活的是快乐还是明智。亚里士多德给出的答案是：在得到恰当理解的情况下，快乐与明智两者作为追求幸福的因素并非是相互竞争的关系。至高形态的明智作用与至真形态的快乐是同一的；这两者彼此同一，且与幸福同一。不过，在柏拉图的用法里，“明智”（phronesis）涵盖了理智德性的全部范围，而亚里士多德则将其区分为实践智慧（phronesis）与理解智慧（sophia）两个范围。倘若我们提出幸福是否等同于实践智慧的快乐还是理解智慧的快乐这一问题，那我们在亚里士多德的两部伦理学著作中就会得到不同的答案。

《尼各马科伦理学》将幸福等同于理解智慧的快乐作用。我们先前得知，幸福是与德性相一致的灵魂活动，如若有数种德性，这种活动则与尽善尽美的德性相一致。从这部著作的讨论中，我们得知有伦理德性和理智德性，后者比前者尊贵。在理智德性中，理解智慧是对永恒真理的科学把握，要比关注人类事务的实践智慧尊贵。因此，至高的幸福是与理解智慧相一致的活动，亚里士多德将这种活动称为“沉思”（contemplation）活动。他告诉我们说，就像认识与探索相关一样，沉思是与哲学相关：在某些方面，亚里士多德的说法依然模糊不清，他认为沉思活动在于享用哲学研究所取得的成

果（*NE* 10. 7. 1177^{a} 12 – ^{b} 26）。

《优台谟伦理学》不是将幸福等同于单一的主导德性作用，而是等同于所有德性的作用，不仅包括理解智慧，而且包括与实践智慧相关的伦理德性（*EE* 2. 1. 1219^{a} 35 – 39）。与这些德性相一致的便是快乐，所以，真正幸福的人也是生活最快乐的人（*EE* 7. 25. 1249^{a} 18 – 21）。对于具有德性的人来说，“美好”与“快乐”这两个概念在应用中是彼此一致的；倘若这两个概念不相一致的话，那么，一个人就不是有德之人，而是不能自制之人（7. 2. 1237^{a} 8 – 9）。促成这种一致性乃是伦理学的任务（7. 2. 1237^{a} 3）。

虽然《优台谟伦理学》并未将幸福等同于哲学沉思，但就像《尼各马科伦理学》一样，此书也认为幸福在幸福之人的生活中占据主导地位。在《优台谟伦理学》里，伦理德性以及理智德性的作用，均包括在幸福的组成部分中；评价诸德性作用的标准，是由这些德性与沉思活动的关系来设定的——亚里士多德在此对沉思的界定，与其说他用的是哲学词语，不如说他用的是神学词语。 277

无论选择或拥有诸如健康、实力、财富、朋友等诸如此类的自然财物中的任何一项，只要最能引发对神的沉思，那就是最好的，这便是最佳准则。而任何生活准则，只要因其过度或不足而有碍对神的侍奉与沉思，那就是坏的。（*EE* 7. 15. 1249^{b} 15 – 20）

> 因此，《优台谟伦理学》所标举的幸福理想，考虑到它赋予沉思、伦理德性和快乐的作用，可以说是（像亚里士多德所允诺的那样）综合了传统三种生活的特征，这三种生活包括哲学家的生活，政治家的生活，寻欢作乐者的生活。幸福之人最珍重沉思活动，而其幸福生活的组成部分一方面来自政治德性的实践活动，另一方面则来自适度享用身体和灵魂自然而然地赋予人的种种快乐。

伊壁鸠鲁的快乐主义

在论述至善与至乐之间的等同关系过程中，亚里士多德使自己称得上是一位快乐主义者(hedonist)：但他是一位非同寻常的快乐主义者，与古希腊最著名的快乐主义者伊壁鸠鲁相去甚远。伊壁鸠鲁对快乐的阐述不如亚里士多德的阐述精密老道，但却比较容易理解。伊壁鸠鲁愿意赋予快乐以价值，可这种快乐独立于相关活动的价值，因为他认为所有快乐不管怎样都是好的。他的伦理快乐主义，类似于德谟克利特的伦理快乐主义，同时也近似于柏拉图笔下的普罗泰戈拉的伦理快乐主义，但不同于亚里士多德在其两部伦理学著作中所论的伦理快乐主义。

对于伊壁鸠鲁而言，快乐就是生活的最终目的，就是选择善的准则。这是某种无须论证的东西：我们都会有刻骨铭心的感受(LS 21*A*)。

> 我们认为快乐是幸福生活的始与终。我们将快乐视为我们最初的和自然的善。无论在任何时候我们选择或回避任何东西时，快乐都是我们的出发点，我们正是将快乐当做我们的目的，将感受作为我们评判一切好东西的准则。(D. L. 10. 128 – 129)

这并不意味着伊壁鸠鲁就像亚里士多德笔下的无节制者一样，会把追求一切快乐奉为自己的方针。假如快乐是最大的善，那痛苦就是最大的恶，如果快乐会导致长期受罪的话，那最好将快乐弃之不顾。同样，若从长远计议痛苦
278 会带来大乐的话，那么忍受痛苦就是值得的(D. L. 10. 129)。

这些资格限定条件意味着伊壁鸠鲁的快乐主义远非诱导人们去过纵欲者的生活。创造快乐生活的不是大吃大喝或男女纵欲，而是清醒、荣誉、正义和

智慧(D. L. 10. 132)。在朴实无华的花园里享用一顿简单的素食,与几位朋友为伴,这对伊壁鸠鲁式的幸福来说已经足够了。

伊壁鸠鲁将快乐理解为本质上的欲望满足,这便使他将理论上的快乐主义(hedonism)与实践中的禁欲主义(asceticism)结合了起来。我们最强烈和最根本的欲望就是解除痛苦的欲望(D. L. 10. 127)。因此,只要没有痛苦,那本身就是根本性的快乐(LS 21A)。在我们的诸欲望中,有些是自然的,有些是无益的,最重要的快乐与自然欲望是相称的。我们有排除饥、渴、冷等痛苦状况的自然欲望,这些欲望得到满足后自然就是快乐的。但这里涉及两种快乐,伊壁鸠鲁为此采用了专门术语:一是消除人的口渴欲求时的动态快乐(the kinetic pleasure),二是人的口渴欲求消除后产生的静态快乐(the static pleasure)(LS 21Q)。这两种快乐均是自然的:而在诸动态快乐中,有些是必要的(吃饱喝足就能满足饥渴的欲望),其他则是不必要的(美食家的快乐)(LS 21I,J)。

不必要的自然快乐会有种种变异,在感觉程度上也不及必要的自然快乐,因为饥不择食,饥饿时食用粗茶淡饭要比吃饱时硬塞珍馐佳肴更有快感。在所有自然快乐中,静态快乐委实重要。“肉身的呼叫并非是饥饿,并非是口渴,并非是寒冷。举凡不在这些欲求状态里的而有望依然如故的人,在幸福方面甚至可与宙斯比肩量力”(LS 21G)。

按照伊壁鸠鲁的分类,性欲是不必要的,其原因在于性欲未得到满足时并无痛苦相伴。这一点或许令人惊讶,因为得不到回报的爱情会使人痛不欲生。但伊壁鸠鲁断言,这种欲望的强度不是因为性色的本性而起,而是因为对恋人的浪漫式想象所致(LS 21E)。伊壁鸠鲁并不反对满足不必要的欲望,其条件是只要无害就行——这当然是以这些欲望产生痛苦的能力来衡量的(LS 21F)。他声称,性快乐可以个人所好的任何方式得以满足,其条件是必须尊重法律和习俗,不让任何人痛苦难堪,不伤害人的身体或其本质资源。不过,这些资 279
格条件累计起来便构成实质性的限制,更何况性既无害,也无益(LS 21G)。

伊壁鸠鲁对于满足无益的欲望提出更多的批评，他认为这些欲望不是自然欲望，就像不必要的自然欲望一样，即使得不到满足也不会引发痛苦，追求财富的欲望和追求荣誉的欲望就是例子（LS 21G，I）。追求科学与哲学快乐的欲望也是如此：伊壁鸠鲁曾对一位得意弟子说过，“挂帆起航，不染任何文化”（D. L. 10. 5）。亚里士多德的观点有利于哲学，认为哲学的快乐不同于感觉的快乐，因为前者不掺杂任何痛苦（cf. *NE* 10. 7. 1177^a 25）。如今，这一论点反而成为轻视哲学快乐的理由，因为这意味着做一位非哲学家反而没有痛苦。在伊壁鸠鲁看来，心智在幸福生活中发挥着重要作用，而其功能就在于预想和回忆感觉的快乐（LS 21L，T）。

基于残存的文本，我们可以判断出伊壁鸠鲁的快乐主义，即便有平庸之处，但远非诲淫之说。他时常自我表白，意在震撼多人。“倘若我要获取味、性、乐、美的快乐，那在我这里便无善的概念可言”（D. L. 10. 6 – 7）。“口腹之乐是所有善的发端和根本”（LS 21M）。诸如此类的说法为他死后的名声打下基础，他死后被视为一位喜欢吃喝和我行我素的人。这一传奇故事的确是他在世时的一位持不同意见的学生提默克拉底（Timocrates）开始传扬的，后者喜欢讲述伊壁鸠鲁半夜纵酒狂欢和每日呕吐两次的故事（D. L. 10. 6 – 7）。

更为严肃的批评集中在他认为德性仅为保障快乐之手段这一学说上。斯多亚主义者克莱安塞（Cleanthes）经常要求自己的学生设想，快乐是坐在王位上的女王，四周环绕着种种德性。论述伊壁鸠鲁的伦理学观点，他声称这些德性如同婢女，全都献身于侍奉快乐女王，这些婢女只是时而窃窃私语，提醒自己不要粗心大意，以免冒犯女王或导致痛苦。伊壁鸠鲁学派对此并不表示异议：欧诺安达的第欧根尼（Diogenes of Oenoanda）认同德性产生幸福这一斯多亚学派的观点，但又否认德性是幸福本身的组成部分。德性是手段，而非目的。“无论是现在还是以往，无论是对希腊人还是对野蛮人来讲，我都大声疾呼，快乐是最佳生活方式的目标。”（LS 21P）。

斯多亚学派的伦理学

伊壁鸠鲁学派赋予快乐以核心地位，认为所有动物一旦出生，就即刻开始寻求快乐，将快乐奉为伟大的善，将痛苦当做最大的恶。斯多亚主义者克律西普反其道而行之，认为每一动物的第一冲动不是趋向快乐，而是趋向自我保存 280

银杯上雕饰的芝诺与伊壁鸠鲁（来自博斯克雷尔，公元1世纪作品）。

(self-preservation)。意识发端于对自己体质的认识,“体质”(constitution)乃是斯多亚学派杜撰的新词(LS 57A)。动物接受协助但拒绝妨碍其体质发展的东
281 西。譬如,幼儿会在不用搀扶的情况下努力站立起来,甚至不惜自己多次摔倒与哭啼抹泪(塞内加,Ep. 121,15, LS 57B)。这种趋向其体质保存和进步的驱动力,要比快乐的欲望更为根本,因为这种驱动力不仅发生在动植物身上,而且经常在没有意识的情况下也发生在人类身上(D. L. 8. 86;LS 57A)。关照各自的体质是自然的第一堂课。

斯多亚学派的伦理学赋予自然重要意义。在亚里士多德经常论及个体事物和种类的本性时,斯多亚学派则对采用自然(Nature)这一观念负有责任,大写的“自然”作为单一的宇宙秩序,表现在多种不同事物的结构与活动之中。按照第欧根尼·拉尔修(D. L. 7. 87)的说法,宙斯宣称生活的目的就是“与自然和睦相处”(to live in agreement with Nature)。自然教导我们通过生命来关照自己,因为我们的体质从儿时经青年到老年都在发生变化;而自爱(self-love)并非是自然唯一的教诲。诚如存在生殖的自然冲动一样,也存在保护各自后代的自然冲动;诚如我们有学习的自然倾向一样,我们也有与他人共享所学知识的自然倾向(西塞罗,*Fin.* 3. 65 LS 57E)。根据斯多亚学派的观点,有益于距离我们周边最近者的这些冲动,会外延到更加广阔的世界里面。

在罗马皇帝哈德良(Hadrian)时代,有一位斯多亚主义者希尔洛克勒(Hierocles)认为,我们每人都站在一系列同心圆圈的中心。围绕我们个人心智的第一圆圈包括我们的身体和需求。第二圆圈包括我们的家庭;第三和第四圆圈包括我们家族的延展。随后便是包括远近邻居的圆圈以及包括所有民族同胞的圆圈。外围最大的圆圈包括整个人类。倘若我是有德之人,那我就会将圆圈一起拉近,将堂兄弟当做亲兄弟,同时不断地把人们从外圈转入内圈(LS 57G)。

斯多亚学派为了生动地描述这一过程，特意杜撰出一个专门用语“*oikeiosis*”，直译为“家庭化”（*homification*）。一位斯多亚主义者在适应宇宙自然的过程中，要使自己在其居住的世界上有宾至如归之感。家庭化与这种用意相反，因为它要让其他人与自己有同一家人之感，要让他们进入到自己的家庭圆圈。普世主义（*universalism*）虽然给人印象深刻，但其局限性很快就会被人觉察。无论一个人多么有德性，但若认为他会像关爱自己的家庭成员那样关爱最遥远的外国人，显然是不现实的。家庭化始于家里，即使在第一圆圈内，失去一
只眼睛给我们带来的苦恼，总是大于失去一根指甲给我们所带来的苦恼。倘 282
若家庭化所带来的益处并非是普遍统一的，那它就不会为平等公正对待所有人的义务提供一种基础（LS 57H）。此外，斯多亚学派还相信值得为国捐躯的思想，但这是不是喜好外圈胜过内圈呢？

再说一遍，自然宇宙所包括的东西多于居住在同心圆里的人类：什么是对待那些与我们共享宇宙之人的正确态度呢？斯多亚学派以某些语调将宇宙描述成人神共享的城邦，他们求助于这一说法的目的，是要证明个体为了群体而自我献身的精神。在其实践的伦理教义方面，很少有关注非人类能动者的内容。当然，动物没有权利反对人类：克律西普确认，人类在不违背正义的情况下可使野兽为满足人类的需求服务（西塞罗，*Fin.* 3. 67 LS 57C）。

然而，宇宙秩序不仅为人类伦理行为提供了语境，而且为其提供了模式。“与自然和睦相处”并不意味着只是“按照人的本性生活”。克律西普指出，我们应当遵循自然事件经验所教导的方式进行生活，因为我们的个体本性是宇宙本性的组成部分。如此一来，斯多亚学派有关人生目的的学说便可归总如下：

> 我们要遵从自然，要按照我们自己的本性和宇宙的本性生活，不要从事宇宙规律所禁止的行为，也就是说，贯穿万物的正确理性恰恰就是宙斯，他

> 管辖着一切存在之物。(D. L. 7. 87)

有德之人的生活将会在天体统一运动之下平静度过,内在的道德律令将会映照出灿烂星空。

对于斯多亚学派而言,与自然和睦共处等同于按照德性生活。他们最著名的和频繁遭到批判的道德箴言就是:德性对幸福而言是必要的和充足的。德性不仅是最终目的,而且是至高的善,同时也是唯一的真正之善。

> 在所有存在物中,有些是善的,有些是恶的,有些既非此也非彼。善的东西
> 283 是德性,譬如智慧、正义、坚韧、节制,等等。恶的东西是德性的反面,譬如愚蠢、不义,等等。非善非恶的东西,就是所有那些既无益也无害的东西,譬如生命、健康、快乐、美、强健、财富、名誉与出身高贵等,其反面则是死亡、疾病、痛苦、丑、虚弱、贫困、不名誉与出身低微等。(D. L. 7. 101 LS 58A)

列在"既无益也无害的东西"这个长单上的项目,被斯多亚学派称为"无关紧要的问题"(*adiaphora*)。斯多亚学派承认,这些问题并非像某一脑袋上的头发总数到底是奇数还是偶数那样无关紧要,而是会在人们身上引起强烈的欲求和反感。有些问题之所以无关紧要,是因为它们与结构完美的生活毫不相干:无论有没有它们,你会依然感到非常幸福(D. L. 7. 104 – 5 LS 58B – C)。

就像斯多亚学派一样,亚里士多德将幸福置于德性及其作用之中,认为声誉和财富并非是快乐者之幸福感的组成部分。但他也认为,德性是产生功德圆满之幸福感的必要条件(*NE* 1. 10. 1101^{a} 14 – 17; *EE* 1. 1. 1214^{b} 16)。此外,他还相信,假如灾难征服了个人及其家庭的话,即便是有德之人也会不再感到幸福,这如同灾难发生在特洛伊国王普利阿姆(Priam)身上那样(*NE* 1. 10. 1101^{a} 8)。与克律西普的这唯一例外情况形成对比的是,斯多亚学派认

为幸福一旦拥有就永远不会失去，而克律西普则认为，像疯狂这样的东西定会终结幸福(D. L. 7. 127)。

斯多亚学派承认，无关紧要的问题并非都处在同一水平之上。其中有些是知名的(*proegmena*)，有些是不知名的(*apoproegmena*)。更为重要的是，其中有些顺应自然，有些则违背自然：顺应自然的具有价值(*axia*)，违背自然的没有价值(*apaxia*)。具有价值的东西包括天赋和技艺，健康、美和财富，其反面则是没有价值的东西(D. L. 7. 105 –6)。显然，按照斯多亚学派的看法，具有价值的一切东西也都是知名的东西；但不太清楚的是，凡是知名的东西是否都是有价值的东西。德性本身并不属于知名的这类东西，就像一位国王一样，尽管不像其大臣那样属于贵族，但他要比某一贵族尊贵(LS 58E)。克律西普有意承认，在普通用法中，仅允许将“善的”在严格意义上称为知名的(LS 58H)。在无关紧要的问题中要作实际选择时，斯多亚学派事实上鼓励人们选择知名的东西(LS 58C)。 284

某一行动可能不足以成为有德的行动(*katorthoma*)，但却是体面的行动(*kathekon*)。某一行动如果适合于个人的本性与生活状态，那就是体面的或适当的(LS 59B)。尊重自己的父母和国家是体面的，忽视自己的父母和没有爱国热情则是不体面的。(譬如像捡起一根树枝或进入一个国家之类事情，既非体面也非不体面)。更不用说，有德的行动就是体面的行动：德性附加在单纯体面性上的东西，首先是动机的纯粹性，其次是实践的稳定性(LS 59G，H，I)。在这里，斯多亚学派的学说近似于亚里士多德的这一学说——为了以有德的方式采取行动，人不仅应正确判断就要去做的事情，而且应做出适当的选择并保持品格的恒定性(*NE* 2. 6. 1105^{a} 30 – ^{b} 1)。按照斯多亚学派的观点，有些行动不但不体面，而且有罪(*hamartemata*)(LS 59M)。但未讲清楚这两种坏之间的差异：或许，斯多亚学派所说的犯罪者犹如亚里士多德的无节制者，而单纯的不体面可能与没有自制并行不悖。因为，从貌似合理的角度来看，斯多亚学派认为一切有罪的行为都是同样坏的，但他们却把源于不可救药的品格的有罪行为视为一种特殊的坏（LS 59O）。不过，斯多亚学派对没有自制的论说，在一重要方面不同于亚里士多德的论说。他们认为没有自制不是源自灵魂不同部分之间的争斗，而是犯下理智错误的结果。没有自制是激情的结果，是灵魂的非理性和不自然的运动结果。激情分为四种：恐惧，欲望，痛苦和快乐。依照克律西普的说法，激情确是对善恶所做的错误判断；依照早期斯多亚学派的说法，激情乃是此类错误判断所生的烦恼（LS 65G，K）。然而，双方都认同这一观点：道德进步之路就在于匡正错误的信念（LS 65A，K）。鉴于信念是错误的，因此激情务必予以消除，不能以亚里士多德式的中道来调和激情。

欲望植根于一种错误的信念，误认为追求欲望会给我们带来益处。恐惧植根于一种错误的信念，误认为追求欲望会给我们带来坏处。这些信念伴随着更进一步的信念，相信情绪反应的适度性，相信向往或退缩的适度性如同实际情况那样。因此，依据斯多亚学派的理论，除了德性之外没有什么东西有益于我们，除了罪恶之外没有什么东西会伤害我们，表现在欲望与恐惧里的那种信念永远无法得到正当性证明，这就是为什么激情要被加以消除的原因。并
285 非情绪反应总是不合适的：可能存在合理的快乐和正当的领悟。但是，倘若这些反应是适当的，那么，它们就不能算作激情（LS 65S）。再者，即便是明智之人，也难免会有各种异常的身体反应。但只要他不赞同这些东西，那它们就不是激情（塞内加，*de Ira* 2.3.1）。

当克律西普声称激情是信念时，没有必要认为他以貌似合理的方式将激情说成是平静的理智评估。恰恰相反，他当时指出，赞成那些高度评价事物的命题，其本身就是激动的事件。当我失去一位所爱的人时，这对我来说，就是一种不可取代的价值离开了我的生活。完全赞成这一命题涉及内在的剧变。倘若我们依然是幸福的，那我们永远不会将至高价值赋予不在自己控制之内

的任何东西。①

事实上,斯多亚学派立场的弱点在于拒绝承认幸福的脆弱性。我们在古典认识论里遇到一种并行不悖的诱惑,即拒绝承认判断的错误性。这一认识论的诱惑体现在错误的论证中,即从论证命题"必然地,如果我知道*p*,那么是*p*"出发,到论证命题"如果我知道*p*,那必然是*p*"结束。伦理学中并行不悖的诱惑,就在于从论证命题"必然地,如果我是幸福的,我就有 X"出发,到论证命题"如果我是幸福的,我必然就有 X"结束。如果成功,这一论证的结果就是否认幸福是由任何可能丧失的偶然的善构成的(西塞罗,*Tusc*. 5. 41)。考虑到我们自己所知的人类脆弱和偶然的本性,那么否认偶然善行可以构成幸福的观点,就等于断言只有超人才会是幸福的了。

斯多亚学派在将明智之人理想化的过程中,实际上接受了这一结论。幸福存在于德性之中,但没有不同程度的德性,因此,一个人抑或是完全有德之人,抑或是完全无德之人。最为完美的德性是智慧,明智之士拥有所有德性,因为德性不可分离(LS 61F)。就像苏格拉底一样,斯多亚学派认为德性就是科学,所有科学组成一门单一科学(LS 61H)。一位斯多亚主义者甚至声称,区别勇敢与正义,就如同把看见白色的官能区别于看见黑色的官能(LS 61B)。
明智之士不仅完全摆脱了激情,而且拥有所有值得拥有的知识:他的德性与神 286
的德性是同一的(LS 61J, 63F)。

> 我们所寻觅的明智之士是幸福之人,他不会认为人类经验会痛苦得足以使他萎靡不振,也不认为人类经验会快乐得足以使他精神焕发。那么,对于一位熟知整个宇宙之永恒和广袤的人来说,人类事务中什么才有可能是重要的呢?(西塞罗,*Tusc*. 4. 37)

① 在此我得益于努斯鲍姆(Martha Nussbaum)那篇未发表的论文。

明智之士是富有的，他拥有一切，因为他自己知道如何用好一切；他自己委实是帅气的，因为心智的面貌要比身体的面貌更美；他自己是自由的，即使身陷囹圄，因为他不是欲望的奴隶（西塞罗，*Fin.* 3. 75）。此后，并不令人惊讶的是，斯多亚学派承认明智之士要比凤凰还要难找（LS 61N）。因此，他们为了换取牢不可破的幸福，宁可付出相应的代价，让幸福变得无法实现。

既然明智之士无从寻找，没有不同程度的德性，全部人类就皆由愚者组成。如此一来，我们能不能说明智之士是我们赞美和模仿的神秘理想呢（LS 66A）？这很难说，因为无论我们朝着不可实现的目标进展多少，我们都依然没有接近拯救的范围。露出水面仅有两英寸的人，与沉在海底500 呎的人，都会一样淹死（LS 61T）。

那么，斯多亚学派的智慧与幸福学说，很少鼓励我们努力追求德性。不过，后期的斯多亚学派区别了学说（*decreta*）与箴言（*praecepta*），学说是普遍的，箴言是特殊的（塞内加，Ep. 94, 1 – 4）。学说是严格的和超脱世俗的，箴言除了不太连贯以外，经常是自由的和实用的。斯多亚学派乐于向人提出忠告，这些忠告涉及适宜的婚姻行为，正确的歌唱时间，最好的玩笑类型，以及许多其他日常生活细节（爱比克泰德，论说集 4. 12. 16）。学说与箴言之间的区别，与选择和挑选之间的区别相类似。德性本身是善的，是值得选择的（D. L. 7. 89），但在无关紧要的问题上，会挑选其中一些而不挑选其他一些。譬如，漂亮的衣物本身没有什么用处，但挑选漂亮的衣物可能是好的（塞内加，Ep. 92, 12）。批评家声称，唯有挑选出来的东西是好的时，这种挑选才是好的（LS 64C）。再者，斯多亚学派有时声称，生活的目的好像既不是德性的现实成
287 就，也不是个人尽力去成就德性。在这一点上，批评家抱怨说，斯多亚学派自己无法认定生活的目的到底是不可实现的目标本身呢，还是目标实践活动中无效的勤奋之劳呢？（LS 64F, C）。

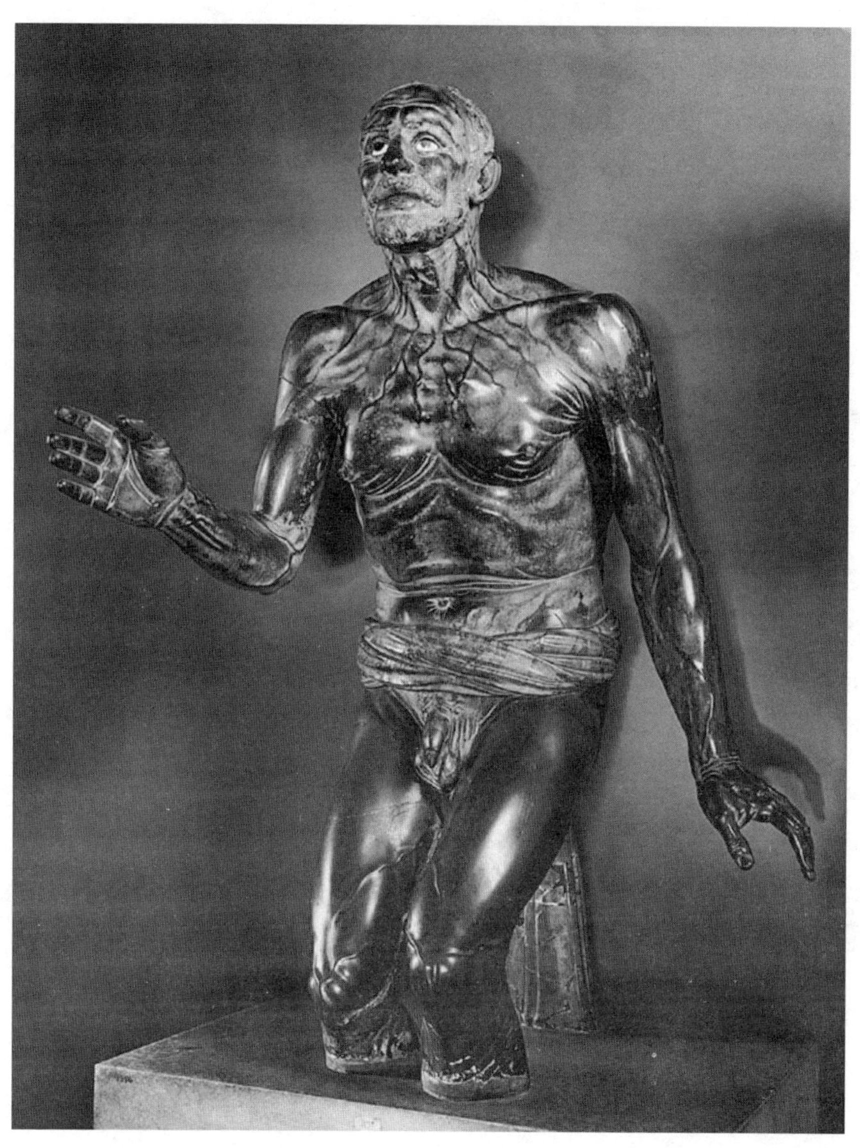

现藏于卢浮宫的罗马雕像，传统命名为《塞内加之死》。

斯多亚学派最为著名的和最有争议的箴言之一是：自杀有时可以允许。 288
斯多亚学派声称，“明智之士会以合理的方式使自己退出生活，抑或是为了自己的国家,抑或是为了自己的爱人,抑或是因为自己遭受难忍的痛苦、残疾或疾病”(D. L. 7. 130)。这一说法与斯多亚学派所描绘的明智之士如何才能一致起来是难以搞清的。我们从他们那里得知,没有什么痛苦或苦难能够破坏明智之士的幸福。的确,在推荐合乎理由的自杀时,斯多亚学派承认那将是幸福之人的自杀(西塞罗,Fin. 3. 60)。假定德性和幸福是为了所选择的事情,那么,什么会是提供自杀理由的动机呢?

考虑到斯多亚式的明智之士是理想化的结果,他的自杀是否是有德之举就是一个学术问题了。对于我们这些人而言,自杀是否会成为一种体面的行为具有重要的实践意义。古时有许多人相信,斯多亚学派传授了这一原则,一些著名的斯多亚主义者似乎一直遵从这一原则。不过,在我们现有的资料中,委实难以找到对这一原则的明确陈述。最为著名的斯多亚主义者的自杀,也就是塞内加的自杀,并不是一个他自己选择的问题,而是一个暴君对其执行死刑的结果。

第九章

神

在荷马史诗里，诸神是人物表中赫赫有名的角色。 289
主神宙斯与天后赫拉，连同其大家庭里的 10 名成员，其中包括女儿雅典娜、爱神阿芙洛狄特与海神波塞冬，都一起居住在福地奥林匹亚山。他们以浓厚的宗派兴趣，关注着《伊利亚特》(*Illiad*)和《奥德赛》(*Odyssey*)两部史诗里人类英雄的所作所为。这些神祇显然是人类，具有人的所有情绪和邪恶。他们在身心上与普通人彼此互动，经常导致灾难性的后果。神与人的唯一根本差异，就在于人会死去而诸神永在。

克塞诺芬尼的自然神学

神的概念遭到首位宗教哲学家克塞诺芬尼的抨击。在其讽刺诗中，克塞诺芬尼激烈批评了荷马时代的神学(Homeric theology)，他的讽刺诗如今只有残篇留存下来。

他抗议说，荷马讲述的故事描绘诸神偷盗、通奸和行骗，在人类中间，所有这些行为都被视为耻辱的行径（KRS 166）。即便荷马笔下的诸神行为高尚，但他们依然与人类行为过于相似，因此令人难以置信。人类以自己的形象塑造着诸神：埃塞俄比亚人所信奉的诸神是黑肤色和塌鼻梁，色雷斯人所膜拜的诸神是红头发和蓝眼睛（KRS 168）。“假如牛马或狮子有双手能描画，那么，马所描画的诸神形态就会像马，牛所描画的诸神形态就会像牛，都会使诸神的身形
290 近似于牛马自己的身形”（KRS 169）。

克塞诺芬尼提出了理智性的一神论（monotheism），而非幼稚的神人同形论（anthropomorphism）。

他相信

> 一神，主宰诸神和人类，
> 在身心上都不同于凡人。（DK 24 B23）

唯有一神，因为神在万物中最为强大。若有多神，无一神会比其他神强大，无一神能如愿而为。神肯定总是一直存在：神的存在既非来自某种与他自己一样的东西（因为没有任何东西能够等同于神），也非来自某种与他自己不同的东西（因为较大的不会凭借较小的得以存在）（亚里士多德，MXG 976b 14 – 36）。神是活生生的存在者，但并非是有机存在者，不像人类或动物那样。神本身没有部分，“神作为整体而视，作为整体而想，作为整体而听”（DK 21 B24）。神与世界上的任何事物均无身体接触，“他遥不可及，不用费力，通过自己的心智来统管一切存在物”（DK 21 B25）。

虽然克塞诺芬尼自愿为有关神的上述实质性论题进行说明和论证，但他的神学思想大体上是否定性的。他发现难以接受神是有限的还是无限的说法。同样地，当他追问神是否变化时，他发现这一论证在各自一端都是同样平

衡的。我们所得资料中的有些东西,依然未能搞清下述疑问:克塞诺芬尼所说的神是否确是超越的?是否以某种神秘的方式与整个埃利亚学派的宇宙相等同?“有关诸神的明确真理,迄今不仅一直无人搞清,而且将来也不会有人知道”(DK 21 B34)。

自不待言,克塞诺芬尼并非首位一神论者。很久以前在埃及,阿肯纳顿(Akhenaten)就预见到他的说法;后来在以色列,希伯来先知也预见到他的说法。而他所阐述的一神论,并不是一种神谕的启示,而是理性论证的结果。根据数百年后做出的区别,先知们所宣扬的是一种神启式的宗教,而克塞诺芬尼则是一位自然神学家。

苏格拉底与柏拉图论虔敬

在《理想国》里,柏拉图步克塞诺芬尼之后尘,抨击了荷马和赫西俄德所讲
述的那些有关诸神的令人恶心的故事。这些故事务必从教育大纲里删除,因 291
为它们本身是错误的,并且教唆其读者学坏。儿童务必免听任何有关诸神之间争战的那些故事,务必免听任何有关诸神变换形状和采用人类或动物外形的那些故事(377e-381d)。神是善的,不损害任何人。生活中唯有善的东西来自神,如若神惩罚人,那是为了人好(379c-380d)。再者,神是不变的,不以假意或伪装欺骗他者(382e)。

柏拉图对荷马与诗人的抨击,在现代读者看来经常被夸大了。只有当我们回想到《伊利亚特》和《奥德赛》是古希腊教育的核心以及宗教在古希腊日常生活中的重要性时,我们才能理解这一点。的确,古希腊人从来不是“书卷气的人”(people of the book),在古希腊人的生活与宗教中,荷马时代的诗歌从未像希伯来圣经、基督教福音书和伊斯兰古兰经那样,一直占据着权威的地

位。可是，荷马和赫西俄德所讲述的故事，在当时的教育领域影响巨大，远远胜过童话故事和儿童读物在我们当今社会里所产生的影响。在那样的语境里，柏拉图的抨击是可以理解的。这样做也是需要勇气的，因为苏格拉底终究被判处死罪，指控他教唆年轻人不要去相信雅典城邦所信奉的诸神(*Apol.* 26b)。

苏格拉底还遭到引入新神祇的指控。这一定是指他所说的内在神圣声音(daimon)，他声称这一声音经常会告诫他不做错事(*Apol.* 40b)。除此之外，他似乎一直尊重传统的希腊宗教。当然，他声称自己不知道虔敬为何物，就像他声称自己不知道其他德性是何物一样。但在苏格拉底式的对话《欧绪弗洛篇》(*Euthyphro*)里，却对"诸神所好的"虔敬(piety or holiness)的商议性定义展开了一场有趣的讨论。

苏格拉底提问说：诸神之所以喜爱虔敬的东西是因为它是虔敬的呢，还是它之所以是虔敬的是因为诸神喜欢它呢？欧绪弗洛回答说：虔敬的东西并非因为诸神喜欢才被称为虔敬的；恰恰相反，诸神之所以喜欢虔敬的东西，是因为它是虔敬的。苏格拉底随后使用了"敬神"(godly)一词，以其作为"诸神所喜爱之物"(what is loved by the gods)的简称。据此，欧绪弗洛的论题可用下列词语予以陈述，也就是用"敬神"来取代"虔敬"。

(A) 敬神的东西之所以为诸神所喜爱，是因为它是敬神的。

292 另一方面，看似清楚的是

(B) 敬神的东西之所以是敬神的，是因为它为诸神所喜爱。

因为"敬神"一词在此用作"为诸神所喜爱"一说的同义词。所以，苏格拉底声称已经迫使欧绪弗洛看到其说法的前后矛盾性(inconsistency),于是催促对方放弃虔敬并非诸神喜爱之物的主张(10a－11b)。

然而,在A与B之间,并无真正的前后矛盾性,因为在这两个论题里,“是因为”一词是在两个不同意义上使用的。在论题(A)里,该词用来表示诸神的动机;而在论题(B)里,该词唤起我们对于意义的约定。类似论点可用英语予以表述,其做法是要指出这一陈述是真实的——

(C)一位法官之所以判案,是因为他是一位法官

(也就是说,他之所以做这件事,是因为这是他的工作);还要指出另一陈述也是真实的——

(D)一位法官之所以是一位法官,是因为他判案

(此乃他被称为一位法官的原因)。

不管怎么说,欧绪弗洛放弃了他所提议的定义,继而提出另一定义:虔敬是侍奉诸神的正义所在。这一提议也被驳倒,因为问题是我们能对诸神有何侍奉?苏格拉底嘲笑祭祀的做法,认为那是我们与诸神进行交易的一种形式,实际上我们并没有任何拿得出手的东西,可用来交换我们向诸神所要的好处(14e－15a)。倘若柏拉图的《欧绪弗洛篇》对苏格拉底式的盘问方法做一现实主义的描述,那我们就能理解雅典的宗教民众为什么会认为苏格拉底是一位散播对神不敬思想的人以及对青年有害的人了。

另一篇苏格拉底式的对话(这一次或许不是柏拉图所写)《阿尔基比亚德篇下篇》(*Second Alcibiades*),对祈祷活动进行了一场令人泄气的讨论。当我们为自己想要的某种东西祈祷时,我们会打探某种将会伤害我们的东西:对祈祷

的回答可能是一场灾难。鉴于我们不知道什么对我们来说是最好的东西,因此最好不要去打探任何东西;否则,就会像斯巴达人那样,在没有进一步确定之前,就去祈求美好高尚的东西(148c)。从祭祀和拜祭的情况来看,雅典人远比斯巴达人信奉宗教,但斯巴达人总是在战斗中胜出一筹。这不令人惊奇吗?"如果诸神更在乎我们的献礼和祭品而非我们的灵魂,那将是一件怪异和可悲
293 的事情。在诸神那里是否还会找到虔敬和正义呢?"(150a)

柏拉图论进化中的神学

柏拉图自己对待宗教的态度,是随着他的其他形而上学信念一起进展的。在《理想国》的核心部分,占据宇宙顶峰的不是人格神,而是善的理念,该理念在理想的存在世界里所发挥的作用,就像太阳在我们日常的变化世界里所发挥的作用(508c-e)。万物在终极意义有赖于绝对的善得以存在,这种善本身不仅超过了存在物,而且优越于存在物(509b)。在《会饮篇》里,美的理念是至高的理念,女祭司迪奥提玛(Diotima)向苏格拉底描述了灵魂升华到高度迷狂于所见幻象的状态,所用的词语适宜于激发神秘宗教团体的情怀。人们渴望不死:这种渴望驱动人们繁衍后代,追求青史留名,创造价值永恒的艺术作品。要想达到最大的神秘境界,追求者就应超越美的身体,超越美的灵魂,超越科学与制度的美,最终抵达永恒不变的绝对美。最高贵的人生就在于理智地凝神观照神性的美,绝对的美,纯粹的美。这些爱的礼仪会让知情者不朽,会让凡人不死(206b-212a)。

不管其宗教语境和措词如何,《会饮篇》里所述的美的理念,并不比《理想国》里所述的善的理念更具人格色彩。但在《智者篇》里,就此所给的理由是为了对理念论进行实实在在的全面检查。埃利亚的来访者问道:"我们会不会

轻而易举地被人说服，于是轻信变化、生命、灵魂和智慧并不属于最完美的存在者，轻信它既非活着，也不思考，而是没有头脑地保持静止、庄重和神圣的状态呢？”（248e）

就在柏拉图撰写《蒂迈欧篇》时，他所提出的神的概念，已然接近于主要的一神论宗教的概念。此篇对话的论题是关于我们所居住的这个世界的起源。所追问的问题是：它总是存在的吗？它是涌现出来的吗？因为它是可见的和有形的，那它一定是涌现出来的；但要找到“宇宙制造者和宇宙之父”并非易事（28c）。为什么是此神造就了这个宇宙呢？因为“他是善的，善的东西之中丝毫没有嫉妒的成分；所以，他作为摆脱了嫉妒的存在者，想让一切事物尽可能地要像他自己那样”（29e）。[①] 神在柏拉图那里并非是从无中创造出宇宙，恰 294
恰相反，柏拉图所建立的宇宙，是从混沌中获得秩序的结果。“因此，神期望一切都是善的，期望一切都是完美的，他发现宇宙不是静止的，而是处于混乱无序的运动之中，因此他将宇宙从无序状态带入有序状态，他认为这种秩序更好”（30a）。随后，此篇对话引导我们穿过有序化的各个阶段：首先创造出灵魂，接着创造出物质，随后让灵魂转化或体现在可见的天体之中（34e，36e）。宇宙里有四类有生命的存在者：诸神、鸟、鱼和动物（40a）。我们得知，诸神分为两种：可见的与不可见的。可见的诸神是恒星，是神性和永恒的有生命的存在者；不可见的诸神时常以其任意的方式显现在人类面前（40b，41a）。宇宙之父安排这些被创造出来的不朽的存在者去制造低级的生物。在人类的实例中，宇宙之父本人制造不朽的灵魂，将其留给较小的诸神去将灵魂装进脑壳，然后再附加上脑壳下的躯体（69c－d）。在此篇对话的结尾部分，可见宇宙被描述成一位可以感知到的神，也就是唯有心智方能认识的神像（92c）。

在柏拉图的最后一部对话《法律篇》里，宗教问题赫然在目，整个第十卷都

① 参阅克勒兹曼：《创造的形而上学》（Kretzmann, *The Metaphysics of Creation*, Oxford: Oxford University Press, 1999），101－104页。

在讨论宗教。在麦格尼西亚(Magnesia)这座理想城邦里,无神论在严厉判罚下遭到禁止。城邦法律中的第58条,要求官员起诉自己看到的任何对神不敬的行为。举凡犯有对神不敬之罪者,将被送进监狱,独自关上5年;任何释放出来的人如果再犯,将被判处死罪。严重的对神不敬行为,无神论持有欺骗超自然力量的主张,所遭到的惩罚是终身监禁(907e-909c)。

麦格尼西亚的立法者相信,使用制裁的方式来确保遵纪守法不如使用论证和说服的方式,因此,他们在颁布严厉的戒律之前首先表白:

> 没有一个在法律指导下相信诸神的人,会自愿犯下对神不敬的行为,或者说出无法无天的言词。如果他真有这样的言行,那是由三种可能的过失之一所致:抑或他不相信诸神存在;抑或他相信诸神存在但诸神对人类不
> 295 感兴趣;抑或他相信可以通过祭祀和祈祷能将诸神争取过来。(885b)

立法者所承担义务,就是防止人们犯下这些过失,其做法是证明三种用来抵制这些过失的真理。

要证明诸神的存在,仅凭宇宙的奇迹或四季的秩序是不够的。无神论者会说,日月星辰只是没有感觉的土石而已,元素与其复合物的存在取决于自然和机运(886d, 889a)。没有人会求助于古希腊人和蛮族人对诸神存在的不同看法,因为无神论所坚持的此类信念,只不过是从孩提时代开始灌输的结果,在任何实例中都没有关于诸神本性的统一认识(887c, 889e)。

对无神论的驳斥必然是任重道远。那些认为随意进化导致了世界构造的人们,所犯的根本性错误就在于他们没有把握住灵魂先于身体的特性。灵魂是早在身体之前创造出来的,正是灵魂引发了自然事物的发展和转化(892a)。灵魂的优先性通过分析各种可能的运动得以证明。运动共有10类,其中最重要的运动只有两类:其一是将运动传授给其他事物,其二是将运动传授给自身

以及其他事物。显然,前一类运动不可能是这个世界上的运动起源,因为宇宙里的运动一定发轫于自我生发的运动(self-generating motion)。但是,自我生发的运动与灵魂等量齐观,因为“推动自身”就是“有生命之物”的定义(894c–896a)。

因此,灵魂先于身体,控制天体的正是灵魂或诸多灵魂。倘若我们追问灵魂如何控制太阳,就会得到三种答案:(1)太阳自身有一灵魂,居住在太阳天体之内的灵魂,在方式上亦如居住在我们身体中的灵魂;(2) 有一灵魂借助自己的不同身体,与太阳发生接触,迫使太阳沿着自己的轨道运行;(3)灵魂完全是非物质的,借助某种精神力量引导太阳沿着自己的道路运行。无论它如何做到这一点,灵魂显然都是某一种神;由此可见,泰勒斯认为世界充满神灵的观点是正确的(898e–899b)。

尚须加以证明的论题是:诸神关心人类,诸神不会被祈祷或献礼所收买。怀疑诸神不关心人类的主要理由在于:他们似乎允许坏蛋发迹而不在乎其邪恶行径。但我们不能怀疑的是,照看宇宙的诸神具有智慧、节制和勇敢等德性;我们不能认为诸神是懒惰的或放纵自己的。另外,诸神知道一切,看见一
切,听到一切,他们能做有死者或不朽者力所能及的任何事情。假如他们忽视 296
我们人类需求的话,那一定是因为他们不知道这些需求,或者因为他们由于受到诱惑而没有认识到这些需求。这一论证是荒诞的,因为关照我们那些微不足道的事务,若与宇宙的创造相比,毕竟如同儿戏一般(889d–903a)。

邪恶者发迹只是暂时的和表面性的。这在宏大的神性设计里有其地位:但是,凡是有劣迹恶行之人,无一能够永远逃脱惩罚,不管他飞到天堂还是藏于地狱(905a)。那些认为惩罚可用礼物和祈祷收买的人,仿佛把诸神当做被狼用贿赂收买的牧羊犬一样(906b)。

亚里士多德论不动的动者

柏拉图对灵魂先于身体的论证,开启了一长串有关上帝存在的论证,所依据的基础就是对运动和变化的分析。最早的和最详细的论证,是对宇宙中不动之动者(unmoved mover)的存在所展开的论证,该论证见于亚里士多德《物理学》的最后两卷,在《形而上学 Λ》里对此做出了高度神学化的阐释。

亚里士多德论证的基本原理就是:运动中的一切是由其他某种东西推动的。在《物理学》第七卷开篇,亚里士多德用归谬法阐述了自身运动的思想。一个自身运动的物体一定(1)为了运动而具有部分;(2)在运动中作为整体而非其部分之一;(3)发自自身的运动。从(2)那里可以得出这样的说法:假如物体的任何部分处于静止状态,那么整个物体就处于静止状态。但若处在静止状态的整个物体取决于那个处在静止状态的部分,那么,整个物体的运动则取决于那一部分的运动;因此,这种运动并非发自自身的运动。所以说,自身
297 被运动并非自身运动(*Ph.* 8. 241^{b} 34 – 242^{a} 49)。①

这一论证包含两个谬见。其一是表现在我的引文里所使用的模棱两可的说法“取决于”(depends on)。整体的运动在逻辑上取决于部分的运动,而前者在因果意义上并非一定取决于后者。② 此外,在必要和充足条件之间存在混淆关系。静止的部分是导致静止的整体的充足条件;但由此只会得出这样

① 翻译亚里士多德论运动的著作存在问题。在英语里,“推动”(move)可用作及物动词或不及物动词:譬如,我可将某人从我前面推开,我可从她前面走开。而相应的希腊动词仅具有不及物的用意,在表达不及物的用意时,古希腊人使用该动词的被动形式。因此,经常难以辨别一个特殊句子意指“X 正在推动”还是意指“X 正在被推动”——这一歧义性在讨论不动的推动时显然是至关紧要的。为了避免这种歧义性,我在讨论中使用“X 是在运动中”来表示不及物的用意,同时保留使用“X 在推动”来表示及物的用意,在及物实例中可提供一宾语。“运动”(motion)与“推动”(movement)的用意相似。参阅我所著的《五种方式》一书(*The Five Ways*, London: Routledge, 1969),8 – 9 页。

② 参阅大卫爵士:《亚里士多德的物理学》(Sir David Ross, *Aristotle's Physics*, Oxford: Clarendon Press, 1936),669 页。

的结论:部分的运动是导致整体的运动的必要条件。这一论证未能证明所断言的自身运动者的运动,一定是把其他某种东西(即部分的运动)作为一个因果意义上的充足条件。

从一切运动之物必然由其他东西所推动的前提里,亚里士多德继而得出必然存在一个第一动者(a first mover)的结论。从更有收效的意义上讲,与其直接考察亚里士多德针对无限溯及原因所做的论证,不如检验他针对自身运动所做的更为充分的论证,此论证见于《物理学》的最后一卷。在这里,亚里士多德从一开始就注意到,世界上的某些东西是自身运动的,它们就是有生命的存在物(empsycha)。

> 在我们体内,有时没有任何运动,我们是从静止进入运动的,换言之,在没有任何外在能动者推动的情况下,我们在自身内自己使自己开始运动。这一情况永远不会发生在无生物界:在那里总是有一个外在的事物在推动它们;我们说,一个动物在自身运动。因此,如果一个动物在某一时刻完全是静止的,那我们就有一个不动之物的实例,在此物中,运动因这个事物本身而产生,而不是因外在的事物而产生。如果这种情况能够发生于一个动物,那么同样的情况为什么不能发生于整个宇宙呢?(252^{b} 18 – 25)

亚里士多德继而进行了详细而复杂的论证,借以表明这种情况不会发生。

他借助诸多实例证明,一切运动之物是由其他东西所推动。运动可以划分为参照他物的运动(motion per accidens)和参照自身的运动(motion per se)。(如果某物运动是因为它被置于他物之中,就像躺在旅行船里的入睡者,那么,这种运动就是参照他物的运动。该运动的另一实例是,某物只有其中一部分在运动,一个站着挥手的人就是如此。) 298

亚里士多德似乎想当然地认为，他者引发的运动不是自身运动（254b 7－11）。自身引发运动的事物可能处于自身运动之中，或者是由其他事物所致；在前一种情况里，它们的运动是自然的，而在后一种情况里，它们的运动可能是自然的（譬如火向上运动），也可能是反自然的（譬如一块石子向上运动）。显然，亚里士多德相信，反自然运动一定发自其他地方而非该物本身。我们可能会随即认同，一块石子不会飞起，除非有人抛掷。但不清楚的是，这块石子一旦被抛掷起来，并不会持续自行运动。亚里士多德声称并不是这样；抛掷石子的人不仅将运动注入到投掷物中，而且也将其注入到周围的空气里，此外，他还给空气注入了一种进而运载投掷物（projectiles）的准吸引力（266b 28－267a 3）。显然，他认为，无生物体的反自然运动或自然运动，都不可能是由这些无生物体自身引起的。假如一块下落的石子是自身运动的原因，那它就会停止自身下落（255a 5－8）。重与轻的物体在各自的自然运动中，是以两种方式有赖于一个运动中的能动者（moving agent）。其一，这些物体之所以起落，是因为其本性使然，因此它们的运动有赖于任何赋予它们本性的东西；亚里士多德声称，它们是通过其“生发者”（generator）来推动的。因此，当火烧水时，重的实物化为轻的蒸汽，因为其轻，自然升起；于是，火便是蒸汽的自然运动的原因，并且可以说是蒸汽的运动者。不过，蒸汽受到阻碍时无法上升，譬如给水壶加上盖子。打开盖子的人会是不同的一类动者（*removens prohibens*），我们或许可以将其称为“解放者”（liberator）（255b 33－256a 2）。

那么，一个动物的自然运动是怎么回事呢？这些自然运动是否就是自身运动的情况呢？所有此类情况似乎都被亚里士多德解释为该动物的一部分对于另一部分所采取的活动。他示意说，假如整个动物使整个自身运动的话，这种情况就会像某人是同一堂课的老师与学生一样荒诞，或者就像将治愈者和被治愈者等同起来一样荒诞（257b 5）。（这种情况是不是如此荒诞呢？内科医生有时不也会将自己治愈吗？）“当一物运动自身时，其一部分是动者，而另一部分是被动者”(257^{b} 13 - 14)。但就动物的情况而论,其中哪一部分是动者?哪一部分是被动者呢?大概是灵魂与身体。[①] 299

在踌躇满志地建立了没有他物推动无物能够运动这一论点之后,亚里士多德继而做出一连串论证,旨在表明被推动的动者(moved movers)不会有一个无限的系列,因为我们有了首个自身不动的动者(unmoved mover)时就不得不停顿下来。倘若 A 的运动务必由某个 B 来推动 A 这样的情况是真的,那么,B 自身的运动就必须由某个 C 来推动 B 了,等等。这样的系列不可能持续不断,因此我们务必关注在不运动的情况下具有推动作用的某个 X(7. 242^{a} 54 - ^{b}54, 256^{a} 6 - 29)。

亚里士多德那些长篇大论的细节模糊不清,难以把握,而他在推理过程中遇到的最大难题就是要发现他头脑中所想到的某种系列。他时常列举的例子是一人用双手使锹去翻一块石头,这意味着一系列同时发生的动者和被动者[所产生的作用]。我们可能会认同这一点:如果运动一定会发生,那么此类系列就必须有个第一条件;但难以看清这种情况为什么会引导我们得出宇宙中独一的不动之动者这一结论,而不是得出各种各样的人类撼动者和推动者这样的结论。[②] 不过,我以为亚里士多德会做出这样的回应:人类挖掘者(human digger)是自己在运动中,因此,他必然是由其他东西推动的。而他那些较早时期的论证,并未表明运动中的任何东西都同时是由其他东西推动的。被认为是运动原因的生发者与解放者,可能在很久以前就已经停止运作,或许是停止存在,而它们所引起的运动还在持续着。

那么,从无限溯及原因的不可能性中得出的论证,是否意味着可用来说明那些通过时间来延续回溯的一系列运动原因呢?亚里士多德相信世界没有开

---

① 参阅沃特洛:《亚里士多德物理学里的自然、变化和能动性》(S. Waterlow, *Nature*, *Change*, *and Agency in Aristotle's Physics*, Oxford: Clarendon Press, 1982),66 页。

② 亚里士多德本人在某处似乎认同这一反对意见,并且把人类挖掘者视为自身运动者(256^{a} 8)。

始，因此难以看清他何以辩驳运动的无限系列原因的不可能性在不断变化的永恒宇宙中是怎样一种情况。所以，无论我们从哪一系列原因开始，我们都无法抵达任何不变的、整体单纯的宇宙动者那里，亚里士多德坚持认为宇宙动者与阿那克萨戈拉的伟大心智(the great Mind)相类似(256^{b} 28)。

在《形而上学 *Λ*》里，亚里士多德用神学术语将其描述成这样一个存在者。他说，必有一个永恒不动的实体，以此引起永久的运动。这一实体定然缺乏质料——它不会通过化为其他东西而存在或不存在。这一实体定然缺乏潜能——因为引起变化的单纯能量不会确保运动的永久性。这一实体定然是单纯的现实(*energeia*)(1071^{b} 3－22)。在亚里士多德看来，转动的天体缺乏实质
300 性变化的可能性，可它们具有潜能，因为天体的每一点都具有在其每日自转中于别处进行推动的能量。鉴于它们是在运动中，因此它们需要一个动者；这个动者是一个不动之动者(motionless mover)。这个动者不可能作为一个充足原因去行动，也不可能作为爱的对象去行动，因为被爱(being loved)并不涉及被爱者(the beloved)身上的任何变化，所以，动者在不动时依然如故。因此，天体

亚里士多德式的宇宙(在不动之动者的影响下)是由同心圆的行星球体组成，这一表现形式见于帕奥罗(Giovanni di Paolo)对但丁《神曲》中的《天堂》所做的图解之中。

当然就有能够感受到对终极动者之爱的灵魂。亚里士多德声称，“天体和自然界均有赖于这一原理”(1072^{b})。

不动的动者之本性何在呢？其生命一定就像我们生命中的最佳部分，而我们生命中的最佳部分就是理智思想。我们在进入崇高的凝神观照的时刻所体验到的快乐，正是不动的动者的永久状态——亚里士多德准备将这一动者称为“神”(God)(1072^{b} 15－25)。“生命也属于神；因为心智的现实就是生命，神就是那种现实，神的本质现实就是最好的和永恒的生命。既然这样，我们便承认神是活生生的存在者，是永恒的和最善的，因此，生命与持续永恒的绵延属于神。那就是神的本质”(1072^{b} 13－30)。亚里士多德在有多少神祇的问题上非常漫不经心：有时(如上所述)他谈论起来就好像只有一个神；而在别的地方他却以复数形式谈论诸神，经常使用“神”(the divine)这个中性集合词。 301
由于诸多天体运动和不动的动者(单数或复数)之间存在着密切的联系，因此需要对这些运动和动者作出解释，而亚里士多德似乎一直将动者的数量视为天文学问题而非神学问题，于是他准备接受可能多达 47 位神的说法(1074^{a} 13)。这与克塞诺芬尼推论出来的一神论相去甚远。

不过，就像克塞诺芬尼一样，亚里士多德对神性之心智的本性颇感兴趣。他在一著名章节(Λ 9)里回答了这一问题：神在思考什么？神一定在思考某种东西，否则，神就不比一个沉睡的人好多少。无论神正在思考什么，神一定会自始至终地思考，否则神就会经历变化；神一定包含潜能，而我们知道神是纯粹的现实。神抑或思考自己，抑或思考其他东西。而思想的价值受到所思之物的价值的制约；所以，假如神是在思考任何别的东西而非他自己，那么神就会被贬黜到神所思之物的层次上。因此，神务必思考他自己，思考他这位至高的存在者，他的思考就是对思想的一种思想(*noesis noeseos*)(1074^{b})。

这一结论一直引起诸多争议。有些学者将其视为关乎神圣本性的崇高真理；其他学者则认为这是一派精妙的胡言乱语。在持后一种观点的学者中间，一些人认为那是亚里士多德神学中最为荒诞的东西，而另一些人则认为亚里士多德本人意在以此作为一种错误论证思路的归谬法，存心借此表明神所思的对象是某种截然不同的东西。①

这是胡言乱语吗？假如一切思想必须是某物的思想，假如神只能思考思想，那么，对一种思想的一种思想（a thinking of a thinking）就会成为对一种想到什么的一种思想（a thinking of a thinking of），甚至会成为对一种想到什么的想到什么的……（没完没了的想到什么）的一种思想。那肯定会导致无限溯及原因之类的恶果。与其这样，还不如让亚里士多德最先提出不动之动者的假设。将希腊词"*noesis*"译为"想到"（thinking of）也许不合适；该词同样可以意指"思考"（thinking that）。关于"我正在思考"这一思想，委实不是胡言乱语。笛卡尔的确将自己的全部哲学建立在"我思"的基础之上。所以，神为什么就不应该思考他自己正在思考［这一情况］呢？不过，倘若那就是神的唯一思想的话，那么，神似乎不
302 是什么非常宏大的东西了，用亚里士多德的话说，假想的神没有想到任何东西。

无论不动之动者的思想对象有何真理性，似乎清楚的是，这并不包括我们所喜好的那些偶然性事务。以这一章为基础，似乎可以这样说，假如亚里士多德生活在柏拉图笔下的麦格尼西亚城邦，那他就会遭到谴责，所担负的罪名是二流无神论者，这类无神论者相信诸神存在，但却否认诸神关心人类。

伊壁鸠鲁和斯多亚学派的诸神

伊壁鸠鲁肯定会落入这一类人。他在致美诺寇（Menoecus）的信中写道：

① 参阅安斯康姆与盖奇：《三位哲学家》（G. E. M. Anscombe and P. T. Geach, *Three Philosophers*, Oxford: Blackwell, 1961），页59。

要把神想成活生生的存在者,永存而神圣,要遵循神的共同理念的主要思路,但不要给神添加任何与永存相异相悖的东西,也不要给神添加任何与神圣难以兼容的东西。要相信有关神的一切,相信这一切能够保留永存的福祉。诸神的确存在,关于诸神的知识是显而易见的,但诸神不像大部分人所认为的那样,因为大众信仰并未将诸神保护在福祉之内。对神不敬者,并不是那种否认多数人所信奉的诸神的人,而是那种将多数人的信仰强加在诸神身上的人。(D. L. 123 LS 23B)

那种危及神的永存福祉的信念,确切说来就是相信诸神会对人类事务产生兴趣的信念。对一些人施惠,对另一些人发火,那样就会干扰神的快乐与清静生活(《致希罗多德》,D. L. 10. 76; 西塞罗,*ND* 1. 45)。认为诸神创造世界是为了人类的想法是迂腐的。诸神能从我们的感激中得到什么好处呢?什么样的新奇刺激能够诱使诸神参照千万年的快乐安静去从事创造活动呢(西塞罗,*ND* 1. 21 –3; 卢克莱修,*RN* 5. 165 –9)?伊壁鸠鲁主义者卢克莱修问道,世界是不是看来就好像是为了人类的利益而创造出来的呢?世界大部分地区因气候过于恶劣而不宜居住,其宜居的部分生产粮食也只是因为人类的辛劳所得。疾病与死亡使许多人夭折;难怪新生婴儿在进入这个倒霉的世界时总是哭哭啼啼,因为野兽在这个世界上要比人类更加自在。

还有,就像水手一样被暴风雨卷到海边,
一个婴孩在这个世界上触礁沉船。 303
他赤裸裸地躺在那里,随时都会咽气,
对人类需要所规定的一切都无能为力;
从他不幸诞生的第一刻起,
就被抛到这个吝啬的大地。

他那预示不祥的哭声在室内回荡
(这些真实凶兆预示他未来的厄运)。
而牛羊家畜,所有野兽,
凭借更加放纵的本性得到增长:
它们不需要欢闹来激发自己的快意,
不需要保姆来喂养自己食物,
不需要改变自己的习惯来适应多变的季节;
为了自身的安全,它们不需要修建堡垒,
也不需要锻造邪恶的战争武器;
未开垦的大地提供充足的宝藏
大自然慷慨地满足它们共同的需要。

(《物性论》第五卷,195-228行,德赖登译)

人类的厄运由于广泛信奉诸神而变得更糟而非更好。我们对广袤的宇宙和辉煌的天体感受深刻,我们被雷电和地震吓得惊恐万状,我们想象大自然是由一族报复成性的天神控制着,他们一心想以我们的过失为由来惩罚我们。我们战战兢兢,害怕死亡,低三下四地祈祷、膜拜与祭祀(*RN* 1194-1225)。

伊壁鸠鲁承认诸神存在,因为人类有此共识:这一广为流布而且首要根本的信仰,一定是通过自然得以灌输的,因此也是真实的。伊壁鸠鲁认定,人类共识的要旨就是诸神是神圣的和不朽的,因此摆脱了劳役、愤怒或偏爱。这一知识足以使人类以虔敬而非迷信来膜拜诸神。不过,人类的好奇心期望更进一步,以便发觉诸神是何模样,有何思考,如何生活(西塞罗,*ND* 1.43-5)。

根据伊壁鸠鲁的说法,自然传授诸神观念的方式就是这样。人类做梦,有时看到幻象,从中显现出具有人形的恢弘、英俊和强大的存在者。这些存在者便是理想化的、被赋予感觉的、被视为不朽的、神圣的和轻松自如的诸神(卢克莱修, *RN* 1161 –82)。即便是理想化的诸神,依然保持着人形,因为那是所有动物形状中最美的形状,同时,唯有在人形中才可能有理性。不过,诸神并非 304
像我们一样都是有血有肉的存在者;他们是由稀薄的似肉似血的东西所构成;他们并不生活在我们居住的这个世界区域里。但是,有多少凡人,就有多少神祇(西塞罗,*ND* 1. 46 –9; 卢克莱修,*RN* 5. 146 –55)。

要将伊壁鸠鲁神学的所有要素谐和起来并非易事。最近的一项研究试图这样做,其方法是将伊壁鸠鲁所说的诸神视为思想构念(thought-constructs),那些聚集在我们心目中并成为我们的诸神的正是一连串意象的产物。所产生的理想化概念为模仿提供了伦理范式;但在宇宙中的任何地方均没有生物意义上不朽的存在者。基于这一阐释结果,伊壁鸠鲁可能在古代就预见到会涌现出像艾略特(George Eliot)和阿诺德(Mathew Arnold)这样的19世纪思想家,他们所认可的有神论经检验证明是一种本质意义上的道德理论。①这一阐释尽管精巧而且吸引人,但它显然不是关于卢克莱修或西塞罗《论神性》(*On the Nature of the Gods*)一书中的伊壁鸠鲁学派代言人如何看待物质的方式,他们两者提供了我们了解伊壁鸠鲁神学思想的大部分讯息。但这两位崇拜者只触及到伊壁鸠鲁驳斥无神论的表面价值。

然而,不可否认的是,在古典时期就有人将伊壁鸠鲁学派体系等同于无神论,这方面引人注目的是斯多亚学派(西塞罗,*ND* 2. 25)。不过,斯多亚式的虔敬,就像伊壁鸠鲁式的虔敬一样,与大众化的多神论宗教尚有一段距离。从主要的一神论宗教角度来看,伊壁鸠鲁学派和斯多亚学派在神学上均有失误:伊壁鸠鲁学派使神与现实世界过远,斯多亚学派则使神与现实世界过近。因为,斯多亚学派的神学之主导思想是将神与天命等同视之,也就是将神与自然过程的合理性等同视之。这一点正是斯宾诺莎在《上帝或自然》(*Deus sive*

① 参阅 LS,i. 145 –149。

Natura)一书中所预见到的。

如同伊壁鸠鲁学派那样,斯多亚学派在开始证明诸神存在时也求助于人类的共识。这两个学派也都赞同这一观点:大众对诸神信仰的起源之一是惧怕自然界的暴力现象。不过,由此看来,这两种神学存在分歧。与伊壁鸠鲁学派不同,斯多亚学派为诸神的存在提供证明,有时这些证明的起点类似于伊壁
305 鸠鲁学派反驳神性天命作用的起点。还有,克莱安塞(Cleanthes)说过,将神的概念带入人心之中的东西,是我们从宜人的气候和大地的富饶中所获得的恩典(西塞罗,*ND* 2. 12 – 13)。另外,克律西普所设立的前提是:大地的果实是为动物而存在,而动物是为人类而存在(*ND* 2. 37)。

斯多亚学派做出的最流行的论证,后来成为著名的设计论证(Argument from Design)。天体运动有规律,日月美丽而有用。克莱安塞说过,任何一位进入一座房子、体育馆或广场的人,任何看到一座建筑的功用秩序井然的人,都知道那里有人负责管理。更何况天体如此之多,如此之大,它们有序的进行过程肯定是在某一心智的主导之下(*ND* 2. 15)。斯多亚学派预见到帕雷(Paley)的比喻,也就是把世界比作一只需要表匠的手表。斯多亚主义者波西多纽(Posidonius)后来构建了一座奇妙的浑天仪,模拟出日月恒星的运行活动。如果将这座浑天仪带到原始时期的英格兰,那里不会有人怀疑它是理性的产物。而对如此模拟出来的原创作品,就有人会振振有词地宣称它是神性心智的产物。任何相信世界是机运之结果的人,也会相信这样的臆想:你若将字母表里足够的字母扔进陶罐里,随即摇晃之后将其倾倒在地上,你就会编出一份恩尼乌斯(Ennius)编年纪的副本。西塞罗的斯多亚思想代言人巴尔布斯(Balbus)就曾这样说过,这要比有人思索能否将莎士比亚全集用大批打字锤制作出来的时间还早数百年(*ND* 2. 88)。

斯多亚学派的创始人是来自西提姆的芝诺,他对神的存在或世界的理性有过大量丰富的论证,“理性的胜于无理性的。而无物胜过世界。因此,世界

是理性的。”“没有无生物能够生育出任何有生物。而世界生育出有生物；因此，世界是有生命的。”他还说过，倘若一颗橄榄树长出的笛子吹奏时合音，那你就会把音乐的知识归于这棵橄榄树：那为何不把智慧归于生产具有智慧之动物的宇宙呢？（*ND* 2.22）。

假如至少还算可信的话，芝诺的原创性论证之一就是如此：“你有理由尊
奉诸神。但你没有理由尊奉不存在的东西。因此，诸神存在。”这一情况使我
回想起有一次讨论祈使句的逻辑时所遇到的一种论证：“去教堂吧。假如上帝
不存在，就不去教堂。因此，上帝存在。”我们已然习惯于耳闻那些从“是”（is）
引申出“应当”（ought）之类的禁令。而哲学家试图从“应当”引申出“是”的做 306
法则比较少见。不过，长期以来，哲学家一直渴望从“不应当”引申出“不是”：
那些思考过邪恶问题的哲学家实际上一直在论证这一点：世界不应是其所是
的样子，所以说没有上帝。

斯多亚学派对这一问题具有特殊的兴趣。一方面，神性天命学说在斯多亚思想体系中发挥着重要作用，天命看来与邪恶的存在并不兼容。另一方面，鉴于罪恶对斯多亚学派而言是唯一真正的邪恶，因此这一问题在范围上对斯多亚学派的限定，要多于对其他学派的有神论者的限定。不过，即使如此限定，依然需要一种解决方式，克律西普借助一项原理找到了解决方式，这一原理认为对立道德东西只有彼此共存时才能存在：譬如，正义与不义共存，勇敢与怯懦共存，节制与放纵共存，智慧与愚蠢共存（LS 51Q）。（从柏拉图《斐多篇》里关于不朽的论证之一中改写而成的）这一原理看来是错误的：每个德性的概念无疑不能与其相应的邪恶概念相分离，但这并不表明这两个概念都务必用具体例证予以说明。

针对邪恶问题，斯多亚学派做出了其他一些较少形而上学色彩的回应。因为他们是决定论者，所以不会做出自由意志的辩护，而基督教在处理这一议题时，主要依靠这种辩护方式。相反地，斯多亚学派提出了两种主要的辩护思

路：抑或认为所说的邪恶并非真正的邪恶（甚至从非斯多亚主义的观点出发），抑或认为所说的邪恶是仁慈的天命行动所产生的意想不到和避免不了的结果。依据第一条思路，克律西普指出，床虱的用处在于能使我们迅即起床，老鼠的用处在于鼓励我们保持整洁。依据第二条思路，克律西普（再次借助柏拉图的意思）论证说，人的脑壳为了适合贮存理性就得非常薄，其必然结果就是脑壳变得易碎（LS 54O，Q）。克律西普有时则依赖下述论证：即使在最整洁的居室里，某些赃物也在积累增多（LS 54S）。

克律西普坚信，无论我们遭受什么样的痛苦和麻烦，世界都是为了人类而存在。诸神关照我们人类，使人神彼此照应，与此同时，动物也在关照我们。马帮助我们作战，狗帮助我们狩猎，而熊和狮子则赋予我们勇敢的机会。其他
307 动物则为我们提供食物，譬如猪的目的是生产猪肉。有些动物之所以存在，是因为我们能够赞赏它们的美，譬如孔雀生来就是为了展示自己尾部的羽毛（LS 54O，P）。

在他那首献给宙斯的气势恢弘的赞美诗里，克莱安塞是这样颂扬神意天命的：

> 王中之王的神啊
> 万世不息，你的目的就是创生
> 化育出陆地上或大海里的万物
> 创造出天上无限广袤里的一切；
> 还有拯救有罪者冲昏头脑的举动。
> 不仅如此，你知道怎么使弯变成直：
> 混沌对你而言就是秩序：在你的眼里，
> 厌恶的便是可爱的，你已然谐和了所有
> 恶与善的事物，因此，应该有一逻各斯

> 永恒地贯穿一切万物。
>
> （LS 541，詹姆斯·亚当译）

克莱安塞用来描写宙斯的词语，很适合一位虔诚的犹太人或基督教徒用来向上帝祈祷。斯多亚主义有关神的基础性概念，截然不同于一神论宗教有关神的概念。按照斯多亚学派的说法，神是物质性的，神本身是宇宙的要素，从一种"意匠之火"（designing fire）中赋予宇宙以能量和秩序。神的生命与宇宙的历史同一，都是进化发展的。

西塞罗对克律西普的学说做出如下描述：

> 他[克律西普]声称，神性力量蕴藏在理性之中，蕴藏在整个大自然的灵魂与心智之中。他将世界本身抑或称之为神，抑或称之为渗透一切的世界灵魂，抑或称之为位于心智和理性之中的那个灵魂的主导部分。他也将神称之为事物的普遍本性、总括本性或共同本性，称之为命运的力量与未来事件的必然性。（*ND* 1.39）

神可与土、水、气、火等要素等同视之，在这些形式中，神可借用奥林匹亚传统诸神的名字来称呼。作为土，她是（专司农事和丰产的）女神得墨忒尔（Demeter）；作为水和气，他是海神波塞冬（Poseidon）；作为火或以太，他是主神宙斯（Zeus）。宙斯也等同于永恒的规律，是我们生命的向导和责任的总管（*ND* 1.40）。诚如西塞罗所言，克律西普的宗教既不是一神论，也不是多神论，而是多形态的泛神论。

论占卜与占星术

308 斯多亚学派相信占卜学说，西塞罗对此大加质疑。西塞罗的对话《论占卜》（*On Divination*），采用了他们兄弟两人交谈的形式，昆图斯·西塞罗（Quintus Cicero）为占卜辩护，断言宗教因宗教信仰而起伏不定；马尔库斯·西塞罗（Marcus Cicero）则否认这种等价关系，并将占卜斥责为幼稚的迷信。昆图斯从克律西普那里获取自己所用的一些资料，因为后者撰写过两部论占卜的著作，同时，昆图斯还汇集了一系列实话实说的神谕和梦境（D 1.6），而马尔库斯所提出的许多论证，得益于雅典学园的怀疑论者卡尼阿德（Carneades）。

勤奋好学的学童马尔库斯·西塞罗，弗帕（V. Foppa）的一幅壁画。

试图预知未来事件之表面祸福的占卜，以诸多方式流行于罗马。譬如研 309
究星象，观察鸟飞，检验祭祀动物内脏，释梦以及询问神谕等等。所有这些占卜模式在现代世界已经不再流行，但可悲的是，西塞罗对占星术（astrology）的思考如今依然具有相关意义。

昆图斯收集了占卜官和算命者之类所做出的大量著名预测的逸闻趣事，他从原理上论证说，他们行事的方式，无异于我们其余人借助鸟、蛙行为以及从林浆果丰产来预测天气的做法。在这两种情况中，我们不知道将指号与所指联系起来的理由，但我们知道确实有一理由，这就像某人连掷百次而得双六并非纯靠运气一样。不是所有算命者的预测都会实现：就连医生也会常常出错。我们兴许不理解他们如何预测，也不明白磁铁如何运作。

昆图斯在确认自己的经验证据时，借助的是一种源自斯多亚学派的先验论证方式，即：假如诸神知道未来而不告诉我们，那么，诸神抑或不喜欢我们，抑或认为这种知识无用，抑或无法与我们沟通。但这些选项都是荒诞的。诸神知道未来，因为未来是诸神自己的天意。所以，诸神一定会把未来传达给我们，他们一定会赋予我们理解这种传达的能力：这种能力就是占卜术（D. 1. 82 – 83）。相信占卜并非是迷信而是科学，因为占卜离不开承认一系列单独统一的互联原因。斯多亚学派将这一系列称为命运（Fate）（D. 1. 125 – 126）。

马尔库斯·西塞罗在开始回应时采用了务实的方式。倘若你想知道某物的颜色，那你最好询问一位看见过此物的人，而不是询问一位像盲人先知提瑞西阿斯（Tiresias）这样的盲人。倘若你患病，那你就要请医生，而不是请算命者；倘若你想了解宇宙学，那你就应咨询物理学家；倘若你需要道德忠告，那你就去寻找哲学家，而不是寻找占卜者；倘若你想知道天气预报，那你就应信任领航员而非先知。

假如某一事件确属机运问题，那此事就无法预告，因为在机运性实例中，没有任何东西等价于能使天文学家预测月食的因果系列（D. 2. 15）。另一方面，假如未来事件是命定的，那么，对一场未来灾难的预知并不能使人避免这

场灾难,因此,更为慈善的诸神不让我们知道这一情况。凯撒就不会事先预见
310 到自己遭刺,暴尸于庞培雕像的脚下。诸神提供给我们的那些预测结果,都是相互矛盾的。诚如加图(Cato)所言,怪不得当一算命者遇到另一位算命者时,他们都会各自板着面孔(*D.* 2.52)。

为了与昆图斯的一连串先知之言相媲美,马尔库斯汇编出大量实例,在其中诸神的忠告抑或被证伪,抑或成灾难,譬如,庞培与凯撒所得知的预告,就是他们会死得安乐。西塞罗处理凶兆的方式,就像休敏思(Humeans)后来处理奇迹的方式一样。"对所有凶兆可以做出相反的论证,即:任何不可能发生的事情事实上永未发生;假如所发生的事情是某种可能发生的事情,那它就不是奇迹出现的原因"(D. 2.49)。单纯的罕见性并不能构成凶兆:寻找明智之人要比马生骡子还难。

西塞罗声称,最好的天文学家都避免做出星象学的预测。认为人的前程从其出生时的星座那里便可预测的信念,要比愚蠢还要糟糕。这是毫不可信的疯狂。就连双胞胎的前程与财产也各有不同。基于预测结果的诸多观察都是不同寻常的:星象学家对天体之间的距离没有任何真正的概念。星辰的起落是某种与观察者有关的东西:所以,这怎么能一样地影响那些同时诞生的人呢?一个人的世系血统在预测性格方面胜过星象之中的任何东西。假如星象学管用的话,为什么与荷马同时出生的人写不出《伊利亚特》呢?是不是所有参加卡纳(Cannae)战役的罗马人都有同样的星象呢(D. 2.94, 97)?

最后,西塞罗嘲笑了那种认为梦可预告未来的想法。我们每晚或几乎每晚睡觉时都会做梦。有时梦想成真是不是怪事?即便诸神有时会绕着我们的床铺轻轻地飞来飞去,那他们靠托梦来传信的做法也是愚蠢的。大部分梦最终都是虚假的,所有理智之士毫不在乎梦境。鉴于我们无法释梦,因此诸神托梦向我们言说之事,就如同用非洲方言向元老院述职一样。

西塞罗不以为然地承认,他自己的行为就像一位占卜官,他声称这只是

“出自对大众意见的尊重,是处在为国服务的过程之中。”他会同情法兰西启蒙
运动时期的那些无神论的主教大人。但他在结论中坚持说,他自己不是一位 311
无神论者:这不仅要尊重传统,而且天体的秩序和宇宙之美使他承认有一崇高的外在存在物,对此存在物人们一定会表示仰慕。而真正的宗教只有解除迷信才会得到最好的传布。

普罗提诺的三位一体说

古代世界的哲学神学在普罗提诺的体系中达到顶点。罗素(Bertrand Rusell)就此这样总结说:“普罗提诺的形而上学发端于一种神圣的三位一体(Holy Trinity),即太一,精神与灵魂。这三者并不是平等的,就像基督教三位一体中的那三者一样;太一是至高无上的, 其次是精神,最后是灵魂。”①与基督教三位一体进行比较是必不可免的;在尼西亚和君士坦丁堡召开的基督教世界主教会议上,在对圣父、圣灵与圣子的关系定义发布之前,普罗提诺已经去世,但他的确影响了一些主教的思想。而要理解他自己的思想,更有裨益的做法是回顾。依据某种资格条件可以这样说:太一是柏拉图所论的神,理智(用“理智”而非“精神”来翻译 *nous* 更为合适)是亚里士多德所论的神,灵魂则是斯多亚所论的神。

太一派生于《巴门尼德篇》里的“一”和《理想国》里的善之理念。《巴门尼德篇》里的悖论,隐约地预示着终极意义上难于言表的实在,这种实在就像善的理念一样,“在能力和尊严上均超过存在者”。需要强调的是,“一”在柏拉图和普罗提诺看来,并非是自然数字系列中位于第一的名称,相反,“一”意指

① 参阅罗素:《西方哲学史》(*A History of Western Philosophy*, London: Allen & Unwin, 1961),292 页。

某一整体全然单纯且不可分,是完全独特的(《九章集》卷6, 9.1与6)。在论及太一与善(普罗提诺用此两名,参见《九章集》6.9.3)超越存在者时,普罗提诺并非意指太一不存在;恰恰相反,太一是最真实的存在。他还表示说,没有宾词可适用于太一:因为,我们不能说太一是这个或太一是那个。其中缘由在于:假如任何宾词是指太一真相的话,那么,就得在太一内部做出区别,这一区别相应于真实断言中主词与宾词之间的区别。而那样一来就会有损于太一崇
312 高的单纯性(sublime simplicity)(5.3.13)。

> 存在者具有一种存在物的形状,而太一却没有形状,甚至也没有易于理解的形状。因为,太一的本性是化育万物,但太一并非万物中的一个。太一不是任何一种,既无大小,也无质量;既非理智,也非灵魂;既不运动,也非静止;既不在某地,也不在某时。用柏拉图的话说,太一"自身独立而统一"。太一无形,先于形在,就像先于运动和静止一样。因所有这些都是存在者的属性,故而使其成为多重的。(6.9.3.38-45)

倘若没有任何宾词可用来肯定地说出太一的话,那么,我们在尝试这种做法时陷入矛盾就不足为奇了。在一位柏拉图主义者看来,存在(Being)乃是我们能够真正认识的对象之领域,与其相对的变易(Becoming),则是单纯信念的对象。但是,如若太一超越存在,那它也超越认识。"我们对太一的意识不是通过科学或理解力,就像对待其他可知的对象那样,而是凭借一种胜过认识的在场的途径。"此类意识是一神秘幻象,就像一位恋爱者当其恋人在场时那种销魂似的迷狂之感(6.9.4.3 ff.)。

由于太一不可认识,所以也难于言表。那么,我们怎么可能谈论太一呢?普罗提诺又是怎样论述太一的呢?在《九章集》(*Ennead* 5,3.14)里,普罗提诺自问自答,令人迷惑不解:

> 我们没有太一的知识或概念，我们并不言说太一(say it)，但我们言说关于太一的某种东西(say something about it)。如果我们没有把握住太一，那我们如何谈论太一(speak about it)呢？我们没有太一的知识，是否意味着我们丝毫没有把握住太一呢？我们确然把握住太一，但不是以此类言说太一的方式，我们只能谈论太一。

言说(saying)和谈论(speaking about)之间的这种区别令人迷惑不解。普罗提诺在此关于太一的言说，是否也可用来言说某种像一棵包心菜那样完完全全的普通物品呢？我无法言说或直呼包心菜，我只能谈论关于包心菜这种东西。我以为，这里所用的“言说”(say)一词，是表示某种类似“以名称呼”(call by a name)或“将宾词加给”(attribute predicates to)这样的意思。我可以对包心菜这样言说，但不能对太一这样言说。标准翻译为“关于”(about)的希腊词，也可以意指“周围”(around)。普罗提诺在其他地方说过，我们甚至不能将太一称之为“它”(it)，也不能说它“是”(is)；我们只能从外部围着太一转(6.3.9.55)。

任何关于太一的陈述，确是关于太一特征的陈述。我们确然意识到我们的弱点：我们缺乏自足性(self-sufficiency)，我们不够完善(6.9.6.15－35)。认识到这一点，我们就能把握住太一，其方式是通过了解七巧板中周围板块的形状来识别缺失板块的形状。或者，用一个更接近于普罗提诺自己的隐喻来说，当我们在思想中围绕太一转时，我们所把握住的太一就像不可见的吸引力中心一样。普罗提诺更为形象地说道： 313

> 这就像一场合唱舞蹈。合唱团围着指挥转，有时直面他，有时看别处；正是在合唱团直面指挥时，他们唱得最美。所以，我们也是总围绕着他——假如我们不是这样，我们就会完全消失而不再存在——但我们不总是直

面他。当我们围绕他跳起神圣舞蹈并将目光转向他时,我们就会实现自己的目标,就会从容地唱出完美的音调。(6.9.38-45)

我们从太一转向普罗提诺式三位一体的第二要素——理智(*nous*)。就像亚里士多德的神一样,理智是纯粹活动,不能设想外在于理智自身的任何东西,因为这会涉及潜能。但理智活动不是单纯的思想之思想(无论那是否是亚里士多德的学说),而是有关柏拉图全部理念的思想(5.9.6)。这些都不是外在的实在物,就像亚里士多德本人建立的普遍法则一样,理智的现实和理智对象的现实是同一的。所以,理念的生命恰恰就是理智的活动。理智是可以理解的宇宙,包含形形色色的一般与个别(5.9.9; 5.7)。

尽管思想者与思想具有同一性,但理念的多重性意味着理智不具有总体单纯性,这种单纯性是属于太一的。确切地说,正是理智的这种复杂性使普罗提诺坚信:一定有其他某种东西先于理智并且高于理智。因为,他相信任何形式的复杂性,最终一定取决于某种总体单纯的东西。[①]

理智的宇宙的确是无限丰富的。

在那个世界里,既无限量,也无贫困,而一切都充满生机,欣欣向荣。一切都从单个源泉中流出,不是某种特殊的气息或温暖,而是包括所有纯净质量的单一质量,譬如味觉和嗅觉的甜美,品尝的美酒和芳香的精华,色彩缤纷的视像和所有可触的感受,听来入迷的所有旋律和节奏。(6.7.12.22-30)

世界是存在、思想和生命的世界;虽然它是理智的世界,但它也包含欲望

① 多米尼克·奥米拉(Dominic O'Meara)将其称为先验单纯性原理(Principle of Prior Simplicity)(45 页),我从他的著作《普罗提诺:〈九章集〉导论》(Plotinus: *An Introduction to the Enneads*, Oxford: Clarendon Press, 1993)那里获益良多。

这一本质要素。思维本身的确就是欲望,诚如观(looking)就是一种看的欲望(a desire of seeing)(5.6.5.8-10)。知识也是欲望,但却是满足了的欲望,是 314
一种探求的完成(5.3.10.49-50)。在理智中,欲望“总是在欲求并且总是要实现其欲望”(3.8.11.23-24)。

理智是如何产生的呢?毋庸置疑,理智的存在源自太一:太一既不会因为过于嫉羡而不繁衍,也不会因为给出东西而失去什么。此外,普罗提诺的文本还意味着两种截然不同的说法。在某些地方,他声称理智从太一中流溢出来,其方式如同甜味从香水中散发出来,或者如同光从太阳中流溢出来。这一情况会使基督教读者想起尼西亚信经(Nicene Creed)的宣告:神之子是来自光中之光(4.8.6.10)。而在其他地方,普罗提诺将理智说成是“敢于背离太一者”(6.9.5.30)。这样一来便使理智似乎更像弥尔顿的明亮之星(Milton's Lucifer),而非基督教三位一体的言或道(Word)。

继理智之后就是第三要素灵魂。在这里,普罗提诺也谈论一种叛离行为,即一种想要独立的傲慢欲望,所采用的是一种渴求新陈代谢的形式(5.1.1.3-5)。阿姆斯特朗(A. H. Armstrong)对灵魂的原罪做过如此精妙的描写:

> 它[灵魂]是一欲望,想过一种不同于理智生活的生活。理智生活是一种永恒中的静态生活,是一种永恒、直接和同时拥有一切可能对象的思想生活。所以,听任灵魂别具一格的唯一途径,就是从永恒生活进入到另一种生活,其间的万物不是一次同时在场,而是一物接着一物出场,并且存在一种连续不断的思想和行动系列。①

这一连续不停的系列就是时间:时间是灵魂的生活,即从一个生活片段过

① 参阅阿姆斯特朗:《剑桥希腊晚期与中世纪早期哲学史》(A. H. Armstrong, *The Cambridge History of Later Greek and Early Medieval Philosophy*, Cambridge: Cambridge University Press, 1970),251页。

渡到另一个生活片段(3. 7. 11. 43 – 45)。

灵魂是自然宇宙中内在的主导要素,就像斯多亚思想体系里的神一样,但与斯多亚式的神不同,灵魂没有身体。理智是宇宙的创造者,就像《蒂迈欧篇》里的造物主一样,但灵魂是理智照管自身发展的能动者。灵魂将可知的世界同感觉的世界连接在一起,凭借一种内在要素上达理智,凭借一种外在要素下达自然(3. 8. 3)。自然是物质世界中内在的发展原理:观照自然的灵魂,从中
315 看到自身的映像。自然编织的物质世界是充满奇迹和美的事物,即便其实质内容仿佛是梦境一般的组成部分(3. 8. 4)。

普罗提诺的神学体系无疑给人留下深刻印象,但我们仍想知道他所能提供的那些论证,是如何说服我们接受这一体系的。要搞清这一点,我们就需要自下而上地,而非自上而下地探讨这一体系。我们不是从太一开始,而是从物质开始,因为后者是实在最外面的边界。普罗提诺自己是从广为认可的柏拉图式的和亚里士多德式的原理开始的。他认为亚里士多德已经论证过,变化的终极基质一定是某种东西,其中没有我们看见和处理的可变物体的任何属性。普罗提诺论证说,没有任何物质属性的质料是不可思议的。

倘若我们抛开亚里士多德所说的质料,那我们就只剩下亚里士多德所言的形式了。此类最重要的形式是灵魂,由此自然会认为有多少个人就有多少灵魂。但在这里,普罗提诺求助于亚里士多德的论题,即:质料是形式个体化的原则。倘若我们放弃质料的话,那我们就得得出没有唯一单独灵魂的结论。

为了证明这一灵魂先于和独立于身体,普罗提诺使用的论证非常类似于柏拉图在《斐多篇》里所用的论证。他巧妙地逆转了一些人的论证,这些人断言灵魂有赖于身体,因为灵魂是对身体筋肉的协调。他还说,当音乐家拨动里拉琴弦时,他的指法作用于琴弦而非旋律。但是,没有旋律的要求,琴弦是不会被如此拨动的。

一个不灭的世界灵魂是以何方式能够显现于每个可灭的物体之前呢?喜

好海洋隐喻的普罗提诺用两种方式对其加以解释。有一次他将世界灵魂比作站立在海里的人，半个身子在水里，半个身子在空中。但他认为，我们真应追问的不是灵魂如何在身体里，而是身体如何在灵魂里。身体在灵魂中流动，就像渔网在海里流动一样（4. 3. 9. 36 – 42）。如果不用隐喻，我们就可以说身体之所以在灵魂之中，是因为身体依靠灵魂而使自身得以组织和继续存在。

灵魂以明智而有效的方式主导着世界，但在主导世界的过程中，灵魂所运用的智慧不是自有的，而是外来的。这种智慧不可能来自物质世界，因为物质世界是其塑造的对象。这种智慧一定来自某种在本性上与理念相关的东西， 316
而理念则是用于理智活动的模式或范式。这只能是世界灵魂或理智。

我们已然看到普罗提诺提出的这些论证，他借此想要表明理智不是终极实在，这一方面是由主客体的二元性所致，另一方面是由理念的多样性所致。于是，在我们旅行终结之处，我们抵达独一无二的太一。

普罗提诺的神学曾经持续得到传授，其中有些修改，一直到西方异教哲学随着雅典学园的关闭而终结。但是，普罗提诺的影响过去持续不断，现在依然如此，这种影响是以秘而不宣的方式，通过其首批基督教读者所吸收和传布的思想得以持续。这其中最重要的读者之一就是奥古斯丁，他在年轻时通过维克多利努（Marius Victorinus）的翻译阅读过普罗提诺的著作。阅读的结果使奥古斯丁踏上皈依基督教之路，他所著的《忏悔录》和《三位一体》两书，在许多篇章里都有普罗提诺的回声。就我们所知，在他生命的最后日子里，也就是在汪达尔人（the Vandals）围困希波（Hippo）之时，奥古斯丁曾引用《九章集》的一段语录来安慰自己："一个人如果认为木石的倒塌或平凡动物的死亡（愿上帝保佑我们）都具有重要意义，那怎么能够认真地对待这个人呢？"（1. 4. 7. 24 – 25）

大事记年表

公元前

585	泰勒斯预见到日食
547	阿那克西曼德辞世
530	毕达哥拉斯移居意大利
525	阿那克西米尼辞世
500	赫拉克利特已届中年
470	克塞诺芬尼辞世
	德谟克利特诞生
469	苏格拉底诞生
450	巴门尼德与芝诺访问雅典
	恩培多克勒已届中年
444	普罗泰戈拉撰写一部宪法
427	柏拉图诞生
399	苏格拉底被判处死罪
387	柏拉图的雅典学园建立
384	亚里士多德诞生
347	柏拉图辞世

336	马其顿的亚历山大国王继位
322	亚里士多德辞世
313	来自西提姆的芝诺来到雅典
306	伊壁鸠鲁建立园地学院
273	阿尔凯西劳主持雅典学园
263	克莱安塞主持斯多亚学园
232	克律西普继任斯多亚学园主持
155	卡尼阿德主持雅典学园并出访罗马
106	西塞罗诞生
55	卢克莱修发表《物性论》
44	凯撒遭到暗杀
30	奥古斯都称帝

公元

52	圣保罗在雅典布道
65	塞内加自杀
161	马可·奥勒留称帝
205	普罗提诺诞生
387	圣奥古斯丁受洗

上述日期中有许多属于假定或大约之列,尤其在公元前数个世纪里。

引用文献缩写与常例

CHHP K. Algra, J. Barnes, J. Mansfeld, and M. Schofield (eds.), *The Cambridge History of Hellenistic Philosophy*《剑桥希腊化时期哲学史》(Cambridge: Cambridge University Press, 1999)

CHLGP A. H. Armstrong (ed.), *The Cambridge History of Later Greek and Early Medieval Philosophy*《剑桥希腊晚期与中世纪早期哲学史》(Cambridge: Cambridge University Press, 1967)

DK H. Diels and W. Kranz (eds.), *Die Fragmente der Vorsokratiker*《前苏格拉底哲学残篇》, 6th edn., 3 vols. (Berlin: Wiedmann, 1951); cited as DK, followed by the chapter, letter, and the number of the fragment (e. g. DK 8 B115). Each chapter of this work is divided into two sections, A (which contains references in ancient authors) and B (which contains fragments that have been handed down verbatim)

D. L. Diogenes Laertius (第欧根尼·拉尔修), *Lives of the Philosophers*《哲学家评传》, trans. R. D. Hicks, Loeb Classical Library, 2 vols. (Cambridge, Mass.: Harvard University Press, 1972); cited by book and paragraph (e. g. 8. 8)

Ep. Epistle(使徒书信)

fr. Fragment(残篇)

KRS G. S. Kirk, J. E. Raven, and M. Schofield (eds.), *The Presocratic*

	Philosophers《前苏格拉底哲学家》, 2nd edn. (Cambridge: Cambridge University Press, 1983); cited as KRS, followed by the number of the fragment in the single series that runs through the edition (e. g. KRS 433)
LS	A. A. Long and D. N. Sedley (eds.), *The Hellenistic Philosophers*《希腊化时期的哲学家》, 2 vols. (Cambridge: Cambridge University Press, 1987); cited as LS, followed by the number of the chapter and the letter corresponding to the individual text (e. g. LS 30F)
S. E.	Sextus Empiricus (塞克斯都·恩披里柯)

Alexander of Aphrodisias(来自阿弗罗蒂西亚的亚历山大)

de An.	*de Anima*《论灵魂》
Fat.	*On Fate*《论命运》

Aristotle (亚里士多德)

参考查阅的标准形式依据1831年贝克尔经典版式,参阅标记包括每部著作的名、章、页、栏、行(譬如 *Physics* 3. 1. 200^b32)。

APo.	*Posterior Analytics*《后分析篇》
APr.	*Prior Analytics*《前分析篇》
Barnes	*The Complete Works of Aristotle*《亚里士多德全集》, ed. J. Barnes, Oxford Translation (Princeton: Princeton University Press, 1984)
Cael.	*On the Heavens*《论天》
Cat.	*Categories*《范畴篇》
de An.	*On the Soul*《论灵魂》
EE	*Eudemian Ethics*《优台谟伦理学》

GA	*On the Generation of Animals*《论动物生成》
GC	*On Generation and Corruption*《论生成与毁灭》
HA	*History of Animals*《动物志》
Int.	*de lnterpretatione*《解释篇》
Metaph.	*Metaphysics*《形而上学》
Mete.	*Meteorologica*《天象学》
MM	*Magna Moralia*《大伦理学》
MXG	*de Melisso, Xenophane, et Gorgia*《论麦里梭、克塞诺芬尼与高尔吉亚》
NE	*Nicomachean Ethics*《尼各马科伦理学》
PA	*On the Parts of Animals*《论动物部分》
Ph.	*Physics*《物理学》
Po.	*Poetics*《诗学》
Pol.	*Politics*《政治学》
Rh.	*Rhetorica*《修辞学》
SE	*Sophistical Refutations*《辩谬篇》
Top.	*Topics*《论题篇》

Cicero（西塞罗）

Acad.	*Academica*《论学园派》
D.	*On Divination*《论占卜》
Fat.	*On Fate*《论命运》
Fin.	*de Finibus*《论目的》
ND	*On the Nature of the Gods*《论神性》
Off.	*On Duties (de Officiis)*《论义务》

Tusc.	*Tusculan Disputations*《图斯库兰的谈话》

Epictetus（爱比克泰德）

Disc.	*Discourses*《语录》

Lucretius（卢克莱修）

RN	*On the Nature of Things*《物性论》

Plato（柏拉图）

参考查阅柏拉图著作的普遍做法，是依据 1578 年斯特法努斯的编码式（the Stephanus edition of 1578），参阅标记包括每篇对话的名、段、行（如 Phaedo 64a5）。这种编码式用于柏拉图对话集的所有译本。

Apol.	*Apologia Socratis*《申辩篇》
Cra.	*Cratylus*《克拉底鲁篇》
Euthd.	*Euthydemus*《欧绪德谟篇》
Euthphr.	*Euthyphro*《欧绪弗洛篇》
Grg.	*Gorgias*《高尔吉亚篇》
Hp. Ma.	*Hippias Major*《大希庇亚篇》
Hp. Mi.	*Hippias Minor*《小希庇亚篇》
La.	*Laches*《拉凯斯篇》
Men.	*Meno*《美诺篇》
Phd.	*Phaedo*《斐多篇》
Phdr.	*Phaedrus*《斐德罗篇》
Phlb.	*Philebus*《斐莱布篇》
Prm.	*Parmenides*《巴门尼德篇》

Prt.　　*Protagoras*《普罗泰戈拉篇》

Rep.　　*Republic*《理想国》或《国家篇》

Smp.　　*Symposium*《会饮篇》

Sph.　　*Sophist*《智者篇》

Tht.　　*Theaetetus*《泰阿泰德篇》

Ti.　　*Timaeus*《蒂迈欧篇》

Plotinus（普罗提诺）

引用普罗提诺著作的标准方式,是依据其门生波斐利(Porphyry)所用方式,波斐利将普罗提诺的著作分为《九章集》。参阅标记包括书名、章次、节、行(如Ennead 6, 1.5. 27; or simply 6. 1.5.27)。

Sextus Empiricus（S. E.）（塞克斯都·恩披里柯）

塞克斯都·恩披里柯的缩写名 Sextus Empiricus is cited as S. E. 为引用其著作的标记,随后是著作的缩写(如 S. E., M.)。

M.　　*Against the Professors*《反数理学家》

P.　　*Outlines of Pyrrhonism*《皮浪主义纲要》

Xenophon（色诺芬）

Mem.　　*Memorabilia*《回忆录》

参考文献

此参考文献并未包括本书脚注中引用的所有著作，也未包括在撰写此书过程中涉及的所有著作。我相信读者会发现这里所选列的著作，有助于他们进一步了解古代哲学家的情况及其讨论的哲学议题。所选书目主要限于可以找到的英文著作。在许多这类著作中，都列有范围更为全面的参考文献。

General Works（一般性著作）

BRUNSCHWIG, J., and LLOYD, G. E. R., *Greek Thought: A Guide to Classical Knowledge*《希腊思想：古典知识导读》(Cambridge, Mass.: Harvard University Press, 2000).

FREDE, M., *Essays in Ancient Philosophy*《古代哲学论集》(Oxford: Clarendon Press, 1987).

GOTTLIEB, A., *The Dream of Reason: A History of Western Philosophy from the Greeks to the Renaissance*《理性之梦：从古希腊到文艺复兴时期的西方哲学史》(London: Allen Lane, 2000).

IRWIN, T., *Classical Philosophy*《古典哲学》, Oxford Readers (Oxford: Oxford University Press, 1999).

OWEN, G. E. L., *Logic, Science, and Dialectic: Collected Papers in Greek Philosophy*

《逻辑、科学与辩证法：希腊哲学论集》, ed. M. Nussbaum (London: Duckworth, 1986).

Routledge History of Philosophy, i: *From the Beginning to Plato*《劳特里奇哲学史》, 卷1:《从开端到柏拉图》, ed. C. C. W. Taylor; ii: *From Aristotle to Augustine*《劳特里奇哲学史》, 卷2:《从亚里士多德到奥古斯丁》, ed. D. Furley (London: Routledge, 1997, 1999).

Presocratic Philosophers (Chapter 1)(前苏格拉底哲学家,第一章)

The standard collection of the original texts of the surviving fragments of the philosophers prior to Socrates is that of H. Diels and W. Kranz, *Die Fragmente der Vorsokratiker*《前苏格拉底哲学残篇》, 6th edn., 3 vols. (Berlin: Wiedmann, 1951). Our main source for the biographies of the Presocratics, and many other ancient philosophers, is the *Lives of the Philosophers*《哲学家评传》by Diogenes Laertius, trans. R. D. Hicks, Loeb Classical Library, 2 vols. (Cambridge, Mass.: Harvard University Press, 1972).

There is a helpful, though less complete, collection which contains English translations in addition to the original texts: G. S. Kirk, J. E. Raven, and M. Schofield (eds.), *The Presocratic Philosophers*《前苏格拉底哲学家》, 2nd edn. (Cambridge: Cambridge University Press, 1983).

An excellent collection of texts in translation alone is J. Barnes, *Early Greek Philosophy*《早期希腊哲学》(Harmondsworth: Penguin, 1987). A more recent translation is R. Waterfield, *The First Philosophers: The Presocratics and the Sophists*《早期哲学家:前苏格拉底哲学家与智者》, World's Classics (Oxford: Oxford University Press, 2000).

BARNES, J., *The Presocratic Philosophers*《前苏格拉底哲学家》, rev. edn. (London: Routledge, 1982).

CORNFORD, F. M., *Plato and Parmenides*《柏拉图与巴门尼德》(London: Kegan Paul, 1939).

DE ROMILLY, JACQUELINE, *The Great Sophists in Periclean Athens*《伯利克里时期雅典的伟大智者》(Oxford: Clarendon Press, 1992).

DODDS, E. R. (ed.), *Plato: Gorgias*《柏拉图:高尔吉亚》, text with introd. and comm. (Oxford: Clarendon Press, 1959).

GUTHRIE, W. K. C., *A History of Greek Philosophy*《希腊哲学史》, vols. i-iii (Cambridge: Cambridge University Press, 1962—9).

INWOOD, B., *The Poem of Empedocles*《恩培多克勒的诗》(Toronto: University of Toronto Press, 1992).

KAHN, C. H., *The Verb 'Be' in Ancient Greek*《古希腊语里的动词 Be》(Dordrecht: Reidel, 1973).

——*The Art and Thought of Heraclitus*《赫拉克利特的艺术与思想》(Cambridge: Cambridge University Press, 1979).

——*Anaximander and the Origins of Greek Cosmology*《阿那克西曼德与希腊宇宙论的起源》, repr. of 1960 edn. (Indianapolis: Hackett, 1994).

KERFERD, G. B., *The Sophistic Movement*《智者学派的运动》(Cambridge: Cambridge University Press, 1981).

MOURELATOS, A. P. D., *The Route of Parmenides*《巴门尼德之路》(New Haven: Yale Universitv Press, 1970).

O'BRIEN, D., *Empedocles' Cosmic Cycle*《恩培多克勒的宇宙圈》(Cambridge: Cambridge University Press, 1969).

OSBORNE, C., *Rethinking Early Greek Philosophy: Hippolytus and the Pre-Socratics*《重思早期希腊哲学:希波吕图与前苏格拉底时期》(London: Duckworth,

1987).

SCHOFIELD, M., *An Essay on Anaxagoras*《论阿那克萨戈拉》(Cambridge:Cambridge University Press, 1980).

TAYLOR, C. C. W. (ed.), *Plato: Protagoras*《柏拉图:普罗泰戈拉》, trans. with notes, rev. edn. (Oxford: Clarendon Press, 1991).

Socrates and Plato (Chapter 1)(苏格拉底与柏拉图,第一章)

柏拉图全集的希腊原文版分为五卷,列入牛津经典文本丛书,由牛津大学出版社出版;该全集的希腊文—英文双语对照版共分十二卷,被列入娄布经典图书系列,由哈佛大学出版社出版。柏拉图全集的英文单行本由库珀和哈钦森(J. M. Cooper and D. S. Hutchinson)主编,由哈凯特出版公司于 1997 年出版。

The Clarendon Plato series (Oxford: Clarendon Press, 1973—) contains translations with notes of the major Platonic dialogues, notably *Theaetetus*《泰阿泰德篇》(ed. J. McDowell, 1973), *Philebus*《斐莱布篇》(ed. J. C. B. Gosling, 1975), and *Phaedo*《斐多篇》(ed. D. Gallop, 1975). Many dialogues are translated in volumes of the Penguin Classics and of the Oxford World's Classics series.

The Socratic works of Xenophon appear in two volumes of the Loeb Classical Library: *Memorabilia*《回忆录》(trans. E. C. Marchant, London, 1923) and *Symposium and Apology*《会饮篇与申辩篇》(trans. O. J. Todd, London, 1961). A good English translation is Xenophon, *Conversations of Socrates*《回忆苏格拉底》, ed. H. Tredennick and R. Waterfield (Harmondsworth: Penguin, 1990).

ADAM, J. (ed.), *The Republic of Plato*《柏拉图的理想国》, 2 vols. (Cambridge: Cambridge University Press, 1902).

ALLEN, R. E., *Plato's Euthyphro and the Earlier Theory of Forms*《柏拉图的欧绪弗洛篇与早期的形相论》(London: Routledge & Kegan Paul, 1970).

——(ed.), *Studies in Plato's Metaphysics*《柏拉图的形而上学研究》(London: Routledge & Kegan Paul, 1965).

ANNAS, J., *An Introduction to Plato's Republic*《柏拉图的〈理想国〉导论》(Oxford: Oxford University Press, 1981).

BLONDELL, R., *The Play of Character in Plato's Dialogues*《柏拉图对话里的人物戏剧》(Cambridge: Cambridge University Press, 2002).

BRANDWOOD, L., *The Chronology of Plato's Dialogues*《柏拉图对话年表》(Cambridge: Cambridge University Press, 1990).

BRICKHOUSE, T. C., and SMITH, N. D., *Socrates on Trial*《审判苏格拉底》(Oxford: Oxford University Press, 1989).

——*Plato's Socrates*《柏拉图笔下的苏格拉底》(New York: Oxford University Press, 1994).

DOVER, K. (ed.), *Plato: Symposium*《柏拉图:会饮篇》(Cambridge: Cambridge University Press, 1980).

GOSLING, J. C. B., *Plato*《柏拉图》(London: Routledge & Kegan Paul, 1973).

HACKFORTH, *Plato's Examination of Pleasure*《柏拉图对快乐的考察》(Cambridge: Cambridge University Press, 1945).

IRWIN, T., *Plato's Moral Theory: The Early and Middle Dialogues*《柏拉图的道德理论:早期与中期对话》(Oxford: Clarendon Press, 1977).

KAHN, C. H., *Plato and the Socratic Dialogue*《柏拉图与苏格拉底式对话》(Cambridge: Cambridge University Press, 1996).

KRAUT, R. (ed.), *The Cambridge Companion to Plato*《剑桥柏拉图导读》(Cambridge: Cambridge University Press, 1992).

LEDGER, G., *Re-counting Plato: A Computer Analysis of Plato's Style*《重读柏拉图:对柏拉图风格的计算机分析》(Oxford: Clarendon Press, 1989).

MEINWALD, C. C., *Plato's Parmenides*《柏拉图笔下的巴门尼德》(New York: Oxford University Press, 1991).

MORROW, GLENN R., *Plato's Epistles*《柏拉图的使徒书信》, a trans. with critical essays and notes, 2nd edn. (Indianapolis: Bobbs-Merill, 1962).

ROBINSON, R., *Plato's Earlier Dialectic*《柏拉图的早期辩证法》(Oxford: Clarendon Press, 1953).

ROWE, C. J. (ed.), *Plato: Phaedrus*《柏拉图的斐德罗篇》(Warminster: Aris & Phillips, 1986).

RYLE, G., *Plato's Progress*《柏拉图的进步》(Cambridge: Cambridge University Press, 1966).

SAUNDERS, T. J., *Plato's Penal Code*《柏拉图的刑法典》(Oxford: Clarendon Press, 1991).

SAYRE, KENNETH M., *Plato's Late Ontology: A Riddle Resolved*《柏拉图的后期本体论:得到解释的一个谜语》(Princeton: Princeton University Press, 1983).

STONE, I. F., *The Trial of Socrates*《审判苏格拉底》(Boston: Little, Brown, 1988).

TAYLOR, C. C. W., *Socrates: A Very Short Introduction*《苏格拉底:简要导论》(Oxford: Oxford University Press, 1998).

VLASTOS, G., *Platonic Studies*《柏拉图研究》, 2nd edn. (Princeton: Princeton University Press, 1981).

VLASTOS, G., *Socrates, Ironist and Moral Philosopher*《苏格拉底,反讽与道德哲学家》(Cambridge: Cambridge University Press, 1991).

WHITE, N. I., *A Companion to Plato's Republic*《柏拉图〈理想国〉导读》(Indianapolis: Hackett, 1979).

Aristotle (Chapter 2) (亚里士多德,第二章)

亚里士多德的大部分著作原文,列入牛津经典文本丛书,其中由许多文本组成的希腊文—英文双语对照版,被列入娄布经典图书系列。所有存留下来的亚里士多德文集英译本被分为两卷,属于牛津译本,由巴内斯(J. Barnes)主编,普林斯顿大学出版社于1984年出版。亚里士多德的许多著作均有英译本,分别被列入企鹅经典译丛和牛津世界经典译丛。

The Clarendon Aristotle series (Oxford: Clarendon Press, 1963—   ) contains translations of selected Aristotelian texts, with detailed philosophical notes. The series includes *Categories and de Interpretatione*《范畴篇与解释篇》(ed. J. L. Ackrill, 1963), *de Anima II and III* (ed. D. W. Hamlyn, 1968), *de Generatione et Corruptione*《论生成与毁灭》(ed. C. J. F. Williams, 1971), *de Partibus Animalium*《论动物部分》(ed. D. M. Balme, 1972), *Eudemian Ethics I, II, VIII*《优台谟伦理学 I, II, VIII》(ed. M. Woods), *Metaphysics Γ, Δ and E*《形而上学 Γ, Δ and E》(ed. c. Kirwan, 1971, 1993), *Metaphysics Z and H*《形而上学 Z 与 H》(ed. D. Bostock, 1994), *Metaphysics M and N*《形而上学 M 与 N》(ed. J. Annas, 1976), *Physics I and II* (《物理学 I 与 II》(ed. W. Charlton, 1970), *Physics III and IV* (ed. E. Hussey, 1983), *Posterior Analytics* (ed. J. Barnes, 1975, 1993), *Topics* 1 *and* 8 (ed. R. Smith, 1994).

ACKRILL, J. L., *Aristotle the Philosopher*《哲学家亚里士多德》(Oxford: Oxford University Press, 1981).

ANSCOMBE, G. E. M., and GEACH, P. T., *Three Philosophers*《三位哲学家》(Oxford: Blackwell, 1961).

BAMBROUGH, R. (ed.), *New Essays on Plato and Aristotle*《柏拉图与亚里士多德新论集》(London: Routledge & Kegan Paul, 1965).

BARNES, J. (ed.), *The Cambridge Companion to Aristotle*《剑桥亚里士多德导读》(Cambridge: Cambridge University Press, 1995).

——*Aristotle: A Very Short Introduction*《亚里士多德:简要导论》,(Oxford: Oxford University Press, 2000).

——SCHOFIELD, M., and SORABJI, R. (eds.), *Articles on Aristotle*《亚里士多德论集》, i: *Science* 卷一:《科学》; ii: *Ethics and Politics* 卷二:《伦理学与政治学》; iii: *Metaphysics*; *I and II* 卷三:《形而上学》(上下册)iv: *Psychology and Aesthetics* 卷四:《心理学与美学》(London: Duckworth, 1975).

BROADIE, S., and ROWE, C., *Aristotle: Nicomachean Ethics*《亚里士多德:尼各马科伦理学》trans., introd., and comm. (Oxford: Oxford University Press, 2002).

IRWIN, T. H., *Aristotle's First Principles*《亚里士多德的第一原理》(Oxford: Oxford University Press, 1988).

JAEGER, W., *Aristotle: Fundamentals of the History of his Development*《亚里士多德:思想发展历史要义》, trans. R. Robinson, 2nd edn. (Oxford: Clarendon Press, 1948).

KENNY, A., *The Aristotelian Ethics*《亚里士多德学派的伦理学》(Oxford: Clarendon Press, 1978).

——*Aristotle on the Perfect Life*《亚里士多德论完善的人生》(Oxford: Clarendon

Press, 1992).

KRAUT, R., *Aristotle: Political Philosophy*《亚里士多德:政治哲学》(Oxford: Oxford University Press, 2002).

LEAR, J., *Aristotle and Logical Theory*《亚里士多德与逻辑学说》(Cambridge: Cambridge University Press, 1980).

LLOYD, G. E. R., *Aristotle: The Growth and Structure of his Thought*《亚里士多德:思想的成长与结构》(Cambridge: Cambridge University Press, 1968).

MEIKLE, S., *Aristotle's Economic Thought*《亚里士多德的家政学思想》(Oxford: Clarendon Press, 1995).

Ross, W. D., *Aristotle's Metaphysics*《亚里士多德的形而上学》(Oxford: Clarendon Press, 1924).

——*Aristotle's Physics*《亚里士多德的物理学》(Oxford: Clarendon Press, 1936).

SORABJI, R., *Time, Creation and the Continuum*《时间,创造与连续物》(London: Duckworth, 1983).

——*Matter, Place and Motion: Theories in Antiquity and their Sequel*《质料,地点与运动:古代及其后来的学说》(London: Duckworth, 1988).

WATERLOW, S., *Passage and Possibility: A Study of Aristotle's Modal Concepts*《迁移与或然:亚里士多德的模态概念研究》(Oxford: Clarendon Press, 1982).

Hellenistic Philosophy (Chapter 2)(希腊化时期的哲学,第二章)

有关这一时期的哲学家的许多情况,均来自西塞罗、卢克莱修和塞克斯都·恩披里柯等后期作家的记述,他们的论作分别列入牛津经典文本丛书或娄布经典图书系列。古代作家的现存残篇和参考资料被汇集成最有帮助作用的《希腊化时期的哲学》(*The Hellenistic Philosophers*),该书共有两卷,由朗和赛德雷(A. A. Long and D. N. Sedley)主编,剑桥大学出版社于1987年出版。其中一卷提供主要资料的译文,另一卷对希腊文和拉丁文的文本做了注释。

The classic edition of surviving Stoic texts was for long J. von Arnim, *Stoicorum Veterum Fragmenta*《斯多亚学派论说残篇》, 3 vols. (Leipzig, 1903—1905) (SVF). It has been superseded by K. Hulser, *Die Fragmente zur Dialektik der Stoiker*《斯多亚学派辩证法残篇》(Stuttgart: Frommann-Holzboog, 1987). For *Epicurea*nism the fundamental collection is H. Usener, Epicurea《伊壁鸠鲁》(Leipzig, 1887).

ALGRA, K., BARNES, J., MANSFELD, J., and SCHOFIELD, M., *The Cambridge History of Hellenistic Philosophy*《剑桥希腊化时期哲学史》(Cambridge: Cambridge University Press, 1999).

ANNAS, J. E., and BARNES, J., *The Modes of Scepticism: Ancient Texts and Modern Interpretations*《怀疑论模式:古代文本与现代阐释》(Cambridge: Cambridge University Press, 1985).

ASMIS, E., *Epicurus' Scientific Method*《伊壁鸠鲁的科学方法》(Ithaca, NY: Cornell University Press, 1984).

BARNES, J., BRUNSCHWIG, J., BURNYEAT, M., and SCHOFIELD, M., *Science and Speculation: Studies in Hellenistic Theory and Practice*《科学与思辨:希腊化时期的理论与实践研究》(Cambridge: Cambridge University Press, 1982).

BURNYEAT, M., *The Sceptical Tradition*《怀疑论传统》(Berkeley: University of California Press, 1983).

FURLEY, D. J., *Two Studies in the Greek Atomists*《希腊原子论的两种研究》(Princeton: Princeton University Press, 1967).

LONG, A. A., *Hellenistic Philosophy*《希腊化时期的哲学》, 2nd edn. (Berkeley: University of California Press, 1986).

RIST, J. M., *Stoic Philosophy*《斯多亚学派的哲学》(Cambridge: Cambridge University Press, 1969).

——*Epicurus: An Introduction*《伊壁鸠鲁:导论》(Cambridge: Cambridge University Press, 1972).

SHARPLES, R. W., *Stoics, Epicureans and Sceptics*《斯多亚学派,伊壁鸠鲁学派与怀疑论》(London: Routledge, 1994).

Roman and Imperial Philosophy(罗马及其帝国哲学)

爱比克泰德、马可·奥勒留和普罗提诺的著作已列入娄布经典图书系列,普罗提诺的著作被编入牛津经典文本丛书,主编为亨利和史泽尔(P. Henry and H. R. Schyzer)已成为标准版本,由牛津大学出版社于1964—1982年出版。

O'DONNELL, J. J., *Augustine: Confessions*《奥古斯丁:忏悔录》, 3 vols. (Oxford: Clarendon Press, 1992).

There are many translations of *Confessions*《忏悔录》, notably H. Chadwick in the World's Classics series (Oxford: Oxford University Press, 1991).

ARMSTRONG, A. H. (ed.), *The Cambridge History of Later Greek and Early Medieval Philosophy*《剑桥希腊晚期与中世纪早期哲学史》(Cambridge: Cambridge University Press, 1970).

BAILEY, C., *Titi Lucreti Cari de Rerum Natura Libri Sex*《卢克莱修及其六卷本〈物性论〉》, 3 vols. (Oxford: Oxford University Press, 1947).

BARNES, J., and GRIFFIN, M., *Philosophia Togata*《哲学职业》, vols. i and ii (Oxford: Clarendon Press, 1989, 1997).

CLARK, G.., and RAJAK, T., *Philosophy and Power in the Graeco-Roman World*《古希腊—罗马世界里的哲学与力量》(Oxford: Oxford University Press, 2002).

DILLON, J., *The Middle Platonists*《中世纪的柏拉图主义者》(Ithaca: Cornell University Press, 1977).

DODDS, E. R., *Proclus: The Elements of Theology*《普罗克鲁:神学的要素》, ed., trans., and comm., 2nd edn. (Oxford : Clarendon Press, 1992).

GRIFFIN, M. T., *Seneca, a Philosopher in Politics*《塞内加这位从政的哲学家》(Oxford: Oxford University Press, 1976).

LLOYD, A. C., *The Antomy of NeoPlatonism*《新柏拉图主义剖析》(Oxford: Clarendon Press, 1990).

O'BRIEN, D., *Plotinus on the Origin of Matter*《普罗提诺论物质的起源》(Naples: Bibliopolis, 1991).

O'MEARA, D. J., *Plotinus: An Introduction to the Enneads*《普罗提诺:九章集导论》(Oxford: Clarendon Press, 1993).

RIST, J., *Plotinus: The Road to Reality*《普罗提诺:走向实在之路》(Cambridge, Cambridge University Press, 1967).

SEDLEY, D., *Lucretius and the Transformation of Greek Wisdom*《卢克莱修与希腊智慧的转换》(Cambridge: Cambridge University Press, 1998).

STUMP, E., and KRETZMANN, N., *The Cambridge Companion to Augustine*《剑桥奥古斯丁导读》(Cambridge: Cambridge University Press, 2001).

Logic（Chapter 3）（逻辑学，第三章）

KNEALE, W. C., and KNEALE, M., *The Development of Logic*《逻辑学的发展》(Oxford: Clarendon Press, 1962).

LUKASIEWICZ, J., *Aristotle's Syllogistic from the Standpoint of Modern Formal Logic*《从现代形式逻辑角度审视亚里士多德的三段论》, 2nd edn. (Oxford: Clarendon Press, 1957).

MATES, B., *Stoic Logic*《斯多亚学派的逻辑学》, 2nd edn. (Berkeley: University of California Press, 1961).

NUCHELMANS, G., *Theories of the Proposition*《命题的学说》(Amsterdam: North-Holland, 1973).

PATZIG., *Aristotle's Theory of the Syllogism*《亚里士多德的三段论学说》(Dordrecht: Reidel, 1968).

PRIOR, A. N., *Time and Modality*《时间与模态》(Oxford: Clarendon Press, 1957).

Epistemology（Chapter 4）（认识论，第四章）

BOSTOCK, D., *Plato's Theaetetus*《柏拉图的泰阿泰德篇》(Oxford: Clarendon Press, 1988).

HANKINSON, R. J., *The Sceptics*《怀疑论者》(London: Routledge, 1994).

MCKIRAHAN, R. D., *Principles and Proofs: Aristotle's Theory of Demonstrative Science*《原理与证据：亚里士多德的论证科学理论》(Princeton: Princeton University Press, 1992).

SCHOFIELD, M., BURNYEAT, M., and BARNES, J., *Doubt and Dogmatism: Studies in Hellenistic Epistemology*《怀疑与教条主义：希腊化时期的认识论研究》(Oxford: Clarendon Press, 1980).

WHITE, N. P., *Plato on Knowledge and Reality*《柏拉图论知识与实在》(Indianapolis: Hackett, 1976).

Philosophy of Physics (Chapter 5)(物理学哲学,第五章)

BOBZIEN, S., *Determinism and Freedom in Stoic Philosophy*《斯多亚主义哲学中的决定论与自由论》(Oxford: Clarendon Press, 1998).

HANKINSON, R. J, *Cause and Explanation in Ancient Greek Thought*《古希腊思想中的原因与解释观》(Oxford: Clarendon Press, 1998).

HOENEN, P., *Cosmologia*《宇宙论》(Rome: Pontifical Gregorian University, 1949).

SORABJI, R., *Necessity, Cause, and Blame*《必然,原因与责怪》(London: Duckworth, 1980).

——*Time, Creation and the Continuum*《时间,创造与连续物》(London: Duckworth, 1983).

WATERLOW, S., *Nature, Change, and Agency in Aristotle's physics*《亚里士多德物理学里的自然、变化和能动性》(Oxford: Clarendon Press, 1982).

Metaphysics (Chapter 6)(形而上学,第六章)

BARNES, J., and MIGNUCCI, M. (eds.), *Matter and Metaphysics*《质料与形而上学》(Naples: Bibliopolis, 1988).

FINE, GAIL, *On Ideas: Aristotle's Criticism of Plato's Theory of Forms*《论理念:亚里士多德对柏拉图形相论的批评》(Oxford: Clarendon Press, 1993).

GRAHAM, D. W., *Aristotle's Two Systems*《亚里士多德的两个体系》(Oxford: Oxford University Press, 1987).

MALCOLM, J., *Plato on the Self-Predication of Forms*《柏拉图论形相的自我述谓

关系》(Oxford: Clarendon Press, 1991).

SCALTSAS, T., *Substances and Universals in Aristotle's Metaphysics*《亚里士多德形而上学里的实体与共相》(Ithaca: Cornell University Press, 1994).

Philosophy of Mind (Chapter 7)(心智哲学,第七章)

ANNAS, J. E., *Hellenistic Philosophy of Mind*《希腊化时期的心智哲学》(Berkeley: University of California Press, 1992).

BRUNSCHWIG., J., and NUSSBAUM, M. (eds.), *Passions and Perceptions: Studies in Hellenistic Philosophy of Mind*《激情与感知:希腊化时期的心智哲学研究》(Cambridge: Cambridge University Press, 1993).

HICKS, R. D. (ed.), *Aristotle: De Anima*《亚里士多德:论灵魂》, with trans., introd., and comm. (Cambridge: Cambridge University Press, 1907).

NUSSBAUM, M. C. (ed.), *Aristotle: De Motu Animalium*《亚里士多德:论动物运动》, with trans., introd., and essays (Princeton: Princeton University Press, 1978).

——and RORTY, A. O. (eds.), *Essays on Aristotle's Philosophy of Mind*《亚里士多德心智哲学论集》(Oxford: Oxford University Press, 1992).

Ethics (Chapter 8)(伦理学,第八章)

ANNAS, J., *Platonic Ethics Old and New*《柏拉图主义的新旧伦理学》(Ithaca: Cornell University Press, 1999).

BROADIE, S., *Ethics with Aristotle*《亚里士多德的伦理学》(New York: Oxford University Press, 1991).

GOSLING, J. C. B., and TAYLOR, C. C. W., *The Greeks on Pleasure*《古希腊思想家论快乐》(Oxford: Clarendon Press, 1982).

INWOOD, B., *Ethics and Human Action in Early Stoicism*《早期斯多亚主义的伦理学和人类行动论》(Oxford: Clarendon Press, 1985).

NUSSBAUM, M. C., *The Fragility of Goodness*《善的脆弱性》(Cambridge: Cambridge University Press, 1986).

PRICE, A., *Love and Friendship in Plato and Aristotle*《柏拉图与亚里士多德论爱》(Oxford: Clarendon Press, 1989).

SCHOFIELD, M., and STRIKER, G.., *The Norms of Nature: Studies in Hellenistic Ethics*《自然的规范:希腊化时期的伦理学研究》(Cambridge: Cambridge University Press, 1986).

Philosophy of Religion (Chapter 9)(宗教哲学,第九章)

FESTUGIERE, A. J., *Epicurus and his Gods*《伊壁鸠鲁及其神祇》(Oxford: Blackwell, 1955).

KENNY, A., *The Five Ways*《五种方式》(London: Routledge, 1969).

KRETZMANN, NORMAN, *The Metaphysics of Theism*《有神论的形而上学》(Oxford: Oxford University Press, 1999).

插图目录

原著页码

Rome, Villa Albani, Archivi Alinari

110 铭刻在罗马奥勒留纪念廊柱上的“奥勒留征战记”

Fototeca Unione, American Academy in Rome

122 被认为是里斯普斯（公元前4世纪）创作的亚里士多德头像

Kunsthistorisches Museum, Vienna

137 克律西普(Chrysippus),见卢浮宫的一尊雕像(公元3世纪)

Giraudon/Bridgeman Art Library

149 罗马人眼中的苏格拉底

158 柏拉图的洞穴 Plato's cave

Flemish school, sixteenth century

Giraudon/Bridgeman Art Library

167 卢克莱修的《物性论》插图手稿本某卷开篇

British Library, Add ms 11912 f 2

182 亚历山大大帝与亚里士多德

Alexander the Great and Aristotle British Library, Royal ms 20Bxx f77v

201 巴门尼德与赫拉克利特

Archivi Alinari

206 柏拉图

Museo Vaticano, Archivi Alinari

216 柏拉图遭到阿奎那的糟践

Archivi Alinari

230 毕达哥拉斯推算赫拉克勒斯的身高

235 苏格拉底之死,杜夫瑞诺描绘

Archivi Alinari/Giraudon

238 柏拉图将灵魂视为一位车夫,多拿特罗的图示

Archivi Alinari /Giraudon

索　引

注：本索引中的数字均代表原著页码（标于中译本页边）。

A

B

C

D

E

F

G

H

I

M

N

O

P

Q

R

S

T

U

V

W

X

Z

古林省版权局著作权合同登记　图字：07-2007-1762 号

图书在版编目（CIP）数据

牛津西方哲学史 /（英）肯尼 (Kenny,A.) 著；王柯平等译 .
-- 长春：吉林出版集团有限责任公司，2010.6
（史家名著书系）
书名原文：A New History of Western Philosophy
ISBN 978-7-5463-3096-9

Ⅰ.①牛… Ⅱ.①肯… ②王… Ⅲ.①哲学史－西方国家
Ⅳ.①B5

中国版本图书馆 CIP 数据核字 (2010) 第 105017 号

牛津西方哲学史（全四卷）

著　　者　[英] 安东尼·肯尼
译　　者　王柯平　袁宪军　杨平　梁展
出　　品　吉林出版集团·北京汉阅传播品
出 品 人　刘丛星
总 策 划　崔文辉
责任编辑　齐　琳
封面设计　今亮後聲 HOPESOUND 2580590616@qq.com · 万聪
开　　本　710mm×1000mm 1/16
印　　张　111.25
版　　次　2010 年 6 月第 1 版
印　　次　2021 年 8 月第 2 次印刷

出　　版　吉林出版集团股份有限公司
发　　行　北京吉版图书有限责任公司
地　　址　北京市西城区椿树园 15-18 号底商 A222
　　　　　邮编：100052
电　　话　总编办：010-63109269
　　　　　发行部：010-63104979
官方微信　Han-read
邮　　箱　jlpg-bj@vip.sina.com
印　　刷　慧聚印刷（天津）有限公司

书号（全四卷）ISBN 978-7-5463-3096-9　　定价：398.00 元（全四卷）